高等院校网络教育系列教材

马克思主义中国化与中国

——『毛泽东思想和中国特色社会主义理论体系概论』简易读本

MAKESI ZHUYI ZHONGGUOHUA YU ZHONGGUO

主编／易　如　副主编／陈荣武

華東理工大學出版社
EAST CHINA UNIVERSITY OF SCIENCE AND TECHNOLOGY PRESS
·上海·

图书在版编目(CIP)数据

马克思主义中国化与中国:《毛泽东思想和中国特色社会主义理论体系概论》简易读本/易如主编. —上海:华东理工大学出版社,2012. 7(2018. 7 重印)

ISBN 978-7-5628-3304-8

Ⅰ. ①马… Ⅱ. ①易… Ⅲ. ①毛泽东思想—学习参考资料 ②中国特色社会主义—社会主义建设模式—学习参考资料 Ⅳ. ①A84②D616

中国版本图书馆 CIP 数据核字(2012)第 128163 号

高等院校网络教育系列教材

马克思主义中国化与中国

——《毛泽东思想和中国特色社会主义理论体系概论》简易读本

主　　编 / 易　如
责任编辑 / 刘　军
责任校对 / 陈孟昀
封面设计 / 戚亮轩
出版发行 / 华东理工大学出版社有限公司
地　　址:上海市梅陇路 130 号,200237
电　　话:(021)64250306(营销部)
传　　真:(021)64252707
网　　址:press.ecust.edu.cn
印　　刷 / 上海展强印刷有限公司
开　　本 / 787mm×1092mm　1/16
印　　张 / 17
字　　数 / 417 千字
版　　次 / 2012 年 7 月第 1 版
印　　次 / 2018 年 7 月第 5 次
书　　号 / ISBN 978-7-5628-3304-8
定　　价 / 34.80 元

联系我们:电子邮箱 press@ecust.edu.cn
官方微博 e.weibo.com/ecustpress
淘宝官网 http://shop61951206.taobao.com

扫描进入手机淘宝网店

序

PREFACE

网络教育是依托现代信息技术进行教育资源传播、组织教学的一种崭新形式,它突破了传统教育传递媒介上的局限性,实现了时空有限分离条件下的教与学,拓展了教育活动发生的时空范围。从 1998 年 9 月教育部正式批准清华大学等 4 所高校为国家现代远程教育第一批试点学校以来,我国网络教育历经了若干年发展期,目前全国已有 68 所普通高等学校和中央广播电视大学开展现代远程教育。网络教育的实施大大加快了我国高等教育的大众化进程,使之成为高等教育的一个重要组成部分;随着它的不断发展,也必将对我国终身教育体系的形成和学习型社会的构建起到极其重要的作用。

华东理工大学是国家"211 工程"重点建设高校,是教育部批准成立的现代远程教育试点院校之一。华东理工大学网络教育学院凭借其优质的教育教学资源、良好的师资条件和社会声望,自创建以来得到了迅速的发展。但网络教育作为一种不同于传统教育的新型教育组织形式,如何有效地实现教育资源的传递,进一步提高教育教学效果,认真探索其内在的规律,是摆在我们面前的一个新的、亟待解决的课题。为此,我们与华东理工大学出版社合作,组织一批多年来从事网络教育课程教学的教师,结合网络教育学习方式,陆续编撰出版了一批包括图书、课程光盘等在内的远程教育系列教材,以期逐步建立以学科为先导的、适合网络教育学生使用的教材结构体系。

掌握学科领域的基本知识和技能,把握学科的基本知识结构,培养学生在实践中独立地发现问题和解决问题的能力是我们组织教材编写的一个主要目的。系列教材包括了计算机应用基础、大学英语等全国统考科目,也涉及了管理、法学、国际贸易、机械、化工等多学科领域。

根据网络教育学习方式的特点编写教材,既是网络教育得以持续健康发展的基础,也是一次全新的尝试。本套教材的编写凝聚了华东理工大学众多在学科研究和网络教育领域中有丰富实践经验的教师、教学策划人员的心血,希望它的出版能对广大网络教育学习者进一步提高学习效率有帮助和启迪。

华东理工大学副校长 涂善东

前言
/PREFACE/

在一个世纪之前，中国遭受西方列强的欺凌，国家四分五裂，经济落后贫困，中国广大民众在生死线上挣扎。21世纪，中国已然屹立在世界民族之林，国家繁荣昌盛，成为世界第二大经济体，中国民众已经基本过上小康生活。从民族危亡到民族复兴，这样的转变经历了怎样的过程，这样的转变又是如何发生的？《毛泽东思想和中国特色社会主义理论体系概论》(以下简称《概论》）这门课程则从理论的角度对这一系列问题进行了回答，对整个20世纪中国社会发展道路选择过程中的经验和教训从理论上进行了概括和总结。

《概论》是教育部规定的高等教育思想政治理论教育的一门必修课程。本教材是这门课程的简易读本，能够引导大家更好地通过自学，掌握这门课程的基本知识点，领会该课程的精髓。

本教材试图提供给大家一种了解中国的独特视角。通过这本教材，我们希望能够引导大家在学习中形成一种宏观地了解中国的视角。我们希望大家通过本教材的学习，能够多角度、全方位地了解中国的具体问题，从宏观角度，抓住每个时代的主要矛盾和特征，去分析社会发展面临的主要问题，并了解其整体的解决方案。本教材涵盖了中国社会发展进程中的各个方面，包括经济、政治、文化和社会等，在课程体系中它们互相联系、又相互制约。通过这本教材，我们希望能够引导大家在学习中具备一个历史地了解中国的视角。本教材介绍了一个多世纪中国社会的发展变化，讲述了中国的过去、现在和未来。通过本教材的学习，我们希望能够引导大家具备一个理性地了解中国的视角，《概论》对一个多世纪以来，中国革命、社会主义改造、社会主义建设和改革开放等一系列伟大实践所经历的经验教训，进行概括总结和理论的梳理。由此，我们能够始终抓住社会发展的主要矛盾，不被一些突发性事件、个别矛盾和冲突所干扰，能始终牢牢把握住社会前进的主要方向。只有具备了这样一种宏观的、历史的、理性的视角，我们才可能客观、全面和深刻地认识和了解中国。

本教材介绍了一种理论——中国化的马克思主义，是运用马克思主义的基本原理和方法对不同历史时期中国社会面临的主要问题，进行分析、作出回答并给予解决而产生的一系列理论成果的总和。它具体包含了四项理论成果：毛泽东思想、邓小平理论、“三个代表”重要思想和科学发展观，而邓小平理论、“三个代表”重要思想和科学发展观三个理论成果又共同构成了中国特色社会主义理论体系。中国特色社会主义理论体系是本门课程的主体，它涵盖了中国特色社会主义建设的各个方面，既有基本理论的丰富和完善，如社会主义初级阶段理论、社会主义本质论，也有对建设主体的设定和依托，如社会主义建设的依靠力量和领导力量；既有对社会主义建设的总体布局，如社会主义发展战略，也有对社会主义建设各个领域的逐一展开，如政治经济文化建设。它们共同构成了中国特色社会主义建设的整体。

本教材的编写，在保持了理论体系整体结构和框架的基础上，在内容上力图丰富，逻辑上力图简洁，形式上力图活泼，以尽量适应网络教育学生自主学习的特点。概括而言，本教材具有以下三大特点。

第一，内容丰富。为了便于自学，本教材按照大纲要求，基本保证了教学内容的完整性。本教材第一章主要是内容概述，系统地介绍了马克思主义中国化的概念及其进程，对马克思主义中国化产生的一系列理论成果产生的背景、过程、内容和地位也进行了总体的介绍，是对概论课程内容的总体介绍。第二章是关于方法论的阐述，实事求是思想路线是马克思主义中国化理论成果的精髓，是籍以研究分析中国问题和解决中国问题的根本方法和立场。第三、四章是关于毛泽东思想内容的阐述，分别介绍了新民主主义革命理论和社会主义改造理论，从理论的角度介绍了中国社会主义制度确立的过程和历史必然性。第五、六章是中国特色社会主义理论体系的基础理论部分，分别介绍了社会主义本质论和社会主义初级阶段理论。第七章开始进入中国特色社会主义理论体系的实践部分，从总体战略、经济、政治、文化、社会、外交等角度介绍了社会主义各个部分的建设内容。第十四、十五章是主体篇，介绍了社会主义建设的依靠力量和领导力量。从理论、实践再到主体，构成了中国特色社会主义理论的完整体系。同时，再通过设置其他版块如知识拓展、热点链接和文献导读等形式对大纲内容进行了补充和丰富。读本在内容上还最大程度地保证了时效性，如中共中央总书记胡锦涛在庆祝中国共产党建党九十周年大会上的讲话、党的十七届六中全会中共中央关于深化文化体制改革推动社会主义文化大发展大繁荣若干重大问题决定的主要思想都纳入了本教材之中。

第二，逻辑简洁。在保证内容完整的基础上，本教材取消了普及教材小节式的编排。每章以三级目录为基本结构框架，使得教学内容更加集中精炼，重点更加明确突出，要点更加简明扼要。为强调内容的连贯性本教材还适当调整了部分章节的关系，使得内容条理更加清晰。同时在每章开头还有导引和要点提示，非常方便自学。

第三，形式活泼。为增加本教材的知识性、趣味性和时效性，各章节还设置了知识拓展、热点链接、案例分析、文献导引、学习建设等版块，大大降低了概论课程文件式语言的大篇幅和单调，更加符合现代青年人的阅读习惯和旨趣。同时，各版块的设置也使得本教材在内容上更加具有开放性。

《概论》是一门实践性非常强的课程，在学习中要特别注重理论联系实际。中国特色社会主义理论体系本身就是在社会主义建设的实践中丰富和发展起来的，也只有置于社会主义建设的实践中，才能真正领会和把握这门课程的内容。也只有全面地领会了课程的内容和精髓，我们才能够更好地认识当前我国社会主义建设的实践。《概论》同时也是一门开放性的课程。中国特色社会主义建设实践还在进行当中，其理论也在实践中不断地丰富和发展，不断地在实践中被检验和完善。我们需要以开放的视角和理论联系实际的态度对待《概论》这门课程，对待本教材的学习。

目 录

/CONTENTS/

第一章　马克思主义中国化与中国

中国一个多世纪的革命斗争和社会主义建设的历史，实际上也是马克思主义与中国实践相结合、在实践中逐渐实现中国化的历史。了解马克思主义中国化的历史进程及其具体的理论成果实际上是了解一个多世纪以来中国发展、变革的重要的视角。

本章提要:

● 马克思主义中国化的科学内涵及其历史进程。中国一个多世纪的由革命斗争到社会主义建设的历史,从理论的角度来看就是马克思主义理论同中国实践相结合的历史。真正了解马克思主义中国化的科学内涵,必须对马克思主义以及中国的实践、历史和文化进行深入地了解。马克思主义中国化的进程是一个实践的推动过程而非理论本身的发展,我们必须深入当时理论形成产生的历史境遇中,才能真正把握马克思主义中国化各个理论成果的内容及其历史地位。

● 毛泽东思想是马克思主义中国化的第一个理论成果,也是马克思主义中国化实现的第一次历史性飞跃。了解毛泽东思想形成和发展的历史,就能了解中国实现民族独立、走向社会建设的艰难历程。毛泽东思想中关于中国解放和振兴的目标、道路、步骤和方略,是学习毛泽东思想的主要内容。

● 邓小平理论是马克思主义中国化第二次历史性飞跃的理论成果。邓小平理论形成和发展的过程是中国社会主义改革实践经验在理论上的总结和概括,它直接推动了中国社会主义发展模式的转型。

●“三个代表”重要思想是面向21世纪的中国化的马克思主义。世情、国情和党情在进入新世纪之后面临一些新的变化,这是“三个代表”重要思想提出的背景。“三个代表”重要思想的形成表明党对共产党执政的规律、社会主义建设规律和人类社会发展规律的认识达到了新的理论高度。

● 科学发展观是马克思主义中国化最新理论成果。实践在发展,马克思主义中国化的进程在延续。以人为本、全面协调可持续的科学发展观是我们实现全面建设小康社会奋斗目标的指导思想,也是指导中国未来发展方向的重要理论。只有深入学习科学发展观,我们才能更好地把握中国的未来。

一、马克思主义中国化的科学内涵及其历史进程

1. 马克思主义中国化

一个世纪以来，中国由革命斗争走向和平发展的曲折历史也是中国共产党把马克思主义基本原理同中国具体实际相结合的过程，即马克思主义中国化的过程。

(1) 马克思主义中国化概念的提出

中国共产党从成立一开始，就是一个以马克思列宁主义为指导思想的党。

党内最早提出“马克思主义中国化”概念的领导人是毛泽东。1938 年，毛泽东在党的六届六中全会上作的题为《论新阶段》的政治报告中最先提出了“马克思主义中国化”这个命题。它既是毛泽东作为党的核心领袖人物认识水平的反映，又是中国共产党人集体智慧的结晶。经过延安整风，马克思主义中国化的思想成为全党的共识。刘少奇代表党中央在党的七大上作的《关于修改党章》的报告中，对“马克思主义中国化”从理论上作了进一步的阐述。七大通过的《中国共产党章程》在总纲中确定，以马克思列宁主义的理论与中国革命的实践之统一的思想——毛泽东思想，作为我们党一切工作的指针。毛泽东思想，就是马克思主义中国化的第一个重大理论成果，是“中国化的马克思主义”。

一部中国共产党的历史，就是一部马克思主义中国化的生动教科书。我们党不断推进马克思主义中国化，实现了两次历史性飞跃，形成了毛泽东思想和中国特色社会主义理论体系两大理论成果。

知识拓展

马克思主义的诞生，是人类思想史上最壮丽的日出。100 多年来，没有哪种理论、学说能像马克思主义那样对历史发展、社会进步起到那样巨大的推动作用，对人类社会产生那样深远的影响。它不仅直接促使了人类社会历史上一些社会主义国家的诞生，而且还推动了资本主义社会发生深刻的变革。马克思主义是人类进入到现代社会在思想上的标志。

马克思主义于上世纪初传入中国，它鲜明的劳工大众的政治立场和科学的社会分析方法很快就得到了进步知识分子的认可，当时它以唯物史观和阶级斗争的观点改变了广大中国大众的世界观，唤起了广大民众主动去变革社会的热情和建立一个平等社会的理想。

(2) 马克思主义中国化命题提出的原因

第一，这是解决中国问题的现实需要。中国国情的特殊性要求马克思主义在中国发挥指导作用，就必须实现中国化。中国革命和建设实践具有一定的特殊性，有需要解决的具体问题以及存在解决问题的具体条件和困难。马克思主义只有同中国的这些实际问题和现实条件结合起来，才能发挥其理论的指导作用。

第二，这是马克思主义理论的内在要求。马克思主义本来提供的就不是可以到处套用

的教条，而是进一步研究问题的出发点和供这种研究使用的方法。马克思、恩格斯多次指出，他们的理论不是教条而是行动的指南，对他们理论中一般原理的实际运用，“随时随地都要以当时的历史条件为转移”。

第三，这是中国革命经验的概括和总结。毛泽东之所以提出要实现马克思主义的中国化，源于中国革命进程中正反两个方面的实践经验。在第一、二次国内革命战争时期，我们党经历过两次胜利和两次失败。特别是第二次国内革命战争时期，党创造性地把马克思主义的革命学说应用于中国实际，创建了工农红军，建立了农村革命根据地和工农政府，实行工农武装割据，连续击退国民党军队的多次“围剿”；在国民党统治区，也在艰苦的条件下，发展了党和其他革命组织，开展了群众革命斗争。这一切都是从中国实际出发运用马克思主义的结果。

案例分析

三次“左”倾错误发生的原因及其教训

1922 年 7 月，中共二大通过决议加入共产国际，自此一段时间里，党的理论、路线、方针政策，几乎无不直接取决于共产国际。

1927 年，蒋介石发动了“四一二”反革命政变。为应对革命形势的变化，中共召开了“八七”会议。共产国际代表罗米那兹系统阐述了“不间断革命论”的观点。瞿秋白和中共十一月会议完全接受了共产国际的理论和错误指导，断定“现实全中国的状况是直接革命的形势”，并确定以城市暴动为中心的全国武装暴动总策略。在这种错误路线指导下组织的武装暴动，被力量强大的国民党反动派一一镇压，革命力量蒙受巨大损失。

1928 年 6 月，在莫斯科召开的中共六大选举工人出身的向忠发担任总书记。共产国际指导中国应继续响应共产国际的“第三时期”理论，即认为革命已经进入到了“大规模阶级搏斗”的时期，并通过决议要迎接中国革命的高潮。1930 年，在国民党军阀爆发中原大战之际，时刻渴望革命高潮的向忠发和李立三等人认为中国革命已处于全国总爆发的前夜，到了“一省或数省首先胜利，建立全国革命政权”的时候。因此，李立三制定了全国总暴动和集中全国红军攻打上海、南京等大城市的冒险计划，打出“会师武汉，饮马长江”的口号，准备发动以武汉为中心的武装暴动，一举夺取全国革命胜利。李立三甚至认为中国已经成了世界革命的中心，竟要求共产国际出兵进攻东三省以配合和支援中国革命。这与共产国际的利益相冲突，致使李立三被共产国际撤销职务。之后，共产国际非但没有反省自己的错误，反而否定了中共六届三中全会上瞿秋白对李立三“左”倾路线的判定，将原本“左”倾的“李立三路线”说成是“右”倾而加以批判，在思想上、理论上给中国共产党造成了极大的混乱。

1930 年 12 月，共产国际东方部副部长米夫来华，改组中共中央。在他的操控下，1931 年中共六届四中全会选举缺乏实际斗争经验的 26 岁的王明为中共中央委员并主持中央工作。王明领导中共中央达四年之久，他继续推行“左”倾路线，给中国革命造成了严重危害。王明“左”倾路线的错误具体表现在：一是不加区别地反对资产阶级和上层小资产阶级；二是否认敌强我弱的基本形势；三是在革命道路上坚持城市中心论；四是在组织上实行宗派主义和任人唯亲的路线。

中共在20世纪20年代后期30年代前期所犯的三次“左”倾错误路线给革命带来了严重的危害，它使党在白区的力量几乎损失100%，导致了第五次反“围剿”的失败，使苏区党的力量损失90%。

思考讨论：

结合马克思主义中国化的理论，思考建党初期三次“左”倾路线的错误和教训。

案例分析：

建党初期三次“左”倾路线充分地反映了幼年时期的中国共产党还没有认识到马克思主义中国化的命题，在革命中盲目以马克思主义的经典理论和苏联的经验为依据，听从共产国际的领导。而共产国际对中国革命的实际情况不是很了解，加上它本身又受到国际潮流和苏联党内斗争的影响，因此共产国际的大部分指示都是不切中国实际的。党的三次“左”倾路线错误都与共产国际错误的理论领导和人事安排有直接关系。这是把马克思主义教条化、苏联经验神圣化给我们革命实践带来的惨痛教训。

革命中的曲折也使得我们意识到了马克思主义中国化的必要性，推动了中国共产党独立自主地探索中国革命道路。案例也充分地表明马克思主义中国化是中国革命实践经验和教训的总结。

(3) 马克思主义中国化的基本内涵

马克思主义中国化，就是将马克思主义基本原理同中国具体实际相结合，形成具有中国特色、中国风格、中国气派的马克思主义。具体地说，就是把马克思主义的基本原理更进一步地和中国实践、中国历史、中国文化结合起来，使马克思主义在中国实现民族化和具体化。

第一，马克思主义中国化就是运用马克思主义解决中国革命、建设和改革的实际问题。马克思主义中国化，就是为了解决中国的具体问题，把马克思主义应用到中国具体环境的具体斗争中去，使马克思主义在中国具体化，从而用“具体的马克思主义”来指导中国的具体行动。旧中国是一个半殖民地半封建的东方大国，农民占人口的绝大多数，经济和文化都比较落后。毛泽东利用马克思主义社会分析的方法分析中国社会，从而发现农民问题是中国革命的首要问题，从而走出了一条新民主主义革命的道路。要真正运用马克思主义来指导中国革命建设和改革，必须紧密结合中国国情和时代条件，寻找适合中国实际的道路，制定正确的方略。

第二，马克思主义中国化还包括要运用马克思主义的立场、观点和方法去总结中国革命和社会主义建设的历史经验。运用马克思主义的立场、观点和方法来解决中国实际问题的过程中，必然会产生许多具有独创性的实践经验，通过对这些经验的总结和提炼，就会创造出新的东西，从而丰富和发展马克思主义。

第三，马克思主义中国化就是把马克思主义植根于中国的优秀文化之中。马克思主义作为一种外来思想文化传入中国，要使它能为中国人民广泛接受，并在实践中发挥指导作用，需要将马克思主义的基本原理同中国文化中的优秀成分结合进而达到融合。

马克思主义中国化的内涵包含了马克思主义与中国化的有机结合。在理解马克思主义中国化内涵时，我们必须注意不能脱离马克思主义来谈中国化，要始终坚持马克思主义的基本立场、观点和方法，不能将马克思主义和中国割裂开来。

2. 马克思主义中国化的历史进程

马克思主义中国化的提出本身是一个过程，是一个由浅到深、由少数人认识到全党共识的过程。在一定意义上，中国共产党的历史就是一部提出和探索马克思主义中国化，并在实践中不断推进马克思主义中国化的历史。

党在创立之初，由于理论准备和实践经验都不足，还不善于将马克思列宁主义的理论同中国革命的实践相结合，因此中国革命走了一些弯路，甚至出现了严重的曲折。遵义会议以后，党的理论和实践才逐步走上了正确的轨道。

在领导中国革命和建设的过程中，以毛泽东为主要代表的中国共产党人，把马克思列宁主义的基本原理同中国革命和建设的具体实际结合起来，创立了毛泽东思想，第一次实现了马克思主义的中国化。在毛泽东思想指引下，中国共产党领导全国各族人民，取得了新民主主义革命的胜利，建立了中华人民共和国；进行了社会主义改造，确立了社会主义基本制度；发展了社会主义的经济、政治和文化，初步探索了社会主义建设的道路。

党的十一届三中全会以来，以邓小平为主要代表的中国共产党人，在总结国内外社会主义建设的历史经验特别是改革开放以来的新鲜经验的基础上，以搞清楚“什么是社会主义、怎样建设社会主义”为首要的基本理论问题，逐步形成了建设中国特色社会主义的路线、方针、政策，阐明了在中国建设社会主义、巩固和发展社会主义的基本问题，创立了邓小平理论，开辟了建设中国特色社会主义的正确道路，推进了马克思主义的中国化。

党的十三届四中全会以来，以江泽民为主要代表的中国共产党人，根据国内外形势和党的历史方位的新变化，进一步回答了什么是社会主义、怎样建设社会主义的问题，创造性地回答了建设什么样的党、怎样建设党的问题，深化了对中国特色社会主义的认识，创立了“三个代表”重要思想，实现了党的指导思想的又一次与时俱进，从而进一步推进了马克思主义的中国化。

党的十六大以来，以胡锦涛为总书记的党中央紧密结合新世纪新阶段国际国内形势的发展变化，提出了树立和落实科学发展观、构建社会主义和谐社会、建设社会主义新农村、建设创新型国家、树立社会主义荣辱观、推动建设和谐世界、加强党的先进性建设等重大战略思想和战略任务，继续推进着马克思主义中国化的发展进程。

马克思主义中国化的各个理论成果，既一脉相承，又与时俱进，是一个统一的科学思想体系，它们辩证统一于中国革命、建设和改革的伟大历史实践中，不断开拓着马克思主义在中国发展的新境界。这个进程还在继续之中，它将随着中国特色社会主义实践的发展而进一步发展。

知识拓展

中国共产党全国代表大会为中国共产党最高领导机关，每5年举行一次，是中国政治生活中最为重要的会议。根据党章，党代会的职权是：讨论和决定重大问题；修改《党章》；选举中央委员会、中央纪律检查委员会。经党代会选举出来的一届中央委员会根据党章需每年至少召开一次全体中央委员会议，俗称中央全会。该届中央委员会召开的第几次全体会议就称几中全会。自1921年中国共产党成立以来，中国共产党已经召开了十七次全国代表大会,产生了十七届中央委员。中国共产党的历次代表大会见证了马克思主义中国化的历程,是马克思主义中国化的里程碑。

3. 马克思主义中国化的意义

第一,马克思主义中国化的理论成果指引着党和人民的伟大事业不断取得胜利。在毛泽东思想的指引下,中国共产党领导全国各族人民,取得了新民主主义革命的胜利,建立了中华人民共和国;新中国成立以后,成功地进行了社会主义改造,完成了从新民主主义到社会主义的过渡,确立了社会主义基本制度。在邓小平理论、"三个代表"重要思想和科学发展观的指引下,我国又不断推进了中国特色社会主义建设和改革的进程,朝着实现富强民主文明和谐的社会主义现代化目标迈进。

第二, 马克思主义中国化的理论成果提供了凝聚全党和全国各族人民的强大精神支柱。一个民族,一个国家,如果没有自己的精神支柱,就等于没有灵魂,就会失去凝聚力和生命力。马克思主义中国化的各个理论成果,代表着中国最广大人民在不同历史时期的意志和愿望,是中华民族优秀文化和伟大智慧的结晶,是凝聚党心民心的强大精神力量。在世界多极化和经济全球化的今天,我们面临着很多的困难和极大的挑战,更需要用中国化的马克思主义来统一思想、凝聚人心、凝聚力量。只有这样,中华民族才能以崭新的面貌自立于世界民族之林。

第三,马克思主义中国化不断开拓着马克思主义在中国发展的新境界。马克思主义中国化进程中形成的理论成果,是马克思主义与中国不同时期实践相结合的产物,体现了理论与实践的统一。坚持与发展的统一,既反对轻视甚至背离马克思主义的错误倾向,又反对教条式地对待马克思主义和静止地孤立地研究马克思主义的错误倾向。它们为马克思主义的理论宝库增添了许多新的内容。它们的形成和发展,既反映了马克思主义基本理论在中国的传承,又体现了马克思主义是一个不断发展的、开放的、动态的科学体系。它们不但以新的形态发展了马克思主义,而且展示了马克思主义所固有的强大生命力。

中国近现代的历史也是一部马克思主义中国化的历史,正是有了马克思主义的科学指导以及在实践过程中与基本国情的有机结合,中国民族才能在中国共产党的领导下不断冲破各种阻力,战胜各种困难,克服各种错误倾向,实现了经由革命、建国、改革、发展到崛起的伟大飞跃。

二、毛泽东思想

1. 毛泽东思想产生的社会历史条件

首先,20 世纪上半叶,帝国主义战争与无产阶级革命的时代主题是毛泽东思想形成的时代背景。1914 年,帝国主义列强为争夺势力范围而发动了第一次世界大战。1917 年,俄国爆发十月革命,建立了第一个无产阶级专政的社会主义国家。在其影响下,无产阶级革命运动在世界各地蓬勃兴起。中国的先进分子也开始用无产阶级的世界观作为观察国家命运的工具，探索救国强国的新路。毛泽东思想正是在这样的时代背景下产生和形成的。

其次，马克思主义在中国的传播以及新文化运动的兴起，是毛泽东思想的产生和形成的思想理论条件。

知识拓展

《新青年》是最早传播马克思主义的杂志之一。陈独秀所写的发刊词《敬告青年》是该刊的纲领性文章。该文开明宗义地指出“人权说”、“生物进化论”、“社会主义”这三事是近代文明的特征，要实现这社会改革的三事，关键在于新一代青年的自身觉悟和观念更新。他勉励青年崇尚自由、进步、科学，要有世界眼光。《新青年》宣称：“我们理想的新时代新社会，是诚实的、进步的、积极的、自由的、平等的、创造的、美的、善的、和平的、相爱互助的、劳动而愉快的、全社会幸福的。希望那虚伪的、保守的、消极的、束缚的、阶级的、因袭的、丑的、恶的、战争的、轧轹不安的、懒惰而烦闷的少数幸福的现象，渐渐减少至于消灭。”这里所描述的社会主义的理想对于毛泽东以及当时的青年产生了巨大的影响。

第三，新的社会生产力的增长和工人运动的发展，为毛泽东思想的产生提供了物质基础。

总之，毛泽东思想的产生是近现代中国社会和革命运动发展的客观需要和历史产物。

案例分析

“为什么先生老是侵略学生呢？”

从 1895 年中国在甲午战败到 1918 年第一次世界大战结束，中国人在追求富强道路上几经风雨，但从总体上看，无论是变法、革命还是启蒙，其目的都是要把中国改造成为一个资产阶级共和国。但是这种以西方作为学习对象的倾向在第一次世界大战结束后发生了变化。

第一次世界大战之时，中国知识分子普遍把这场战争看成是正义与非正义、文明与野蛮、自由与专制之战，并希望代表正义、文明、自由的协约国能够获胜。当欧战结束时，国人把它称为是“公理战胜强权”，北京、上海等地都举行了盛大的庆祝活动。美国总统威尔逊因提出了处理战后问题的 14 点建议而被陈独秀称为是“世界第一好人”，国人认为一个公正、和平的时代将随着战争的结束而到来。然而，1919 年召开的巴黎和会却把中国知识分子心中普遍存在的这种乐观主义情绪连同对西方文明的浪漫想象一齐打碎了。在巴黎和会上，列强不仅拒绝了中国代表团的正义要求，而且把德国在山东的一切权益都转给了日本。这一结局使得中国人认识到所谓正义、公理都是骗人的鬼话。毛泽东也反问“为什么先生老是侵略学生呢？”巴黎和谈中中国代表团外交上的失败使得国内举行了声势浩大的抗议运动，即五四运动，同时也使得中国知识分子把救国强国的期望转向了俄国，寻找一条新的强国之路。马克思主义成为了国人救国强国的新的思想武器。（参考资料电影《我的1919》）

思考讨论：

中国在学习和借鉴西方制度上做过哪些尝试，并结合案例分析毛泽东思想产生的思想和历史背景。

案例分析：

在五四运动之前，“向慕西化”是近代中国知识政治精英的普遍认知心态，认为学习西方先进的技术和制度文明是中国走向富强的必由之路。中国在学习和借鉴西方制度上的尝试先后有：以李鸿章、曾国藩为代表的洋务运动、以康有为、梁启超为代表的维新变法和以孙中山、宋教仁为代表的立宪共和。但是这些尝试都未能取得成功。

第一次世界大战期间，中国知识分子对西方社会有了更进一步的了解。西方资本主义社会呈现出了躲在文明昌盛繁华背后的贪婪、尔虞我诈和侵略的本性。而中国代表团在巴黎和谈上的失败彻底地动摇了中国知识精英们对西方社会的信心，使得一些进步知识分子认识到资本主义社会的侵略本性决定了它们不可能也不允许中国走向民族独立和国家富强，中国向西方学习的良好愿望注定不能实现。在这样的思想觉醒和马克思主义的思想启蒙下，中国进步知识分子有了新的社会发展目标和道路选择。毛泽东思想就是在这样的历史背景下逐步形成和发展起来的。

2. 毛泽东思想产生的历史过程

毛泽东思想是在中国共产党领导中国革命与建设的实践中形成和发展起来的。这一过程大体可分为：开始萌芽、初步形成、走向成熟、继续发展多个阶段。

(1) 在中国共产党创建和第一次国内革命战争时期，以李大钊、瞿秋白等为代表的中国共产党人，力求以马克思主义的指导来考察、分析中国社会，阐明了革命的对象、动力和前途等问题，在此情况下毛泽东思想开始萌芽。土地革命战争时期，以毛泽东为代表的中国共产党人成功地开辟了以井冈山为根据地的“农村包围城市、武装夺取政权”的道路。毛泽东同党内一度盛行的把马克思主义教条化、把共产国际决议和苏联经验神圣化的错误倾向进行了斗争，在理论上论证了中国革命的新道路，强调了马克思主义必须同中国实际相结合的重要性。这标志着毛泽东思想开始形成。

(2) 遵义会议以后，直至抗日战争时期，毛泽东思想得到多方面发展而达到成熟。在理论上它系统地总结了中国革命的经验，分析和批判了教条主义的错误，并及时吸取抗日战争的新经验，形成了比较系统的哲学思想、军事思想、统一战线思想和党的建设思想，特别是系统地阐述了中国新民主主义革命的基本理论、基本路线和基本纲领，精辟地论证了党在民主革命时期的政策和策略。这标志着毛泽东思想走向成熟。1945 年党的七大，把毛泽东思想确立为党的指导思想。

(3) 解放战争时期和新中国成立以后，毛泽东进一步提出了人民民主专政理论、社会主义改造和建立社会主义制度的基本方略，提出了马克思列宁主义同中国实际“第二次结合”[①]的任务，进行了适合中国情况的建设社会主义道路的探索。这是毛泽东思想的继续发展。

3. 毛泽东思想的主要内容

毛泽东思想是马克思主义中国化的第一个重大理论成果。它是马克思列宁主义在中国

① 中共中央文献研究室：《毛泽东传（1949—1976）》（上），中央文献出版社 2003 年版，第 506 页。

的运用和发展，是被实践证明了的关于中国革命和建设的正确的理论原则和经验总结，是中国共产党集体智慧的结晶。

毛泽东思想并不是毛泽东个人思想的全部总和，它与毛泽东的思想是两个不同的概念。

毛泽东思想的科学体系包含着丰富的内容：

新民主主义革命理论。毛泽东从中国的历史状况和现实状况出发，发展了马克思列宁主义关于无产阶级在民主革命中的领导权的思想，创立了无产阶级领导的，工农联盟为基础的，人民大众的，反对帝国主义、封建主义和官僚资本主义的新民主主义革命的理论。其基本点：一是将中国资产阶级划分为两个部分，即依附于帝国主义的大资产阶级和既有革命要求又有动摇性的民族资产阶级，并指出前者是革命的对象，后者革命的动力；二是指出中国革命只能以武装斗争为主要形式，走农村包围城市的道路。新民主主义革命理论，是反映中国新民主主义革命客观规律的完备的理论形态，是毛泽东思想达到成熟的主要标志。

社会主义革命和社会主义建设理论。毛泽东领导我们党依据新民主主义革命胜利所创造的向社会主义过渡的经济政治条件，形成了关于中国社会主义革命和建设的理论。主要要点是：① 创建了人民民主专政理论，丰富了马克思列宁主义关于无产阶级专政的学说。② 制定了从新民主主义社会到社会主义社会过渡时期的总路线，采取社会主义工业化和社会主义改造同时并举的方针，实行逐步改造生产资料私有制的具体政策，建立了社会主义制度。③ 创立了社会主义社会基本矛盾学说。社会主义社会仍然存在着矛盾，基本的矛盾仍然是生产力和生产关系之间的矛盾、经济基础和上层建筑之间的矛盾，必须严格区分和正确处理敌我矛盾和人民内部矛盾的思想。④ 提出走中国工业化道路的思想；等等。这些正确的思想、方针和主张，对后来的中国特色社会主义建设道路的探索具有重要的指导意义。

革命军队建设和军事战略的理论。毛泽东在民主革命时期创建革命军队、领导革命战争的长期实践中，积累了丰富的经验，并把它们上升为军事理论。在军队建设上，包括创建新型人民军队的理论上，他规定了全心全意为人民服务是人民军队的唯一宗旨，规定了是党指挥枪而不是枪指挥党的原则，制定了三大纪律八项注意等。在军事战略上，解决了如何开展人民革命战争、应当实行什么样的战略战术、如何巩固国防等一系列重大方针问题，提出了人民战争的思想，把游击战争提到了战略的地位。

政策和策略的理论。毛泽东精辟地论证了革命斗争中政策和策略问题的极端重要性，他在总结实践经验的基础上，提出了许多重要的政策和策略思想。其中包括：弱小的革命力量在变化着的主客观条件下能够最终战胜强大的反动力量；战略上要藐视敌人，战术上要重视敌人；要掌握斗争的主要方向，不要四面出击；对敌人要区别对待、分化瓦解，实行利用矛盾、争取多数、反对少数、各个击破的策略，并做到有理、有利、有节；在反动统治地区，把合法斗争和非法斗争结合起来，在组织上采取荫蔽精干的方针；等等。

思想政治工作和文化工作的理论。毛泽东根据马克思主义关于文化的观点，提出了许多具有长远意义的重要思想。例如：关于思想政治工作是经济工作和其他一切工作的生命线，要实行政治和经济的统一、政治和技术的统一、又红又专的方针；关于发展民族的、科学的、大众的文化，实行百花齐放、百家争鸣和古为今用、洋为中用、推陈出新的方针；等等。

党的建设理论。毛泽东建党学说成功地解决了在无产阶级人数很少而战斗力很强，农民和其他小资产阶级占人口大多数的国家，建设一个具有广泛群众性的、马克思主义的无产阶级政党的问题。他特别注重从思想上建党，他指出理论和实践相结合的作风、和人民群众紧密地联系在一起的作风以及自我批评的作风,这是中国共产党区别于其他任何政党的显著标志。

除了上面讲的这几个方面,毛泽东思想体系中还有关于国际战略和外交工作思想方法和工作方法的理论等等。

4. 毛泽东思想的灵魂

毛泽东思想的活的灵魂,是贯串于上述各个理论的立场、观点和方法。它们有三个基本方面,即实事求是、群众路线、独立自主。

实事求是,就是一切从实际出发,理论联系实际,不断地深化对中国国情的认识,找出适合中国情况的革命和建设道路,确定我们党领导人民改造中国、建设中国的战略策略,实现推动历史前进的目标。

群众路线,就是把马克思列宁主义关于人民群众是历史创造者的原理,系统地运用在党的全部活动中,形成的党的根本工作路线,就是一切为了群众,一切依靠群众,从群众中来,到群众中去。

独立自主,就是坚持独立思考,走自己的路,就是坚定不移地维护民族独立、捍卫国家主权,把立足点放在依靠自己力量的基础上,同时积极争取外援,开展国际经济文化交流,学习外国一切对我们有益的先进事物。

5. 毛泽东思想的历史地位

正确认识毛泽东思想的历史地位和指导意义,有一个怎样科学评价毛泽东和毛泽东思想的问题。这个问题的解决,关系到怎样看待党和国家过去几十年奋斗的成就,关系到党的团结、国家的安定,也关系到党和国家未来的发展前途,不仅有重要的历史意义,而且有重要的现实意义。

1981 年党的十一届六中全会作出的《关于建国以来党的若干历史问题的决议》,对毛泽东和毛泽东思想的历史地位作出了科学的、实事求是的评价:

毛泽东是伟大的马克思主义者、伟大的无产阶级革命家、战略家和理论家。他为中国共产党和中国人民解放军的创立和发展,为中国各族人民解放事业的胜利,为中华人民共和国的缔造和社会主义事业的发展,建立了不可磨灭的功勋,为世界被压迫民族的解放和人类进步事业作出了重大贡献。由于在中国建设社会主义是一项崭新的实践,人们对如何走出一条适合中国国情的社会主义道路还缺少规律性认识,加上当时复杂严峻的国际环境的影响,我们党在社会主义建设道路的探索中发生过曲折。毛泽东晚年特别是在"文化大革命"中的确犯有严重错误。但是就他的一生来看,他的功绩远远大于他的过失。他的功绩是第一位的,错误是第二位的。

客观完整准确地理解毛泽东思想是评价毛泽东及其毛泽东思想的重要原则。我们既不能脱离具体的历史实践,以偏概全,断章取义地理解毛泽东思想,也不能将毛泽东及毛泽东思想神化。在对毛泽东和毛泽东思想的认识问题上,存在过两种错误倾向:一种是认为凡是毛泽东作出的一切决策、指示,都必须坚决维护、始终遵循;另一种是借口毛泽东晚年犯了严重错误,全面否定毛泽东的历史地位与毛泽东思想的科学价值和指导作用。

正确认识毛泽东及毛泽东思想,我们要将毛泽东思想同毛泽东晚年所犯的错误区别开来。毛泽东晚年的错误,归结起来大致有三个方面:一是强调阶级斗争,以阶级斗争为纲,忽视了发展生产力;二是在经济建设上急于求成,在所有制变革上急于消灭私有制,急于尽早过渡到全民所有制;三是背离了他自己倡导的实事求是思想路线。

那么,怎样认识毛泽东晚年的错误呢?

第一,毛泽东晚年的错误是严重的,他的错误带来的损失也是巨大的。我们不应该回避甚至否定他的错误。然而,他的出发点是好的。我们绝不能因他的错误而对他进行全盘否定。

第二,从其一生来看,毛泽东对中国革命和建设的功绩远远大于他的过失。他的功绩是第一位的,过失是第二位的。

第三,毛泽东晚年犯的错误,是社会主义运动的一种历史现象,带有时代的特点。同时,也有着深刻的社会历史原因。

6. 毛泽东思想与中国

作为马克思主义中国化的第一个理论成果,毛泽东思想与20世纪的中国历史的发展有着紧密的联系。20世纪中国社会历史的条件孕育和造就了毛泽东思想,同时毛泽东思想也深刻地影响了20世纪中国历史发展的轨迹。毛泽东思想确定了实现"民主、富强、文明"国家的理想,并阐明了实现中国解放和振兴的道路、步骤和方略。

在毛泽东思想的指导下,中国取得了新民主主义革命的胜利,推翻了国内外反动派的统治,建立了一个独立自主的,具有现代意义的国家——中华人民共和国,为实现民族振兴创造了前提和条件。

毛泽东思想是社会主义中国立国建国的指导思想,它缔造了一个社会主义新中国,实现了中国历史上最深刻最伟大的社会变革,为中华民族的繁荣富强奠定了政治、经济和思想的基础。

毛泽东思想是中国共产党和中国人民宝贵的精神财富。历史是不能割断的,如果不了解毛泽东思想,就不能对邓小平理论和"三个代表"重要思想有深刻的认识。毛泽东思想包含的许多基本原理、原则和科学方法,具有普遍的意义。毛泽东追求和倡导的中华民族重新自立于世界民族之林的远大理想、实事求是的思想路线、全心全意为人民服务的奋斗宗旨,自力更生、艰苦奋斗的革命精神等,依然是中国人民不断奋进的强大精神动力,将长期激励和指导我们前进。

案例分析

天安门城楼上的毛主席像将永远保留下去

1980年8月21日、23日,邓小平同志会见意大利记者奥琳埃娜·法拉奇时,对毛泽东的历史地位作了重新评价。

奥:天安门上的毛主席像,是否要永远保留下去?

邓:永远要保留下去。过去毛主席像挂得太多,到处都挂,并不是一件严肃的事情,也并不能表明对毛主席的尊重。尽管毛主席过去有段时间也犯了错误,但他终究是中国共产党、中华人民共和国的主要缔造者。拿他的功和过来说,错误毕竟是第二位的。他为中国人民做的事情是不能抹杀的。从我们中国人民的感情来说,我们永远把他作为我们党和国家的缔造者来纪念。

奥:对西方人来说,我们有很多问题不理解。中国人民在讲起"四人帮"时,把很多错误都归咎于"四人帮",说的是"四人帮",但他们伸出的却是五个手指。

邓:毛主席的错误和林彪、"四人帮"问题的性质是不同的。毛主席一生中大部分时间是做了非常好的事情的,他多次从危机中把党和国家挽救过来。没有毛主席,至少我们中国人民还要在黑暗中摸索更长的时间。毛主席最伟大的功绩是把马列主义的原理同中国革命的实际结合起来,指出了中国夺取革命胜利的道路。……但是很不幸,他在一生的后期,特别在"文化大革命"中是犯了错误的,而且错误不小,给我们党、国家和人民带来许多不幸。……这不仅是毛泽东同志本人的缺点,我们这些老一辈的革命家,包括我,也是有责任的。我们党的政治生活、国家的政治生活有些不正常了,家长制或家长作风发展起来了,颂扬个人的东西多了,整个政治生活不那么健康,以至最后导致了"文化大革命"。"文化大革命"是错误的。……

1980 年,西方十多个国家有影响力的媒体同时发表了法拉奇采访邓小平的文字,一时间,"天安门城楼上的毛主席像将永远保留下去"成为许多报刊的大字标题。

思考讨论:

"天安门上的毛主席像要永远保留下去"这句话有何深刻含义?

案例分析:

十一届三中全会后,中国共产党进行了全面拨乱反正工作,并纠正了文化大革命期间的领袖个人崇拜之风,不再要求各个共同场所必须悬挂领袖头像。随着毛主席的头像纷纷从各个场所消失,一些全盘否定毛泽东思想和放弃毛泽东思想旗帜的思潮悄然涌现。对毛泽东思想历史地位的评价在当时关系到党和国家的命运前途,事关社会政治的稳定。

邓小平接受拉法奇的访问就是在这样的背景下进行的。在这样的背景下,天安门城楼的毛泽东像的悬挂则有特定的象征意义。通过对拉法奇问题的给予明确的回答,邓小平借机表达了中共对毛泽东和毛泽东思想的明确态度,既反对个人崇拜,不回避和否认毛泽东的错误,也反对全盘否定毛泽东思想。毛泽东的错误是集体错误,必须完整、准确地理解毛泽东思想。此后,这些态度在十一届六中全会通过《关于建国以来党的若干历史问题的决议》中进一步得到确定。

天安门城楼上毛泽东头像的继续悬挂表明毛泽东思想作为中国共产党指导思想的地位并未动摇,中国共产党将继续高举毛泽东思想的旗帜,带领中国人民继续建设社会主义国家。文化大革命后对毛泽东思想的准确评价和客观态度为国家长治久安和社会主义的健康发展提供了思想保证。

三、邓小平理论

邓小平理论是马克思列宁主义的基本原理同当代中国实践和时代特征相结合的产物,是毛泽东思想在新的历史条件下的继承和发展,是中国共产党集体智慧的结晶。

1. 邓小平理论形成和发展的背景

和平与发展成为时代的主题是邓小平理论形成和发展的时代背景。20 世纪 70 年代以来，新科技革命和世界经济不断发展，国际形势和世界政治格局发生了重大变动。时代的主题逐步由战争与革命转向和平与发展，为我国一心一意搞社会主义现代化建设、实行改革开放、借鉴和吸收人类社会创造的一切文明成果提供了良好的机遇。时代主题的转换是邓小平理论形成的时代背景。

社会主义建设正反两方面的历史经验，我国改革开放以来社会主义现代化建设新的实践，是邓小平理论形成和发展的历史和现实根据。社会主义制度确立以后，我国开展了大规模的社会主义建设，取得了很大的成绩。但由于党的工作在指导方针上有过严重失误，社会主义事业经历了曲折的发展过程，发生了“文化大革命”那样全局性、长时间的“左”的错误。以邓小平为核心的党的第二代中央领导集体科学地分析了失误产生的原因，大力推进改革开放，坚持四项基本原则，使生产力获得新的解放和巨大发展。邓小平领导党从深刻总结国内外社会主义建设成功的经验和失败的教训中，揭示了我国社会主义现代化建设的规律，把马克思主义关于建设社会主义的理论推向前进。

知识拓展

战后的技术革命是人类历史上发生的第三次技术革命。始于 18 世纪中叶的第一次技术革命，以纺织机械的变革为起点，以蒸汽机的发明和广泛应用为标志，从而实现了工业生产从手工工具到机械的转变。第二次技术革命兴起于 19 世纪中叶以后，以电机的发明和电力的广泛应用为主导，使人类进入了“电气化时代”和“化学化时代”。第三次技术革命于 20 世纪 40 年代发端于美国，核技术、电子计算机技术、空间通讯技术得到发展并逐渐走向成熟。战后新技术革命深刻地改变了战后人类社会的政治经济格局，并改变了国际和平与战争的格局，直接推动了经济的全球化。

2. 邓小平理论形成和发展的过程

邓小平理论是在我国改革开放和社会主义现代化建设的进程中逐步形成和发展起来的。从总体看，它经历了三个发展阶段：

第一个阶段，从 1978 年党的十一届三中全会到 1982 年党的十二大，邓小平理论初步形成。粉碎“四人帮”后，邓小平领导全党进行了拨乱反正。1978 年 12 月，他在中央工作会议上作了重要讲话，强调全党要解放思想、实事求是、团结一致向前看。随后召开的党的十一届三中全会，重新确立了实事求是的思想路线，作出了把党和国家的工作重点转移到社会主义现代化建设上来和实行改革开放的战略决策，由此开创了我国历史发展的新时期。1982 年，在党的十二大上，邓小平正式提出了“建设有中国特色的社会主义”的命题。

第二个阶段，从 1982 年党的十二大到 1987 年党的十三大，在全面改革逐步展开的过程中，邓小平理论逐步展开并形成轮廓。伴随着我国改革开放和现代化建设实践的全面展开，邓小平紧紧围绕着“什么是社会主义、怎样建设社会主义”这一根本问题进行了深入的理论思考,提出了关于中国社会主义建设的许多重要的新论断。1987 年党的十三大第一次比较系统地论述了社会主义初级阶段的理论,制定了党在社会主义初级阶段的“一个中心,两个基本点”的基本路线,形成了邓小平“建设有中国特色的社会主义理论”的轮廓。

第三个阶段,从 1987 年党的十三大到 1992 年邓小平南方讲话和党的十四大,邓小平理论走向成熟。这个阶段,全党和全国人民经受住了国内政治风波和苏东剧变的严峻挑战,保证了中国特色社会主义沿着党的十一届三中全会确定的正确方向不断发展。1992 年初,邓小平在视察南方的谈话中,从理论上深刻回答了长期困扰和束缚人们思想的许多重大问题,把改革开放和现代化建设推向了新阶段。同年 10 月,党的十四大对“建设有中国特色社会主义理论”的主要内容作了系统概括。

知识拓展

邓小平南巡讲话

1992 年 1 月 18 日至 2 月 21 日,邓小平南巡武昌、深圳、珠海、上海等地,发表了重要讲话。邓小平的南巡谈话对中国 90 年代的经济改革与社会进步起到了关键性的推动作用。

南巡讲话的主要内容包括:改革开放的胆子要大一些,敢于试验,看准了的就大胆地试、大胆地闯;判断的标准,应该主要看是否有利于发展社会主义社会的生产力,是否有利于增强社会主义国家的综合国力,是否有利于提高人民的生活水平;计划多一点还是市场多一点,不是社会主义与资本主义的本质区别;计划经济不等于社会主义,资本主义也有计划;市场经济不等于资本主义,社会主义也有市场,计划和市场都是经济手段;科学技术是第一生产力。

1997 年 9 月召开的党的十五大正式提出“邓小平理论”这一科学概念,科学阐述了邓小平理论的历史地位和指导意义,强调指出邓小平理论是当代中国的马克思主义,是马克思主义在中国发展的新阶段。十五大郑重地把邓小平理论同马克思列宁主义、毛泽东思想一起确定为党在一切工作中的指导思想并写入党章,1999 年又载入宪法。

3. 邓小平理论的科学体系和主要内容

邓小平理论是马克思主义中国化第二次历史性飞跃的理论成果。它同样有一个贯穿始终的哲学思想,就是解放思想、实事求是的世界观和方法论,这是邓小平理论的精髓。围绕“什么是社会主义、怎样建设社会主义”这个首要的基本的理论问题,邓小平提出了一系列互相联系的基本观点,第一次比较系统地初步回答了中国社会主义的发展道路、发展阶段、根本任务、发展动力、外部条件、政治保证、战略步骤、领导力量和依靠力量、祖国统一等一系列基本问题,指导我们党制定了在社会主义初级阶段的基本路线。这些基本观点的真理性已经被中国改革开放和社会主义现代化建设的成功实践所证明。

邓小平理论的科学体系包含着丰富的内容:

社会主义本质理论。什么是社会主义、怎样建设社会主义,是邓小平在领导改革开放和现代化建设中,不断提出和反复思考的首要的基本的理论问题。邓小平根据马克思主义的基本原理和社会主义的实践经验，指出："社会主义的本质，是解放生产力，发展生产力，消灭剥削，消除两极分化，最终达到共同富裕。"[①]把对社会主义的认识提高到新的科学水平。

社会主义初级阶段理论。我国处在社会主义初级阶段，是邓小平和党对当代中国基本国情的科学判断。这个科学判断，使我们对社会主义建设的长期性、紧迫性、复杂性、艰巨性有了更加清醒的思想准备。

改革开放理论。邓小平强调改革也是一场革命，也是解放生产力，是中国现代化的必由之路，僵化停滞是没有出路的。对外开放是建设中国特色社会主义的一项基本国策，是改革和建设必不可少的，应该吸收和利用世界各国包括资本主义发达国家所创造的一切先进文明成果来发展社会主义，封闭只能导致落后。改革开放是决定中国命运的重大决策，是新时期中国最鲜明的特点。

社会主义市场经济理论。邓小平提出，计划经济不等于社会主义，市场经济不等于资本主义。在坚持公有制和按劳分配为主体、其他经济成分和分配方式为补充的基础上，把市场经济配置资源的长处和社会主义制度的优越性结合起来，建立和完善社会主义市场经济体制，为我们坚持社会主义经济制度找到了一种新的实现形式，这是我们党的一个伟大创举。

除了上面指出的几个方面，邓小平理论体系中还包括社会主义现代化发展战略、社会主义民主政治建设、社会主义精神文明建设、统一战线、军队和国防建设、社会主义国家外交战略、祖国完全统一、党的建设等理论。

总之，邓小平理论围绕着"什么是社会主义，怎样建设社会主义"这个中心问题，第一次系统而科学地回答了在中国这样经济文化落后的社会主义国家的发展道路、发展阶段、发展动力、外部条件、政治保证、战略步骤等一系列问题，形成了一套完整的科学体系。

4. 邓小平理论和中国

邓小平理论集中反映了中国共产党对中国社会主义的建设规律的认识，具有鲜明的时代精神和民族精神，它推动了中国社会主义改革开放，将中国引入到一个新的时代。

(1) 马克思主义中国化第二次历史性飞跃的理论成果，是马克思主义在中国发展的新阶段

作为毛泽东思想的继承和发展的邓小平理论，是马克思主义在中国发展的新阶段。它坚持解放思想、实事求是，在新的实践基础上继承前人又突破陈规，开拓了马克思主义的新境界；它坚持科学社会主义理论和实践的基本成果，抓住"什么是社会主义、怎样建设社会主义"这个根本问题，深刻地揭示了社会主义的本质，把对社会主义的认识提高到新的科学水平；它坚持用马克思主义的宽广眼界观察世界，对当今时代特征和总体国际形势，对世界上其他社会主义国家的成败，发展中国家谋求发展的得失，发达国家发展的态势和矛盾，进行了正确分析，作出了新的科学判断。总体来说，邓小平理论是建设中国特色社会主义的新的科学理论体系。

(2) 改革开放和社会主义现代化建设的科学指南

① 《邓小平文选》第3卷，人民出版社1993年版，第373页。

党的十一届三中全会以来，邓小平理论指引我们进行拨乱反正和全面改革，逐步实现了从以阶级斗争为纲到以经济建设为中心、从封闭半封闭到改革开放、从计划经济到社会主义市场经济等一系列重大转变，成功地走出了一条具有中国特色的社会主义新道路。邓小平理论提高了党对建设中国特色社会主义规律的认识，是建设中国特色社会主义的行动指南，是党和国家必须长期坚持的指导思想。

案例分析

小平您好！

当庆祝中华人民共和国成立35周年的群众游行队伍在天安门前欢呼前进的时候，大学生队伍里忽然出现了一幅横标，上书四个大字：“小平您好”。这幅用竹竿挑着的横标，比那些高大的模型和巨大的字标要小得多。但是它一出现，群众就欢腾起来。大学生们高兴极了，他们簇拥在横标的周围，摇花束，挥彩带，抛纱巾，跳跃着欢呼：“祖国万岁！”“振兴中华！”

这幅饱含着群众真挚情意的横标，是怎么忽然出现在游行队伍中的呢？

那是9月30日晚上九点多钟，北京大学的一间学生宿舍里，生物系细胞遗传专业1981级学生郭庆滨、李禹、栾晓锋等觉得呼喊口号、挥舞花束，还不能充分表达出自己对党对祖国的激情。他们决定自己动手制作一幅横标表达心意。写什么标语呢？有人说：“教育要改革。”有人说：“改革要加速”……这些标语的意思虽好，却都是只说出了一个方面的愿望，不能集中地表达出大家共同的心愿。大家七嘴八舌地议论着，讲到我们党在乌云满天的日子里力挽狂澜，大家想到了邓小平；讲到党的十一届三中全会以来的拨乱反正，大家又想到了邓小平同志；讲到当前全国的一派大好形势，大家还是想到了邓小平同志。于是，有个学生脱口而出：“就写‘小平同志万岁’”。但“万岁”两个字立即被否定了。大家觉得，这两个字不亲切。经反复琢磨，终于得出了一致的结论：写“小平同志您好！”大家觉得这句话最能亲切地表达对邓小平同志的敬意，最能表达对党中央的领导、对三中全会以来的路线方针政策的衷心拥护。夜已很深了，一时找纸笔困难。有人去学生会拿来几大张绿纸，可是太薄，容易坏。李禹灵机一动，把自己的塑料床单拿来做衬。可是，塑料床单上字写多了不醒目。大家一合计，就写了“小平您好”四个大字。写好后，他们小心翼翼地把横标裹起来，外面绕以彩带，顶端缀以纸花，横标变成了一把高大的花束。十月一日凌晨四点多钟，大家怀着激动的心情，护卫着这把“花束”，进入游行的行列。到达天安门前的时候，横标忽拉一下展开了！在欢呼声中，举着横标的郭庆滨、常生、于宏实和群众一起来到金水桥头。他们把横标高高地向天安门城楼举起。大家兴高采烈，人人心里都在说：“小平您好！”

思考讨论：

从“小平您好”的案例中讨论其产生的过程反映了当时中国人民思想上经历的变化，以及对邓小平的评价。

案例分析：

大学生能够自发地、主动地突破严格的游行纪律，在游行队伍打出这样一个横幅，表明了经历了几年的改革开放和思想解放之后中国人民思想上已经得到了很大的解放，社会政治环境也更加开放和宽松，正是这样的社会思想背景才有可能孕育出“小平您好”这样自发的口号。朴实的“小平您好”表达了人民对邓小平——这位改革开放的总设计师由衷的爱戴和感激之情，却没有了文化大革命时期的狂热和激情。讨论时大家放弃了小平万岁的说法都表明人们思想上民主、平等意识更加浓厚。小小一个“小平您好”就充分地反映了改革开放以来人们思想上的变化。

邓小平在中国社会发展面临巨大危机之际能够力挽狂澜，以他非凡的政治智慧和魄力带领中国共产党实现了中国社会发展的整体转向，使得中国社会主义事业焕发出新的生机。1984年，改革开放的成果不仅在人们的思想层面表现出来了，而且在生产力发展和人民生活水平提高方面都有了验证。因此邓小平也就获得了中国人民由下自上的发自内心的认可。

四、“三个代表”重要思想

1.“三个代表”重要思想形成的社会历史条件

“三个代表”重要思想是对马克思列宁主义、毛泽东思想、邓小平理论的继承和发展，反映了当代世界和中国的发展变化对党和国家工作的新要求，是加强和改进党的建设、推进我国社会主义自我完善和发展的强大理论武器，是中国共产党集体智慧的结晶。

20世纪80年代末以来，尽管我们所面临的时代主题、主要矛盾和主要任务没有根本性的改变，但是世情、国情和党情发生了新的变化，这些变化构成了“三个代表”重要思想形成的时代背景、实践基础和现实依据。

横向看世情。随着东欧剧变、苏联解体，世界共产主义运动出现了严重曲折；世界多极化和经济全球化的趋势在曲折中发展。虽然和平与发展仍是当今时代的主题，但霸权主义和强权政治又有了新的表现，恐怖主义危害上升，一些地区的冲突和争端时起时伏，世界还很不安宁。科技进步日新月异，以信息技术为核心的高新技术的发展，极大地改变了人们的生产、生活方式和国际经济、政治关系，以经济为基础、科技为先导的综合国力竞争更为激烈。国际局势和世界格局的深刻变化，是“三个代表”重要思想形成的时代背景。

纵向看国情。我们在胜利实现了现代化建设“三步走”战略前两步目标以后，进入了全面建设小康社会、加快推进社会主义现代化的新的发展阶段。我国生产力水平大幅度跃升，综合国力显著增强，国际地位进一步提高，改革开放取得丰硕成果，社会主义市场经济体制初步建立，政治稳定、民族团结、社会进步，人民生活总体上达到小康水平，社会主义中国充满活力。与此同时，改革进入攻坚阶段，发展处于关键时期，我国社会主义事业的发展面临新的巨大困难和压力。随着改革开放和社会主义市场经济的发展，社会经济成分、组织形式、就业方式、利益关系和分配方式日益多样化。加入世贸组织，给我国经济社会带来深刻影响。推进现代化建设、完成祖国统一、维护世界和平与促进共同发展，仍是党在21世纪伟大而艰巨的三大历史任务。“三个代表”重要思想是在对当代中国发展变化科学认识的基础上形成的。改革开放以来特别是十三届四中全会以来党和人民建设中国特色社会主义的伟大探索，是“三个代表”重要思想形成的实践基础。

内向看党情。进入新世纪，党所处的地位和环境、党所肩负的历史任务、党的自身状况，都出现了许多新的情况。中国共产党历经革命、建设和改革，已经从领导人民为夺取全国政权而奋斗的党，成为领导人民掌握全国政权并长期执政的党；已经从受到外部封锁和实行计划经济条件下领导国家建设的党,成为实行对外开放和发展社会主义市场经济条件下领导国家建设的党。就中国共产党内的情况来讲,随着党和国家事业的发展,党的队伍发生了重大的变化。新党员的数量大幅度增加,干部队伍新老交替不断进行,一大批年轻干部走上领导岗位,既给党的发展带来了新的活力,也提出了新的挑战。进一步提高党的领导水平和执政水平,提高拒腐防变和抵御风险的能力,是党必须解决好的两大历史性课题。这就要求党从新的实际出发,以改革的精神加强和改进自身的建设。党的建设面临的新形势新任务,是"三个代表"重要思想形成的现实依据。

正是在上述世情、国情、党情新变化的背景下,党的十三届四中全会以来,以江泽民为核心的党的第三代中央领导集体,高举邓小平理论伟大旗帜,在科学判断党的历史方位的基础上,在建设中国特色社会主义的伟大实践中,逐步将治党治国治军新的经验加以概括和总结,创立了"三个代表"重要思想。

2. "三个代表"重要思想形成发展的过程

面对在实行改革开放和发展社会主义市场经济的条件下,"建设什么样的党、怎样建设党"这个关系到党和国家的前途命运的重大现实问题,十三届四中全会以来,以江泽民为核心的党的第三代中央领导集体,进行了艰苦的理论探索和实践创新。

2000 年 2 月,江泽民在广东考察工作时,第一次提出"三个代表"[①]的要求。他指出,只要我们党始终成为中国先进社会生产力的发展要求、中国先进文化的前进方向、中国最广大人民的根本利益的代表,我们党就能永远立于不败之地,永远得到全国各族人民的衷心拥护并带领人民不断前进。在同年 5 月的一次讲话中,他又指出:"始终做到'三个代表',是我们党的立党之本、执政之基、力量之源。"[②]

2001 年 7 月,江泽民在纪念建党 80 周年大会上的讲话,全面阐述了"三个代表"的科学内涵和基本内容,正确回答了在新的历史条件下"建设什么样的党、怎样建设党"这一重大问题,提出了按照"三个代表"要求加强和改进党的建设、始终保持党的先进性和纯洁性的任务,使"三个代表"要求成为中国共产党在新世纪的建党纲领。

2002 年 11 月,江泽民在党的十六大报告中进一步阐述了"三个代表"重要思想的时代背景、历史地位、精神实质和指导意义,阐明了贯彻"三个代表"重要思想的根本要求,提出要把"三个代表"重要思想贯彻到社会主义现代化建设的各个领域,体现在党的建设的各个方面。他强调指出:贯彻"三个代表"重要思想,关键在坚持与时俱进,核心在坚持党的先进性,本质在坚持执政为民。党的十六大高度评价了"三个代表"重要思想的历史地位和重要意义,把"三个代表"重要思想同马克思列宁主义、毛泽东思想、邓小平理论一道确立为党必须长期坚持的指导思想并写进了党章,2004 年又写进了宪法。

3. "三个代表"重要思想的主要内容

"三个代表"重要思想在形成和发展的过程中,紧密结合新的实践,把治党和治国、执政

---

① 《江泽民文选》第 3 卷,人民出版社 2006 年版,第 2 页。
② 《江泽民文选》第 3 卷,人民出版社 2006 年版,第 15 页。

和为民结合起来，在邓小平理论的基础上，进一步回答了什么是社会主义、怎样建设社会主义的问题，创造性地回答了建设什么样的党、怎样建设党的问题，深化了对中国特色社会主义的认识。

"中国共产党必须始终代表中国先进生产力的发展要求，代表中国先进文化的前进方向，代表中国最广大人民的根本利益。"这是对"三个代表"重要思想的集中概括。

——始终代表中国先进生产力的发展要求，就是党的理论、路线、纲领、方针、政策和各项工作，必须努力符合生产力发展的规律，体现不断推动社会生产力的解放和发展的要求，尤其要体现推动先进生产力发展的要求，通过发展生产力不断提高人民群众的生活水平。

——始终代表中国先进文化的前进方向，就是党的理论、路线、纲领、方针、政策和各项工作，必须努力体现发展面向现代化、面向世界、面向未来的，民族的科学的大众的社会主义文化的要求，促进全民族思想道德素质和科学文化素质的不断提高，为我国经济发展和社会进步提供精神动力和智力支持。

——始终代表中国最广大人民的根本利益，就是党的理论、路线、纲领、方针、政策和各项工作，必须坚持把人民的根本利益作为出发点和归宿，充分发挥人民群众的积极性、主动性、创造性，在社会不断发展进步的基础上，使人民群众不断获得切实的经济、政治、文化利益。

"三个代表"是统一的整体，相互联系，相互促进。发展先进生产力，是发展先进文化的基础，是实现最广大人民根本利益的前提；发展先进文化，是发展先进生产力和实现最广大人民根本利益的重要思想保证；发展先进生产力和先进文化，归根到底都是为了实现最广大人民的根本利益，而人民群众则是创造先进生产力和先进文化的主体，也是实现自身利益的根本力量。

"三个代表"重要思想围绕建设中国特色社会主义这个主题，创造性地运用马克思列宁主义、毛泽东思想、邓小平理论，紧密结合新的实践，提出了一系列新思想、新观点、新论断：关于建立社会主义市场经济体制的思想；关于公有制为主体、多种所有制经济共同发展是我国社会主义初级阶段的基本经济制度的思想；关于按劳分配为主体、多种分配方式并存的思想；关于实行全方位对外开放战略的思想；关于社会主义物质文明、政治文明和精神文明协调发展的思想；关于发展是党执政兴国的第一要务的思想；关于正确处理改革发展稳定关系的思想；关于建设社会主义法治国家的思想；关于依法治国和以德治国相结合的思想；关于走中国特色的精兵之路的思想；关于巩固党的阶级基础和扩大党的群众基础的思想；等等。这些思想、观点和论断构成了"三个代表"重要思想的主要内容。

4. "三个代表"重要思想和中国

"三个代表"重要思想作为中国共产党必须长期坚持的指导思想，在理论和实践上都有着重要的历史地位和指导意义。它是中国进入21世纪，在改革开放的基础上，进一步将改革开放推向深入，并且顺利实现中国社会的各项转型的重要思想纲领。

(1) 面向21世纪的中国化的马克思主义

"三个代表" 重要思想继承和发展了马克思主义关于人类社会前进最终是由生产力发展决定的，同时是由先进文化引导的，由人民群众推动的等基本原理，揭示了中国特色社会主义是社会主义市场经济、社会主义民主政治和社会主义先进文化有机统一，社会主义物质文明、政治文明和精神文明全面发展，党领导的伟大事业同党的建设新的伟大工程相互促进的进程。“三个代表”重要思想的形成，表明党对共产党的执政规律、社会主义建设规律和人类社会发展规律的认识，达到了新的理论高度。

(2) 全面建设小康社会的根本指针

党在新世纪新阶段最重要的任务，就是全面建设小康社会。“三个代表”重要思想是指引全党全国人民为实现全面建设小康社会的宏伟目标而奋斗的根本指针。为我们正确科学判断和全面把握国际形势的发展变化、全面把握我国的基本国情和党的历史方位和使命等提供科学理论和科学方法。

(3) 加强和改进党的建设的重要指导思想

“三个代表”重要思想创造性地回答了建设什么样的党、怎样建设党的问题，赋予党的性质、宗旨、指导思想和任务以丰富的时代内容。“三个代表”重要思想为中国共产党在新世纪新阶段提出了新的任务和要求，提供了衡量党执政兴国成败的标准，进一步回答了如何实现党和国家长治久安的问题。坚持贯彻“三个代表”重要思想，必须紧紧围绕新时期党的建设所面临的两大历史性课题，以加强党的执政能力建设为重点，不断提高党的创造力、凝聚力和战斗力，不断巩固党的阶级基础和扩大党的群众基础，永远保持党的先进性。

总之，“三个代表”重要思想是我们党的立党之本、执政之基、力量之源，是指导我们在新世纪加强和改进党的建设，推进社会主义制度的自我完善和发展的强大思想武器。

五、科学发展观

1. 科学发展观的形成和发展

科学发展观，是对中国共产党的三代中央领导集体关于发展的重要思想的继承和发展，是我国当前经济社会发展的重要指导方针，是同马克思列宁主义、毛泽东思想、邓小平理论和“三个代表”重要思想一脉相承又与时俱进的科学理论。

(1) 科学发展观提出的社会历史背景

科学发展观是立足于社会主义初级阶段基本国情，深入分析我国发展的阶段性特征，总结我国发展实践，准确把握世界发展趋势，借鉴国外发展经验，适应新的发展要求提出来的。

社会主义初级阶段的基本国情是提出科学发展观的根本依据。社会主义初级阶段的基本国情理论是党的十三大提出的，强调我国社会已经是社会主义社会，我们必须坚持而不能离开社会主义；同时，我国社会主义还处于初级阶段，我们必须从这个实际出发，而不能超越这个阶段。科学发展观正是基于这样一个基本判断以及对于全面建设小康社会、基本实现现代化的长期性和艰巨性的深刻认识而提出的。

我国新世纪新阶段的阶段性特征是提出科学发展观的现实基础。进入新世纪新阶段，随着经济体制深刻变革、社会结构深刻变动、利益格局深刻调整、思想观念深刻变化，我国经济社会发展呈现出一系列新的阶段性特征，它表明我国已进入发展的关键时期、改革的攻坚时期和社会矛盾的凸显时期。我国发展既存在前所未有的机遇，也面临着严峻的挑战。科学发展观正是在深刻分析我国当前发展中面临的新课题新矛盾的基础上提出的。

当代世界的发展实践和发展理念是提出科学发展观的重要借鉴。进入新世纪之后，在社会发展的过程中，人类已经对社会的发展有了更深刻的认识，发展绝不仅仅是经济增长，而应该是经济、政治、文化、社会全面协调发展，应该是人与自然的和谐发展。科学发展观正是在深刻总结世界发展经验的基础上，顺应当今世界发展的潮流而提出的。

(2) 科学发展观的提出

科学发展观是马克思主义中国化的最新理论成果，它正经历着一个在实践中逐步丰富和发展的过程。2003 年 10 月，党的十六届三中全会通过的《中共中央关于完善社会主义市场经济体制若干问题的决定》指出："坚持以人为本，树立全面、协调、可持续的发展观，促进经济社会和人的全面发展。"这是我们党的文件中第一次提出科学发展观。2004 年 9 月，党的十六届四中全会通过的《关于加强党的执政能力建设的决定》，把树立和落实科学发展观作为提高党的执政能力的重要内容。2005 年 10 月，党的十六届五中全会通过的《中共中央关于制定国民经济和社会发展第十一个五年规划的建议》强调，要坚定不移地以科学发展观统领经济社会发展全局，坚持以人为本，转变发展观念、创新发展模式、提高发展质量，把经济社会发展切实转入全面协调可持续发展的轨道。2006 年 3 月，十届人大四次会议通过的《中华人民共和国国民经济和社会发展第十一个五年规划纲要》指出，"十一五"时期促进国民经济持续快速协调健康发展和社会全面进步，关键要牢固树立和全面落实科学发展观。

2007 年 10 月，胡锦涛在党的十七大报告中进一步深刻阐述了科学发展观的时代背景、科学内涵、精神实质和根本要求。他强调，在新的发展阶段继续全面建设小康社会、发展中国特色社会主义，必须深入贯彻落实科学发展观，增强贯彻落实科学发展观的自觉性和坚定性，把科学发展观贯彻落实到经济社会发展的各个方面，继而党的十七大把科学发展观作为党的指导思想之一写入党章。

2. 科学发展观的主要内容

发展观是人们关于发展的本质、目的、内涵和要求的总的看法和根本观点。科学发展观，第一要义是发展，核心是以人为本，基本要求是全面协调可持续发展，根本方法是统筹兼顾。

科学发展观的第一要义是发展。发展是马克思主义的重要范畴之一，发展生产力是我国社会主义初级阶段的根本任务，发展是硬道理，是党执政兴国的第一要务。但是，作为科学发展观第一要义，发展的内涵、理念、方式需要我们重新认识。首先，发展的内涵不仅仅是指经济的增长，而且还包含政治、文化、社会以及环境的协调发展。此外，发展的理念从由"又快又好"的发展向"又好又快"的转变，在发展中更加重视发展的质量和综合效益。第三，发展的方式要实现从粗放型到集约型发展的转变，依赖技术的进步和管理水平的提高来促进发展，推进经济结构的战略性调整。

科学发展观的核心是以人为本。以人为本就是以最广大人民群众的根本利益为本。坚持以人为本，是中国共产党根据历史唯物主义关于人民群众是历史的创造者、推动历史前进的决定性力量的基本原理提出来的。坚持以人为本，与党提出的始终代表最广大人民的根本利益是完全一致的，与党全心全意为人民服务的根本宗旨和立党为公、执政为民的本质要求是完全一致的。以人为本的“人”，是指最广大人民群众。在当代中国，就是以工人、农民、知识分子等劳动者为主体，包括社会各阶层在内的最广大人民群众。以人为本的“本”，就是根本，就是出发点、落脚点，就是最广大人民的根本利益。坚持以人为本，就要始终把实现好、维护好、发展好最广大人民群众的根本利益作为党和国家一切工作的出发点和落脚点，尊重人民的主体地位，发挥人民的首创精神，保障人民的各项权益，走共同富裕道路，促进人的全面发展，做到发展为人民，发展靠人民，发展成果由人民共享。

科学发展观的基本要求是全面协调可持续发展。全面，是指各个方面都要发展；协调是指各个方面的发展要相互适应，结构和比例合理；可持续，是指发展进程要有持续性、连续性、长期性，尤其要充分考虑到发展给环境和资源带来的压力和后果。因此，科学发展观要求我们全面推进经济、政治、文化、社会的发展，坚持走生产发展、生活富裕、生态良好的文明发展道路，大力建设生态文明，建设要以资源环境承载力为基础、以自然规律为准则、以可持续发展为目标的资源节约型、环境友好型社会。

科学发展观的根本方法是统筹兼顾。统筹兼顾就是既要总揽全局、统筹规划，又要抓住牵动全局的主要工作、事关群众利益的突出问题。这就要求我们必须正确认识和妥善处理中国特色社会主义事业中的重大关系，统筹城乡发展、区域发展、经济社会发展、人与自然和谐发展、国内发展和对外开放的关系，统筹中央和地方关系，统筹个人利益和集体利益、局部利益和整体利益、当前利益和长远利益的关系，充分调动各方面积极性。同时要统筹国内、国际两个大局，树立世界眼光，加强战略思维，善于从国际形势发展变化中把握发展机遇、应对风险挑战，营造良好的国际环境。

3. 科学发展观与中国

科学发展观运用马克思主义世界观和方法论，科学地回答了新世纪新阶段中国面临的“为什么发展”、“为谁发展”、“靠谁发展”和“怎样发展”等一系列重大问题，深刻揭示了中国社会现代化建设的发展道路、发展模式、发展战略、发展目标和发展手段等，是实现中华民族伟大复兴的战略思想。

第一，科学发展观是对马克思列宁主义、毛泽东思想、邓小平理论和“三个代表”重要思想关于发展思想的继承和发展。

人类社会的发展问题特别是社会主义社会的发展问题，是马克思列宁主义理论的重要组成部分。马克思主义认为，生产力是人类社会发展的最终决定力量，社会发展的最终目的是促进社会生产力的发展，使人摆脱物质的束缚，最终实现人的自由而全面的发展。中国共产党的三代中央领导集体在不同的历史条件下，面临着社会发展的不同课题，对社会发展的思想也经历了一个不断深化的过程，无论在实践上还是理论上都做了艰辛的探索。科学发展观正是在继承前人的基础上，运用马克思主义的世界观和方法论，在深刻总结国内外经济社会发展中的经验教训的基础上，从中国当前社会发展面临的诸多问题出发而提出的，进一步回答了“什么是发展”、“为什么发展”和“怎样发展”的重大问题，赋予马克思主义关于发展的理论以新的时代内涵和实践要求。科学发展观是与马克思列宁主义、毛泽东思想、邓小平理论和“三个代表”重要思想关于发展的思想一脉相承而又与时俱进的科学理论，是马克思主义同当代中国实际和时代特征相结合的产物，是马克思主义中国化的最新成果。

第二，科学发展观是马克思主义关于发展的世界观和方法论的集中体现。

科学发展观强调把发展生产力作为社会发展的前提，体现了马克思主义关于生产力发展的人类社会发展的基础的观点。科学发展观的核心是以人为本，体现了马克思主义关于人民是历史发展的主体以及人是社会发展的目的的观点；科学发展观坚持全面发展和协调发展，体现了马克思主义试图超越资本主义社会发展产生的诸多弊端，回归人类社会发展的本质和人的本质的观点。科学发展观将马克思主义的发展观与中国社会发展实践结合起来，丰富和深化了马克思主义的发展观。

第三，科学发展观是实现中华民族复兴的思想纲领和实践指南。

科学发展观是引导中华民族走向可持续发展和复兴的重大战略思想。实现民族复兴，不仅要继续以发展生产力为根本任务，同时还要克服和解决当前社会发展中的诸多不平衡、不协调，并确立发展自己的目的和方式。科学发展观要求我们在融入全球社会化进程中实现民族复兴的战略选择，使我们既能充分地利用世界全球化给我国带来的机遇，同时又要避免重蹈发达资本主义国家的霸权覆辙，实现和平崛起，谋求互利共赢的民族复兴之路。

学习建议

本章作为概论课的开篇，是这门课程的总论部分，是内容最多、分量最重的一章。在把握马克思主义中国化的历史进程及其产生的理论成果时，大家要嵌入到当时中国特定的历史发展阶段去了解和把握，历史感和实践感是把握和领会本章内容的关键。

为了更好地把握本章内容，大家可以相应地进行一些拓展阅读：

著作：《毛泽东自传》、《百年小平》

纪录片：《中国出了个毛泽东》、《邓小平》、《走进新时代》

文献：《中国共产党中央委员会关于建国以来党的若干历史问题的决议》、《解放思想、实事求是、团结一致向前看》

思考题

1. 如何理解马克思主义中国化的重要意义和内涵？

2. 毛泽东思想、邓小平理论、“三个代表”重要思想和科学发展观各自形成发展的时代背景和实践基础、主要内容和历史地位是什么？

3. 如何正确理解马克思主义中国化各个理论成果之间既一脉相承又与时俱进的关系？

第二章　马克思主义中国化理论成果的精髓

不同的世界观和方法论对相同的社会现象会做出不同的判断和分析，并且提出的解决方案也会不同。马克思主义中国化理论成果的研究对象是中国，尽管所处的历史阶段不同、社会主题不同以及历史使命不同，但是它们都是基于同样的思想路线——实事求是的思想路线。实事求是，是马克思主义中国化理论成果的精髓。

本章提要：

- 实事求是思想路线是马克思主义认识路线在马克思主义中国化实践过程中的运用、丰富和发展，是党制定正确的方针政策的前提和基础。

- 在马克思主义中国化的历史进程中，我党经历了一个实事求是思想路线的确立、偏离和重新确立的反复过程。实践证明，实事求是思想路线是我党各项事业成败的重要指针。

- 实事求是内在地包含着一切从实际出发、理论联系实际、在实践中检验真理和发展真理的内容。实事求是是马克思主义中国化理论成果的精髓；解放思想是发展中国特色社会主义的一大法宝。

一、实事求是思想路线的形成、重新确立和发展

1. 思想路线

思想路线，亦称认识路线，指的是人们的认识所遵循的方向、途径、原则和方法。一个政党的思想路线，是指这个政党确定自己的指导思想并支配自己行动的认识路线。解决思想路线问题是党确立正确的政治路线以及各项方针政策的前提和基础。

党的十二大通过的《中国共产党章程》明确指出："党的思想路线是一切从实际出发，理论联系实际，实事求是，在实践中检验真理和发展真理。"这是对思想路线的完整表述。因为实事求是内在地包含着一切从实际出发，理论联系实际，在实践中检验真理和发展真理，因此我们将党的思想路线简称为实事求是思想路线。

2. 实事求是思想路线形成和确立的过程

在中国共产党的历史上，实事求是思想路线的形成和确立，有一个过程。

实事求是作为党的思想路线的确立是在第二次国内革命战争的斗争实践中确立起来的。第二次国内革命战争时期，具有严重教条主义倾向的党的领导人，拒绝中国革命的经验，生吞活剥马克思主义的只言片语，或唯共产国际的指示是从，使中国革命遭受了严重挫折。1937 年，毛泽东在《实践论》和《矛盾论》等著作中，深刻阐述了理论对于实践的依赖关系，以及矛盾的普遍性和特殊性的关系，对党的思想路线作了系统的哲学论证。1938 年，他在党的六届六中全会所作的政治报告中，借用我国传统文化中的"实事求是"来提倡马克思主义同中国实际相结合的科学态度。为了统一全党思想并为制定新民主主义革命的总路线奠定思想基础，在延安整风期间，毛泽东从思想路线的角度，系统地阐述了坚持实事求是的重要性。1941 年 5 月，他在《改造我们的学习》的报告中，对实事求是的科学含义作了马克思主义的界定，而且将能否坚持实事求是，提到了有没有党性或党性纯不纯的高度。此后，毛泽东为中央党校题写了"实事求是"四个字作为校训。经过延安整风和党的七大，实事求是的思想路线在全党得到了确立。

文献导引

在这种态度下，就是不要割断历史。不单是懂得希腊就行了，还要懂得中国；不但要懂得外国革命史，还要懂得中国革命史；不但要懂得中国的今天，还要懂得中国的昨天和前天。在这种态度下，就是不要盲目地去研究马克思列宁主义的理论，要使马克思列宁主义的理论和中国革命的实际运动结合起来，是为着解决中国革命的理论问题和策略问题而去从它找立场，找观点，找方法的。这种态度，就是有的放矢的态度。"的"就是中国革命，"矢"就是马克思列宁主义。我们中国共产党人所以要找这根"矢"，就是为了要射中国革命和东方革命这个"的"的。这种态度，就是实事求是的态度。"实事"就是客观存在着的一切事物，"是"就是客观事物的内部联系，即规律性，"求"就是我们去研究。我们要从国内外、省内外、县内外、区内外的实际情况出发，从其中引出其固有的而不是臆造的规律性，即找出周围事变的内部联系，作为我们行动的向导。

——摘自毛泽东：《改造我们的学习》

新中国成立之初，中国共产党继续坚持实事求是思想路线，用以指导新中国各项事业的建设和发展。在实事求是的基础上，毛泽东通过《论十大关系》、《关于正确处理人民内部矛盾的问题》等著作，初步总结了我国社会主义建设的经验，提出了探索适合中国国情的社会主义建设道路的任务。

由于"左倾"错误思想在党内占据主导地位，我们在社会主义建设中逐渐偏离了实事求是的思想路线，以致发生了"文化大革命"这样的历史悲剧，使得党和国家的建设遭受重大挫折。

"文化大革命"结束后，邓小平首先抓住思想路线的拨乱反正这一关键环节，在大力提倡实事求是的基础上，强调解放思想的重要性，丰富和发展了党的思想路线。在党的十一届三中全会之前,邓小平就以马克思主义者的非凡胆略和科学态度,批评“两个凡是”的错误性,推动了真理标准的大讨论,确立了实践是检验真理的唯一标准这一马克思主义的基本观点。1978 年 12 月,十一届三中全会重新确立了实事求是的思想路线。在重新确立实事求是的思想路线和推进改革开放的进程中,邓小平还进一步丰富和发展了实事求是的思想路线,强调解放思想的极端重要性。他认为,在一切工作中要真正坚持实事求是,首先必须解放思想,只有思想解放了,才能正确地以马克思列宁主义、毛泽东思想为指导,解决过去遗留的问题和新出现的一系列问题。在 1980 年召开的党的十一届五中全会第三次会议上的讲话中邓小平对党的思想路线的内容作了概括,指出:“实事求是,一切从实际出发,理论联系实际,坚持实践是检验真理的标准,这就是我们党的思想路线。”[①]1992 年,江泽民在党的十四大的报告中指出,解放思想,实事求是,是邓小平创立的“建设有中国特色社会主义理论”的精髓,是党永葆蓬勃生机的法宝。

进入 21 世纪,江泽民对新形势下坚持实事求是的思想路线又提出了新的要求。他强调,马克思主义最重要的理论品质是与时俱进。要通过理论创新推动制度创新、科技创新、文化创新以及其他各方面的创新,要不断在实践中探索前进,永不自满,永不懈怠,这是我们要长期坚持的治党治国之道。在党的十六大报告中,他更明确地提出:坚持党的思想路线,解放思想、实事求是、与时俱进,是我们党坚持先进性和增强创造力的决定性因素。

2004 年 1 月,胡锦涛在一次讲话中强调:必须大力弘扬求真务实精神、大兴求真务实之风。他说:越是形势好,越是群众加快发展的积极性高,越要坚持求真务实,越要保持清醒的头脑,越要坚持好的工作作风。在这次讲话中,“求真务实”被提到辩证唯物主义和历史唯物主义一以贯之的科学精神、党的优良传统和共产党人应具备的政治品格的高度,进一步深化了对实事求是思想路线的认识。

案例分析

“两个凡是”PK“实践是检验真理的唯一标准”

1977 年 2 月,《人民日报》、《解放军报》和《红旗》杂志两报一刊发表了题为《学好文件抓好纲》的社论,公开提出:“凡是毛主席作出的决策,我们都坚决维护;凡是毛主席的指示,我们都始终不渝地遵循。”这两句话很快被概括为“两个凡是”,作为当时必须坚持的指导方针。

“两个凡是”的提出当时就引起了党内高层包括邓小平等人的异议,当时文化大革命刚结束,人民的思想仍被文革所束缚,对“两个凡是”并没有公开的异议。但是邓小平等领导人意识到“两个凡是”的提出不仅进一步禁锢了人们的思想,而且也不符合马克思主义及毛泽东本人的思想而提出反对。

1978 年 5 月 10 日,中央党校内部刊物《理论动态》发表了经胡耀邦审阅定稿的《实践是检验真理的唯一标准》一文。5 月 11 日,这篇文章以特约评论员名义在《光明日报》公开发表。一石激起千层浪,这篇文章很快引发了一场全国范围的真理标准问题大讨论,对中国社会发展产生了深远影响。

---

① 《邓小平文选》第 2 卷,人民出版社 1994 年版,第 278 页。

实践检验真理标准的大讨论以“实践派”胜利而告终，“两个凡是”派在中央工作会议上做了检讨。经历了这场真理标准的讨论之后，人们的思想得到了解放，为十一届三中全会成为历史的拐点奠定了思想基础。

思考讨论：

如何理解“真理标准大讨论是我党思想上的一次大解放”？它对于我党实事求是思想路线的重新确立有何影响？

案例分析：

1978 年初的关于真理标准的大讨论是我党、全中国人民的一次思想大解放。真理标准大讨论源于一篇特约评论员文章，所针对的是依旧弥漫在党中央的某些保守、僵化的思想，是上至中共中央高层，下到学生、工人和农民都广泛参与的一次讨论。实践是检验真理的标准这是马克思主义的一个基本原理，但是在文化大革命之后，这还能成为一个问题，本身就反映了当时人们的思想已经被高度的禁锢和僵化，文化大革命时期党的思想路线对实事求是的严重背离。“四人帮”的被打倒，只是在政治上阻止了文化大革命错误路线的继续，但在思想路线上的错误还没有进行清算。真理标准的讨论实际上就是一次关于思想路线的斗争和清算，使我党在思想上开始反思文化大革命以来的错误，并重新回归到实事求是思想路线。

正是因为有了这次由一篇文章引发的真理标准的大讨论，人们的思想得以从原来的禁锢和封闭中解放出来，才有了历史上的原本只是讨论经济问题的“十一届三中全会”成为了一次历史的转折点，才有了在会议中直面错误、敢于批判、参与讨论的勇气。所以说，这次真理标准的讨论为中国历史发展潮流的扭转奠定了思想基础。

二、实事求是思想路线的基本内容

1. 一切从实际出发

从实际出发，就要尊重和承认客观事实，努力排除个人的主观随意性；就要全面地看问题，决不能只见树木不见森林，以偏概全；就要发展地看问题，决不能静止地僵化地看问题；就要把现象当作入门的向导，通过去粗取精、去伪存真、由此及彼、由表及里的科学整理，揭示出事物的本质。我们今天讲一切从实际出发，其中最大的实际就是中国目前正处于并将长期处于社会主义初级阶段。我们想问题，办事情，作决策，都必须从社会主义初级阶段的这个实际出发，而不能脱离这个实际。

2. 理论联系实际

理论联系实际，要求我们既重视用理论指导实践，又重视实践对理论的基础作用。在改革开放的实践中，看准了的，就大胆地试，大胆地闯，在这一过程中，不断地总结经验，对的就坚持，不对的赶快改，新问题出来要抓紧解决。看准问题和正确地总结经验，都需要有科学的理论作指导；而判断是否看准了问题和是否正确地总结了经验的标准，又是实践。

在理论与实际的关系上，中国共产党曾经存在过两种错误倾向：一种是从书本出发，靠照搬照抄马克思列宁主义词句来解决问题的教条主义；另一种是从狭隘经验出发，轻视科学理论的指导作用，满足于一得之功和一孔之见的经验主义。二者的表现形式虽然不同，但都是以理论和实际相脱节为基本特征的主观主义。

3. 实事求是

1941 年，毛泽东在《改造我们的学习》中明确地界定了实事求是的科学含义："'实事'就是客观存在着的一切事物，'是'就是客观事物的内部联系，即规律性，'求'，就是我们去研究。我们要从国内外、省内外、县内外、区内外的实际情况出发，从其中引出其固有的而不是臆造的规律性，即找出周围事变的内部联系，作为我们行动的向导。"①在新的历史条件下，邓小平强调坚持实事求是，就是坚持马克思主义同中国实际相结合。

4. 在实践中检验真理和发展真理

要判断我们是不是做到了实事求是，是不是达到了真理性的认识，其判断的标准只有也只能是实践。毛泽东强调："判定认识或理论之是否真理，不是依主观上觉得如何而定，而是依客观上社会实践的结果如何而定。真理的标准只能是社会的实践。"②邓小平坚决反对"两个凡是"的错误观点，明确指出，实践是检验真理的唯一标准，实践是检验路线、方针、政策是否正确的唯一标准。

从以上思想路线的主要内容来看，实事求是内在地包含一切从实际出发、理论联系实际、在实践中检验真理和发展真理的内容。一切从实际出发，是实事求是思想路线的前提和基础；理论联系实际，是实事求是思想路线的根本途径和方法；在实践中检验真理和发展真理，是实事求是思想路线的验证条件和目的。

实事求是还内在地包含着解放思想、与时俱进、求真务实等内容。要做到实事求是，必须解放思想。邓小平指出：我们讲解放思想，是指在马克思主义的指导下打破习惯势力和主观偏见的束缚，研究新情况，解决新问题。他还说过："解放思想，就是使思想和实际相符合，使主观和客观相符合，就是实事求是。"③做到实事求是，必然要与时俱进。江泽民指出：坚持马克思主义，决不能采取教条主义、本本主义的态度，而应该采取实事求是、与时俱进的科学态度，坚持一切从发展变化着的实际出发，把马克思主义看作是不断随着实践的发展而发展的科学。同样的，要做到实事求是，又必须求真务实。胡锦涛指出：认识规律、把握规律、遵循和运用规律，是坚持求真务实的根本要求。大兴求真务实之风，就是为了使我们在推进各项工作时能够更好地把握规律性、增加主动性、减少盲目性、克服片面性。党在不同时期根据不同实践环境和具体任务，针对在贯彻实事求是的思想路线中存在的突出问题，分别突出强调解放思想、与时俱进、求真务实等，其目的和归宿，都是实事求是。它们既反映了党的思想路线的实质的一脉相承性，又体现了结合实践的发展在具体表现方面的时代特征。

---

① 《毛泽东选集》第3卷，人民出版社 1991 年版，第 801 页。
② 《毛泽东选集》第 1 卷，人民出版社 1991 年版，第 284 页。
③ 《邓小平文选》第 2 卷，人民出版社 1994 年版，第 364 页。

由于实事求是是党的思想路线的实质和核心，我们通常把党的思想路线简明概括为“实事求是”，把党的思想路线称作是“实事求是的思想路线”。

三、实事求是思想路线的重要意义

1. 实事求是是马克思主义中国化理论成果的精髓

所谓精髓，对于某一理论而言，指的是能使这一理论得以形成和发展并贯穿其始终，同时又体现在这一理论体系各个基本观点中的最本质的东西。马克思主义中国化的各个理论成果，其精髓都是实事求是。一方面，正是由于把握和运用了这个精髓，才有毛泽东思想、邓小平理论和“三个代表”重要思想的创立和发展，才有一六大以来的理论创新；另一方面，这个精髓，又体现在马克思主义中国化各个理论成果基本内容的各个方面。

在领导中国革命和建设过程中，以毛泽东为主要代表的中国共产党人所提出的创造性理论，都贯穿着实事求是的思想。毛泽东从中国的实际出发，揭示了中国革命的根本问题是农民问题，农民是革命的主力军，从而创立了新民主主义革命理论。

在改革开放和现代化建设过程中，以邓小平为主要代表的中国共产党人坚持这个精髓，立足于中国基本国情，提出了社会主义初级阶段理论，并围绕着这一基本国情探索出一条有中国特色的社会主义道路。社会主义本质理论、社会主义初级阶段理论、社会主义改革开放理论和社会主义市场经济理论等的形成与发展无不体现了对实事求是这一思想路线的坚持。“三个代表”重要思想和科学发展观的提出也都是基于对实践发展的敏锐把握而产生的。因此，可以说实事求是作为党的思想路线，贯穿于马克思主义中国化的全过程。

此外，实事求是还贯穿于社会主义建设的各个领域，从整体发展战略的制定和调整，到经济、政治、文化和社会、内政外交和治党治国各项政策方针的制定都体现了实事求是这一基本路线。

总之，贯穿于马克思主义中国过程始终的是实事求是。把握了这个精髓，就把握了马克思主义中国化各个理论成果之间的历史联系及其统一的科学思想体系，把握了马克思主义中国化理论成果中的最本质的东西。由于把握了这个精髓，一代又一代马克思主义者在开创和发展社会主义事业的历史进程中，不断解决了新课题，开拓了新境界。

2. 解放思想是发展中国特色社会主义的一大法宝

胡锦涛在十七大报告中指出：解放思想是发展中国特色社会主义的一大法宝，在新的发展阶段必须继续解放思想。所谓解放思想，按照邓小平的话就是“我们讲解放思想，是指在马克思主义指导下打破习惯势力和主观偏见的束缚，研究新情况，解决新问题”。

解放思想是党的思想路线的本质要求，是实现实事求是的前提条件。如果不解放思想，就不可能做到实事求是。因为按照唯物辩证法的观点，万事万物都不是静止不动的，而是处在不断的发展变化之中。今天的事实并不等于明天的事实，因此要做到真正的实事求是，就必须在思想上不断打破原有的认识和判断的束缚，及时把握事物发展的新变化，从而在事物的发展变化中做到实事求是,因此说解放思想是实事求是的前提。但是解放思想不是胡思乱想,必须坚持马克思主义为指导,以客观事实为依据,把实践作为最高权威。解放思想的目的在于实事求是,解放思想是为了达到新的实事求是。如果解放思想脱离了实事求是的轨道,就有可能出现“左”和“右”的错误倾向。因此,解放思想和实事求是是统一的。解放思想通常包括两种情况:一是对原先的认识进行再认识,这其中既有对原先认识中那些正确部分的坚持,也有对原先认识中那些错误部分的纠正;二是在研究新情况、解决新问题、总结新经验的基础上,形成新的认识。

知识拓展

改革开放三十年思想解放回顾

★1978 年:第一次思想大解放拉开序幕。从哲学理念上突破,打破“两个凡是”神话和个人崇拜,属思想观念的转变更新。

★1992 年:第二次思想大解放深入人心。邓小平南巡谈话触动姓“社”姓“资”的问题,这次思想解放是在经济领域突破,打破计划经济崇拜,以生产发展为中心。

★1997 年:第三次思想大解放稳步推进。也在经济领域,江泽民为“公”、“私”定论,但重点在打破所有制的公有崇拜,是在第二次解放基础上更深层次的改革。

解放思想是发展中国特色社会主义的一大法宝,这是因为回顾我们的奋斗历程,特别是改革开放以来的历程,我们在实践上的每一次重大发展,理论上的每一个重大突破,工作上的每一个重大进步,都是解放思想的结果。解放思想是常提常新的事情。在当前国内国际形势下,我国既面临前所未有的发展机遇,同时也将面对巨大的挑战。在这个过程中,更需要我们强调解放思想,深入贯彻落实科学发展观,转变不适应不符合科学发展的思想观念,着力解决影响和制约科学发展观的突出问题。只有坚持解放思想,才能正确地分析和判断当前我国发展中所面临的机遇、挑战和问题,才能把握我国发展面临的新任务新矛盾,开拓中国特色社会主义事业的新局面。

3. 实事求是思想路线是推进理论创新,保持国家兴旺发达的不竭动力

坚持实事求是思想路线,还要大力弘扬与时俱进精神,不断推进理论创新,开拓马克思主义发展的新境界。

与时俱进,就是党的全部理论和工作要体现时代性,把握规律性,富于创造性。党的全部理论和工作的与时俱进,要特别重视理论创新。实践基础上的理论创新是社会发展和变革的先导,要通过理论创新推动制度创新、科技创新、文化创新以及其他各方面的创新,为各个方面的创新提供指导。实现理论创新,必须自觉地把思想认识从那些不合时宜的观念、做法和体制中解放出来,从对马克思主义的错误和教条式的理解中解放出来,从主观主义和形而上学的桎梏中解放出来,使我们的思想和行动更加符合社会主义初级阶段的国情和时代发展的要求。

不过在理论创新问题上要坚持正确的方向和思想方法。要始终坚持马克思主义的指

导，丢掉老祖宗，是错误的、有害的；同时要避免教条式地对待马克思主义。需要注意的是，并非任何标新立异的观点都是理论创新，有的可能是已经被实践否定的旧的理论观点的沉渣泛起，有的可能是适合某些西方发达国家历史发展条件的理论观点的简单照抄，也有的可能仅仅是杜撰的新名词的堆砌和脱离实际的空想。我们需要批判地继承和吸收中国传统文化和外国文化的积极因素，赋予中国传统文化以时代内涵，借鉴国外文化以适合中国的国情。离开本国实际和时代发展来谈马克思主义，没有意义；孤立地静止地研究马克思主义，把马克思主义同它在现实生活中的生动发展割裂开来、对立起来，没有出路。

与此同时，理论创新必须服务于、落脚于实践创新。要对实践过程中出现的新情况、新问题进行研究，同时理论创新也服务于实践，理论创新不是为新而新，而完全是为了研究新情况，解决新问题。理论创新的成果要通过制度创新、科技创新、文化创新以及其他各方面的创新去贯彻落实，并且在贯彻落实的实践中进一步促理论创新得到检验、丰富和发展。

4. 实事求是是坚定不移地走自己道路的指南

坚持实事求是思想路线，就能够在中国革命、建设和改革问题上坚持把马克思主义同中国实际结合起来，坚定不移地走自己的路。

我国在革命和建设中失败的教训都是脱离中国国情，教条地照搬别国的革命及建设模式。毛泽东确立了实事求是的思想路线，并领导我党成功地走出了一条适合中国国情的革命道路。在社会主义建设上，邓小平也是在重新确立实事求是的思想路线的基础上，努力开拓出了一条中国特色的社会主义建设道路。

经过三十多年的改革开放，我国的社会建设已经开始进入到了一个与全球社会现代化同步的新的历史时期和历史阶段，未来社会的发展几乎没有现成的经验和模式可以借鉴，这就更需要我们坚持实事求是的思想路线，坚定不移地走自己的道路，探索出一条中国特色的民族振兴之路。

学习建议

本章是整个概论课的思想论和方法论，是联系整个马克思主义中国化各个理论成果并贯穿始终的一个基本方法。马克思主义中国化的各个理论成果都是基于实事求是这一思想路线的基本方法，对不同历史时期的中国社会发展的矛盾、问题进行分析、判断并提出解决方案而形成的。所以，它也作为马克思主义中国化理论的精髓放在了概论课程内容之首，目的是要求大家掌握实事求是思想路线的基本内容以及实践意义，并以此为主线去领会和把握概论课程的各个内容。

为了更好地把握本章内容，大家可以相应地进行一些拓展阅读：

1. 毛泽东：《反对本本主义》，《毛泽东选集》第1卷，人民出版社1991年版。
2. 毛泽东：《实践论》，《毛泽东选集》第1卷，人民出版社1991年版。
3. 毛泽东：《矛盾论》，《毛泽东选集》第1卷，人民出版社1991年版。
4. 毛泽东：《改造我们的学习》，《毛泽东选集》第3卷，人民出版社1991年版。
5. 邓小平：《解放思想，实事求是，团结一致向前看》，《邓小平文选》第2卷，人民出版社1994年版。

思考题

1. 实事求是思想路线确立和重新确立的历史背景是什么？
2. 实事求是思想路线的基本内容有哪些？如何理解党的思想路线的核心是实事求是？
3. 为什么说实事求是是马克思主义中国化各个理论成果的精髓？
4. 实事求是思想路线在理论和实践上有什么意义？

第三章 新民主主义革命理论

新民主主义革命理论是毛泽东思想的核心，是以毛泽东为主要代表的中国共产党人将马克思主义与中国社会历史相结合而创立的一个独具特色的革命理论。它回答了近现代中国社会所面临的主要矛盾、解决矛盾的途径、手段、依靠力量和革命的前途等一系列问题，并指导中国革命实践突破种种艰难曲折，一步一步走向胜利。

本章提要：

● 新民主主义革命理论是近代中国为救国图强而涌起的各种思潮、方案之一，中国走向新民主主义革命道路是近代中国社会发展道路选择的结果，具有历史的必然性。因为新民主主义革命准确地分析了近代中国社会的性质、面临的主要矛盾，并找到了解决矛盾的主要依靠力量和途径。

● 新民主主义革命的总路线回答了中国革命应该反对谁、依靠谁和团结谁等一系列革命中的根本问题。这是新民主主义革命不同于其他革命主张之处，也是新民主主义革命能够走向胜利的关键。

● 新民主主义的基本纲领是对总路线的贯彻和落实，是对“如何打倒、如何团结、如何依靠”在政治、经济和文化方面的具体落实。

● 中国革命走农村包围城市、武装夺取政权道路是在充分地结合中国具体社会发展条件和中国革命实践的基础上，探索出来的一条独具中国特色的革命道路，是对马克思主义无产阶级革命理论的独创性发展。

● 武装斗争、统一战线和党的建设是中国共产党在革命中积累和形成的克敌制胜、以少胜多、以弱胜强的三大法宝，是新民主主义革命的基本经验。

一、近代中国国情和历史任务

“认清中国国情，乃是认清一切革命的基本的依据。”①中国共产党要在这样一个落后的东方大国里领导人民革命并取得胜利，就必须认清这一基本国情，深入了解中国革命的历

① 《毛泽东选集》第 2 卷，第631–633 页。

史特点和时代特征。

1. 近代中国的性质

近代中国是一个半殖民半封建社会。1840年鸦片战争前,中国是一个独立的封建国家,随着封建社会内部商品经济的产生和发展,已经孕育着资本主义的萌芽。鸦片战争战败之后,中国一步步被纳入整个世界资本主义体系。1895年中日甲午战争败于日本后,中国便完全进入了一个以西方政治和霸权为主导的时代。此时,西方列强已经纷纷入侵中国,操纵控制了中国的政治、经济和军事命脉,使中国从一个主权国家沦为一个名义上独立、实际上不独立的半殖民地国家。虽然资本主义经济已经萌芽,但封建经济仍然占统治地位,所以,中国又从一个封建的国家变成了一个半封建的国家,即通常所说的半殖民地半封建社会。

2. 近代中国社会的特点

近代中国是一个半封建半殖民地社会,它既不同于鸦片战争前的封建社会,又不同于一般的资本主义社会,其基本特点是:

第一,帝国主义侵略势力日益成为统治中国的决定性力量。帝国主义列强以武力打败中国,强迫政府签订不平等条约,从政治、经济、文化各方面控制中国,成为近代中国一切灾难和祸害的总根源,也是阻碍中国社会发展的根本原因。

第二,中国的封建势力已经同帝国主义侵略势力狼狈为奸,互相勾结成为帝国主义奴役近代中国的社会基础。封建势力对外勾结帝国主义,对内残酷剥削人民,是近代中国最反动的势力。皇帝和贵族的专制政权被推翻了,代之而起的是地主阶级的军阀官僚统治,接着是地主阶级和大资产阶级联盟的专政,它们是近代中国最反动,最黑暗的势力。

第三,中国政治、经济、文化的发展表现出极端的不平衡。同时帝国主义列强在中国划分势力范围,实行分裂、剥削政策,加上中国地域广大,造成中国实际上长期陷入四分五裂的状态。

第四,封建社会自给自足的自然经济基础遭到破坏,但封建地主阶级的根基并没有动摇,封建地主以及新兴的买办资本和高利贷资本在中国社会的经济生活中,占据着明显的优势。

第五,民族资本主义有了某些发展,并开始影响中国政治、文化生活,但中国民族资本主义是在夹缝中产生和发展起来的,经济地位脆弱,始终没有成为中国社会经济的主要形式。

第六,在帝国主义和封建主义的双重压迫下,中国广大群众尤其是农民群众,日益贫困以致大批破产。中国人民经济上的贫困和政治上的不自由程度,是世界上少见的。

近代中国半殖民地半封建的社会性质和特点,决定了社会主要矛盾是帝国主义和中华民族的矛盾、封建主义和人民大众的矛盾。而帝国主义和中华民族的矛盾,又是各种矛盾中最主要的矛盾。

3. 近代中国社会的主题和历史任务

中国是一个具有悠久而辉煌历史的东方大国,在经济、政治和文化上都曾经领先于世界近千年历史，从而也确立了牢固的传统社会结构。但是中国人民大国强国的幻梦随着鸦片战争的炮响而灰飞烟灭，就像一个长期占优势的成年文明突然发现自己在世界上处于未成年的地位。于是，迎接西方资本主义社会的挑战，适应世界发展的潮流，扭转自清末开始的中国衰败的局面，把中国引向富强，实现中国的现代化，成为了整个近现代中国社会运动的主题。

近现代中国各种社会运动和思潮的中心主题一为图强：近代中国对外战争的一系列战败给中国人带来了空前的屈辱，与已经完成工业技术革命的西方社会的船坚利炮相比，中国人民强烈地感受到了中国军事和技术上的衰弱。中国人普遍认为军事上和生产技术上的落后和弱小是中国无法抵抗西方列强、政治上饱受屈辱的直接原因。因此，转变民族危亡必先图强。

近现代中国各种社会运动和思潮的中心主题二为求富：进入近代，中国传统的农业经济生产方式已经难以支撑膨大的腐败的封建官僚机制，加上外国侵略而签订的一系列赔款割地条约，使原本危机四伏的经济面临崩溃的边缘。在传统经济生产方式下，绝大多数中国人至多勉强维持生存而几近饥寒的边缘。战争赔款等使得清政府的财政也频临崩溃，绝大多数中国人的生存进一步受到威胁，更无福利增长的可能。因此，追求一个经济平等、人人富足的社会成为近代中国诸多思潮和社会运动的理想。

此外，如何看待西方资本主义制度以及文化成为整个近现代中国社会发展思潮及运动不可回避的主题之一。中国是在西方资本主义资本扩张的驱动下被迫卷入到了现代化的进程之中的，中国传统的封闭的政治、经济、社会秩序和价值观念都受到了前所未有的挑战。如何对待西方政治、经济、文化是各个运动和思潮必须要面对的问题。

4. 近代中国社会发展道路的选择

围绕着国家民族富强这一主题，自清末以来，多少仁人志士为此进行了艰辛的探索，受到各种历史条件的限制，近代中国在这些艰难的探索中演变出了一条异常艰难曲折的社会发展道路。

(1) 洋务救国

第二次鸦片战争后，清朝内外交困。统治集团内部一些较为开明的官员主张利用西方先进的生产技术，强兵富国，摆脱困境，维护清朝统治。他们认为只要在原有的制度中加进一些西洋先进技术，就可以自主自强，封建统治便可长治久安，主要代表人物有：曾国藩、李鸿章、左宗棠、张之洞等，他们主张引进、仿造西方的武器装备和学习西方的科学技术，创设近代企业，兴办洋务，史称洋务运动。洋务运动以“自强”为名，兴办军事工业，在 1884 年初步建立起南洋、北洋和福建海军，扩建北洋舰队，修建旅顺船坞和威海卫军港。在“求富”的口号下，采取官办、官督商办和官商合办等方式，开办轮船招商局、开平矿务局、天津电报局、唐山胥各庄铁路、上海机器织布局等民用企业。虽然洋务运动对推进中国从传统社会走向现代社会起到了一定积极的作用，但是洋务派认为中国问题主要是在技艺层面，想求其表而不动其根的方式解救国家和民族危机的期望最终因中日甲午战争北洋舰队的全军覆没而宣告破灭。

(2) 君宪救国

洋务运动失败之后，清朝一些爱国知识分子意识到，中国贫弱不仅仅是表现在经济和军事上，更表现在政治上，所以解救中国危机必须要寻求政治制度上的变革。以康有为、梁启超为代表的变法派认为中国应该效法日本明治维新，建立君主立宪政体，发展资本主义。当时光绪帝根据康有为等人的建议，在百日维新期间颁布了几十道新政诏令，这些诏令涉及政治、经济、军事及文教领域，如：广开言路，精简官僚机构，取消旗人的寄生特权，准其自谋生计，改革科举制度，废除八股，准许民间创立报馆、学会等，变法的最终目的就是在中国建立君主立宪制。但是维新变法因其求速求全的激进变革得罪了大部分的官僚阶层而遭到官僚阶层的阻挠，同时又将变革之期望完全寄托在光绪皇帝一个人身上，而导致了变法的失败。事后，虽然镇压维新变法的慈禧太后也尝试了政治上的变法，推行了具有立宪倾向的新政，但是仍未能挽救清朝灭亡的败局。变法的失败使中国失去了在原有体制下实行改革的机会，代之而起的是主张激烈变革，推翻原有制度和政府的革命者。

(3) 立宪救国

1911 年，孙中山领导的辛亥革命推翻了统治中国几千年的封建帝制。辛亥革命开启了民主共和新纪元，建立了中国历史上第一个没有皇帝的民国政府。1912 年元月，南京临时政府成立，孙中山任临时大总统，并颁布了《临时约法》。根据《临时约法》的规定，孙中山拟在中国建立共和立宪的政体，首先在全国范围内进行国会选举，由国会选举获胜的政党组建内阁，并颁布和修改《宪法》，内阁制约总统的权力。孙中山满心期望这样的制度设计能够使中国走向富强，也不惜将总统之职拱手让予袁世凯，以为有了一部宪法、一个国会和一个总统，民族危机的解除指日可待。但是，中国“立宪共和”的实践再次使我们认识到了中国民主革命的复杂和曲折。袁世凯变成了一个任期十年，且无任届限制的独裁总统，国会总理如走马灯般的换人，不仅民主、自由、平等的中国遥遥无期，而且国家政治更陷入军阀混战，四分五裂的乱局之中。尽管孙中山试图再次发动革命以挽救败局，但已无力回天了。辛亥革命虽然推翻了帝制，却未能建立一个政权统一的政府。

从鸦片战争到第一次世界大战结束，中国人民在寻求富强的道路上几经风雨，几历风霜，曾经进行过多次不屈不挠的英勇斗争，无数仁人志士苦苦探索救国救民的道路。这些斗争和探索，每一次都对推动中国社会走向进步产生了一定的积极作用，但每一次都摆脱不了失败的命运。从总体上来看，无论是维新变法、革命还是启蒙，其目的都是要把中国改造成为一个资产阶级共和国。

案例分析

阿 Q 正传(节选)

阿 Q 没有家，住在未庄的土谷祠里；也没有固定的职业，只给人家做短工，割麦便割麦，舂米便舂米，撑船便撑船。

革命却使百里闻名的举人老爷有这样怕，于是阿 Q 未免也有些“神往”了，“革命也好罢，”阿 Q 想，“革这伙妈妈的命，太可恶！太可恨！……便是我，也要投降革命党了。”

据传来的消息，知道革命党虽然进了城，倒还没有什么大异样。知县大老爷还是原官，不过改称了什么，而且举人老爷也做了什么——这些名目，未庄人都说不明白——官，带兵的也还是先前的老把总。只有一件可怕的事是另有几个不好的革命党夹在里面捣乱，第二天便动手剪辫子。

阿Q的生活，倒也并不比造反之前艰难，人见他也客气，店铺也不说要现钱。而阿Q总觉得自己太失意：既然革了命，不应该只是这样的。

思考讨论：

分析阿Q的阶级地位，并通过比较辛亥革命前后阿Q地位的变化来分析辛亥革命对中国社会所产生的影响。

案例分析：

阿Q是鲁迅创作出来的一个典型，代表的是处于中国社会最底层的普通大众的形象，他是无地的佃农，靠出卖劳动力为生。阿Q作为中国传统农业社会佃农的代表人物，具有这个阶层群体的共同特征。他们对自身的生存状况和社会状况存在不满情绪，但却又不知道如何通过实践去改变自己的命运。他们具有革命的主观意愿，但却缺乏革命行动的主动性。

鲁迅这一段的描写非常深刻地揭露出辛亥革命的局限性。阿Q本对革命充满了向往，期望革命后自己的命运会有所改观，甚至以为自此就能和赵老爷来个乾坤颠倒，可见阿Q对革命的认知依然非常肤浅，依然是封建社会农民造反起义的革命观，对于现代资产阶级革命并没有基本的认识。而革命后的结局让阿Q也非常失望，知县老爷只是换了个官名，说明封建社会的士绅阶层的地位并未在辛亥革命后动摇，辛亥革命也并未给阿Q这样的人物带来命运的转机。这段描写暗示着辛亥革命的失败，尽管革命废除了帝制，但传统中国封建社会的根基并未动摇。

二、新民主主义革命理论的形成

1. 新民主主义革命理论形成的时代特征

十九世纪末二十世纪初，战争与革命成为时代的主题。一方面西方资本主义社会内部矛盾不断激化，工人运动此起彼伏，而为了解决国内矛盾，实现资本扩张，他们正在全球大张旗鼓地发动各种侵略和掠夺战争；另一方面，被侵略的国家为了抗击殖民侵略和维持自己的生存，国家内部正在爆发各种民族解放和革命运动。这构成了新民主主义革命理论形成的时代背景。

1917年俄国十月社会主义革命开辟了一个新革命道路，展现了人类历史的一个新的选择。第一次世界大战爆发之前，西方资本主义社会是近代政治思想和制度的发源地，大家都把西方的制度与文明视为当然的学习典范。然而，资本主义世界随后多次出现的经济危机，尤其是第一次世界大战所带来的前所未有的破坏给西方式的乐观和自信以沉重的打击，西方社会兴起的各种反资本主义浪潮，也使得中国思想界重新开始思考社会公平、正义等基本理念。俄国十月革命的胜利，改变了整个世界历史的方向，开辟了世界无产阶级社会主义革命的新纪元，标志着人类历史开始了由资本主义向社会主义转变的进程，给中国革命提供了一条崭新的道路。

2. 新民主主义革命理论形成的基础与条件

二十世纪兴起的新文化运动和马克思主义在中国的传播奠定了新民主主义革命理论的思想基础。新文化运动是对之前各种社会变革方案的反思,它认为国家的改造要先从改造国民的思想做起。新文化运动在思想文化领域里发动了一场比辛亥革命时期更为猛烈的反封建的运动。各种各样的西方思潮都在这个时期被介绍到中国,在近代中国起到了思想启蒙的作用。马克思主义就是在这样的背景下传入中国的。马克思主义作为社会主义思潮的一种,以"互助"的观念取代了"竞争"的观念,将关注的对象投注到广大劳工大众身上,马克思主义的唯物史观和阶级斗争理论为中国革命找到了依靠的力量和前进的道路。

中国社会的阶级状况是新民主主义革命形成的阶级基础。近代中国资本主义的发展,促生了中国的工人阶级。1919 年五四运动前夕中国的工人阶级队伍已经达到了 200 万左右,工人阶级的成长壮大,为中国共产党的创建提供了阶级基础。此外,中国封建经济频临崩溃的边缘,广大农民阶级受到封建地主、官僚和帝国主义的三重压迫,其生存状况日益受到挤压,是工人阶级的后备军,成为了中国革命的主力军。

中国共产党领导的工农革命是新民主主义革命理论形成的客观基础。新民主主义革命理论不是凭空产生的,而是中国革命实践经验的概括和总结。近代中国经历的各种民族自强运动和改良主义、旧式的农民战争、资产阶级革命派领导的民主革命因为都没有抓住中国社会的主要矛盾,因此也不能为中国找到真正的出路。但这些实践为中国革命新道路的探索奠定了基础。此外,中国共产党领导的工农革命也并非一帆风顺,由于对革命规律、革命依靠力量和革命的道路以及具体的革命战略方针等问题的错误认识,中国共产党也付出了惨痛的教训。这些经验和教训为新民主主义革命理论的确立奠定了实践基础。

3. 新民主主义革命理论形成的过程

新民主主义革命理论是中国共产党围绕着革命中应该主要打倒谁、依靠谁、团结谁等一系列问题,在具体革命实践中不断总结经验和教训,逐步形成和发展起来的。

中国共产党成立后,开始把马克思主义与中国革命具体实际相结合,掀起了中国工人运动的第一次高潮。党的二大明确提出了反帝反封建的纲领。第一次国共合作的失败使得中国共产党认识到武装斗争和革命领导权的重要性。党的四大第一次明确提出了坚持无产阶级领导权和农民同盟军的思想。1926 年前后,党逐步形成了新民主主义革命的基本思想。

1927 年大革命失败后,毛泽东对党成立以来、尤其是大革命时期的经验进行了比较系统的总结,对中国革命的新道路进行了艰辛探索。在党的八七会议上,毛泽东总结大革命失败的教训,提出了"须知政权是由枪杆子中取得的"[①]著名论断。在创建农村革命根据地的过程中,毛泽东论述了中国红色政权存在和发展的原因及其条件;总结了实行"工农武装割据"的经验;提出中国革命应当先占领乡村、后夺取城市的战略,初步形成了农村包围城市,

① 《毛泽东文集》第 1 卷,人民出版社1993 年版,第 47 页。

武装夺取政权这一具有中国特色的民主革命道路理论。

到抗日战争时期,中国革命经过了北伐战争的失败,也经过了土地革命战争的胜利和第五次反“围剿”战争的失败,积累了丰富的实践经验。经过对这些经验和教训的总结和吸取,在遵义会议以后,中国民主革命开始再次走向新的胜利。在这个时期毛泽东系统总结了中国革命的实践经验,对新民主主义革命的基本问题、新民主主义革命的三大法宝、新民主主义的基本纲领、人民军队建设、革命根据地建设和党的建设等问题进行论述,使新民主主义革命理论达到了成熟。

抗日战争胜利后,围绕着在中国需要建立一个什么样的国家的问题,代表中国地主阶级和官僚资产阶级利益的国民党同代表中国无产阶级和人民大众利益的共产党展开了两种命运、两种前途的战略决战,两党在政治、军事等各方面进行了激烈的较量。这场较量以共产党领导人民取得解放战争的胜利、建立新中国而告结束。党和毛泽东总结中国革命尤其是解放战争以来的新经验,完整地表述了新民主主义革命的总路线,提出了从新民主主义向社会主义转变的思想。新中国成立前夕,毛泽东系统论述了人民民主专政的思想,指出人民民主专政是中国革命的主要经验和主要纲领,为新中国的成立奠定了理论基础。

三、新民主主义革命的总路线

1939年毛泽东在《中国革命和中国共产党》一文中,第一次提出了新民主主义革命的科学概念和总路线的基本内容。1948年,他在《在晋绥干部会议上的讲话》中完整地表述了总路线的内容,即无产阶级领导的,人民大众的,反对帝国主义、封建主义和官僚资本主义的革命。中国共产党在新民主主义革命时期的总路线,是在总结新民主主义革命实践经验的基础上制定的,它反映了中国革命的基本规律,指明了中国革命的对象、动力、领导力量、依靠力量和发展前途。

1. 新民主主义革命的对象

分清敌友,这是革命的首要问题。近代中国社会的性质和主要矛盾,决定了中国革命的主要敌人,就是帝国主义、封建主义和官僚资本主义。

帝国主义是中国革命的首要对象,是中国人民第一个和最凶恶的敌人。近代中国所遭受的最大的压迫是来自帝国主义的民族压迫。帝国主义发动的一系列侵略战争,给中华民族带来了无尽的战祸和灾难,使近代中国变成了半殖民地半封建的社会,是近代中国贫困落后和一切灾祸的总根源。推翻帝国主义的压迫是中国走向独立和富强的前提。

在近代中国社会里,封建制度是帝国主义统治中国和封建军阀实行专制统治的社会基础。地主阶级的政治统治也是中国经济现代化和政治民主化的主要障碍。反对封建主义,从根本上说,就是要在经济上消灭封建制度,在政治上消灭军阀的专制统治,消灭地主阶级,解放生产力,为中国的经济现代化和政治民主化创造条件。

帝国主义和封建主义相互勾结,残酷地压迫和掠夺中国人民,严重地阻碍了中国社会向前发展。中国革命“主要的就是打击这两个敌人,就是对外推翻帝国主义压迫的民族革命和对内推翻封建地主压迫的民主革命，而最主要的任务是推翻帝国主义的民族革命。”①民族革命和民主革命两个基本任务，既是相互区别，又是相互统一的。帝国主义是封建地主阶级的靠山，如果不推翻帝国主义的统治，就不能消灭封建地主阶级的统治。反之，地主阶级是帝国主义统治中国的主要社会基础，如果不推翻地主阶级，就不能彻底铲除封建制度的根基，从而组织起强大的革命队伍，推翻帝国主义在中国的统治。

官僚资本主义是依靠帝国主义、勾结封建势力、利用国家政权力量而发展起来的买办的封建的国家垄断资本主义。它背靠帝国主义，通过国家垄断金融机构，滥发纸币和国债而疯狂侵吞社会财富，通过建立国家专卖制度控制大量商品和物资而大肆牟取暴利，通过超经济的特权垄断一些行业的经营权而压迫和兼并私人资本主义企业。官僚资本主义对广大劳动人民的残酷剥削和对民族工商业的巧取豪夺，严重地束缚了中国社会生产力的发展，因此也是中国革命的对象。

从总体上说，中国革命的对象是帝国主义、封建主义和官僚资本主义，它们是压在中国人民头上的三座大山。但是，在不同历史阶段，随着社会主要矛盾的变化，集中反对的主要敌人会有所不同。在国共合作的大革命时期，革命的主要对象是帝国主义支持下的北洋军阀；在土地革命战争时期，革命的主要对象是国民党新军阀；在抗日战争时期，革命的主要对象是日本帝国主义；在解放战争时期，革命的主要对象是美帝国主义支持下的国民党反动派。

2. 新民主主义革命的动力

新民主主义革命的动力是工人阶级、农民阶级、城市小资产阶级和民族资产阶级，而根本的动力是工人和农民。“中国无产阶级、农民、知识分子和其他小资产阶级，乃是决定国家命运的基本势力。”②

中国无产阶级是中国革命最基本的动力。无产阶级是中国沦为半殖民地半封建社会过程中，最早出现的一个新的社会阶级。它不但是伴随着中国民族工业的产生、发展而产生，而且是伴随着外国资本主义在中国直接经营的企业而产生。中国无产阶级是新的社会生产力的代表，是近代中国最进步的阶级。

农民是中国革命的主力军，是无产阶级最可靠的同盟军。在半殖民地半封建的中国社会里，农民占全国总人口的80%以上，他们深受帝国主义、封建主义和官僚资本主义的压迫和剥削，具有强烈的反帝反封建的革命要求。农民问题是中国革命的基本问题，新民主主义革命实质上就是中国共产党领导下的农民革命，中国革命战争实质上就是党领导下的农民战争。工人阶级只有与农民结成巩固的联盟，才能形成强大的力量，才能完成反帝反封建的革命任务。工人阶级对于农民的领导，是实现革命领导权的基础。没有工人阶级及其政党的领导，农民的革命动力作用也就无法充分发挥。

知识拓展

李立三路线：李立三是中国共产党早期领导人之一，是工人运动的领袖，领导了安源大罢

---

① 《毛泽东选集》第2卷，人民出版社1991年版，第637页。

② 《毛泽东选集》第2卷，人民出版社1991年版，第674页。

工和五卅运动。1930年李立三主持中央工作期间，国内爆发了蒋介石同其他几派军阀的大混战，李立三错误地估计了形势，认为可以乘机夺取全国的胜利，于是从6月至9月间，要求各大城市的地下党都组织暴动，调动全国红军攻打大城市。他部署了南京、上海、武汉的武装起义，虽然当时南京的党员只有210名。他著名的口号是‘会师武汉，饮马长江”。这一盲动路线在实践中很快碰壁，红军和地下党组织都受到很大损失。历史上将这一错误做法称为李立三路线。李立三的错误就在于错误地夸大了工人阶级的实力，犯了冒进主义的错误。

城市小资产阶级，包括广大的知识分子、小商人、手工业者和自由职业者，同样受帝国主义、封建主义和官僚资本主义的压迫。因此，城市小资产阶级同样是中国革命的动力之一。

民族资产阶级是一个带有两面性的阶级。一方面，民族资产阶级既受帝国主义的压迫，又受封建主义的束缚，他们同帝国主义和封建主义有矛盾，是革命的力量之一；另一方面，由于他们在经济上和政治上与帝国主义和封建主义有着千丝万缕的联系，没有彻底的反帝反封建的勇气，在革命的关键时刻表现出明显的摇摆性。民族资产阶级的这种两重性，决定了他们在一定时期内和一定程度上能够参加反帝反封建的革命。同时，也有可能跟在官僚资产阶级后面反对革命。因此，他们虽然也是新民主主义革命的动力之一，但既不能充当革命的主要力量，更不可能是革命的领导力量。中国共产党对民族资产阶级的态度是，在政治上争取他们，对其动摇性和妥协性进行批评和斗争；在经济上实行保护民族工商业的政策，采取又联合又斗争的政策。这种做法是合乎实际的，是争取革命胜利的需要。

3. 新民主主义革命的领导阶级

无产阶级的领导权是中国革命的中心问题，也是新民主主义革命理论的核心问题。区别新旧两种不同范畴的民主主义革命，根本的标志是革命的领导权掌握在无产阶级手中还是掌握在资产阶级手中。

无产阶级及其政党的领导，是中国革命取得胜利的根本保证。新民主主义革命不能由任何别的阶级和任何别的政党来领导，只能也必须由无产阶级及其政党来领导。无产阶级的领导，是中国革命取得胜利的根本保证。

无产阶级对中国革命的领导是通过自己的政党来实现的。无产阶级只有在其政党的领导下，才能完成自己的历史使命。无产阶级实现领导权的关键是建立以工农联盟为基础的广泛的统一战线。中国的新民主主义革命，实质上就是无产阶级领导下的农民革命。无产阶级在同资产阶级建立统一战线时，必须坚持独立自主的原则，保持党在思想上、政治上和组织上的独立性，实行又联合又斗争的方针，这是坚持领导权的基本策略。无产阶级要保持在民主革命中的领导权，必须建立和发展人民的革命武装力量，坚持党指挥枪的原则。建立一支无产阶级领导的以农民为主体的强大的革命武装，是保证领导权的坚强支柱。加强无产阶级政党的建设，是实现领导权的根本保证。

4. 新民主主义革命的性质和前途

近代中国半殖民地半封建社会的性质和中国革命的历史任务，决定了中国革命的性质不是无产阶级的社会主义革命，而是资产阶级民主主义革命。革命的任务是为了推翻帝国主义和封建主义的民族革命和民主革命，资产阶级仍然参与到革命之中，革命的经济政策不是一般地废除私有财产，而是一般地保护私有财产，具体地说就是要把封建地主土地私有制变为农民土地所有制，为民族资本主义的发展扫清道路并保护之，所以，现阶段中国革命的性质，就不是无产阶级社会主义革命，而是资产阶级民主主义革命。但是，中国革命已不是旧式的、一般的资产阶级民主主义的革命，而是新的民主主义革命。

新民主主义革命与旧民主主义革命相比有其新的内容和特点，集中表现在：中国革命处于世界无产阶级社会主义革命的时代；革命的领导力量是中国无产阶级及其先锋队——中国共产党；革命的指导思想是马克思列宁主义；革命的前途是社会主义而不是资本主义。

新民主主义革命与社会主义革命性质不同。新民主主义革命仍然属于资产阶级民主主义的革命范畴，它推翻帝国主义、封建主义和官僚资本主义的反动统治，在政治上争取和联合民族资产阶级去反对共同的敌人；在经济上保护民族工商业，容许有利于国计民生的私人资本主义发展。它要建立的是无产阶级领导的各革命阶级的联合专政，而不是无产阶级专政。社会主义革命是无产阶级性质的革命，它所要实现的目标是消灭资本主义剥削制度和改造小生产的私有制。

新民主主义革命与社会主义革命又是互相联系、紧密衔接的，中间不容横插一个资产阶级专政。毛泽东把新民主主义革命和社会主义革命比喻为文章的上篇和下篇。“两篇文章，上篇与下篇，只有上篇做好，下篇才能做好。坚决地领导民主革命，是争取社会主义胜利的条件。”[①]“民主主义革命是社会主义革命的必要准备，社会主义革命是民主主义革命的必然趋势。”[②]只有认清民主主义革命和社会主义革命的区别，同时又认清两者的联系，才能正确地领导中国革命。

在党的历史上，“左”倾教条主义的“一次革命论”的错误在于，只看到了民主革命与社会主义革命的联系，而混淆了民主革命和社会主义革命的区别，主张把社会主义革命阶段的任务放在民主革命阶段来完成，在反帝反封建的同时，也反对民族资产阶级，在政治上和经济上实行“左”的政策，使中国革命蒙受了重大损失。而右的“二次革命论”的错误在于，只看到了民主革命和社会主义革命的区别，而没有看到两个革命阶段的联系，主张在民主革命胜利后，建立一个资产阶级专政的资本主义国家，将来再去进行社会主义革命，放弃党对民主革命的领导权，同样使中国革命遭受了严重损失。

知识拓展

二次革命理论：陈独秀的“二次革命理论”形成于1922—1924年，以其发表的《资产阶级的革命和革命的资产阶级》、《中国的国民革命与社会各阶级》两篇理论性文章为标志。陈独秀认为中国革命既然是资产阶级的民主革命，就应由资产阶级领导，无产阶级只能站在消极的帮助地位，民主革命的胜利，自然是资产阶级握得政权，发展资本主义，无产阶级只不过“获得若干自由及扩大自己的能力之机会”。只有等到资本主义发达起来了，无产阶级才可能进行本阶级的社会主义革命，即第二次革命。

---

① 《毛泽东选集》第1卷，人民出版社1991年版，第276页。
② 《毛泽东选集》第2卷，人民出版社1991年版，第651页。

四、新民主主义的基本纲领

新民主主义的基本纲领是新民主主义革命总路线的具体展开和体现，它为新民主主义革命指明了具体奋斗目标。1945 年，毛泽东在党的七大所作的《论联合政府》的政治报告中，具体阐述了新民主主义的政治、经济和文化纲领。

1. 新民主主义的政治纲领

新民主主义政治纲领的基本内容是：推翻帝国主义和封建主义的统治，建立一个无产阶级领导的、以工农联盟为基础的、各革命阶级联合专政的新民主主义的共和国。新民主主义共和国既不同于欧美式的资产阶级专政的共和国，又和苏联式的无产阶级专政的社会主义共和国相区别。

新民主主义国家的国体是无产阶级领导的以工农联盟为基础，包括小资产阶级、民族资产阶级和其他反帝反封建的人们在内的各革命阶级的联合专政。新民主主义共和国所采取的国家政权形式是几个革命阶级的联合专政——人民民主专政。与新民主主义国体相适应的政体是实行民主集中制的人民代表大会制度。新民主主义国家的国体决定了人民当家作主，由人民行使管理国家的一切权力，这是新民主主义国家制度的核心内容和基本准则，而人民代表大会制度能够最直接、最全面地体现这一核心内容和准则。总之，国体——各革命阶级联合专政，政体——民主集中制的人民代表大会制度，这就是新民主主义政治。

案例分析

1937 年陕甘宁边区选举

抗日战争给各敌后根据地带来一段较长时间的相对稳定阶段，使抗日民主政权能够重视选举制度的建设，特别是陕甘宁边区，被喻为是新中国的雏形。1935 年 10 月，陕甘宁边区率先实行普遍的民主选举运动，力争建设模范的抗日民主政权。遵照中共中央制定的选举政策，陕甘宁边区政府相继颁布了一系列选举法规。关于规定选举的基本原则和程序的法规有：《陕甘宁边区选举条例》、《陕甘宁边区各级参议会选举条例》等。《陕甘宁边区选举条例》规定："凡居住在陕甘宁边区区域的人民，在选举之日，年满 16 岁的，无论男女、宗教、民族、财产、文化的区别，都有选举权和被选举权。"由此可见，边区的选举权和被选举权是极为广泛的。乡代表、区议员、县议员、特区议员，都是选民直接选出。组建的政权按照"三三制"的原则分配人员。1939 年 1 月 17 日至 2 月 4 日，陕甘宁边区经过第一次民主选举召开的首届参议会，到会的参议员就不仅包括有共产党员，而且还有国民党员和无党派人士。他们中不仅有工人、农民、小资产阶级知识分子，而且还有商人、地主、名流学者和自由职业者。通过选举产生的边区参议会和边区政府机构中，都有不少党外人士领导人。

思考讨论：

从陕甘宁边区选举制度看新民主主义时期政治纲领及其意义。

案例分析：

新民主主义时期的政治纲领是建立一个无产阶级领导的、以工农联盟为基础的各革命阶级联合专政的新民主主义共和国。革命阶级联合专政包括小资产阶级、民族资产阶级和其他反帝反封建的各革命阶级的联合。陕甘宁边区的选举就是对新民主主义政治纲领的具体贯彻和执行，组建政权时按照"三三制"原则就是各革命阶级联合专政的体现。在全民抗战之际，陕甘宁边区的民主选举和政权中对民主党派的包容性与国民党政府一党独裁的姿态形成了鲜明的对照，获得了大量民主人士的认同和赞许。

陕甘宁边区的民主政治尝试奠定了新中国民主政治的雏形。其选举制度更是人民代表大会制度的雏形。陕甘宁边区的民主政治的尝试对抗战动员、推动全国的政治民主化进程及带动其他方面的民主进程起了巨大的推动作用，使中国共产党宣扬的民主理念民主价值得到落实，在全国民众心目中进一步树立起我党的良好形象。

2. 新民主主义的经济纲领

新民主主义经济纲领的主要内容是：没收封建地主阶级的土地归农民所有，没收官僚资产阶级的垄断资本归新民主主义的国家所有，保护民族工商业。

"没收封建地主阶级的土地归农民所有"，是新民主主义革命的中心内容。在半殖民地半封建的中国，土地制度极不合理，要解放农村生产力，改变中国贫穷落后的面貌，必须废除封建地主土地所有制，进行土地革命，实行"耕者有其田"，以扫除封建的剥削关系。党在民主革命时期，逐步认识到土地革命的极端重要性，形成了土地革命路线，这就是依靠贫雇农，团结中农，有步骤、有分别地消灭封建剥削制度，发展农业生产。

"没收官僚资本归新民主主义国家所有"，是新民主主义反帝反封建官僚资本主义的革命目标之一，具有新民主主义革命的性质。同时没收官僚资本，使这种控制国家经济命脉的巨大经济力量集中在新民主主义国家手里，成为社会主义性质国营经济的主要来源。

"保护民族工商业"，是新民主主义经济纲领中极具特色的一项内容。在新民主主义条件下保护民族工商业，发展资本主义，是由中国落后的生产力和新民主主义革命的性质所决定的。新民主主义革命的对象是帝国主义、封建主义和官僚资本主义，而不是一般地消灭资本主义和资产阶级。同官僚资产阶级相比，民族资产阶级与帝国主义和封建主义联系较少。民族资本主义经济，是一种与新生产力相联系的先进的生产方式和经济成分，它对发展现代技术、发展社会生产力具有积极作用。因此，对民族资本主义工商业必须采取保护的政策。

热点链接

国民党四大家族的财富

1934年12月26日《江南正报》曾刊文称：国府要人之财产多系秘密，而就可调查之范围内调查，则诸要人在本埠所有财产估计为，蒋介石1300万元，宋美龄3500万元，宋子文3500万元，孔祥熙1800万元。其他要人在上海各中外银行存款及不动产，约有5亿元，其不动产及公司多用其亲戚名义购置，实款无法详确。据美国斯坦福大学胡佛研究所档案馆所藏张嘉(曾任中国银行、中央银行总裁)档案中,发现了一份秘密调查报告,名为《登集团特报丙第一号——政府要人上海外国银行预金(存款)调查表》,现摘引于下:蒋介石6639万元(按当时法币与美元的兑换价,约合809万美元。下同),宋美龄3094万元(377万美元),宋子文5230万元(637万美元),孔祥熙5214万元(635万美元),宋霭龄1200万元(146万美元),陈立夫2400万元(292万美元),宋子良550万元(67万美元),这些存款均存在当时在上海开业的外国银行。另外,"四大家族"1949年被美国永久冻结的在美非法财产,具研究中国历史的美国专家根据80年代中期小部分解密的档案,用最保守的方法估计,至少在20亿美元以上。其中宋美龄名下的就有2.5亿美元,这还不包括永久冻结在美银行保险库里来历不明的古玩、字画、珠宝、黄金。

3. 新民主主义的文化纲领

新民主主义文化就是无产阶级领导的人民大众的反帝反封建的文化,即民族的科学的大众的文化。在新民主主义文化中居于指导地位的是共产主义思想。

新民主主义文化是民族的,就其内容说是反对帝国主义压迫,主张中华民族的尊严和独立的;就其形式说是具有鲜明的民族风格、民族形式和民族特色,要有中国作风和中国气派。新民主主义文化是科学的,是反对一切封建思想和迷信思想,主张实事求是、客观真理及理论和实践的一致性。对于封建时代创造的文化,应剔除其封建糟粕,吸收其民主性精华。同时要尊重中国的历史,反对民族虚无主义,以历史唯物主义的态度对待古今中外文化,以发展民族新文化和提高民族自信心。新民主主义文化是为全民族中90%以上的工农大众服务的,是人民大众的文化,也就是民主的文化。文化工作者要用新民主主义文化教育和武装人民大众,使它成为人民大众的有力思想武器;同时又要以人民群众的实践作为创作的源泉,坚持为人民大众服务的方向。

总之,新民主主义的政治、新民主主义的经济和新民主主义的文化相结合,就是新民主主义的共和国。

五、新民主主义革命的道路

在一个以农民为主体的半殖民地半封建的国度里进行革命,应该选择什么样的道路,这是中国共产党在领导中国革命的过程中面对的和必须回答的重大问题。以毛泽东为主要代表的中国共产党人把马克思主义基本原理与中国革命的具体实际相结合,走出了一条不同于俄国十月革命的道路,即农村包围城市、武装夺取政权的革命道路。

1. 对中国革命道路的艰难探索

党成立初期,曾把工作重心放在城市,领导工人阶级,开展工人运动,但1927年大革命失败后,党的工作重心开始转向农村。秋收起义失败后,毛泽东创建了井冈山革命根据地,潜心研究中国革命道路的理论。1928年10月和11月,毛泽东在《中国的红色政权为什么能够存在?》和《井冈山的斗争》等文章中,分析了处于白色政权包围的环境中,农村革命根据地政权发生、发展的原因和条件，提出了“工农武装割据”的思想，为农村包围城市道路理论的形成奠定了基础。1930 年 1 月，毛泽东针对党内对时局估量的悲观思想，在《星星之火，可以燎原》一文中，回答了“红旗到底打得多久”的疑问。毛泽东科学地分析了中国社会的各种深刻矛盾，认为现时的红色政权虽然还很小，但是中国革命肯定会很快发展起来。这篇文章初步形成了以乡村为中心、先在农村建立和发展红色政权，待条件成熟时再夺取全国政权的思想。

红军长征到达陕北后，毛泽东深入分析了近代中国的国情，论述了中国革命的长期性和不平衡性等特点，进一步丰富了农村包围城市的整体战略思想。1938 年 11 月，他在《战争和战略问题》中明确指出：“共产党的任务，基本地不是经过长期合法斗争以进入起义和战争，也不是先占城市后取乡村，而是走相反的道路。”[①]从此把经过长期武装斗争，先占乡村，后取城市，最后夺取全国胜利，作为革命道路确立下来。

2. 农村包围城市、武装夺取政权道路的依据

中国革命必须走农村包围城市、武装夺取政权的道路，这是由中国的具体国情决定的。在近代中国这个半殖民地半封建社会里，内无民主制度而受封建主义的压迫，外无民族独立而受帝国主义的压迫，中国的无产阶级根本不可能像在资本主义国家那样，先在城市经过长期的、公开的合法斗争，然后再组织武装起义，夺取政权。中国革命的主要斗争形式只能是武装斗争，以革命的武装消灭反革命的武装，相应的主要组织形式必然是军队。

近代中国农民占全国人口的绝大多数，是无产阶级可靠的同盟军和革命的主力军。只有实行土地革命，解决农民的土地问题，才有可能把农民充分发动起来，摧毁帝国主义和封建地主阶级反动统治的基础。因此，无产阶级及其政党必须派遣自己的先锋队深入农村，从解决农民的土地问题入手，组织、发动和武装农民，使革命战争获得广大农民的支持和参加，获得广大的群众基础，为最后夺取全国政权奠定基础。

中国革命的敌人虽然建立了庞大的反革命军队，并长期占据着中心城市，而农村则是其统治的薄弱环节。无产阶级及其政党必须将工作重心放在农村，在农村长期积蓄和锻炼自己的力量。只有把农村建设成先进的、巩固的革命根据地，才能与占据着中心城市的敌人进行长期有效的斗争。以农村包围城市，逐步夺取城市，取得革命的最后胜利。

中国走农村包围城市、武装夺取政权的道路具有现实的可能性。近代中国是一个政治、经济、文化发展极不平衡的半殖民地半封建的大国。中国经济政治发展的不平衡，没有统一的资本主义经济，自给自足的自然经济广泛存在，这就为在农村建立革命根据地提供了条件。由于中国是一个大国，革命力量大有回旋余地，而帝国主义国家的间接统治及其互相间的矛盾和斗争，造成了军阀割据的局面和连绵不断的军阀混战，又使红色政权获得存在和发展的缝隙。这是农村革命根据地能够在中国存在和发展的根本原因。红色政权首先发生和能够长期存在的地方，往往是在那些受过大革命影响、曾经有过高涨的革命群众运动的地方，为农村革命根据地的建立奠定了较好的群众基础。全国革命形势的继续向前发展，是中国红色政权能够存在和发展的又一重要的客观条件。而相当力量正式红军的存在，党的领导及其正确的政策，则是红色政权能够存在和发展的主观原因和条件。

① 《毛泽东选集》第 2 卷，人民出版社 1991 年版，第 542 页。

3. 工农武装割据

工农武装割据的思想是农村包围城市，武装夺取政权的革命道路的具体内容。工农武装割据就是在共产党的领导下，以革命根据地红色政权建设为依托，以土地革命为主要内容和以武装斗争为主要斗争形式。土地革命、武装斗争和根据地建设是工农武装割据思想的具体内容。

土地革命是民主革命的中心内容；农民问题是中国革命的基本问题，只有解决农民土地问题，变封建土地所有制为农民土地所有制，才能充分调动农民的革命积极性。在革命斗争实践中，中国共产党根据斗争实践的需要，在不同时期制定了具体的土地政策和税收政策，极大限度地调动了农民斗争积极性。

武装斗争是中国革命的主要形式，也是工农武装割据的基本前提，是农村根据地建设和土地革命的强有力保证；没有革命的武装，没有强大的红军也就不可能造成割据的态势。

农村革命根据地是中国革命的战略阵地，是进行武装斗争和开展土地革命的依托。没有根据地，革命武装就无从开展土地革命，武装斗争所取得的成果也得不到保障。只有在农村开展深入的土地革命以及民主政权建设，把农村根据地建设成牢固的阵地，才能与占据中心城市的强大的敌人作长期艰苦的斗争。

土地革命、武装斗争、根据地建设三者是密切结合和有机统一的整体，保障了农村包围城市，武装夺取政权的革命道路顺利进行。

4. 中国革命道路理论的意义

中国革命道路的理论，反映了中国革命发展的客观规律，是指导革命取得胜利的唯一正确的理论。它不是照抄照搬俄国十月革命的经验，而是从中国的实际出发，独创性地发展了马克思列宁主义关于革命的理论。它是以毛泽东为主要代表的中国共产党人运用马克思主义的立场、观点和方法分析、研究和解决中国革命具体问题的光辉典范，对于推进马克思主义中国化具有重要的方法论意义。

案例分析

“打土豪、分田地”

“打土豪、分田地”口号标语最先出现在1927年的文家市，至今全国重点文物保护单位秋收起义文家市会师旧址还保存有当年所写的这条标语。毛泽东从1928年3月开始，把酃县的中村当作一个试点，正式开展了“打土豪，分田地”的革命斗争。1928年5月，湘赣边界党的一大明确提出“深入割据地区的土地革命”。毛泽东三到永新塘边，亲自指导分田运动并作永新调查，制定了分田临时纲领十七条，这个十七条也为井冈山土地法的制定打下了基础。

湘赣边界党的二大召开，颁布了《井冈山土地法》，这是中国共产党领导下的革命根据地自己制定的第一部土地法。1929年毛泽东亲自起草制定了《兴国县土地法》，并创办了兴国土地革命干部训练班。在《兴国县土地法》中，毛泽东作了一个重大的改动，即把《井冈山土地法》中"没收一切土地"改为"没收公共土地及地主阶级的土地"，毛泽东自己后来在延安回忆这件事情时说道："这是一个原则的改正……以见我们对于土地斗争认识之发展。"这一句话的改动，实质上是认识上的一次飞跃，使更多的老百姓拥护共产党。红四军政治部把《兴国县土地法》油印成册，在赣南、闽西各地进行宣传，掀开了赣西南土地革命风暴的序幕。

到1930年10月攻占吉安城，江西省苏维埃政府宣布成立，江西省已有70%的区域被赤化，赣西南苏区已成为全国最大最为巩固的一块革命根据地。"赣水那边红一角"，赣西南大地终于在土地革命的风暴中，在红军革命武装的南征北战中，迎来了一片红彤彤的天下。

思考讨论：

从"打土豪、分田地"的口号中看民主主义革命"工农武装割据"思想的内容及其关系。

案例分析：

工农武装割据思想是农村包围城市，武装夺取政权革命道路的具体内容，具体包含了土地革命、武装斗争和农村革命根据地建设三个方面的内容。其中，土地革命是民主革命的中心内容，武装斗争是革命的主要形式，农村革命根据地建设是中国革命的战略阵地，是武装斗争和土地革命的依托。三者相辅相成，构成了工农武装割据思想的整体。

"打土豪"反映的是武装斗争的形式，"分田地"则体现了土地革命的内容。这个口号在我党领导土地革命时期被广泛传播。与传统农民起义"均分田"的口号相比，"打土豪、分田地"还包含了明确的根据地建设的内容，这就使得工农红军革命与农民起义有了本质的区别。工农红军不是通过暴力革命来抢夺土地，而是颁布了《土地法》，规范"分田"的行为，同时组建革命根据地建设，成立苏维埃政府，以保障"打土豪、分田地"的成果。

六、新民主主义革命的基本经验

毛泽东在《〈共产党人〉发刊词》一文中，总结了中国革命两次胜利和两次失败的经验教训，揭示了中国革命发展的客观规律，指出"统一战线，武装斗争，党的建设，是中国共产党在中国革命中战胜敌人的三个法宝，三个主要的法宝。"[①]正确地理解和处理了这三个问题及其相互关系，就等于正确地领导了全部中国革命。

1. 统一战线

统一战线问题是无产阶级政党策略思想的重要内容。建立最广泛的统一战线，首先是由中国半殖民地半封建社会的阶级状况所决定的。作为无产阶级先锋队的中国共产党所领导的革命力量，要战胜作为地主阶级和官僚资产阶级集中代表的国民党所领导的强大的反革命力量，就必须把农民、城市小资产阶级以及其他的中间阶级都团结在自己的周围，结成最广泛的统一战线。其次是由中国革命的长期性、残酷性及其发展的不平衡性所决定的。中国政治经济发展的不平衡性也造成了革命发展的不平衡性，这就使得无产阶级及其政党有

① 《毛泽东选集》第2卷，人民出版社1991年版，第606页。

必要采取正确的统一战线的策略，把一切可以团结和利用的力量尽可能团结在自己的周围，以逐步从根本上改变敌强我弱的态势，夺取中国革命的最终胜利。

在半殖民地半封建的中国社会，诸多矛盾交织在一起，客观上为无产阶级及其政党利用这些矛盾建立和发展统一战线提供了可能性。近代中国社会最大的压迫是民族压迫，这就决定了无产阶级及其政党可以把一切爱国的、不愿受帝国主义奴役的人们团结在自己的周围。民族资产阶级深受帝国主义和封建主义的压迫，因而能够在一定时期中和一定程度上参加反帝反封建的革命斗争。当革命的锋芒主要是反对某一个帝国主义的时候，属于别的帝国主义系统的官僚资产阶级集团也可能在一定程度上和一定时期内参加统一战线。

中国共产党领导的革命统一战线，包含着两个联盟：一个是工人阶级同农民阶级、广大知识分子及其他劳动者的联盟，主要是工农联盟；另一个是工人阶级和非劳动人民的联盟，主要是与民族资产阶级的联盟。第一个联盟是统一战线的基础和依靠，只有坚固的工农联盟，才能实现党对统一战线的领导权。同时，第二个联盟也非常重要，联合一切可以联合的力量，壮大自己，孤立主要的敌人，才能巩固和发展统一战线。

党在领导建立和巩固抗日民族统一战线的实践中，强调必须坚持独立自主的原则，保持党在思想上、政治上和组织上的独立性。在统一战线中，存在着不同阶级、不同政治力量和不同派别，各个阶级在不同时期有不同的要求而表现出不同的政治态度。因此，在革命进程中，必须坚持发展进步势力、争取中间势力、孤立顽固势力的方针。在同顽固派进行斗争时，坚持有理、有利、有节的原则。

新民主主义革命时期，党领导的统一战线，先后经过了第一次国共合作的统一战线、工农民主统一战线、抗日民族统一战线、人民民主统一战线等几个时期，积累了丰富的经验。其中最根本的经验就是正确处理好与资产阶级的关系。当党能够正确处理与资产阶级建立统一战线或被迫分裂统一战线问题时，党的发展和巩固就会前进；反之，党的发展和巩固就会后退。

知识拓展

抗日民族统一战线的成立

抗日战争爆发后，中国共产党代表工农大众、各民主党派和全国各族人民的利益，以极大的努力，促进抗日民族统一战线的建立。“卢沟桥事变”的第二天，中共中央就发出通电呼吁：“全中国同胞，政府与军队，团结起来，建筑民族统一战线的坚固长城，抵抗日寇的侵略！”同时，毛泽东、朱德、彭德怀等红军领导人致电蒋介石，表示愿意“为国效命，与敌周旋，以达保土卫国之目的”。随后，周恩来在庐山、南京和国民党政府就国共合作之事展开多次谈判。“八一三”事变后，蒋介石在全国人民抗日运动的推动下，表示同意红军改编和设立总指挥部，红军改编为国民革命军第八路军(9月12日又改称为第十八集团军)，任命朱德为总指挥、彭德怀为副总指挥。

在全国抗日形势的推动下，在中共的督促下，国民党向全国公开发表了《中共中央为公布国共合作宣言》(以下简称“宣言”)，提出争取中华民族之独立、自由与解放，发动民族革命抗战；实现民权政治，召开国民大会，制定宪法与救国方针；实现中国人民幸福与愉快的生活等三项基本要求。《宣言》重申了中共为实现国共合作的四项诺言：愿为孙中山“三民主义”的彻底实现而奋斗；取消一切推翻国民党政权的暴动政策及赤化运动；取消现在的苏维埃政府，实行民权政治，以期全国政权之统一；取消红军名义及番号，改编为国民革命军，担任抗日前线之职责。

蒋介石于9月23日发表了《对中国共产党宣言的谈话》，承认了中国共产党的合法地位，指出了团结救国的必要。至此，从反蒋抗日、逼蒋抗日到联蒋抗日，以抗日民族统一战线为标志的第二次国共合作正式形成，受到全国人民和民主党派的热烈欢迎。但这次国共两党的合作，是双方都有军队、政权的合作，是既无统一战线的组织形式，又无两党见诸于文件的共同遵循的共同纲领。这些特点，必然会造成统一战线中的矛盾和冲突。中国共产党正是意识到了这点，因此始终保持清醒的头脑，既为巩固抗日民族统一战线而努力，始终坚持中国共产党的政治上的独立性，争取无产阶级的领导权。

2. 武装斗争

武装斗争是中国革命的特点和优点之一。与资本主义国家不同，在半殖民地半封建的旧中国，帝国主义和封建主义总是凭借着反革命暴力对革命人民实行残暴的镇压。无产阶级和广大人民群众无议会可以利用，无组织工人举行罢工的合法权利。革命人民只有武装起来，以武装的革命反对武装的反革命。毛泽东指出：“在中国，离开了武装斗争，就没有无产阶级的地位，就没有人民的地位，就没有共产党的地位，就没有革命的胜利。”[①]中国革命的胜利，主要是依靠中国共产党所领导的与广大人民群众血肉相连的完全新型的人民军队，通过长期的人民战争战胜强大敌人所取得的。坚持武装斗争必须建立一支人民军队，没有一支人民的军队，便没有人民的一切，就不可能有人民的解放和国家的独立。

这支军队只能是而且必须是在中国共产党的绝对领导下的人民军队，坚持党对军队的绝对领导，是建设新型人民军队的根本原则，是保持人民军队无产阶级性质和建军宗旨的根本前提，也是毛泽东建军思想的核心。

这支军队以全心全意为人民服务为唯一宗旨。坚持全心全意为人民服务的宗旨，是建设新型人民军队的基本前提，也是人民军队一切行动的根本准则和一切工作的出发点与归宿。它集中体现了人民军队的本质，是人民军队立于不败之地的根本所在。

由于中国革命战争长期处于敌强我弱的特殊历史条件下，面对无论在数量上还是装备上都占绝对优势的强大敌人，以毛泽东为主要代表的中国共产党人在加强人民军队建设的同时，在深入研究中国革命战争的特点和规律的基础上，形成了一整套以少胜多、以弱胜强的人民战争的理论和一系列的战略战术原则。

知识拓展

三湾改编：1927年9月29日至10月3日，毛泽东在江西省永新县三湾村，领导了举世闻名的“三湾改编”，从政治上组织上保证了党对军队的绝对领导，是我党建设新型人民军队最早的一次成功探索和实践，标志着毛泽东建设人民军队思想的开始形成。以组建一支新型人民军队为目的的三湾改编包含三项决定：第一，整编部队，把原来的工农革命军第一

① 《毛泽东选集》第2卷，人民出版社1991年版，第610页。

军第一师缩编为一个团，称工农革命军第一军第一师第一团。第二，党组织建立在连上，设立党代表制度，排有党小组，班有党员；营、团以上有党委，全军由毛泽东领导前委，从而确立了“党指挥枪”的原则。第三，连队建立士兵委员会的民主制度，实行官兵平等，经济公平，破除旧军雇佣关系；并初步酝酿出“三大纪律、六项注意”。

强调武装斗争，并不意味着忽视其他的斗争形式。武装斗争必须同其他战线上的斗争直接或间接地配合起来，才能取得革命的胜利。但必须明确，其他斗争形式都是要服从和服务于革命战争这个主要斗争形式。

3. 党的建设

中国共产党要领导革命取得胜利，必须不断加强党的思想建设、组织建设和作风建设。半殖民地半封建的中国社会是一个以农民为主体的国度，无产阶级人数很少，农民和其他小资产阶级占人口的大多数，农民和小资产阶级出身的党员占多数。加之长期处于农村游击战争的环境，各种非无产阶级思想，特别是小资产阶级思想必然反映到党内来，党内无产阶级思想和非无产阶级思想之间的矛盾成为党内思想上的主要矛盾。毛泽东指出：“有许多党员，在组织上入了党，思想上并没有完全入党，甚至完全没有入党。”①这种情况决定了要建设一个广大群众性的、马克思主义的无产阶级政党，是一项艰巨的任务，也是一项伟大的工程。加强党的建设，必须把思想建设始终放在首位，克服党内的非无产阶级思想。在加强党的思想建设的同时，必须加强党的组织建设和作风建设，必须把党的建设同党的政治路线紧密联系起来。这些是新民主主义革命时期党的建设的主要经验。党在领导新民主主义革命过程中，把党的建设作为一项“伟大的工程”，逐步形成了理论和实践相结合的作风、和人民群众紧密地联系在一起的作风以及自我批评的作风，这是中国共产党区别于其他任何政党的显著标志。

中国共产党对统一战线、武装斗争和党的建设这三个基本问题的认识是逐步明确的。大革命时期，处于幼年时期的党对于中国的历史状况和社会状况、中国革命的特点、中国革命的规律都懂得不多，在统一战线、武装斗争和党的建设三个基本问题上都没有经验。因此，这一阶段党的组织虽然有过很大的发展，但是没有巩固；党的手里有了一批革命武装，但是没有掌握住。

大革命失败后，党对武装斗争的认识有了提高，发动了武装起义，建立了党领导的人民军队，开展农村游击战争，开辟了建立人民政权的道路。党创造了坚强的人民军队，因此也学会了战争的艺术。但在这一时期，党内“左”倾教条主义者仍主张“城市中心论”，特别是对统一战线的重要性缺乏认识，在同国民党反动派进行斗争时，把中间势力当作最危险的敌人，把反对资本主义同反帝反封建相提并论，而在革命战争的指导上又犯了“左”倾教条主义错误，其直接结果是红军被迫进行长征，革命事业遭受严重挫折。

抗日战争时期，党总结了前两个阶段的经验，建立了抗日民族统一战线，进行了伟大的抗日战争。党的组织已经从狭小的圈子里走出来，变成了全国性的大党。毛泽东系统地论述了统一战线、武装斗争和党的建设三者之间的关系。他指出，统一战线和武装斗争是中国革

① 《毛泽东选集》第3卷，人民出版社1991年版，第875页。

命的两个基本特点，是战胜敌人的两个基本武器。统一战线是实行武装斗争的统一战线；武装斗争是统一战线的中心支柱；党的组织则是掌握统一战线和武装斗争这两个武器来实行对敌冲锋陷阵的英勇战士。

1949年，毛泽东在《论人民民主专政》一文中，对新民主主义革命的基本经验作了集中概括："一个有纪律的，有马克思列宁主义的理论武装的，采取自我批评方法的，联系人民群众的党。一个由这样的党领导的军队。一个由这样的党领导的各革命阶级各革命派别的统一战线。这三件是我们战胜敌人的主要武器。这些都是我们区别于前人的。依靠这三件，使我们取得了基本的胜利。"①毛泽东关于新民主主义革命基本经验的总结，丰富和发展了马克思主义关于无产阶级领导人民革命的理论。

七、新民主主义革命理论的意义

新民主主义革命理论是以毛泽东为主要代表的中国共产党人，把马克思列宁主义基本原理与中国革命具体实际相结合，不断进行理论创新而形成的具有独创性的关于中国人民革命的理论。新民主主义革命理论是指导中国革命取得胜利的指导思想，具有伟大的意义。

新民主主义革命的理论，解决了在一个以农民为主体的、落后的半殖民地半封建的东方大国里进行革命的一系列理论问题，科学地回答了近代中国革命向何处去的问题，正确地解决了中国革命的发展阶段问题，揭示了近代中国革命的发展规律，极大地丰富了马克思主义的理论宝库。新民主主义革命理论是马克思主义中国化的重要理论成果，开辟了马克思主义中国化的发展道路。新民主主义革命理论是在实践中反对"左"倾教条主义、右倾机会主义和其他错误思想倾向的过程中形成的。它是从中国革命的具体实际出发，不拘泥于已有的现成的结论，运用马克思主义的立场、观点和方法，独立自主地分析和研究中国革命的实际问题，对中国革命经验的概括和总结，是中国共产党集体智慧的结晶。

在新民主主义革命理论的指导下，中国共产党领导中国人民取得了新民主主义革命的伟大胜利，结束了中国几千年来封建地主阶级剥削统治广大劳动人民的历史，结束了帝国主义、殖民主义奴役中国各族人民的历史，建立了中华人民共和国。劳动人民成为国家和社会的主人，实现了中国人民社会政治地位的根本变化，开创了中国历史的新纪元。新民主主义革命从根本上改变了旧中国四分五裂、战乱不断的局面，实现了民族独立和国家的基本统一，根本改变了中国社会的发展方向，从而为实现由新民主主义向社会主义的转变，建立社会主义制度创造了条件，为实现国家繁荣富强和人民共同富裕，扫清了障碍，创造了必要的前提。

中国新民主主义革命的伟大胜利，是20世纪继俄国十月社会主义革命以后改变世界面貌的伟大历史事件，有力地鼓舞和推动了世界上被压迫民族和被压迫人民反抗帝国主义、殖民主义的斗争，极大地增强了他们反对帝国主义斗争的信心，有力地支持了世界人民反对帝国主义的斗争，增强了世界人民争取世界和平的力量。

① 《毛泽东选集》第4卷，人民出版社1991年版，第1480页。

学习建议

新民主主义革命理论是毛泽东思想的主要内容。新民主主义革命的总路线解决了革命中要打倒谁、依靠谁和团结谁这一根本问题；新民主主义革命的基本纲领是对基本路线在经济、政治和文化上的贯彻和落实。新民主主义革命道路和基本经验是对中国共产党领导工农群众在革命实践中以少胜多、以弱胜强的经验的概括和总结。新民主主义革命理论的内容及其意义要从其产生的历史背景以及与其他革命理论和学说的比较中去理解和把握。为了更好地把握本章内容，大家可以相应地进行一些拓展阅读：

纪录片：《1949：新国家的诞生》

电影：《我的 1919》、《开国大典》

文献：毛泽东：《星星之火，可以燎原》、《论持久战》、《中国革命战争的战略问题》、《新民主主义论》、《论人民民主专政》

思考题

1. 新民主主义革命总路线和基本纲领的主要内容是什么？

2. 新旧民主主义革命的异同点是什么？

3. 中国革命为什么要走农村包围城市、武装夺取政权的道路？工农武装割据思想的主要内容是什么？

4. 如何理解新民主主义革命三大法宝及其相互关系？

第四章 社会主义改造理论

社会主义改造理论,是毛泽东思想的重要组成部分。通过社会主义改造理论,中国探索出了一条在人口众多、经济文化落后的国家实现工业化的道路。随着社会主义改造的完成,我国建立了社会主义的基本制度,实现了中国历史上最广泛、最深刻的变革。

本章提要:

• 1949 年中华人民共和国的成立,标志着中国进入新民主主义社会,并开始由新民主主义社会向社会主义社会的过渡。新民主主义社会的经济、阶级结构决定了新民主主义社会是一个过渡性的社会。

• 党在过渡时期的总路线对实现由新民主主义社会过渡到社会主义社会过渡的目的、方式和手段进行了总体的规划。指出过渡时期总路线的目的是更好地利用社会主义的优势更快地实现国家的工业化。过渡时期总路线的提出在当时历史背景下存在一定的必要性。

• 在过渡时期总路线部署下进行了农业、手工业和资本主义工商业的社会主义三大改造是中国近现代历史上一次复杂而深刻的社会变革,这样深刻的变革不仅没有引起巨大的社会动荡,反而促进了工农业和整个国民经济的发展,这充分说明我国社会主义改造是一次伟大的历史胜利。

• 1956 年,社会主义三大改造基本完成,标志着社会主义制度在中国的最终确立。社会主义制度在中国的确立具有划时代的意义,表明中国广大劳动人民真正成为国家的主人和社会生产资料的主人,这是几千年来阶级关系的最根本变革。

一、新民主主义社会

1949 年,新中国的成立,标志着中国新民主主义革命已经取得了基本的胜利,中国进入了新民主主义向社会主义转变的时期。从中华人民共和国成立到社会主义改造基本完成,是我国从新民主主义向社会主义过渡的时期。这一时期,我国社会的性质是新民主主义社会。新民主主义社会不是一个独立的社会形态,而是由新民主主义向社会主义转变的过渡性的社会形态。

新中国诞生前后,以毛泽东为代表的中国共产党人继承了民主革命时期所取得的宝贵经验和基本理论，实事求是地对建国初期的基本国情进行了系统和深入的分析，对新民主主义社会的性质、特点和基本矛盾作了系统的论述，形成了比较完善的新民主主义社会的理论。

1. 新民主主义社会的经济

建国期间，中国是一个经济相当落后的农业国，现代性的工业只占10%，农业占90%左右。在占国民经济10%的现代性工商业经济中，80%是官僚垄断资本，20%是私人资本主义工商业。对于占国民经济90%的农业经济则主要是分散的个体农业经济和手工业经济。

新民主主义革命没收官僚垄断资本归国家所有，这就使新中国掌握了国民经济的命脉，形成了占领导地位的新民主主义的国营经济。对于私人资本主义工商业和农业手工业，则在允许其存在和发展的基础上，引导和鼓励它们向国家资本主义和合作社经济发展，为实现从农业国向工业国、从新民主主义向社会主义的转变而做准备。

因此，新民主主义社会存在着五种经济成分，即：社会主义性质的国营经济、半社会主义性质的合作社经济、农民和手工业者的个体经济、私人资本主义经济和国家资本主义经济。新民主主义经济的任务是恢复和发展生产，实现从农业国向工业国的转变，并逐步扩大社会主义经济成分，削弱资本主义经济成分，为建立社会主义经济制度做准备。

2. 新民主主义社会的政治

与新民主主义时期三种不同性质的主要经济成分相联系，中国社会的阶级构成主要表现为三种基本的阶级力量：工人阶级、农民阶级和其他小资产阶级、民族资产阶级。由于农民和手工业者的个体经济既可以自发地走向资本主义，也可以被引导走向社会主义，其本身并不代表一种独立的发展方向。因此，这三种基本的经济成分及其与之相联系的三种基本的阶级力量之间的矛盾，就集中表现为资本主义和社会主义两条道路、资产阶级和工人阶级两个阶级的矛盾。随着土地改革的基本完成，工人阶级和资产阶级的矛盾逐步成为国内的主要矛盾。民族资产阶级作为一个阶级还存在，并在国家政权中占有一定的地位。同时，民族资产阶级仍然是一个具有两面性的阶级：既有剥削工人的一面，又有接受工人阶级及其政党领导的一面，对于工人阶级和社会主义革命来说，民族资产阶级作为一个剥削阶级是被消灭的对象，作为可以接受共产党和工人阶级领导的社会力量，又是团结和改造的对象。

在政治上，新民主主义社会实行工人阶级领导的各个革命阶级联合专政的人民民主专政。这种专政属于新民主主义政权性质，专政的主要任务是彻底完成新民主主义革命，镇压国民党反动派残余势力和地主阶级的反抗，巩固新生的国家政权。

3. 新民主主义社会的过渡性

在我国新民主主义社会中，社会主义的因素不论在经济上还是在政治上都已经居于领导地位，但非社会主义因素仍有很大的比重。由于社会主义因素的优越性和领导地位，加上当时有利于发展社会主义的国际条件，决定了社会主义因素将不断增长并获得最终胜利，非社会主义因素将不断受到限制和改造。社会主义因素与资本主义因素之间不可避免地存在着限制与反限制、改造与反改造的斗争。这种矛盾的斗争和结果,决定着中国社会在一定历史条件下的发展方向。为了促进社会生产力的进一步发展,为了实现国家富强、民族振兴,我国新民主主义社会必须适时地逐步过渡到社会主义社会。我国新民主主义社会是属于社会主义体系的,是逐步过渡到社会主义社会的过渡性质的社会。

4. 新民主主义社会时期政治经济的发展

新中国建立后,为巩固新生的人民政权,为恢复被战争破坏的国民经济,1950 年,中共中央召开七届三中全会,确定了当时全党和全国人民的中心任务是要在三年左右的时间内,争取国家财政经济状况的好转。毛泽东在会上作了《不要四面出击》的讲话,指出不要树敌太多,造成全国紧张,而应集中力量向国民党残余势力和封建地主阶级、帝国主义进攻。在七届三中全会精神的指导下,党和政府领导全国人民进行了多方面的艰苦努力,取得了重要成绩,新中国的政治、经济、社会和文化面貌焕然一新。

第一,实现了全国大陆的解放和统一。1951 年,西藏和平解放。至此,完成了除台湾和少数海岛以外全部国土的解放,实现了自辛亥革命以后近半个世纪的前所未有的大统一。在人民解放军胜利进军,不断摧毁国民党地方政权的基础上,陆续建立了军事管制委员会,发动和依靠群众,开展剿匪反霸,组织恢复生产,使社会秩序得到初步稳定。

第二,在广大农村,实行土地革命。1950 年 6 月,中央人民政府颁布了《中华人民共和国土地改革法》,开始了新解放区的土地改革运动。土改的目的是废除地主阶级封建剥削的土地所有制,实行农民土地所有制。到 1953 年春,除新疆、西藏等少数民族地区以外,全国基本上完成了土地改革。

第三,统一全国财政经济,稳定市场物价。针对建国初期通货膨胀,物价飞涨,国家财政经济极其困难的局面,人民政府在努力恢复生产的同时,运用行政手段和经济手段打击投机势力,统一全国财政经济,控制通货膨胀,稳定市场物价,迅速扭转了险恶的经济形势。国家财政收支接近平衡,物价趋向稳定,从此结束了旧中国自抗战以来长期通货膨胀和物价飞涨的局面,为国民经济的进一步恢复和发展准备了条件。

热点链接

建国之初的“银元之战”

1949 年 5 月底中华人民共和国的政务院替代国民政府控制上海时,上海市军管会依照发布《关于使用人民币及限期禁用金圆券的规定》,这份文件中规定人民币 1 元收兑金圆券 10 万元,但是人民币在上海发行流通时遭到了抵制。出于各种心态,人们开始将手中的纸币换成贵金属,加上部分投机商人利用这个时机抬高白银价位,令市场上白银和银币的价格开始非正常走高,在 6 月 5 日最终期限到来前,银元的价格从 5 月 27 日最早的 1 银元兑换 100 人民币,变成了 6 月 4 日 1 银元兑换 1100 元人民币的比价。

为了尝试将银元风波压制,上海市委决定在 6 月 5 日抛售了 10 万枚银元,6 月 6 日又抛出 31 万银元,希望借此能够弥平银元上涨的压力,但这批银元很快被上海市场所吸收,仅仅起到了延缓升值速度的效果。6月7日,银元涨到1800元,这令中国政府感到极大压力。6月8日,中央华东局会议上市政府决定采取政治手段干预市场。市政府动用行政力量在税收、交通及其他市政公用事业内强制以人民币作为唯一许可使用的货币,并发行人民币公债来增加人民币的使用量。1949年6月10日,上海市军管会派出便衣警察封锁了上海最大的银元交易市场——位于汉口路422号的上海证券大楼,并拘捕了250名投机者,收缴了数万枚银元。同时,市政府发动上海市的群众进行宣传,散发传单,宣传建立新的金融新秩序的作用和意义。这场活动给资本家和投机者带来了巨大的影响,很快市场上银元对人民币的比价由6月8日的1:2000降至1:1200,并不断下降。由于银元的贬值,人民币很快取得了在上海的主导货币地位,令政府有能力对市场进行更强有力的干预。

"银元之战"展示了中国共产党的经济治理能力。毛泽东本人评价"银元之战"的作用不亚于一场淮海战役。

第四,开展了大规模的镇压反革命和"三反"、"五反"运动。镇压反革命运动集中打击了土匪、恶霸、特务、反动党团骨干分子和反动会道门头子等五个方面的反革命分子。这个运动粉碎了国内阶级敌人的破坏活动和复辟阴谋,巩固了新生的政权,保障了广大人民生命财产的安全。从1951年起,中共中央统一部署,首先在党和国家机关工作人员中,开展反贪污、反浪费、反官僚主义的"三反"运动。从1952年开始,在私营工商业中,开展了反对行贿、反偷税漏税、反偷工减料、反盗骗国家财产和经济情报的"五反"运动,打击了资产阶级的违法经济活动,清除了一批腐败分子,纯洁了干部队伍。

第五,取得了抗美援朝战争的胜利。在完成繁重的社会改革任务的同时,我们还取得了抗美援朝的胜利,保卫了国家安全,维护了世界和平,为国家经济建设赢得了一个相对稳定的国际环境。

第六,开展了爱国卫生运动。新中国成立后,针对百姓缺医少药、疾病丛生,人均寿命不到40岁,社会医疗卫生状况十分恶劣的情况,1952年,中央政府向全国发出号召,一场以预防和减少疾病,保护人民健康的群众性卫生运动在全国轰轰烈烈地开展起来。爱国卫生运动的开展使群众的医疗条件有了很大的改善,生活居住环境也有了一定的改善,尤其是消灭了血吸虫、疟疾、霍乱等流行性的疾病,大大提高了百姓的平均寿命。

热点链接

送瘟神

1949年,公共卫生局颁布《传染病预防及处理暂行办法》,确定了14种法定传染病,其中,鼠疫、霍乱、天花被称为3大烈性传染病。为了预防这些传染病的传播和流行,政府发动了声势浩大的"除四害"群众运动。1957年初夏,毛泽东接见当时的上海医学院一级教授、我国流行病学重要奠基人、血吸虫病防治专家苏德隆。毛泽东问:"三年能否消灭血吸虫病?"苏德隆说:"不能。"毛泽东又问:"五年呢?"苏德隆说:"也不能。"毛泽东又问:"那七八年呢?"此时,旁边有人杵了杵苏德隆。苏德隆回答道:"限定年限消灭是可能的!"1958年,余江县率先在全国消灭血吸虫病。毛泽东听闻激动万分,夜不能寐,赋诗一首《送瘟神》。

二、党在过渡时期的总路线

1. 过渡时期总路线的提出及其基本内容

中国必须要走社会主义道路，新民主主义社会要过渡到社会主义社会，这在民主革命时期已经明确。但是对于何时过渡？怎样过渡？毛泽东和党的其他领导人的认识经历了一个从先搞工业化建设、再一举过渡到建设和改造同时并举的变化过程。在过渡的时间上，中国共产党也认识到需要一个相当长的新民主主义建设阶段，曾估计大概要用15年到20年时间，并认为只有实现了国家工业化，才能实现私营工业国有化和农业集体化。

但随着国内外形势的发展变化和实际工作经验的积累，以及在苏联社会主义建设事业的初步成功的强烈示范和鼓舞下，毛泽东和党中央对原来的设想有了新的认识，认为我国正面临着新的发展形势，在农村和城市开始逐步进行社会主义改造，已经成为必要并有实现的可能，开始向社会主义过渡的时机已经到来，于是重新思考向社会主义过渡的时间和步骤问题。1953年6月，毛泽东在中央政治局会议上正式提出了过渡时期的总路线和总任务，加快了从新民主主义社会向社会主义社会的转变。

总路线的完整表述为："从中华人民共和国成立，到社会主义改造基本完成，这是一个过渡时期。党在这个过渡时期的总路线和总任务，是要在一个相当长的时期内，逐步实现国家的社会主义工业化，并逐步实现国家对农业、手工业和资本主义工商业的社会主义改造。"①

这条总路线的主要内容被概括为"一化三改"。"一化"即社会主义工业化；"三改"即对个体农业、手工业和对资本主义工商业的社会主义改造。它们之间相互联系，不可分离，可以比喻为鸟的"主体"和"两翼"。"一化"是"主体"，"三改"是"两翼"，两者相互促进，相辅相成。这是一条社会主义建设和社会主义改造同时并举的路线，体现了社会主义工业化和社会主义改造的紧密结合，体现了解放生产力与发展生产力、变革生产关系与发展生产力的有机统一。

2. 由新民主主义向社会主义转变的历史必然性

逐步实现国家的社会主义工业化是党在过渡时期的总路线的主体。要从根本上改变中国贫穷落后的面貌，把中国从一个落后的农业国变为一个先进的工业国，就必须实现国家的工业化。而在中国的具体条件下就是必须实行社会主义工业化。实现社会主义工业化，是国家独立和富强的必然要求和必要条件。

从历史上看，实现工业化有两条道路：一条是资本主义工业化道路，一条是社会主义工业化道路。毛泽东指出："资本主义道路，也可增产，但时间要长，而且是痛苦的道路。我们不搞资本主义，这是定了的。②近代以来中国的历史证明，我国已经丧失了通过资本主义工业

① 《建国以来重要文献选编》第4册，中央文献出版社1993年版，第700–701页。

② 《毛泽东文集》第6卷，人民出版社1999年版，第299页。

化进入强国行列的机遇，如果搞资本主义就只能成为帝国主义的附庸。

为了实现社会主义工业化，在充分利用原有工业潜力和进行新的工业建设的同时，必须对个体经济和私营资本主义工商业进行社会主义改造。因为随着大规模经济建设的开展，个体经济和私营资本主义工商业愈来愈不适应国家工业化建设的需要。一方面，就当时在国民经济中占绝对优势却又分散、脆弱的个体经济来说，在土地改革以后，由于摆脱了封建主义的束缚，农业生产在一个时期内有过相当大的发展，但受小农经济的局限，增产潜力有限，难以适应工业化对粮食和工业原料迅速增长的需求，无力为国家工业化积累资金和扩大工业品的市场。另一方面，中国民族资本主义经济不仅工业资本比重小，而且缺乏重工业的基础，依靠它本身的力量无法有力地推进工业化的发展。而且在私营企业和国家各项经济政策之间，在私营经济和国营经济之间，以及私营企业内部资本家与职工之间，利益冲突越来越明显。只有加快对农业、手工业和资本主义工商业的社会主义改造，才能适应国家社会主义工业化建设的要求，发展农业和提高整个社会生产力。

3. 过渡时期总路线实现的可能性

党在过渡时期的总路线之所以实行社会主义建设和社会主义改造同时并举，原因在于我国的社会主义工业化不能离开对个体经济和资本主义经济的改造而孤立地进行，而新中国成立以来的实践证明了进行社会主义改造不仅是必要的，而且是可能的。

党提出过渡时期的总路线，充分考虑了其实现的可能性。

第一，我国已经有了相对强大和迅速发展的社会主义国营经济。国家通过没收官僚资本不仅建立起了在国民经济中起领导作用的社会主义经济，而且成为整个国民经济进行社会主义改造的重要开端。经过 1949 年到 1952 年三年的努力，国家已经掌握了重要的工矿企业、铁路、银行等国民经济的命脉。国营企业大多技术比较先进，劳动生产率比较高，职工在国营企业中主人翁意识强、生活稳定、劳动热情高涨。社会主义国营经济明显地表现出对于其他经济成分的优越性。到 1952 年，国营工业产值在全国现代工业总产值中的比重，已经增加到 56%，国营批发商业的营业额占全国批发商业营业总额的 60%，社会主义的国营经济在国家经济生活中实际上已居于相对强大的地位。这为党提出向社会主义过渡的总路线提供了物质基础。

第二，土地改革完成后，为发展生产、抵御自然灾害，广大农民具有走互助合作道路的要求。在国民经济恢复时期，党在一些老解放区大力推广农业互助组，并着手组织以土地入股为主要特征的半社会主义性质的初级合作社。党总结这些经验，认为这些互助合作形式是帮助贫苦农民战胜自然灾害、克服困难、增加生产、避免农村重新出现两极分化、引导农业向社会主义方向发展的适当形式。与个体农业相比，农业互助合作组织的增产一般比较明显。这也为党提出向社会主义过渡的总路线提供了重要依据。

第三，新中国成立初期，党和国家在合理调整工商业的过程中，出现了加工订货、经销代销、统购包销、公私合营等一系列从低级到高级的国家资本主义形式。这些本来主要是为了帮助私营工商业克服生产困难而采取的措施，不但对资本主义工商业进行了有效的利用和限制，也很自然地加深了它们同社会主义国营经济之间的联系，引起它们在生产关系上发生程度不同的变化。国家在利用和限制资本主义工商业的过程中所积累的经验，成为对资本主义经济进行社会主义改造的最初步骤。这也成为党提出向社会主义过渡的总路线的又一个重要因素。

第四,当时的国际形势也有利于中国向社会主义过渡。苏联社会主义的发展已经显示出对于资本主义的优越性,对我国有重要的借鉴作用。尽管帝国主义对我国军事上侵略威胁,经济上严密封锁,政治上孤立遏制,但当时资本主义国家也很不景气。与此形成鲜明对照的是,社会主义国家正充满向上发展的活力。此外,朝鲜战争停战也使世界的形势开始和缓。这为实行过渡时期总路线提供了有利的国际环境。

三、社会主义改造道路和历史经验

1. 农业、手工业的社会主义改造

中国的特点是农民占人口的绝大多数。如何将几亿农民的个体所有制改造成集体所有制,是一个历史性的难题。以毛泽东为主要代表的中国共产党人根据马克思列宁主义关于农业社会主义改造的基本原理,从我国农村实际出发,制定并实行了一整套适合中国特点的对农业进行社会主义改造的方针、政策和办法,开辟了一条适合我国情况的农业社会主义改造道路。

第一,积极引导农民组织起来,走互助合作道路。土地改革完成后,我国广大农民从封建剥削制度下解放出来,农业生产积极性大大提高。这种积极性表现在两个方面:一是个体经济的积极性;二是互助合作的积极性。当时分散落后的小农经济,不仅限制了农业生产力的发展,而且如果任其自发地发展下去,必然会出现两极分化。党中央正确分析了农民这两方面的积极性,认为这种改造一方面不能挫伤个体经济的积极性,另一方面要提倡组织起来,发展互助合作的积极性。党在农村工作的主要任务,就是将农民组织起来,使农业能够由分散落后的个体经济变为合作经济,使农民逐步摆脱贫困状况而过上共同富裕的生活。这样,在土地改革后,党不失时机地引导农民走互助合作道路,受到农民的拥护和支持。这实际上成为对农业进行社会主义改造的重要准备。

第二,遵循自愿互利、典型示范和国家帮助的原则,以互助合作的优越性吸引农民走互助合作道路。毛泽东认为,实现农业社会主义合作化首要问题是教育农民。农民既是私有者又是劳动者,对他们不能采取剥夺的办法,只能引导、说服和教育,使其自愿地走合作化的道路。

第三,正确分析农村的阶级和阶层状况,制定正确的阶级政策。土地改革后,贫农、雇农由于分得了土地等生产资料,有半数人迅速上升为中农。根据中农在生产中的地位、生活状况和对社会主义的态度,毛泽东把中农分为上中农和下中农。贫农和下中农一起,约占农村人口的60%到70%,都是党在农村的依靠力量,从而解决了在农村依靠农民大多数和建立无产阶级优势的问题。在此基础上,党制定并贯彻执行了依靠贫农、下中农,团结其他中农,由限制到逐步消灭富农剥削的农村阶级政策。这使农业合作化进程有了坚实的阶级基础和群众基础。

第四,坚持积极领导、稳步前进的方针,采取循序渐进的步骤。在进行农业社会主义改造的过程中,各级领导机关主动加强领导,采取逐步过渡的办法,使农民容易接受。农业社会主义改造大体上经历了互助组、初级社和高级社三个发展阶段。第一阶段主要是发展互助组，同时试办初级社。互助组由几户或十几户农民自愿组成，土地耕畜和其他生产资料仍属农民个人所有，但在生产方面组织起来、互帮互助。第二阶段主要是建立初级农业生产合作社。初级社以土地入股和统一经营为特点，实行集体劳动，产品分配采取按劳分配和土地入股分红相结合，耕畜和大农具也付给一定的报酬。第三阶段是发展高级社。它实现了土地等主要生产资料的公有和社员个人消费品的按劳分配。社员私有的土地无代价地转为集体所有，社员私有的耕畜、大中型农机具则按合理价格由社收买，或为集体财产。高级社在有计划分工和协作的基础上组织社员参加社内的劳动。高级社的总收入在扣除税金、生产费、公积金和公益金以后，剩余部分根据按劳分配原则在社员之间进行分配。

从 1955 年下半年起，在对所谓"右倾机会主义"进行批判的情况下，农业合作化运动的步伐加快，进入了合作化的高潮，初级社转为高级社，有些互助组直接转为高级社，到 1956 年底，加入农业生产合作社的农户已达 1.17 亿户，其中加入高级社的农户占全国农户总数的 87.8%，农业社会主义改造基本完成。

在对农业进行社会主义改造的同时，党也对个体手工业实行了社会主义改造。手工业与城乡人民生活有密切关系，在国民经济中占有相当的比重。但是，作为个体经济的手工业，经营分散，生产规模小，技术落后，劳动生产率很低，因此必须通过合作化方式对手工业进行社会主义改造，使之能够适应国家工业化建设和人民生活的需要。

对手工业的社会主义改造，党和政府采取了积极领导、稳步前进的方针。在方法步骤上，从供销合作入手，逐步发展到走生产合作的道路。具体来说，手工业的社会主义改造经历了由小到大、由低级到高级的三个步骤。第一步是办手工业供销小组。加入这个组织的成员，由国营商业或供销合作社供给原料，包销产品。它虽然没有改变生产资料的私有制，但已经把个体手工业者组织起来，使之开始脱离资本主义工商业的供销轨道，因而具有社会主义萌芽性质。第二步是办手工业供销合作社。它是由供销小组合并起来的，开始是统一供销业务，分别核算，生产活动仍由各户分散独立完成；后来逐步有部分生产资料是公有的，合作社对各户的生产也有一定的干预，因而具有半社会主义性质。第三步是建立手工业生产合作社。手工业者的生产资料全部归集体所有，统一经营，入社人员参加集体劳动，采取按劳分配原则。它是社会主义性质的集体经济组织。在手工业的社会主义改造过程中，党和政府采取说服教育、示范和国家帮助的方法，使他们自愿参加到手工业合作社中来，从而把手工业者的私有制改变为社会主义的集体所有制。

到 1956 年底，全国共组织了 10 万个手工业合作社，入社社员占全部手工业从业人员的 92%以上，对手工业的社会主义改造基本完成。

案例分析

"穷棒子"创业史——遵化县西铺村的合作化

河北省遵化县城东四十里的地方有一村庄，当时叫四十里铺，一条小河从街心穿过，把村子分成两半，东半边叫"东铺"，西半边叫"西铺"。西铺现有 338 户 1313 口人，有劳力 630 多个，耕地面积 920.3 亩，人均 0.85 亩，是一个山多地少，石厚土薄的山区。解放前，西铺村的广大农民过着"糠菜半年粮，祖居破草房，全家一条被，三载着一装"的苦日子。

1947年西铺进行了土地改革，每人平分了1.6亩土地，可是到1950年只两年的时间，由于天灾人祸等原因，西铺村又出现两极分化。1951年12月，中央《关于农业生产互助合作的决议》草案公布，西铺村贫困户纷纷建起了互助组，当时农民管这叫"搭帮套"。互助组各户之间，劳力与劳力或畜力与畜力，及劳力与畜力之间"换工"，到年底结算"找齐"。这一年，互助组获得了好收成，有60多户亩产量达到了126斤，没有入互助组的农户亩产仍然八、九十斤。

1952年秋，王国藩带领本村23户贫农办起了初级社。当时这23户当中有11户是靠讨饭度日的。这个社总共的家产只有"三条驴腿"(因为四分之一的驴是属于社外单干户的)，被富裕户称为"穷棒子社"。社章中除明确了办社方针等具体条文外，还订立了社员评工记分，收益分配等方案。在分配上既照顾地多劳少户，又适当鼓励劳力多的户，实行"地四劳六"的分红办法、调动了群众的生产积极性。到1955年，经过社员的共同努力，昔日的"穷棒子"社已经有骡马4头、牛37头，胶轮大车三辆，双轮双铧犁两部、喷雾器6架，初步显示了合作社的优越性。

毛泽东同志在《中国农村的社会主义高潮》中将这个"穷棒子"社称为"国家的形象"。

思考讨论：

从"穷棒子"社加入合作社的变化来谈谈农业社会主义合作化道路的认识。

案例分析：

20世纪50年代，在新中国进行的农业社会主义改造运动是一次深刻的农村经济体制变革，在中国社会主义建设历史上具有特殊的地位和作用。

通过"穷棒子"社的发展，可以清晰地看到合作化前后西铺村发生的翻天覆地的变化。通过这个案例，我们看到占农村60%–70%的大多数贫下中农由于原有经济、生产条件比较差，有自觉走农业合作化道路的要求；实践证明，通过合作社，将个体农业生产转化为共同劳动，合作生产，在一定范围和规模内是能够在一定程度上提高生产效率和生产力水平，实现优势互补和规模效应，体现了社会主义的优越性。但是在农业合作化推进的过程中，逐渐出现了脱离实际盲目追求合作社的规模和单一形式的趋势，最后导致了合作化运动的偏离。

2. 资本主义工商业的社会主义改造

在推进农业合作化运动的同时，党和政府也有计划、有步骤地开展了对资本主义工商业的社会主义改造，创造性地开辟了一条适合中国情况的对资本主义工商业进行社会主义改造的道路。

第一，用和平赎买的方法改造资本主义工商业。无产阶级掌握国家政权后，剥夺过去的"剥夺者"，使被资本家占有的生产资料变成人民的财产，这是社会主义革命的一条基本原则。十月革命胜利后，列宁设想通过国家资本主义对资产阶级进行和平赎买，认为这对无产阶级是最有利的事情。结合中国的具体情况，中国共产党提出了对资本主义工商业实行和平赎买的方针。所谓赎买，就是国家有偿地将私营企业改变为国营企业，将资本主义私有制改变为社会主义公有制。赎买的具体方式不是由国家支付一笔巨额补偿资金，而是让资本家在一定年限内从企业经营所得中获取一部分利润。

对资本主义工商业实行和平赎买，有利于发挥私营工商业在国计民生方面的积极作用，促进国民经济的发展；有利于争取和团结民族资产阶级，有利于团结各民主党派和各界爱国民主人士，巩固和发展统一战线；有利于发挥民族资产阶级中大多数人的知识、才能、技术专长和管理经验，也有利于争取和团结那些原来同资产阶级相联系的知识分子为社会主义建设服务。

第二，采取从低级到高级的国家资本主义的过渡形式。所谓国家资本主义，就是在国家直接控制和支配下的资本主义经济。国家资本主义有初级形式和高级形式之分。初级形式的国家资本主义是国家对私营工商业实行委托加工、计划订货、统购包销、经销代销等，高级形式的国家资本主义是个别企业的公私合营和全行业公私合营。

对资本主义工商业的社会主义改造经历了三个步骤。第一步主要实行初级形式的国家资本主义。国家在私营工业中实行委托加工、计划订货、统购包销，在私营商业中采取委托经销、代销等形式，既帮助私营企业克服困难，也使其生产和经营开始纳入国家计划的轨道。这些企业的利润，按国家所得税、企业公积金、工人福利费、资方红利四个方面进行分配，即当时所说的“四马分肥”。资方红利大体占四分之一，资本主义的剥削受到限制，工人在企业中的地位也发生了变化。这就使企业具有了社会主义的因素。第二步主要实行个别企业的公私合营。国家向私营企业投资入股，企业的生产资料由国家和资本家共同所有；企业利润的分配仍为“四马分肥”；国家派干部（即公方代表）进入企业内部，根据国家建设需要，同工人、资本家（私方代表）共同管理和改造企业，公方代表居领导地位。资本家的剥削进一步受到限制。企业的经营管理以发展生产、满足人民需要和完成国家计划为目标，因而已经属于半社会主义性质的企业。第三步是实行全行业的公私合营。全行业公私合营后，国家对合营企业进行清产核资，定股定息，国家委派人员负责企业的生产经营管理，统一调配企业的人、财、物，生产资料为国家所有。国家按企业资本的股份额，每年拨付给原工商业者5%的定息，开始决定付息 7 年，后来又延长 3 年，共计 10 年。

第三，把资本主义工商业者改造成为自食其力的社会主义劳动者。在资本主义工商业的社会主义改造中，国家对资方在职人员和资方代理人采取“包下来”的政策，以企业为基地，根据“量才使用，适当照顾”的原则，对他们在政治上适当安排、工作上发挥作用、生活上妥善照顾，通过改造阶级成分的方式达到从整体上消灭资产阶级的目的。对企业的改造和对人的改造相结合，改造资本家个人与消灭他们所属的资产阶级相结合，既避免了激烈的阶级对抗，减少了改造的阻力，又推动了生产力的发展和社会进步。

1956 年，全行业公私合营进入高潮。年底，全国 99%的工业企业和 82%的商业企业实行了全行业的公私合营，这标志着国家对资本主义工商业的社会主义改造已基本完成。全行业公私合营后，企业的生产关系已经发生了根本的变化，基本上成为社会主义国营性质的企业。

案例分析

同仁堂的新生

众所周知，同仁堂是闻名全国的中药店，总店设在北京，创建于清朝康熙八年，距今已有三百多年的历史。1948 年解放前夕，同仁堂资产约有 80 万元（旧币），职工 190 余人。当时同仁堂由四大房（即乐平泉的四个儿子）共管，每房轮流管理。当时的同仁堂很混乱，无论轮到哪房“当家”，都会偷偷中饱私囊，然后在外面开设属于自己的药店。各房之间，龃龉不断。

解放后，政府不仅没有没收同仁堂的财产，反而加大了对民族资本家的扶持，帮助同仁堂和全国合作总社等签订了销售合同。1952年，时任北京市市长彭真来到同仁堂视察，他建议同仁堂能够把中药片剂也研制出来。在政府扶植下，同仁堂的生产逐步发展起来，为解决合同多，工人们不够用的困难，北京市工会组织还在北京市的其他药店里抽调了100余名表现积极的青年充实到同仁堂，让同仁堂的职工人数一下子增加到了280多人。时任同仁堂总经理的乐松生亲眼看到了共产党对民族资产阶级的保护，他对公私合营的事也积极起来了。他也开始慢慢地说服自己的家里人接受公私合营。1954年，乐松生带头向国家递交了公私合营申请。同年，8月27日，同仁堂公私合营大会召开，公私双方在协议书上签字。

公私合营后的同仁堂，企业的性质发生了根本性的改变。同仁堂内部建立健全了党、政、工、团的领导组织，增建了企业各项的管理制度。国家还投资扩建厂房，增添生产设备，摆脱了手工作坊式的生产模式，简单的手工操作逐渐被机械化、半机械化的设备所替代，促进生产迅速发展。在管理上，破除了一厂一店的经营方式，企业在国家统一安排下，北京市别家店的药同仁堂也可以生产销售。

实行公私合营后，企业利润被分成国家所得税、企业公积金、工人福利费、资方红利四个部分，即所谓"四马分肥"，国家和工人所得占了大头。解放前，四大房每年在铺面上提取银子4万两，解放后四大房每年提取5.6万两。1953年，按照"四马分肥"原则，四大房共分得红利171561元，超过原来所得两倍多。仍任经理的乐松生乐不可支："原来担心合营会影响生产，没想到合营后业务发展这样好。"

思考讨论：

结合案例，从同仁堂合营前后的变化来谈谈资本主义工商业合作化的基本经验和意义。

案例分析：

本案例讲述了久负盛名的中国老字号同仁堂药店公私合营的过程，先后经过委托加工、计划订货、统购包销的再到公私合营、和平赎买的过程。在这过程中，国家还通过各种方式帮助私营企业克服困难。这种渐进的过程，不仅逐渐打消了私营业主的顾虑，同时还让他们看到社会主义国家生产与私营生产相比的生产优势，最终使得民族资产阶级自觉自愿地接受社会主义改造。体现了我国资本主义工商业社会主义改造中逐渐过渡、和平方式的特点。

同仁堂药店社会主义改造后，生产力水平得到了提高，厂房得以扩建，机器设备得以升级换代，产量和企业效益都有很大的提高，显示出了社会化大生产的优势。其案例证明资本主义工商业改造使得社会主义国家能够组织更大规模和范围的社会化大生产，使得我国能更迅速地实现工业化。

3. 社会主义改造的历史经验

在进行社会主义改造、向社会主义过渡的进程中，中国共产党积累了丰富的历史经验。

第一，坚持社会主义工业化建设与社会主义改造同时并举，这是党在过渡时期总路线的明确要求。社会主义改造就是变革不适应工业化发展要求的生产关系，是围绕着社会主义工业化建设这个中心任务进行的；引导个体农民、个体手工业者走集体化的道路，改造私人资本主义工商业，目的都是为了适应社会主义工业化建设的要求，更好地发展生产力。因此，在改造过程中，党和政府所采取的实际步骤，总是力求使之与促进工业化进程和经济发展的要求相适应,而不允许对生产力造成破坏。在农业合作化过程中,粮食产量逐年增长,农田水利建设和农业技术改造也逐年发展。原有私营企业在接受改造过程中,生产增长和效益提高也十分明显。我国的社会主义改造全面推开是从1953年开始的,与此同时,我国的社会主义工业化建设也全面推开。经过全党和全国人民的努力奋斗,到1956年我国社会主义改造完成时,"一五"计划的主要指标提前完成,到1957年,各项指标均超额完成。经过"一五"期间的大规模建设,我国以重工业为重点的社会主义工业化基础已初步形成。

第二,采取积极引导、逐步过渡的方式。我国对农业、手工业和资本主义工商业的改造都采取了区别对象,用不同的办法积极引导、逐步过渡的方式。在农业社会主义改造方面,及时总结农民的实践经验,创造出互助组、初级社、高级社等过渡形式。实践证明,这种逐步过渡的办法符合农民的特点和生产力状况。在手工业改造方面的逐步过渡,不仅保护和促进了手工业生产的发展,而且为手工业逐步进行技术改造创造了条件。在资本主义工商业的改造中,创造出从初级到高级的各种国家资本主义的过渡形式,实现了对资产阶级的和平赎买,避免了在改造期间可能发生的剧烈的社会震荡和经济破坏。中国的这场巨大而深刻的社会变革,不仅没有对生产力的发展造成破坏,而且促进了生产力的发展。

第三,用和平方法进行改造。在社会主义改造之前,无论是资本主义工商业,还是农民和手工业者的个体所有制,都具有私有制的性质。毛泽东说:"我们进行社会主义革命所用的方法是和平的方法。""在我国的条件下,用和平的方法,即用说服教育的方法,不但可以改变个体的所有制为社会主义的集体所有制,而且可以改变资本主义所有制为社会主义所有制。"①坚持用和平的办法,保证了我国社会主义改造的顺利进行。在农业和手工业的社会主义改造中,党和政府坚持和平的方法和自愿的原则不动摇,并用事实表明,合作化可以使大多数人得到利益,至少不损害他们的利益,因此他们对合作化是拥护的或者是比较拥护的。在对资本主义工商业的社会主义改造中,党和政府不仅没有采取斗争地主的办法对待民族资本家,而且还继续支付定息,安排工作,因此总体上也可以使他们接受改造。党和政府除了通过经济赎买的办法团结资本家外,还十分重视对他们进行思想教育,经常组织他们参加各种学习,引导他们参加各种政治实践活动,对他们进行社会主义前途的教育,使他们自愿接受和平改造。总之,和平改造解决了诸如实现社会变革与经济发展、和平过渡与消灭剥削制度这类通常难以解决的矛盾问题。

我国的社会主义改造也出现了一些失误和偏差,主要是"在一九五五年夏季以后,农业合作化以及对手工业和个体商业的改造要求过急,工作过粗,改变过快,形式也过于简单划一,以致在长期间遗留了一些问题。一九五六年资本主义工商业改造基本完成以后,对于一部分原工商业者的使用和处理也不很适当。"②出现这些问题,有指导思想上急于求成、不够谨慎,工作方法上过于简单的因素,同时,受当时历史条件的限制,也有认识上的一些问题,主要是:在社会主义经济模式的选择和理解上,过于单一,追求纯粹的单一的社会主义经济成分;在公有制实现形式的选择和理解上过于简单化,只注意到集体所有制和全民所有制这两种基本形式,而对社会主义改造完成以后公有制经济可以和非公有制经济共同发展缺乏认识。党在实际工作过程中曾对这些问题有所觉察,对某些问题也做过纠正,但毕竟认识不深。更重要的是,当时党对我国社会主义发展阶段的问题还没有来得及形成科学的理论,

① 《毛泽东文集》第7卷,人民出版社1999年版,第1-2页。
② 《三中全会以来重要文献选编(下)》,人民出版社1982年版,第750页。

对什么是社会主义还没有完全搞清楚,致使一些遗留问题长期没有得到解决。但是,不能因为出现这些失误而否定社会主义改造的伟大意义。

在我国社会主义改造的历史上,有两个事实是世界历史上各种革命大变动中罕见的:一是在一个几亿人口的大国中比较顺利地实现了如此复杂、困难和深刻的社会变革,不仅没有造成生产力的破坏,反而促进了工农业和整个国民经济的发展;二是这样的变革没有引起巨大的社会动荡,反而极大地加强了人民的团结,并且是在人民普遍拥护的情况下完成的。这些情况说明,我国社会主义改造的基本完成的确是一个伟大的历史性胜利。

四、社会主义基本制度的确立及其意义

1956年底我国对农业、手工业和资本主义工商业的社会主义改造的基本完成,标志着中国历史上长达数千年的阶级剥削制度的结束,实现了由新民主主义向社会主义的转变,社会主义基本制度在我国初步确立。我国的社会主义初级阶段,由此开始。

社会主义改造的基本完成,使我国社会经济结构发生了根本变化,社会主义经济成分已占绝对优势,社会主义公有制已成为我国社会的经济基础。中国几千年来以生产资料私有制为基础的阶级剥削制度已经基本上被消灭,以生产资料公有制为基础的社会主义经济制度已经建立起来。

社会主义改造和社会主义工业化同时并举,发展国民经济第一个五年计划的执行和提前完成,使社会生产力的发展达到一定的程度。1957年全国工业总产值比1952年增长128.3%,平均每年增长18%。旧中国重工业过分落后的面貌有所改变,一大批基础工业部门和大中型工业企业相继建立,工业技术水平和工程设计能力有了较大提高,从而奠定了我国社会主义工业化的初步基础。1957年全国居民平均消费水平比1952年提高了1/3,其中,职工平均消费水平提高38.5%,农民提高27.4%。①

在社会主义经济基础基本建立的同时,我国的政治领域也发生了重大变化,确立了中国共产党领导的人民民主专政的社会主义政治制度。1954年9月召开了第一届全国人民代表大会,结束了新中国成立以来由中国人民政治协商会议代行全国人民代表大会职权、由《共同纲领》代行国家宪法的过渡状态。会议通过的《中华人民共和国宪法》,是中国人民一百多年来为建立新中国而英勇奋斗的历史经验的总结,也是中华人民共和国成立以来新的历史经验的总结。它肯定了中国共产党领导全国人民走过的新民主主义革命道路,并且用宪法形式把中国共产党在过渡时期的总路线和总任务确定下来。第一届全国人民代表大会的召开和《中华人民共和国宪法》的制定及颁布施行,为各族人民参与国家政治生活提供了条件和保证,为逐步健全和完善我国社会主义政治制度,逐步健全社会主义民主和法制,创造有利于社会发展的良好的社会政治环境,奠定了坚实的基础。

伴随着社会经济制度和社会经济结构的根本变化,我国社会的阶级关系也发生了根本的变化。帝国主义侵略势力已经被清除出中国大陆;官僚资产阶级已经在中国内地被消灭;原来的地主和富农正在被改造成为自食其力的新人;民族资产阶级分子被改造成自食其力的社会主义劳动者;工人阶级已经成为国家的领导阶级,队伍进一步壮大;亿万农民和其他

① 胡绳:《中国共产党的七十年》,中共党史出版社1991年版,第337–338页。

个体劳动者已经变成社会主义的集体劳动者；知识界已经组成一支为社会主义服务的队伍。广大劳动人民从此摆脱了被剥削被奴役的地位，成为掌握生产资料的国家和社会的主人以及掌握自己命运的主人。

在社会阶级关系发生变化的同时，我国社会的主要矛盾也发生了变化。过渡时期存在的无产阶级同资产阶级之间的矛盾已经基本上解决，人民对于经济文化迅速发展的需要同当前经济文化不能满足人民需要的状况之间的矛盾，成为我国社会的主要矛盾。

社会主义改造的基本完成和由此带来的社会各方面的变化，表明社会主义制度已经在我国的经济领域、政治领域及社会生活其他领域基本确立。

社会主义制度的确立是中国历史上最深刻最伟大的社会变革，也是20世纪中国又一次划时代的历史巨变。中国从一个半殖民地半封建社会，越过漫长的资本主义发展的历史阶段，进入到了社会主义新时代。一个长期受帝国主义掠夺和奴役的国家，变成了一个享有主权的独立的国家。一个四分五裂的国家，变成了一个除台湾等岛屿外实现统一的国家。一个人民备受欺凌压迫的国家，变成了一个人民当家作主、享有民主权利的国家。一个经济文化落后的国家，变成了一个走向经济繁荣、全面进步的国家。一个在世界上被人们看不起的国家，变成了一个受到国际社会普遍尊重和重视的国家。所有这些，都是建立富强、民主、文明的社会主义现代化国家不可缺少的经济、政治、文化和社会条件，它为中国社会的进一步发展和进步奠定了坚实的基础。

社会主义制度的确立，为中国现代化的建设创造了制度条件。社会主义制度的建立极大地提高了工人阶级和广大劳动人民的积极性和创造性，社会主义经济制度以其与社会化大生产一致性和能够在经济落后条件下尽可能地集中力量办大事的优势，为发展社会生产力开辟了广阔的道路。随着社会主义制度的确立和社会主义建设的发展，我国初步建立了一个比较独立、完整的工业体系和国民经济体系，农业生产条件发生显著改变，生产水平有了很大提高，城乡商业和对外贸易都有很大增长，教育、科学、文化、卫生、体育事业有很大发展，我国主要工农业产品的产量在世界的位次都明显提高。中国现代化建设取得的辉煌成就，离不开选择并且走上社会主义道路这个最基本的前提条件。

社会主义制度的确立，使广大劳动人民真正成为国家的主人和社会生产资料的主人。这是中国几千年来阶级关系的最根本变革。社会主义经济制度的建立，极大地巩固和扩大了工人阶级领导的，以工农联盟为基础的人民民主专政国家政权的阶级基础和经济基础。

中国社会主义制度的确立，使占世界人口四分之一的东方大国进入了社会主义社会，这是世界社会主义运动史上又一个历史性的伟大胜利。它进一步改变了世界政治经济格局，增强了社会主义的力量，对维护世界和平产生了积极影响。中国人民在共产党的领导下通过自己艰苦卓绝的努力走上了社会主义道路，为其他相对落后的国家探索民族独立、人民解放和走符合本国国情的发展道路提供了重要经验，对这些国家的人民也是一个巨大的鼓舞。

在一个经济文化比较落后的东方大国中顺利实现从新民主主义到社会主义的转变，建立社会主义的基本制度，是马克思列宁主义关于社会主义革命理论在中国正确运用和创造性发展的结果。社会主义制度在中国的确立，不仅再次证明了马克思主义的真理性，而且以其独创性的理论原则和实践经验，丰富和发展了马克思主义的科学社会主义理论。正如邓小平所说："我们的社会主义改造是搞的成功的，很了不起。这是毛泽东对马克思列宁主义的一个重大贡献。”①

学习建议

新民主主义向社会主义的过渡是中国历史上的一次深刻变革。虽然在向社会主义过渡的过程中,我们犯了求速求快的错误,以及改革开放之后我们社会改革的方向纠偏的倾向,但是我们不能因此抹杀了这个时期对中国实现工业化、走向现代化所做的贡献。

纪录片:《社会主义改造》、《中国》

文献:《中国共产党中央委员会关于建国以来党的若干历史问题的决议》、《为动员一切力量把我国建设成为一个伟大的社会主义国家而斗争——关于党在过渡时期总路线的学习和宣传提纲》、《建国以来重要文献选编》第4册(中央文献出版社1993年版)毛泽东:《在中国共产党第七届中央委员会第二次全体会议上的报告》、《关于农业互助合作的两次谈话》

思考题

1. 为什么说新民主主义社会是一个过渡性的社会?
2. 中国为什么在20世纪50年代选择了社会主义道路来实现工业化?
3. 我国社会主义改造的基本经验是什么?
4. 如何认识中国确立社会主义基本制度的重大意义?

① 《邓小平文选》第2卷,人民出版社1994年版,第302页。

第五章 社会主义的本质和根本任务

"什么是社会主义、怎样建设社会主义"是邓小平理论的首要的基本理论问题。社会主义是近现代中国社会发展道路的必然选择。中国人民为了建立社会主义付出了革命和改造的艰苦卓越的努力。社会主义本质论的提出将我们对社会主义的认识引向深入,解决了坚持社会主义和发展社会主义的冲突问题,开创了社会主义建设的新时代。

本章提要:

• "什么是社会主义、怎样建设社会主义"是建设中国特色社会主义首要的基本理论问题。

• 党在社会主义建设最初探索中取得的理论成果和正反两方面经验,为中国特色社会主义理论的形成提供了重要基础。

• 社会主义的本质是解放生产力,发展生产力,消灭剥削,消除两极分化,最终实现共同富裕。邓小平对社会主义本质的概括把我们对社会主义的认识提高到了一个新的科学水平。准确理解和把握社会主义本质理论,对于中国特色社会主义现代化建设事业具有重大的政治意义、理论意义和实践意义。

• 发展生产力是社会主义的根本任务,发展是硬道理,是党执政兴国的第一要务。科学技术是第一生产力,是先进生产力的集中体现和主要标志。人是生产力中最活跃的因素。党要始终代表中国先进生产力发展的要求,不断促进先进生产力的发展。

• 人的全面发展是建设社会主义新社会的本质要求。社会发展的最终目的是为了人的自由而全面的发展,社会的物质文明、政治文明和精神文明的发展都是围绕人的发展而创造的条件。

社会主义是近现代中国社会发展道路的必然选择。中国人民为了建立社会主义在新民主主义革命和社会主义改造中付出了艰苦卓越的努力,中国共产党人对在中国如何建设社会主义的问题进行了艰辛的探索。在社会主义建设的实践过程中,中国共产党人对于社会主义的认识经历了一个由表及里、由浅入深的过程。对社会主义主观上的认识直接影响到了社会主义建设的实践。由于对"什么是社会主义"这一基本理论问题认识上的不够深入,我们在社会主义建设实践中有过一些惨痛的教训。社会主义本质论的提出解决了社会主义建设实践中坚持社会主义和发展社会主义的冲突,是中国特色社会主义理论体系中首要的、基本的理论问题。

一、社会主义认识的过程

社会主义作为资本主义的伴生物和对立物，作为一种批判、否定资本主义的社会思潮和意识形态体系，作为一种旨在通过变革取代资本主义的社会制度，从其自身孕育、形成直至最终实现经历了一个漫长的发展过程。

1. 马克思、恩格斯对社会主义的认识

空想社会主义思想家在资本主义原始积累的初始阶段，从日益暴露出来的各种社会矛盾中，看到了资本主义私有制造成的种种黑幕和弊端，而用文学的形式向人们展示了一个个被称为“乌托邦”、“太阳城”的社会主义理想。马克思、恩格斯继承了空想社会主义的理想，将社会主义同工人运动相结合，找得了实现社会主义的途径，从而将社会主义从空想变为科学。

与空想社会主义不同，马克思、恩格斯对未来社会没有作详细的描述，只是在《反杜林论》等著作中对未来社会的特征作了极为简要的概括，集中起来主要有如下几点：一是生产资料归社会占有。生产资料归社会占有是马克思、恩格斯提出的社会主义经济改造的基本公式。在《共产党宣言》中他们把自己的理论概括为一句话：消灭私有制。后来他们又把社会经济改造的公式概括为：生产资料归社会占有。马克思称这种所有制为社会所有制。二是有计划地组织全部生产。马克思、恩格斯看到自由竞争带来的经济危机，使社会劳动和生产资料不能得到合理的安排和充分利用，因而阐明了用有计划的组织来代替自由竞争的必要。三是在分配方面，共产主义第一阶段实行按劳分配消费品，在共产主义的高级阶段实行各尽所能，按需分配。马克思、恩格斯还预言随着生产资料归社会占有和生产无政府状态的消失，社会阶级将被消灭，作为阶级统治手段的国家也必然消亡。对于这些特征，恩格斯声明说：“我所在的党并没有任何一劳永逸的现成方案。我们对未来非资本主义社会区别于现代社会的特征的看法，是从历史事实和发展过程中得出的确切结论；不结合这些事实和过程去加以阐明，就没有任何理论价值和实际价值。”[①]这就是说，恩格斯和马克思也强调即便是对于未来社会的一般特征也必须结合特定的历史事实和发展过程才能把握。

2. 苏联社会主义模式对社会主义认识的影响

列宁突破了马克思、恩格斯认为社会主义国家将首先在发达资本主义国家建立的理论预设，在俄国建立了历史上第一个社会主义国家。如何在俄国这样一个相对落后的国家建设社会主义，这是人类历史上前所未有的新课题。经历了国家资本主义、战时共产主义及新政策等一系列的着重于经济政策方面的探索和调整后，列宁在《论合作社》一文中也不得不

① 《马克思恩格斯选集》第 4 卷，人民出版社 1995 年版，第 676 页。

承认:"我们对社会主义的整个看法根本改变了。"[①]随后,列宁把实现社会主义的重心放在了合作社建设、改造国家机关和文化革命上来。这种认识上的变化也是将社会主义的一般特征置于特定的历史事实和发展过程的体现。

然而,在抵抗帝国主义武装侵略以及人民迫切赶上和超过先进资本主义国家的强烈愿望的背景下,列宁更为理性的探索被斯大林的更为激进的做法所取代。围绕着赶超发达资本主义国家、实现国家工业化的战略要求,苏联确立了以高度国有化为基本框架的计划经济体制、以重工业优先发展等为特征的社会主义模式。与这一模式相对应而发展起来的社会主义理论也将高度国有化的所有制结构和由国家行政机关组织实施的计划经济及其配套的按劳分配体制看作是社会主义最主要的特征。凭借这样的模式优势,苏联实现了工业化,并取得了第二次世界大战的胜利,确立了其在战后的超级大国的地位。因此,苏联这种形成于特定历史时期的社会主义模式对其后的社会主义国家产生了深远的影响。

文献导引

"在共产主义社会里,任何人都没有特殊的活动范围,而是都可以在任何部门内发展,社会调节着整个生产,因而使我有可能随自己的兴趣今天干这事,明天干那事,上午打猎,下午捕鱼,傍晚从事畜牧,晚饭后从事批判,这样就不会使我老是一个猎人、渔夫、牧人或批判者"。

——马克思《德意志意识形态》

"一切形式的社会主义的根萌,都纯粹是伦理的。协和与友谊,就是人类社会生活的普遍法则,我们要晓得人间社会的生活,永远受这个普遍法则的支配,就可以发现出来,社会主义者共同一致认为的基础,何时何处,都有他潜在,不论他是梦想的,或是科学的,都随他的知识与能力,把他的概念建立在这个基础上,这基础就是协和、友谊、互助、博爱的精神"。

——李大钊《美利坚之宗教新村运动》

"我们理想的新时代新社会,是诚实的、进步的、积极的、自由的、平等的、创造的、美的、善的、和平的、相爱互助的、劳动而愉快的、全社会幸福的。希望那虚伪的、保守的、消极的、束缚的、阶级的、因袭的、丑的、恶的、战争的、轧轹不安的、懒惰而烦闷的少数幸福的现象,渐渐减少至于消灭"。

——陈独秀《新青年》宣言

3. 我国社会主义建设初期对社会主义认识的探索

在实现工业化战略目标和实现赶超的主观愿望方面,我国在社会主义国家建设之初与苏联有很大的相似之处,因此我国社会主义建设在很大程度上是借鉴了苏联社会主义的模式:通过经济上完全程度上的国有化来实现工业化;国家机关管理和实施整个社会的经济活动并负责进行分配。虽然,在探索中我们也认识到了走中国自己特色的社会主义建设道路的重要性,但中国特色更多地体现在决策上的独立自主性和经验层面上。对于社会主义本身的认识还缺乏理论上更深入的思考和梳理。

在社会主义改造基本完成,社会主义制度确立之后,我们在认识上也把所有制的公有

① 《列宁选集》第4卷,人民出版社1995年版,第773页。

制、经济运行机制上的计划经济、分配上的平均主义等看作是社会主义的基本特征。围绕着经济领域的一元化的运行，政治及文化也表现出高度一元化的特征。由于这种认识上的限制，以毛泽东为代表的中国共产党人在社会主义建设的初步探索中虽然从经验出发提出了很多更为实际的设想，但最后在实践中都没能坚持下去。1958 年，党的路线方针逐渐偏离实际之后，高度集中的一元化的社会主义模式非但没能及时地纠正这样的偏转，反而将它推向极致。社会主义制度的优势非但没有体现出来，反而更多地暴露出僵化和缺乏动力的一面。

案例分析

人民公社运动

1958 年 8 月 29 日，中共中央政治局在北戴河会议上，作出了关于在农村建立人民公社问题的决议，要求全国各地尽快地将小社并大社，转为人民公社。主要内容是：一、确定人民公社实行政社合一，工农兵学商相结合。二、强调小社并大社的方法，首先由原来的各小社联合选出大社的管理委员会，把人民公社的架子搭起来。三、在并社过程中，要以“共产主义精神”去对待各个小社的公共财产和债务方面的差别。四、指出人民公社目前是集体所有制，以后可以变为全民所有制，并为向共产主义过渡作准备。

《决议》下达后，全国迅速形成了人民公社化运动的热潮。到 10 月底，全国 74 万多个农业生产合作社改组成 2.6 万多个人民公社，参加公社的农户有 1.2 亿户，占全国总农户的 99%以上，全国农村基本上实现了人民公社化，开始准备提前进入共产主义，在人民公社办公共食堂，吃饭不要钱。部分地方甚至声称要消灭家庭，实现军事化，男人女人分开集体居住，拆毁农民的房屋，以便集中居住。

思考题：

透过人民公社运动分析我党最初对社会主义的认识以及人民公社运动给我们的教训。

案例分析：

人民公社是毛泽东在“大跃进”浪潮推动下设计的中国社会的新模式，解决的是建立什么样的社会主义问题，它勾勒出一幅相当完整的中国未来社会的图景。毛泽东试图在落后的生产力基础上，依靠不断扩大公有制，缩小商品生产，实行平均主义分配制度，来迅速建成完全的社会主义，并很快地过渡到共产主义。当时人民公社实行的所谓“一大二公”（规模大，公有化程度高），具有共产主义因素的分配制度，限制和逐步消灭商品和商品交换，逐步取消社会分工等等制度和措施。这反映了当时我党对社会主义的认识仍然停留在公有制经济、平均主义分配、计划生产这些具体制度层面，且也没充分地认识到社会主义和共产主义的阶段性差异。

从根本上说，这种纯而又纯的社会主义模式，不仅企图超越社会主义初级阶段，而且企图超越整个社会主义阶段。因此，这种模式是带有空想色彩的社会主义模式，它的实施对中国社会主义建设事业造成了极大的破坏。

4. 对社会主义进行再认识任务的提出

1978 年十一届三中全会之后，面对在长达十年的文化大革命左倾错误路线影响下日益僵化的社会,以邓小平为首的党中央提出了改革开放的口号,重新调整了经济、政治和社会政策,激发出社会发展的活力。在改革开放的进程中,一方面要与过去保守的僵化的思想认识做斗争,另一方面还要为中国社会未来发展保驾护航。“什么是社会主义,怎样建设社会主义”这一问题就是在这样的背景下提出的。

对社会主义再认识问题的提出,一方面表明了我们在思想上已经认识到了我们在社会主义实践上的失误在很大程度上是由于对于“什么是社会主义,怎样建设社会主义”这一基本问题缺乏深入的思考以致于对这一个基本问题并没有完全搞清楚,甚至是存在很多的误解;另一方面也表明我们依然坚持社会主义制度的决心。邓小平就提出:“我们建立的社会主义制度是个好制度,必须坚持。我们马克思主义过去闹革命,就是为社会主义、共产主义崇高理想而奋斗。现在我们搞经济改革,仍然要坚持社会主义道路,坚持共产主义的远大理想。”[①]邓小平说过去我们对“什么是社会主义、怎样建设社会主义”的问题没有完全搞清楚,是指既“清楚”,又“不清楚”。“清楚”的是我们建立的社会主义制度是个好制度,必须坚持;“不清楚”的是,社会主义的根本任务和根本目的是什么,以此所决定的社会主义最本质的东西是什么,究竟通过怎样的体制、走怎样的道路来发挥社会主义根本制度的优越性。这就需要对社会主义进行再认识。

二、社会主义本质论

十一届三中全会以后,邓小平总结了多年来党和政府离开生产力抽象地谈论社会主义,把许多束缚生产力发展的、并不具有社会主义本质属性的东西当作“社会主义原则”加以固守,把许多在社会主义条件下有利于生产力发展的东西当作“资本主义复辟”加以反对的历史教训,经过深邃的思考,创造性地对社会主义本质进行了新的概括,深化了对社会主义的认识。

1. 社会主义本质理论的提出

“什么是社会主义、怎样建设社会主义”,是邓小平在领导我国改革开放和现代化进程中不断提出和反复思考的问题,中国三十多年来发生的种种历史性转变也是围绕着这一基本问题在实践中探索的表现。

20 世纪 80 年代初,我国刚刚实行改革开放之际,针对一些人因政策的调整而产生的困惑和疑虑,邓小平在论述怎样才能发挥社会主义制度优越性的问题时,第一次提出了社会主义本质这个概念。他指出:“社会主义是一个很好的名词,但是如果搞不好,不能正确理解,不能采取正确的政策,那就体现不出社会主义的本质。”[②]因此他提出了要跳出传统的从制度层面、特征层面把握社会主义的僵化认识,而应该从更深层面去把握社会主义的命题。

1982 年,邓小平在十二大开幕词中宣告:“把马克思主义的普遍真理同我国的具体实际结合起来,走自己的道路,建设有中国特色的社会主义”[③],第一次提出了“建设有中国特色

① 《邓小平文选》第 3 卷,人民出版社 1993 年版,第 115-116 页。
② 《邓小平文选》第 2 卷,人民出版社 1994 年版,第 313 页。
③ 《邓小平文选》第 3 卷,人民出版社 1993 年版,第 2-3 页。

的社会主义”的命题，从而提出将对社会主义的认知与中国具体的社会实践和历史进程结合起来的命题。

邓小平还从总结社会主义发展的历史经验教训入手，不断对“什么是社会主义”进行思考。他先后指出了十个不是社会主义：贫穷不是社会主义；发展太慢不是社会主义；平均主义不是社会主义；两极分化不是社会主义；僵化封闭不是社会主义；照搬外国经验也不能发展社会主义；没有民主就没有社会主义，没有法制也没有社会主义；不重视物质文明搞不好社会主义，不重视精神文明也搞不好社会主义。

此外，邓小平还通过对社会主义根本任务和原则的把握，逐渐揭示出社会主义的本质，将生产力的发展与社会主义的本质联系起来。他认为，讲社会主义，首先要讲生产力发展，这是主要的。只有这样，才能表明社会主义的优越性。社会主义经济政策对不对，归根到底要看生产力是否发展、人民收入是否增加。他把发展生产和增加人民收入称之为压倒一切的标准，这实际上已经提出了社会主义本质的核心内容。

1986 年 9 月，邓小平在回答美国记者关于“致富光荣的口号同社会主义的关系”时说：“社会主义财富属于人民，社会主义的致富是全民共同致富。社会主义原则，第一是发展生产，第二是共同致富。”①这段话成为社会主义本质论断的雏形。1990 年 12 月，邓小平又一次强调共同富裕的问题，指出：“共同致富，我们从改革一开始就讲，将来总有一天要成为中心课题。社会主义不是少数人富起来、大多数人穷，不是那个样子。社会主义最大的优越性就是共同富裕，这是体现社会主义本质的一个东西。”②

1992 年，邓小平结合 80 年代末和 90 年代初国内国际形势的新变化，以及十多年的思考，在视察南方的谈话中言简意赅地概括了社会主义本质：“社会主义本质就是解放生产力，发展生产力，消灭剥削，消除两极分化，最终达到共同富裕。”③

知识拓展

改革开放以来的姓“资”姓“社”之争

在改革开放之前，在中国人的心目中有一种根深蒂固的思维定式：单一公有制、高度集中管理手段、平均主义分配形式和清贫的生活水平，是纯粹的社会主义的经济运行规则，即姓“社”的，而多元化的所有制（特别是私有制）、市场经济、分配上的差别（特别是比较大的差别）和富裕的生活水平，则是纯粹的资本主义的经济运行规则，即姓“资”的。它们之间不仅是不兼容的，而且是绝对的、全方面的对立。在改革开放的进程中，囿于这种认识的束缚，我国改革开放的进程一直伴随着姓“资”还是姓“社”的争论。

一、特区是改革的“试验田”，还是旧中国的“租界地”？

改革开放之初，党中央决定在南方四个城市创办经济特区，特区基本上实行市场经济运作方式，这种做法引起了激烈的争论。有人认为办特区、打开大门让外国资本家前来投资办厂，而且还要给他们许多优惠条件，这是重新“租界化”和“殖民地化”，因此产生了特区到

① 《邓小平文选》第 3 卷，人民出版社 1993 年版，第 172 页。
② 《邓小平文选》第 3 卷，人民出版社 1993 年版，第 364 页。
③ 《邓小平文选》第 3 卷，人民出版社 1993 年版，第 373 页。

底姓“资”还是姓“社”的疑问。

为消除这种疑问，1981 年 7 月，中共中央、国务院批转的《广东、福建两省和经济特区工作会议记要》明确地提出，“我国特区是经济特区，不是政治特区。特区内全面行使我国国家主权，这和由不平等条约产生的租界、殖民地在性质上根本不同。世界上许多国家的经验证明，特区是扩大出口贸易、利用外资、引进技术、发展经济的比较成功的好形式。”

二、市场经济到底姓“社”，还是姓“资”?

进入 20 世纪 90 年代后中国面临着既要反对资产阶级自由化，又要坚持改革开放的双重任务。在这样的背景下，围绕着如何处理反对资产阶级自由化和坚持改革开放的关系，出现了对市场经济到底姓“社”，还是姓“资”这一问题的争论。有人认为资产阶级自由化有两个表现，即所有制方面要改为私有制；经济运行方面让我们改革计划经济，搞市场经济。按照这样的标准来衡量，朝着市场经济方向的深化改革和扩大开放，都是资本主义的。这表明中国改革开放再一次处在何去何从的十字路口。

邓小平再次站在了理论的前沿，他在 1992 年南方讲话中阐述了计划经济、市场经济和资本主义、社会主义的关系。计划多一点还是少一点，不是社会主义与资本主义的本质区别。计划经济不等于社会主义，资本主义也有计划；市场经济不等于资本主义，社会主义也有市场等观点，再一次中止了姓“资”还是姓“社”的争论，把人们的注意力从批判“和平演变”和民主社会主义转到经济建设上来。在对恪守传统苏联模式“左”的理论观点进行了深刻批判的基础之上，市场经济在中国终于真正成了主角。1992 年 10 月召开的党的十四大明确提出“中国经济体制改革的目标是建立社会主义市场经济体制”。

2. 社会主义本质的科学内涵

邓小平对社会主义本质所作的概括，一方面强调必须集中力量解放和发展生产力，另一方面指出了解放和发展生产力的手段和目的是共同富裕。这一概括既坚持了马克思主义的科学社会主义，同时又赋予了社会主义以新的含义和时代内容。它的基本内涵包括以下两个方面：

第一，把解放和发展生产力纳入社会主义的本质。这是社会主义本质理论的一个十分明显和突出的特点。强调解放和发展生产力在社会主义本质中的地位，是邓小平在科学社会主义理论与社会主义建设实践内在统一的基础上认识社会主义的一个创造，也是他提出社会主义本质这个具有更高概括性范畴的重要原因。

解放和发展生产力是每一个新的社会制度固有的历史使命和根本任务，因此过去人们不把它作为体现社会制度属性的范畴。邓小平之所以把解放和发展生产力纳入到社会主义本质之中，不是简单地出于社会主义历史使命和根本任务的逻辑推演，而是以唯物史观为指导，在认真总结社会主义建设的历史经验，科学地把握中国的具体国情和当前的时代特征的基础上提炼出来的。从我国社会主义建设的历史经验看，过去对什么是社会主义的问题之所以没有完全搞清楚，之所以不完全清醒，一个重要的原因就是离开生产力水平抽象地谈论社会主义，误以为只要不断改变生产关系，提高公有化的程度，就能推动生产力的发展，一个时期内甚至用阶级斗争为纲取代发展生产力这个中心任务。此外也没有认识到在社会主义条件下还有一个解放生产力的问题，因而长期以来没有解决好在社会主义条件下如何发展生产力的问题。从中国的具体国情看，我国还处于社会主义初级阶段。在这个历史阶段，人民群众日益增长的物质文化需要同落后的社会生产之间的矛盾，表现得更加突出，解放和发展生产力的意义也就更加重要。从时代特征看，在和平与发展成为时代主题、新的科技革命迅速发展的条件下，世界各国尤其是我们的周边国家和地区都在研究如何抓住时机、加快发展自己的问题，只有突出解放和发展生产力在社会主义本质中的地位和作用，才能自觉地坚持以经济建设为中心，抓住机遇，加快发展，不断推进社会主义现代化建设，并最终以实践来证明社会主义优于资本主义。

发展生产力还有一个解放生产力的问题。改革开放以前，我国原有的经济体制、政治体制和其他方面的体制存在着种种弊端，束缚了生产力的发展，必须通过改革为生产力的发展开辟出广阔的前景。所以，邓小平强调："只讲在社会主义条件下发展生产力，没有讲还要通过改革解放生产力，不完全。应该把解放生产力和发展生产力两个讲全了。"

第二，突出强调消灭剥削、消除两极分化，最终达到共同富裕。指出了社会主义社会的发展目标，并从生产力和生产关系两个方面阐明了实现这个目标的途径。

马克思主义认为，共产主义的最终目的是实现人的自由而全面的发展。中国原来是经济十分落后的国家，至今还处在并将长期处在社会主义初级阶段，不可能比较快地创造出实现人的自由而全面发展的条件。邓小平从中国的具体国情出发，把实现共同富裕作为社会主义的根本目标，体现了马克思主义同当代中国实际的结合。实现共同富裕，是走向人的自由而全面发展所必经的阶段。要实现共同富裕，除了要解决如何解放和发展生产力，不断增加社会物质财富的问题外，从生产关系方面来说，还有一个消灭剥削，消除两极分化，使社会生产力发展的成果为全体人民所享有的问题。这又是在存在和坚持社会主义公有制和按劳分配为主体的条件下才能实现。所以，邓小平一再强调，一个公有制占主体，一个共同富裕，这是我们必须坚持的社会主义的根本原则；社会主义有两个非常重要的方面，一是以公有制为主体，二是不搞两极分化。他指出，我们发展生产力，创造的财富归人民所有，不允许出现两极分化。消灭剥削，消除两极分化，最终达到共同富裕，是一个随着生产力的发展而逐步实现的比较长的动态过程。在中国的具体条件下，在社会生产力没有充分发展以前，仍然会在一定范围内和一定程度上存在剥削现象和出现两极分化的可能性。社会主义的本质和优越性将伴随着社会生产力的发展和社会主义社会由低级到高级、由不完善到逐步完善的发展过程而逐步地得到充分体现。

案例分析

无法回避的课题——总设计师的心之所系

晚年的邓小平在1990年到1993年，曾先后四次谈到消除两极分化、实现共同富裕的极端重要性。

1990年7月3日，邓小平视察国家奥林匹克体育中心场馆时警告说："中国有十一亿人口，如果十分之一富裕，就是一亿多富裕，相应地就有九亿多人摆脱不了贫困，就不能不革命啊！九亿多人就要革命。所以，中国只能搞社会主义，不能搞两极分化。"

1993年2月，在视察南方的谈话中，邓小平尖锐地指出："如果富的愈来愈富，穷的愈来愈穷，两极分化就会产生，而社会主义制度就应该而且能够避免两极分化。解决的办法之一，就是先富起来的地区多交点利税，支持贫困地区的发展。"

1992年12月,邓小平在阅读了《中国将成为最大的经济国》和《马克思主义新挑战更加令人生畏》这两篇文章后指出,“中国发展到一定的程度后,一定要考虑分配问题”,“如果仅仅是少数人富有,那就会落到资本主义去了。要研究分配这个问题和它的意义”。他再一次期望“到本世纪末就应该考虑这个问题”。

1993年9月邓小平在与弟弟邓垦谈话时再一次讲到:“十二亿人口怎样实现富裕,富裕起来以后财富怎样分配,这都是大问题。解决这个问题比解决发展起来的问题还困难。”邓小平又警告说:“少部分人获得那么多财富,大多数人没有,这样发展下去总有一天会出问题。分配不公,会导致两极分化,到一定的时候问题就会出来。这个问题要解决。”

思考讨论:

共同富裕作为社会主义的根本目标对于中国社会发展具有怎样重大的意义?如何认识“先富”和“共富”的关系?

案例分析:

社会主义的最大优越性就是共同富裕。共同富裕是体现社会主义本质的价值目标。能够实现共同富裕也是决定我国社会主义建设是否成功的评判标准。同时实现共同富裕也是实现经济、社会可持续发展的动力所在。允许一部分人、一部分地区先富起来是实现共同富裕的一个阶段和手段,但是要防止两极分化。

邓小平的四次谈论“共同富裕”,分别阐述了两极分化会给社会问题带来隐患、解决两极分化的具体举措、实现“共同富裕”关乎社会主义建设的成败极其要充分认识到解决两极分化的重要性和困难。这说明邓小平对改革开放以后出现的国民收入的差距已有充分地认识。他在肯定“让一部分人先富起来的”政策有利于推动社会生产力的同时,提出了要逐渐由“先富”向“共同富裕”转变。进入新世纪,收入分配的差距日益受到大家的关注,我们社会主义建设必须为实现共同富裕设计一套完整的方案,实现由“先富”到“共富”的转变。

3. 社会和谐是社会主义的本质属性

在邓小平关于社会主义本质论的基础上,以胡锦涛为总书记的党中央在党的十六届六中全会中通过的《关于构建社会主义和谐社会若干重大问题的决定》提出:“社会和谐是中国特色社会主义的本质属性”。这一重大判断,进一步深化了我们对于社会主义本质的认识。

社会和谐进一步突出了发展生产力这一根本任务下的价值诉求。所谓的和谐包含了人类社会发展中的经济、政治、社会和文化的均衡、和谐发展,也包含了人类社会自身和自然环境的和谐相处。这也是社会主义制度优越性的体现。这一本质属性的确立,使我们能够自觉地把这一本质属性的要求贯穿于中国特色社会主义经济、政治、文化、社会建设整体布局和奋斗目标中。

社会和谐作为社会主义本质属性的提出反映了社会主义建设过程中的矛盾和冲突,并指明了解决矛盾和冲突的手段。社会主义制度的建立、阶级对立的消失并不表明社会矛盾的消失,更不表明社会多样性的消失。社会主义社会,依然存在着民族之间的差别、城乡之间的差别、地区之间的差别、社会阶层之间的差别等。人们的具体利益和思想认识等也不可能是完全一致的。随着社会的现代化和分工的高度发达,社会多样性和差异性以及人们的独立性、自主性还会不断地发展。于是,在承认社会多样性的基础上怎样认识和化解各种社会矛盾，在人们之间建立起和谐的社会关系，就成为我们所面临的重大任务。改革开放以来，我国社会主义建设取得了很大的成就，同时也涌现出了很多突出的社会矛盾和冲突。社会和谐作为社会主义本质属性的提出表明了解决这些矛盾和冲突是社会主义的内在需求，同时也表明这些社会冲突和矛盾从整体上来讲不是根本对立和对抗的，是可以通过社会主义自身的发展和完善逐步得以解决的。

社会和谐作为社会主义的本质属性也指明了中国特色社会主义发展的未来趋势。社会主义从阶级社会走向无阶级社会，国家的权力在这个过程中将逐步地向社会回归，更多地发挥其公共管理的职能。国家的管理越来越显示出社会管理和公共服务的特点。人民群众的社会自治和自我管理、自我服务在社会管理中占据日益重要的地位。

4. 社会主义本质理论的重要意义

邓小平坚持科学社会主义理论和实践的基本成果，抓住“什么是社会主义、怎样建设社会主义”这个根本问题，深刻揭示了社会主义本质，这是对马克思主义的重大发展，对于建设中国特色社会主义具有重大的理论和实践意义。

第一，社会主义本质理论把我们对社会主义的认识提高到了一个新的科学水平。社会主义本质理论的提出，把我们对社会主义的认识，从主要强调关于公有制、按劳分配等特征，进一步深入到实现共同富裕这个建设社会主义的根本目标上。过去由于缺乏对社会主义本质的认识，我们在建设社会主义、巩固和发展社会主义方面，认为公有制和按劳分配的范围越广、程度越高，越有助于实现共同富裕，甚至脱离实际条件，盲目扩大公有制的范围，提高公有制的程度，结果导致远离根本目的的结果。这在多次出现的“穷过渡”中表现得十分明显。在改革开放的进程中，对改革开放的一些政策调整之所以经常会出现不同的意见，从认识论的角度看，也是因为离开了社会主义的根本目的孤立地看待是否符合公有制、按劳分配等社会主义的特征。因此，提出一个把建设社会主义的手段和目的统一起来的更高层次的社会主义本质概念，搞清楚建设社会主义的根本目的和目标，对于统一认识，促进改革开放事业的发展，保证社会主义改革的正确方向，是十分重要的。社会主义本质理论的提出，为判断改革开放的是非得失提供了强大的思想武器，有力地促进了社会主义现代化建设事业大踏步地向前发展。

第二，社会主义本质理论对探索怎样建设社会主义具有重要的实践意义。邓小平提出社会主义本质理论的针对性，一方面是过去只着重于关注巩固和扩大公有制、按劳分配和计划经济，把它当作目的本身，而忽视了更为基本的建设社会主义的根本目的和目标；另一方面是防止改革进程中可能出现的少部分人富而大部分人穷的两极分化和其他消极现象。这两种情况都不可能使我国的社会主义建设找到一条正确的道路。社会主义本质理论把搞清楚“什么是社会主义、怎样建设社会主义”紧密地结合起来，揭示了实现社会主义本质与建设社会主义的道路之间的内在逻辑关系。社会主义本质理论的提出，为我们寻找一种能够从更深层次把握住社会主义的本质，从而为中国的社会主义建设在改革开放中探索出一条发展更快、人民享受到社会主义建设成果最大、能够充分体现出对资本主义优越性的道路，奠定了理论基础，开辟了广阔前景。

总之，邓小平对社会主义本质所作的理论概括，对科学社会主义理论既是坚持和继承，又是发展和创新，为我们真正搞清楚什么是社会主义、怎样建设社会主义，并在实践中创造出充满活力的社会主义奠定了科学的思想基础。

三、社会主义的根本任务和根本目的

1. 社会主义的根本任务是发展生产力

社会主义的根本任务是发展生产力，这一论断最早是毛泽东提出来的。党的八大在分析了社会主义社会的主要矛盾后指出，全国人民的主要任务是集中力量发展社会生产力，实现国家工业化，逐步满足人民日益增长的物质和文化需要。但是后来由于党的指导思想上"左"倾错误的不断发展，"以阶级斗争为纲"取代了发展生产力这一根本任务，严重影响了社会主义建设事业的发展。改革开放以来，邓小平在总结历史经验的基础上一再强调了发展社会生产力的重要性。解放和发展生产力是社会主义的本质要求，因此社会主义的根本任务是发展生产力。

社会主义的根本任务是发展生产力，这是因为生产力是整个人类历史发展的最终决定力量。唯物史观认为，物质资料的生产是人类社会赖以生存的物质基础。物质生产力直接决定了生产关系并进而决定一切社会关系。社会主义作为共产主义社会的初级阶段，主要存在的问题就是社会产品不够丰富，还不能充分满足劳动者的需要。因此要进入共产主义的高级阶段，实现各尽所能，按需分配的理想，就必须大力发展社会生产力。

社会主义的根本任务是发展生产力也是由社会主义革命和建设的历史经验所决定的。按照唯物史观，革命的目的就是为了解放生产力。中国在改革开放前的20多年的时间里，社会主义现代化建设发展得不尽如人意，一个重要的原因是在相当长的时间里没有能切实将发展生产力作为社会主义建设的根本任务，社会主义制度的优越性也不能充分地体现。"社会主义的优越性，归根到底是要大幅度发展社会生产力，逐步改善、提高人民的物质生活和精神生活。"①只有生产力发展了，才能提高人民的生活水平，实现社会安定，为社会主义民主政治建设、精神文明建设及和谐社会建设创造物质条件，从根本上巩固社会主义制度。只有中国社会主义的发展，才能使不相信社会主义的人逐步相信社会主义，使相信社会主义的人进一步坚信社会主义。

社会主义的根本任务是发展生产力，这也是由我国社会主义初级阶段所面临的各种矛盾和冲突所决定的。落后的社会生产力与人民日益增长的物质文化的需要之间的矛盾是我国社会主义初级阶段面临的主要矛盾，要解决这一矛盾就必须通过社会生产力的不断提高，为解决社会矛盾提供物质基础。从国际局势来看，在和平发展为主题的时代背景下，国家间的竞争也主要表现在生产力的竞争上，反对霸权主义，维护世界和平离不开生产力的发展。实现祖国统一，让台湾最终能够回到祖国的怀抱也离不开生产力的发展。国内要保持稳定局面，做到长治久安都离不开生产力的发展。归根结底，中国社会主义初级阶段面临的诸种政治问题、社会问题及其他多种多样的问题必须依赖生产力的发展来解决。

围绕着发展生产力这一根本任务，1992年邓小平提出了"发展才是硬道理"的著名论

① 《邓小平文选》第2卷，人民出版社1994年版，第251页。

断,从社会主义本质要求的高度强调发展生产力的重要性。而江泽民则在十六大报告中指出:党要承担起推动中国社会进步的历史责任,必须始终紧紧抓住发展这个执政兴国的第一要务,把坚持党的先进性和发挥社会主义制度的优越性,落实到发展先进生产力、发展先进文化、实现最广大人民的根本利益上来,推动社会全面进步,促进人的全面发展,从而把社会主义根本任务的实现与执政党的建设和命运联系起来。党的十六大以来,以胡锦涛为总书记的党中央从新世纪新阶段党和国家事业发展的全局出发提出了"以人为本、全面协调可持续发展"的科学发展观。树立和落实科学发展观,必须始终坚持以经济建设为中心,聚精会神搞建设,一心一意谋发展;必须在经济发展的基础上,推动社会全面进步和人的全面发展,在发展生产力的基础上对社会主义建设提出了更高的要求。

2. 中国共产党要始终代表中国先进生产力的发展要求

中国共产党作为社会主义建设的领导核心,为了领导全国人民完成发展社会生产力这一根本任务,必须始终代表中国先进生产力的发展要求,大力促进先进生产力的发展,这是中国共产党站在时代前列,保持先进性的根本体现和根本要求。这是"三个代表"思想的重要内容之一。

作为无产阶级的先锋队, 中国共产党就是作为中国先进生产力的代表走上历史舞台的。党领导人民进行革命、建设和改革,都是为了促进生产力的解放和发展。党领导的新民主主义革命,目的是取消帝国主义在中国的特权,改变封建的生产关系以及建立在这种经济基础之上的腐朽的上层建筑,确立以人民民主专政为核心的新的政治制度,从根本上解放被束缚的生产力。新中国成立以后,对农业、手工业和资本主义工商业进行的社会主义改造,是为了确立社会主义生产关系,并在这种经济基础上进一步完善社会主义上层建筑,以继续解放和发展生产力。十一届三中全会以来,我国进行的改革开放,也是为了进一步解放和发展生产力。中国共产党的历史也可以视为是为解放和发展生产力而奋斗的历程。

中国共产党要始终代表中国先进生产力的发展要求,包含的两层内涵:一是对党的各项工作提出了要求,即党的理论、路线、纲领、方针、政策和各项工作,必须努力符合生产力发展的规律,体现不断推动社会生产力的解放和发展的要求,尤其要体现推动先进生产力发展的要求;二是指出了生产力发展的根本目的就是不断提高人民群众的生活水平。

中国共产党始终切实地代表好中国先进生产力的发展要求,其途径是:一要敏锐把握我国社会生产力的发展趋势和要求,坚持以经济建设为中心;二是要不断提高工人、农民、知识分子和其他劳动群众以及全体人民的思想道德素质和科学文化素质,不断提高他们的劳动技能和创造才能,充分发挥他们的积极性、主动性和创造性;三是要大力推动科技进步和创新,不断用先进的科技改造和提高国民经济,努力实现我国生产力发展的跨越;四是不断完善社会主义的生产关系和上层建筑,不断为生产力的解放和发展打开更广阔的通途。

3. 科学技术是第一生产力

马克思根据当时生产力发展的水平,提出了科学技术是生产力的一部分、生产力中包含科学技术的论断,强调科学技术是生产力和社会发展的强大动力。中国共产党历来重视科学技术在国家经济社会发展中的地位和作用,并在科学技术发展和社会发展实践中丰富和发展了科学技术是生产力的理论。1953年，新中国开始第一个五年计划建设时，毛泽东就提出要学习先进的科学技术来建设我们的国家。1956年，周恩来代表党中央提出了"向科学进军"的口号。1958年初，毛泽东又提出现在要来一个技术革命，并要求把党的工作重点放到技术革命上来，但后来由于"左"的思想的发展，中断了这一进程。十一届三中全会以后，邓小平根据世界科学技术飞速发展对生产力的巨大推动作用，明确提出了"科学技术是第一生产力"的论断，其后江泽民、胡锦涛又提出"科学技术是先进生产力的集中体现和主要标志"、科学技术"是推动人类文明进步的革命力量"等重要论断，这些成为中国特色社会主义理论的重要内容。

"科学技术是第一生产力"这个论断，有着十分丰富和深刻的理论内涵，主要包括以下几个方面：现代科技进步是生产力增长的第一位因素；现代科学技术加速转化为现实生产力，使科学、技术和生产越来越一体化，并起先导作用；现代科学技术是促进生产力变革的重要推动力量；掌握现代科学的知识分子和技术工人的作用不断增强，日益成为生产力发展中第一位的人力资源。

江泽民继承和发展了邓小平关于"科学技术是第一生产力"的思想，面对科技进步与社会发展的新形势，进一步提出，科学技术是第一生产力，而且是先进生产力的集中体现和主要标志，科技进步和创新是发展生产力的决定因素，强调迎接当今世界科学技术突飞猛进和知识经济迅速兴起的挑战，最重要的是坚持创新。科学的本质是创新，创新的关键在人才，人才的成长靠教育。科学技术实力和国民教育水平，始终是衡量综合国力和社会文明程度的重要标志，也是每个国家走向繁荣昌盛的两个不可缺少的飞轮。

面对21世纪日趋激烈的国际竞争和汹涌澎湃的世界新科技革命浪潮，胡锦涛提出了建设创新型国家的目标。2006年胡锦涛在全国科技大会上提出了到2020年建成创新型国家的目标，使科技发展成为经济社会发展的有力支撑。中国科技创新的基本指标是到2020年，经济增长中科技进步贡献率要从39%提高到60%以上，全社会的研发投入占GDP比重要从1.35%提高到2.5%。建设创新型国家，核心就是把增强自主创新能力作为发展科学技术的战略基点，走出中国特色自主创新道路，推动科学技术的跨越式发展；就是把增强自主创新能力作为调整产业结构、转变增长方式的中心环节，建设资源节约型、环境友好型社会，推动国民经济又快又好发展；就是把增强自主创新能力作为国家战略，贯穿到现代化建设各个方面，激发全民族创新精神，培养高水平创新人才，形成有利于自主创新的体制机制，大力推进理论创新、制度创新、科技创新，不断巩固和发展中国特色社会主义伟大事业。

为进一步提高我国科学技术水平，党中央相继提出了科教兴国和人才强国的战略，将科学技术的发展放到了战略的高度。

科教兴国战略的基本含义是：全面落实科学技术是第一生产力的思想，坚持教育为本，把科技和教育摆在经济、社会发展的重要位置，增强国家的科技实力及向现实生产力转化的能力，提高全民族的科技文化素质，把经济建设转移到依靠科技进步和提高劳动者素质的轨道上来，加速实现国家的繁荣富强。

人才强国战略的基本含义是：在建设中国特色社会主义伟大事业中，要把人才作为推进事业发展的关键因素，努力造就数以亿计的高素质劳动者、数以千万计的专门人才和一大批拔尖创新人才，建设规模宏大、结构合理、素质较高的人才队伍，开创人才辈出、人尽其才的新局面，把我国由人口大国转化为人才资源强国。

知识拓展

高技术研究发展计划(863 计划)

1986 年 3 月,面对世界高技术蓬勃发展、国际竞争日趋激烈的严峻挑战,邓小平同志在王大珩、王淦昌、杨嘉墀和陈芳允四位科学家提出的"关于跟踪研究外国战略性高技术发展的建议"上,做出"此事宜速作决断,不可拖延"的重要批示。1986 年 11 月党中央、国务院启动实施了"高技术研究发展计划(863 计划)",旨在提高我国自主创新能力,坚持战略性、前沿性和前瞻性,以前沿技术研究发展为重点,统筹部署高技术的集成应用和产业化示范,充分发挥高技术引领未来发展的先导作用。这个计划选择对中国未来经济和社会发展有重大影响的生物技术、信息技术等 7 个领域,确立了 15 个主题项目作为突破重点,以追踪世界先进水平。"863 计划"于 1987 年 3 月正式开始组织实施。1991 年,邓小平又挥笔为"863 计划"工作会议写下了题词:"发展高科技,实现产业化",再次给为实现"863 计划"而攻关的科学家以鼓励,也为中国高科技的发展指明了方向。

1986—2005 年期间,国家累计投入"863 计划"330 亿元,承担"863 计划"研究任务的科研人员超过 15 万名,约有 500 余家研究机构,300 余所大专院校,近千家企业参与了"863 计划"的研究开发工作。据不完全统计,20 年来,"863 计划"发表论文 12 万多篇,获得国内外专利 8000 多项,制定国家和行业标准 1800 多项。"863 计划"通过持续的自主创新,取得了一大批达到或接近世界先进水平的创新性成果,特别是在高性能计算机、第三代移动通信、高速信息网络、深海机器人与工业机器人、天地观测系统、海洋观测与探测、新一代核反应堆、超级杂交水稻、抗虫棉、基因工程等方面已经在世界上占有一席之地;在生物工程药物、通信设备、高性能计算机、中文信息处理平台、人工晶体、光电子材料与器件等国际高技术竞争的热点领域,成功开发了一批具有自主知识产权的产品,形成了中国高技术产业的增长点。"863 计划"已经成为中国科学技术发展,特别是高技术研究发展的一面旗帜。

4. 人的全面发展是建设社会主义新社会的本质要求

共产主义的目的就是人的全面自由的发展。马克思在《共产党宣言》中宣称:"代替那存在着阶级和阶级对立的资产阶级旧社会的,将是这样一个联合体,在那里,每个人的自由发展是一切人的自由发展的条件。"①马克思认为,社会的发展并非人类社会的最终目的,社会发展的最终目的是为了人,为了人的自由而全面的发展。

2001 年江泽民在"七一"讲话中就指出:"促进人的全面发展,是马克思主义关于建设社会主义新社会的本质要求。"社会主义制度的建立实现了社会关系的根本性变革,为人的全面发展开辟了无限广阔的前景。改革开放以来,我们强调以经济建设为中心,以此来推进社会的全面发展。在经济和社会发展的过程中,我们党也越来越清醒地认识到,人的全面发展是建设社会主义新社会的本质要求。这是因为,一方面社会主义的发展越来越取决于人的素质的全面提高,随着我国经济社会发展水平的不断提高和融入世界全球化进程的加快,

① 《马克思恩格斯选集》第 1 卷,人民出版社 1995 年版,第 294 页。

人们对经济、政治和文化生活的需要也日益增强,人的全面发展逐渐凸现为整个社会发展的主题;另一方面人的全面发展也是体现社会主义制度优越性的重要表现。在资本主义生产方式下,为追求效率,实现资本的增值,人的全面发展的需求受到了遏制。每一个个体都被简化成了追求利益的经济个体,社会的关系也简化成了经济关系。因此,作为一种超越资本主义生产方式的社会主义应该尊重人的全面发展的需求,通过社会的发展来实现个体发展的丰富性和自由性,这是社会主义制度优越性的根本表现。

人的发展,包括自由、全面、充分、和谐四个环节,也就是说,它是由人的自由发展、人的全面发展、人的充分发展和人的和谐发展构成的。第一,人的自由发展,是指作为主体的人的自觉、自愿和自主的发展,是把人作为目的的发展,是为了人自身人格的完善和社会进步的发展。因为随着人类社会实践在广度与深度上的拓展,人类逐步限制、克服、消除外部条件和内部条件对自身发展的制约或将其置于自己的掌握控制之下,社会每个人都处于一种自主、自觉的状态中,从而以自己的愿望、兴趣和爱好发展自身各方面的才能。第二,人的全面发展,是指人的各种需要、素质、能力、活动和关系的整体发展,是每个社会成员全部力量和才能的展示过程,也即人的本质力量的显示、充实、拓展过程。这种发展包括了个人的物质和精神方面的全面性,对此,马克思指出:"个人的全面性不是想象的或设想的全面性,而是他的现实关系和社会关系的全面性。"第三,人的充分发展,是指人在摆脱了各种内外的盲目力量的束缚,使自己的各种需要、能力、活动、关系得到极大程度的丰富和发展,它是人的潜质、潜能在新的条件下的更进一步拓展和显示。第四,人的和谐发展,是从人内在与外在的各种关系的状态上讲的人的发展,是指人与自然、人与社会、人与他人以及个人自身内在各方面的关系的协调与优化。人类在自身发展过程中,各方面关系在生产力极不发达条件下处于天然和谐之中,随着私有制的出现,人的各种关系逐步进入不和谐状态,只有从自然与社会的束缚中摆脱出来,才能处于协调发展状态,这就是共产主义所追求的目标。要促进人的全面发展,我们应该着力从以下几个方面努力:

第一,加快物质文明建设,为人的全面发展创造坚实的物质基础。通过全面建设小康社会,努力提高城乡居民的收入,改善他们吃、穿、住、用的条件,完善社会保障体系,改进医疗卫生条件,提高生活质量。因此,我们必须继续坚持以经济建设为中心,为实现社会和人的全面发展创造物质技术条件。

第二,加快政治文明建设,为人的全面发展提供政治保证。政治文明是人的全面发展的政治条件和标志,是发挥人的主观能动性和创造精神,实现自我管理、自我追求的政治保证。

第三,加快精神文明建设,为人的全面发展创造良好的文化环境。要努力提高全民族的思想道德素质和科学文化素质,实现人们思想和精神生活的全面发展。繁荣社会主义文化,使人民都有受教育的机会和享受文化成果的充分权利。

第四,加强生态文明建设,为人的全面发展提供可持续性的保证。要促进人与自然的协调和发展,使人们在优美的生态环境中工作和生活。

总之,社会的全面发展推动人的全面发展,人的全面发展又推动社会的全面发展。正如江泽民在"七一"讲话中指出,人的发展和社会发展是两个相互结合,相互促进地向前发展的历史过程。

学习建议

“什么是社会主义、怎样建设社会主义”是中国特色社会主义理论体系的核心问题。社会主义本质论和社会主义的根本任务则是对这一问题的回答。我们要在社会主义建设尤其是改革开放的实践中，去把握和理解社会主义本质及其根本任务，了解理论上的突破给社会主义建设实践带来的发展空间。今天我们学习社会主义本质论，不仅要通过社会主义本质论来解放思想，打破束缚，而且要通过社会主义本质论确立我国社会主义建设应该前进的方向，那就是——消灭剥削，消除两极分化，最终实现共同富裕。

阅读文献：

《邓小平文选》、《社会主义首先要发展生产力》、《科学技术是第一生产力》、《在武昌、深圳、珠海、上海等地的谈话要点》

思考题

1. 怎样全面、准确地把握邓小平关于社会主义本质的新概括？
2. 为什么说发展才是硬道理，发展是党执政兴国的第一要务？
3. 如何理解科学技术是第一生产力？
4. 人的全面发展包含哪些内容？

第六章 社会主义初级阶段理论

社会主义初级阶段理论是中国特色社会主义建设理论的出发点，是对中国特定的历史国情的准确把握。正确认识我国现在所处的历史阶段，具体地分析中国国情，是建设有中国特色社会主义的出发点和立足点。这个出发点和立足点找得准不准，直接关系到现代化事业的兴衰成败。

本章提要：

- 我国现在处于并将长期处于社会主义初级阶段，是党对当代中国基本国情所作出的科学判断。社会主义初级阶段是我国在经济文化比较落后的条件下建设社会主义必然要经历的长达百年的社会发展阶段。社会主义初级阶段的主要矛盾是人民日益增长的物质文化需要同落后的社会生产之间的矛盾。

- 在社会主义初级阶段必须坚持“一个中心，两个基本点”的基本路线。坚持基本路线不动摇，关键是坚持以经济建设为中心不动摇，在实践中处理好改革、发展和稳定的关系。

- 党在社会主义初级阶段的基本纲领，明确了中国特色社会主义经济、政治、文化和社会的基本目标和基本政策，是中国特色社会主义经济、政治和文化建设基本目标和政策的统一。

中国之所以会发生“文化大革命”等“左”的错误，除了对社会主义本身存在诸多的认识不清的问题以外，还有一个重要的原因就是对我国基本国情缺乏科学的、清醒的认识，制定的路线和政策超越了中国社会发展的阶段，提出了很多不符合中国国情的目标和任务。十一届三中全会以后，党在实践过程中不断进行反思和探索，重新对中国特色的社会主义建设进行准确定位，从而形成了社会主义初级阶段理论，解决了中国特色社会主义建设的起点问题。我国处在社会主义初级阶段，是中国共产党和邓小平对当代中国基本国情的科学判断。我们讲从实际出发建设社会主义，其最大的“实际”就是这一基本国情。

一、社会主义初级阶段理论的形成和发展

1. 社会主义初级阶段论的理论依据

马克思主义创始人对社会发展提出过一些阶段性的认识。马克思、恩格斯在科学分析

资本主义发展规律的基础上对未来社会发展阶段提出过一些原则性的设想，认为未来社会大体要经历从资本主义社会到共产主义社会的革命转变时期，并把它划分为共产主义社会的第一阶段、共产主义社会的高级阶段。列宁则在此基础上提出了社会主义发展阶段的问题。列宁认为，在经济落后的俄国，只能建成“初级形式的社会主义”，而不能立即建成“发达的社会主义”。这里包含着社会主义社会也要有一个由低级到高级、由不完备到比较完备的发展过程的思想。非常遗憾的是，斯大林在1936年苏联确立了社会主义制度之后就脱离了苏联社会发展阶段，而提出了向共产主义过渡的设想。这种脱离实际、急于过渡的思想，对苏联和其他社会主义国家的发展造成了消极的影响。我国社会主义制度确立后，毛泽东曾比较正确地提出我国社会主义发展的阶段问题，指出我国的社会主义社会已经进入、但尚未完成的思想。后来，他又明确地指出，我国社会主义制度只是“刚刚建立”，还没有“完全建成”，需要经过一段时间建立起现代工业和现代农业的基础，生产力得到比较充分的发展后，社会主义社会才算从根本上建成了。但这种对社会发展阶段的正确判断没有能够坚持和得到进一步发展，于是1958年的“大跃进”和人民公社化运动就犯了冒进的错误。这些理论和实践的探索都为社会主义初级阶段理论提供了理论依据。

知识拓展

前苏联社会主义发展阶段定位的教训

在社会主义思想发展史上，最早提到社会主义发展阶段问题的是列宁。他提出了社会主义社会的发展将经历不同的历史阶段，即有一个由低级到高级、由不完备到比较完备的发展过程的思想。列宁认为，在经济落后的俄国，只能建成“初级形式的社会主义”，而不能立即建成“发达的社会主义”。

斯大林在社会主义发展阶段问题上提出了区分从资本主义到社会主义的过渡时期与社会主义制度确立的三个标准，即基本实现工业化、农业集团化和消灭剥削阶级，并以此为基点，于1936年宣布苏联基本上实现了社会主义。1953年斯大林逝世以后，苏联的历届领导人一直认为，苏联的社会主义正处在“向共产主义过渡的阶段”。赫鲁晓夫从1954年到1964年共主政10年，他把急于向共产主义过渡的冒进思想推向极端，提出苏联将在20年之内基本上建成共产主义社会，提出了“土豆烧牛肉”的共产主义。

1982年，安德罗波夫提出苏联是处在“发达社会主义阶段的起点”。1986年，戈尔巴乔夫又提出苏联只是“发展中的社会主义”。而到了九十年代他更是认为当年的社会主义革命搞早了，以至于他对社会主义前途丧失信心最终放弃了社会主义的道路。

他们的认识从“左”到“右”，从超越阶段到回到资本主义阶段，苏联的教训使我们对社会主义发展阶段有了更为警醒的认识。

2. 社会主义初级阶段理论提出的进程

社会主义初级阶段理论是在总结第一个社会主义国家建立以来的历史发展、特别是中国社会主义建设曲折发展的历史经验和教训的基础上逐步形成的。

20世纪50年代末60年代初，在初步总结社会主义建设的经验教训后，毛泽东意识到了在中国建设社会主义的艰巨性、复杂性和长期性。他在读苏联《政治经济学教科书》时提出了一个重要的观点，他认为“社会主义这个阶段，又可能分为两个阶段，第一个阶段是不发达的社会主义，第二个阶段是比较发达的社会主义。后一阶段可能比前一阶段需要更长的时间。”①

党的十一届三中全会以后，在总结建国以来历史经验和改革开放以来新的实践经验的基础上，党对我国社会主义所处的历史阶段进行了新的探索。

党的十一届三中全会以后不久，在社会主义建设问题上再次出现急于求成的倾向时，邓小平就提出，底子薄、人口多、生产力落后，80%是农民，这是中国的现实国情。他强调中国的现代化建设必然是长期的。叶剑英在庆祝建国 30 周年大会的讲话中也指出：我国社会主义制度还处在幼年时期，还不成熟、不完善，在我国实现现代化，必然要有一个初级到高级的过程。1981 年十一届六中全会通过的《关于建国以来党的若干历史问题的决议》，第一次提出我国社会主义制度还处于初级的阶段，这是第一次在党的文献中明确使用“初级阶段”这一概念。

1987 年在党的十三大《沿着有中国特色的社会道路前进》的报告中则系统地阐述了社会主义初级阶段理论，对社会主义初级阶段的性质和内涵、所需要的时间和主要矛盾进行了系统的阐述，并明确了社会主义初级阶段理论是制定一切路线、政策的出发点和根本依据，确立了社会主义初级阶段的基本路线，这是我党对社会主义和中国国情认识上的一次飞跃。

面对世纪之交改革攻坚和开创新局面的艰巨任务，党的十五大再次强调社会主义初级阶段问题，并制定了党在社会主义初级阶段的基本纲领，精辟地回答了什么是社会主义初级阶段中国特色社会主义的经济、政治和文化，以及怎样建设这样的经济、政治和文化。党的十六大从我国正处于并将长期处于社会主义初级阶段这一基本国情出发，再次强调现在达到的小康还是低水平的、不全面的、发展很不平衡的小康，巩固和提高目前达到的小康水平，还需要进行长时期的艰苦奋斗。

正是由于我们对于社会主义初级阶段的基本国情有了一个科学的认识和正确的把握，我们才得以成功地走出了一条建设中国特色社会主义的新道路，使社会主义在中国显示出蓬勃的生机和活力，使社会主义现代化建设在中国取得了举世瞩目的巨大成就。

二、社会主义初级阶段的基本国情

要科学地把握社会主义初级阶段的基本国情，必须认识社会主义初级阶段的基本涵义和特征，进而认识社会主义初级阶段的长期性及基本矛盾。

1. 社会主义初级阶段的基本涵义

党的十三大明确指出社会主义初级阶段包括两层含义：

第一，我国社会已经是社会主义社会。我们必须坚持而不能离开社会主义。这是对我国

① 《毛泽东文集》第 8 卷，人民出版社 1999 年版，第 116 页。

现有社会制度基本性质的总概括和总规定。1956年，社会主义改造基本完成后，我国已经建立社会主义的基本制度，这是我们党和人民经过长期艰苦奋斗所获得的胜利成果，是我国国情的一个基本方面。

第二，我国的社会主义社会还处在初级阶段。我们必须从这个实际出发，而不能超越这个阶段。这是对我国现有社会发展水平的总认识和总判断。它反映了我国社会生产力还不发达，生产关系和上层建筑、意识形态等方面都还不完善、不成熟的实际。

社会主义初级阶段的两层基本含义既相对区别、又紧密联系，构成了一个具有特定内涵的新概念。这里所说的初级阶段，不是泛指任何国家进入社会主义都会经历的起始阶段，而是特指我国在生产力发展水平不高、商品经济不发达条件下建设社会主义必然要经历的特定历史阶段。江泽民指出，社会主义初级阶段是整个建设中国特色社会主义的很长历史过程中的初始阶段，表明了社会主义初级阶段与建设中国特色社会主义历史进程的内在联系。

准确把握社会主义初级阶段的两层涵义，我们必须在实践中反对两种错误倾向：一种是“超越论”。这种倾向忽略了我国生产力比较落后的基本国情，片面地追求生产关系的高级形态，幻想一步进入共产主义。我国社会主义实践就曾经犯过这样的错误。另一种错误倾向是“补课论”。这种倾向抓住我国没有经历过资本主义发展阶段而导致生产力整体水平低、经济落后这一历史事实，而主张我们应该放弃现有的社会主义制度，回到资本主义阶段，充分利用资本主义发展生产力的优势来补课。这种倾向忽略了我国已经建立了社会主义制度这一基本国情，而试图打着发展生产力的旗号走资本主义道路，这是一种历史的倒退。

准确把握社会主义初级阶段的两层涵义有利于我们区分社会主义初级阶段和新民主主义社会。虽然社会主义初级阶段同新民主主义社会都存在多种经济成分而有某些相似之处，但在社会性质上存在着明显的区别。新民主主义社会在性质上是一个过渡性的社会，还不属于社会主义性质。从经济基础方面看，新民主主义社会公有制经济虽然处于领导地位，但不是社会经济的主体，因此这个时期社会的阶级关系、主要矛盾和由此决定的根本任务也不同于社会主义初级阶段。我国社会主义初级阶段虽然发展程度还比较低，但它毕竟属于社会主义制度。而新民主主义社会则属于社会主义社会制度还没有建立、正在为进入社会主义社会而过渡的历史阶段。

2. 社会主义初级阶段的基本特征

社会主义初级阶段具有明显的过程性特征。我党在不同的时期对其进行了概括和总结。

党的十三大曾从我国的人口结构、工业发展水平、地区发展状况、科学教育文化发展等几个方面概括了我国社会主义初级阶段的基本特征。

经过10年的认识和实践，党的十五大更加全面地从九个方面对社会主义初级阶段的特征作出了新的概括，强调指出：社会主义初级阶段，一是逐步摆脱不发达状态，基本实现社会主义现代化的历史阶段；二是由农业人口占很大比重、主要依靠手工劳动的农业国，逐步转变为非农业人口占多数、包含现代农业和现代服务业的工业化国家的历史阶段；三是由自然经济半自然经济占很大比重，逐步转变为经济市场化程度较高的历史阶段；四是由文盲半文盲人口占很大比重、科技教育文化落后，逐步转变为科技教育文化比较发达的历史阶段；五是由贫困人口占很大比重、人民生活水平比较低，逐步转变为全体人民比较富裕的历史阶段；六是由地区经济文化很不平衡，通过有先有后的发展，逐步缩小差距的历史阶段；七是通过改革和探索，建立和完善比较成熟的充满活力的社会主义市场经济体制、社会主义民主政治体制和其他方面体制的历史阶段；八是广大人民牢固树立建设有中国特色社会主义共同理想，自强不息，锐意进取，艰苦奋斗，勤俭建国，在建设物质文明的同时努力建设精神文明的历史阶段；九是逐步缩小同世界先进水平的差距，在社会主义基础上实现中华民族伟大复兴的历史阶段。其中，第一条和第九条是对社会主义初级阶段基本特点和历史任务的总概括，其他七条是对社会主义初级阶段基本特点和历史任务在经济、政治、文化等各方面的展开。这九条充分体现了社会主义初级阶段历史发展的过程性特征。

3. 社会主义初级阶段的主要矛盾

在社会主义初级阶段，我国经济、政治、文化和社会生活各方面存在着种种相互联系的矛盾，但主要的矛盾是人民日益增长的物质文化需要同落后的社会生产力之间的矛盾。揭示社会主义初级阶段的主要矛盾，是制定社会主义初级阶段基本路线的客观依据。

在我国社会主义建设的实践中，对社会主要矛盾把握的准确与否直接关系到社会主义建设各项方针政策的成败。1956 年党的八大指出，我国的无产阶级同资产阶级之间的矛盾已经基本上解决，我们国内的主要矛盾已经是人民对于建立先进的工业国的要求同落后的农业国的现实之间的矛盾，已经是人民对于经济文化迅速发展的需要同当前经济文化不能满足人民需要的状况之间的矛盾。1957 年毛泽东在《关于正确处理人民内部矛盾的问题》中，第一次系统地提出了社会主义社会矛盾的学说，强调指出，重视并解决这些矛盾的目的是为了调动一切积极因素，“团结全国各族人民进行一场新的战争——向自然界开战，发展我们的经济，发展我们的文化，使全体人民比较顺利地走过目前的过渡时期，巩固我们的新制度，建设我们的新国家”，[①]这与党的八大关于我国社会主要矛盾的论断是基本一致的。

然而，由于各种主客观的原因，特别是党在指导思想上发生了“左”的错误，上述正确认识未能很好地坚持下去。1957 年以后，党中央越来越把无产阶级和资产阶级的矛盾作为我国社会的主要矛盾，并进一步提升为整个社会主义阶段的主要矛盾，提出了“以阶级斗争为纲”，导致了“文化大革命”的发生。

党的十一届三中全会果断地纠正了“以阶级斗争为纲”的错误方针，决定把党和国家的工作重点转移到社会主义现代化建设上来，进而对我国社会主要矛盾作出了新的概括。1979 年，邓小平在《坚持四项基本原则》的重要讲话中，明确回答了什么是我国现阶段的主要矛盾的问题。1981 年，党的十一届六中全会通过的《关于建国以来党的若干历史问题的决议》对我国社会主要矛盾作了规范的表述：“在社会主义改造基本完成以后，我国所要解决的主要矛盾，是人民日益增长的物质文化需要同落后的社会生产之间的矛盾。”

社会主义初级阶段的主要矛盾，贯穿于这个阶段的整个过程和社会生活的各个方面。十一届三中全会以来，人民改善物质文化的要求，不仅在数量上不断增长，而且在质量上不断提高，对于生产更加丰富多彩的物质和精神产品的需求越来越大，要求越来越高。从社会生产方面看，经过几十年来的社会主义建设，我国的社会生产力和经济实力有了巨大的增

① 《毛泽东文集》第 7 卷，人民出版社 1999 年版，第 216 页。

长，教育科学文化事业也有了相当发展，但是生产力落后、经济文化发展很不平衡的状况还没有得到根本改变。在整个社会主义初级阶段，我国的社会生产，无论是相对于充分体现社会主义优越性所需要的物质基础来说，还是相对于发达国家的生产力水平来说，都仍将是比较落后的。在我国社会主要矛盾中，生产力落后将长期是矛盾的主要方面。要彻底改变这种情况，就必须始终坚持以经济建设为中心，集中力量不断解放和发展生产力。

在社会主义初级阶段，由于国际和国内的因素，阶级矛盾和阶级斗争仍将在一定范围内长期存在，在某种条件下还有可能激化。对此，我们一定要有清醒的认识，采取正确的态度和方法去解决。但是，阶级斗争已经不再是支配和影响其他矛盾的主要矛盾。党的十六大强调，在全面建设小康社会的阶段，必须坚持以经济建设为中心，用发展的办法解决前进中的问题。在经济发展的基础上，促进社会全面进步，不断提高人民生活水平，保证人民共享发展成果。

4. 社会主义初级阶段的长期性

从1956年生产资料私有制的社会主义改造基本完成算起，到21世纪中叶社会主义现代化的基本实现，社会主义初级阶段至少需要100年时间。初级阶段的长期性，从根本上说是由中国进入社会主义的历史条件和建成社会主义所需要的物质基础所决定的。邓小平在1992年视察南方谈话中指出："我们搞社会主义才几十年，还处在初级阶段。巩固和发展社会主义制度，还需要一个很长的历史阶段，需要几代人、十几代人，甚至几十代人坚持不懈的努力奋斗。决不能掉以轻心。"[①]这使我们对中国特色社会主义建设的长期性、紧迫性、复杂性、艰巨性有了更加清醒的思想准备。

在我国，要改变生产力发展水平落后的基本状况，完善社会主义生产关系和上层建筑，实现现代化，是一个长期的历史任务。历史使我们超越了资本主义充分发展并占主要地位的历史阶段，但是，生产力和商品经济的充分发展却是无法逾越的。我们必须在社会主义条件下用一个很长的历史阶段，去完成别的国家在资本主义条件下实现的工业化、经济的社会化、市场化和现代化的任务，去发展社会主义应有的发达生产力的基础。经过50多年的社会主义建设，特别是党的十一届三中全会以来的迅速发展，我国的生产力水平有了明显提高，各项事业有了很大进步，人民生活总体上达到了小康水平。但总的来说，我国的生产力和科技、教育还比较落后，实现工业化和现代化还有很长的路要走，在经济和社会发展诸多方面存在的许多问题也不是短时期能够解决的。即使在实现全面小康的目标后相当长时间内，我们仍然要继续完成社会主义初级阶段的历史任务。至于进一步巩固和发展社会主义制度，那就需要更长的时间。

社会主义所要求的物质技术基础，是随着生产力的迅速发展、经济和社会现代化水平的提高而不断提高的。马克思设想的社会主义的物质技术基础是机器大工业，列宁进一步提出社会主义要建立在全国电气化的基础之上，我们现在所处的时代对生产力水平的要求则更高。因为现代化是一个动态的过程，现代化的水平和标准是不断提高的。正如邓小平所说："什么叫现代化？五十年代一个样，六十年代不一样了，七十年代就更不一样了。"[②]当今世界

① 《邓小平文选》第3卷，人民出版社1993年版，第379–380页。
② 中共中央文献研究室编：《邓小平年谱1975—1997（上）》，中央文献出版社2004年版，第372页。

生产力迅猛发展，我们所要实现的现代化，肩负着更为艰巨、复杂的任务。一方面，工业化仍然是我国现代化进程中需要继续完成的历史性任务，我们还要为此付出很大的努力；另一方面，我们又面临着以信息化为标志的新的科技革命的挑战，面临着综合国力竞争中所处不利地位的压力。所有这些，都决定了我国必须经过很长的初级阶段才能进入生产力比较发达、社会主义制度比较成熟的阶段。

牢固树立社会主义初级阶段长期性的观点，有助于我们从根本上克服急躁情绪，克服各种超越阶段的错误观念和政策，坚持党在现阶段的基本路线、基本纲领、基本经验和各方面的方针政策，埋头苦干、脚踏实地完成初级阶段的各项任务，不断推进社会主义现代化建设。

社会主义初级阶段理论的提出具有重大的理论和实践意义。它是马克思主义关于社会主义发展阶段的新论断，是党制定和执行正确路线、方针、政策的基本依据。

热点链接

中国离发达国家有多远

2005 年 2 月中国现代化战略研究课题组发表的研究报告指出，中国仍然属于经济欠发达国家，到 2050 年，中国将成为世界中等发达国家，综合经济水平相当于 2002 年美国的水平，进入世界前 40 名，然后再用 50 年，进入世界前 10 名。报告提醒人们要充分认识中国从经济欠发达国家迈向发达国家仍任重道远。

三、社会主义初级阶段基本路线

1. 社会主义初级阶段基本路线的形成

党的基本路线是党在一定历史时期为解决社会主要矛盾而制定的行动纲领，是总揽全局的根本指导方针。中国共产党成立至今，根据不同阶段的历史任务，相继提出并实施过不同的总路线即基本路线，如新民主主义革命的总路线、过渡时期的总路线等，这些路线中有的是正确的，有的被实践证明是错误的。这反映了党对革命和建设规律的认识和把握，是一个十分艰巨的探索过程。党在社会主义初级阶段的基本路线，是在总结过去制定和贯彻基本路线的经验和教训的基础上，在改革开放和社会主义现代化建设实践的过程中逐步形成的。

社会主义改造完成后到十一届三中全会前，党相继提出并实践过不同的社会主义建设的基本路线。如 1956 年党的八大确定的全国人民的中心任务是集中力量发展生产力。人民把它称为“八大路线”。这一路线基本是正确的，但在实践上未能坚持下来。1958 年八大二次会议制定的“鼓足干劲，力争上游，多快好省地建设社会主义”的总路线，它反映了人民群众迫切要求改变我国贫穷落后面貌的主观愿望，但却引发了“大跃进”和“人民公社运动”，违背了客观规律。而 1969 年中共九大确立的“以阶级斗争为纲”则完全是建立在对社会主要矛盾错误把握的基础上的，在实践中也造成了严重的后果。

1978 年党的十一届三中全会毅然抛弃了"以阶级斗争为纲"的错误路线，决定把党和国家的工作中心转到经济建设中来，并初步提出了改革开放的方针。随后，针对当时出现的否定社会主义制度和党的领导、否定毛泽东思想的错误思潮，邓小平及时提出了要坚持社会主义道路、坚持无产阶级专政、坚持共产党的领导、坚持马列主义和毛泽东思想这四项基本原则。1981 年党的十一届六中全会确定了以现代化经济建设、民主政治建设和精神文明建设为标志的全面建设社会主义的总任务。在党的十二大上，邓小平第一次提出了"建设有中国特色的社会主义"的概念，后来被概括为党的基本路线核心内容的"一个中心，两个基本点"的思想逐步形成。党的十二大后，党对社会主义初级阶段基本路线的主要内容及其相互关系的认识不断深化。1985 年，邓小平又进一步指出："我们拨乱反正，就是要在坚持四项基本原则的基础上发展生产力。为了发展生产力，必须对我国的经济体制进行改革，实行对外开放的政策。"①从而开始将以经济建设为中心同坚持改革开放和四项基本原则联系起来。1986 年，党的十二届六中全会根据邓小平的思路，提出了我国现代化建设的总体布局思想，即以经济建设为中心，坚定不移地进行经济体制改革，坚定不移地进行政治体制改革，坚定不移地加强精神文明建设，并且使这几个方面相互配合、相互促进。

1987 年党的十三大召开前夕，邓小平更为明确地指出："搞社会主义现代化建设是基本路线。要搞现代化建设使中国兴旺发达起来，第一，必须实行改革开放政策；第二，必须坚持四项基本原则"。②这是我国方针政策的两个基本点，至此提出初级阶段基本路线的条件已经完全具备。党的十三大在科学阐述社会主义初级阶段理论的同时，正式提出了党在社会主义初级阶段的基本路线：领导和团结全国各族人民，以经济建设为中心，坚持四项基本原则，坚持改革开放，自力更生，艰苦创业，为把我国建设成为富强、民主、文明的社会主义现代化国家而奋斗。党的十七大通过的党章又把"和谐"与"富强、民主、文明"一起写进了基本路线。

2. 初级阶段基本路线的主要内容

概括起来，社会主义初级阶段基本路线又可以表述为"一个中心，两个基本点"，它高度概括了党在社会主义初级阶段的奋斗目标、基本途径、根本保证、领导力量和依靠力量以及实现这一目标的基本方针，既紧紧抓住了中国现阶段的主要矛盾，又体现了运用社会主义社会基本矛盾运动的规律，全面推动历史进步，实现民富国强、民族振兴的要求，内容十分丰富而深刻。

第一，建设"富强、民主、文明、和谐的社会主义现代化国家"。这是基本路线规定的党在社会主义初级阶段的奋斗目标，体现了社会主义社会的经济、政治、文化和社会全面发展的要求。"富强"是经济领域的目标和要求；"民主"是政治领域的目标和要求；"文明"是思想文化领域的目标和要求；"和谐"是社会领域的目标和要求。富强、民主、文明、和谐在现实中表现为经济建设、政治建设、文化建设和社会建设的统一。

第二，"一个中心、两个基本点"。这是基本路线最主要的内容，是实现社会主义现代化

---

① 《邓小平文选》第 3 卷，人民出版社 1993 年版，第 138 页。

② 《邓小平文选》第 3 卷，人民出版社 1993 年版，第 248 页。

奋斗目标的基本途径。“以经济建设为中心”回答了社会主义的根本任务，体现了发展生产力的本质要求；“坚持四项基本原则”，回答了解放和发展生产力的政治保证，体现了社会主义基本制度的要求；“坚持改革开放”，回答了社会主义的发展动力和外部条件，体现了解放生产力的本质要求。“一个中心、两个基本点”是一个整体，集中体现了我国社会主义现代化建设的战略布局，揭示了中国特色社会主义的客观规律和发展道路。全面坚持和正确处理“一个中心、两个基本点”的相互关系，是正确认识和处理经济基础与上层建筑之间、生产力与生产关系之间辩证统一关系的内在要求。

第三，“领导和团结全国各族人民”。这是实现社会主义现代化奋斗目标的领导力量和依靠力量。中国共产党是中国特色社会主义事业的领导核心，中国特色社会主义事业要紧紧依靠全国各族人民，有了这两者的结合，社会主义现代化事业就必定能够胜利。

第四，“自力更生，艰苦创业”。这是我们党的优良传统，也是实现社会主义初级阶段奋斗目标的根本立足点。“中国搞四个现代化，要老老实实地艰苦创业。我们穷，底子薄，教育、科学、文化都落后，这就决定了我们还要有一个艰苦奋斗的过程。”[①]把“自力更生，艰苦创业”方针概括到党的基本路线之中，不仅是改变我国不发达现状的需要，也体现了社会主义的奋斗精神。

在整个社会主义初级阶段，我们必须毫不动摇地坚持党的基本路线。邓小平反复强调：“基本路线要管一百年，动摇不得。只有坚持这条路线，人民才会相信你，拥护你。”[②]坚持党的基本路线不动摇，社会主义现代化战略目标的实现就有了根本保证，中华民族的复兴就有了希望。

3. 以经济建设为中心

坚持党的基本路线，必须紧紧围绕经济建设这一中心。经济建设是基本路线的核心和主体。以经济建设为中心的确定，是我党在新时期实现的最根本的拨乱反正。能否坚持以经济建设为中心，是关系到我国社会主义现代化的成败、关系社会主义的前途和命运的大问题。

坚持以经济建设为中心，这是因为：首先，社会主义的根本任务是发展生产力，在生产力不发达的社会主义初级阶段，更要集中力量发展生产力，进行社会主义现代化建设；其次，以经济建设为中心也是社会主义初级阶段的主要矛盾所决定的。只有以经济建设为中心，才能不断满足人民群众日益增长的物质文化需要；最后，以经济建设为中心，是建立强大的社会主义物质基础的需要，才能充分体现社会主义的优越性，最终实现共同富裕的共同目标。

我国的社会主义建设在历史上一度脱离经济建设这个中心，结果造成了社会主义建设的重大挫折。今后除非发生大规模外敌入侵，无论在什么情况下都不能动摇这个“中心”。

4. 四项基本原则是立国之本

四项基本原则，即坚持社会主义道路，坚持人民民主专政，坚持中国共产党的领导，坚

① 《邓小平文选》第 2 卷，人民出版社 1994 年版，第 257 页。
② 《邓小平文选》第 3 卷，人民出版社 1993 年版，第 370–371 页。

持马克思列宁主义、毛泽东思想，是党在社会主义初级阶段基本路线的重要组成部分。

四项基本原则是在中国革命和建设长期实践过程中逐步形成，并由邓小平概括和提出的。马列主义、中国共产党、社会主义道路和人民民主专政是中国近现代历史发展的必然选择，中国共产党长期以来的革命和建设的胜利也源于对这四项基本原则的坚持。十一届三中全会之后，我国改革开放和现代化建设面临复杂的背景。一方面，党内极少数受到极左思想影响的人，攻击十一届三中全会以来的方针政策违反马列主义、毛泽东思想；另一方面，又有一部分人曲解了"解放思想"的号召，散布反党、反社会主义的言论。国际上的敌对势力也加大了对我国实施渗透、颠覆、和平演变的图谋。正是在这一背景下，1979 年邓小平发表了《坚持四项基本原则》的讲话，第一次把社会主义道路、人民民主专政、共产党的领导、马克思主义、毛泽东思想概括为我党历来所坚持、今后也必须坚持的四项基本原则。后来，四项基本原则又被写进宪法，以国家根本大法的形式确定下来。

建设中国特色社会主义之所以要坚持四项基本原则，是因为：

第一，坚持四项基本原则能够提供改革开放和现代化建设所需的稳定的社会环境。邓小平强调，中国目前的问题，稳定是压倒一切的，没有稳定的环境，无论是改革开放还是现代化建设都不可能正常进行。在中国这样一个经济文化发展不平衡的国家，如果不坚持社会主义道路，就会形成两极分化现象，它会直接动摇整个社会团结稳定的基础。此外，在国际上，抵御外来侵略、颠覆和渗透，保卫国家主权和安全，打击国内犯罪，惩治腐败等都不能没有人民民主专政。再次，我国改革开放和现代化建设不可避免会出现各种利益矛盾和思想问题，因此更需要有一个凝聚力量。坚持四项基本原则的核心就是坚持中国共产党的领导。在思想上需要马列主义、毛泽东思想来明确目标，排除改革开放中各种思想的干扰和混乱因素。

第二，坚持四项基本原则是改革开放和现代化建设坚持正确政治方向的保证。改革开放和现代化建设的目的是使全体人民共同富裕，而不是两极分化。只有坚持四项基本原则，共同富裕的目标才能实现。此外，坚持四项基本原则，才能使我国人民形成共同的社会理想和道德标准，从而保证精神文明和物质文明共同发展。

5. 改革是社会主义初级阶段社会发展的动力

坚持改革开放是社会主义初级阶段基本路线中两个基本点之一。20 世纪 70 年代末，中国开启了改革的历史进程。改革在农村拉开序幕。农村改革的第一步是废除人民公社制度，建立以家庭联产承包为主，统分结合、双层经营的新型集体所有制。之后，乡镇企业异军突起，为从土地上转移出来的农村剩余劳动力提供了出路，为提高农民收入、促进工业和整个经济的改革和发展，开辟了一条新路。在农村改革取得成效的基础上，开始了以城市为重点的整个经济体制的改革。经过多年理论和实践的探索，到 1992 年，党的十四大把建立社会主义市场经济体制确立为经济体制改革的目标，由此加快了全面改革的进程。20 世纪末，社会主义市场经济体制在我国已经初步确立。与此同时，政治、科技、教育等领域改革也全面展开。

改革是社会主义发展的必然要求。中国传统高度集中的计划经济体制，严重地影响了劳动者积极性、主动性、创造性的发挥，也制约了生产力各种要素的合理配置和充分利用，结果使国家的经济发展和人民生活水平提高得比较缓慢，社会主义制度的优越性在实际生活中没有得到充分体现。就国际来看，新技术革命迅速发展，世界经济联系日趋紧密，原有的经济体制和经济结构表现出强烈的不适应。如果不进行调整和改革，只能在世界经济科技的迅猛发展和激烈的国际竞争中落伍。

改革是中国的第二次革命。改革的目的是解放生产力。它不是对原有经济体制的细枝末节的修补，而是对原有经济体制的根本性变革。它的实质和目标，是要从根本上改变束缚我国生产力发展的经济体制，建立充满生机和活力的社会主义新经济体制，同时相应地改革政治体制和其他方面的体制，以实现中国的社会主义现代化。无论从解放生产力、扫除发展生产力的障碍这个意义上来说，还是从政策的重新选择、体制的重新构建这个转变的深刻性和广泛性，以及由此引起的社会生活和人们观念变化的深刻性和广泛性来说，改革都是一场新的革命，是中国走向繁荣富强的必由之路，是推动社会主义社会发展的直接动力。

改革是一场革命，但它不是一个阶级推翻另一个阶级意义上的革命，不是也不允许否定和抛弃我们已经建立起来的社会主义基本制度，它是社会主义制度的自我完善和发展。改革的目的是要巩固社会主义制度，在社会主义制度下发展生产力。因此，邓小平在说明改革必要性的同时，特别强调要坚持改革的社会主义性质和方向。

评价和判断改革的成败与是非得失的标准是“三个有利于”。1992年，邓小平在南方谈话中，明确地提出了“三个有利于”的标准，即要以是否有利于发展社会主义社会的生产力、是否有利于增强社会主义国家的综合国力、是否有利于提高人民生活水平作为判断改革得失成败的标准。

改革使中国发生了巨大的历史性变化。它深刻地改变了中国的面貌，极大地改善了中国人民的生活水平和生活质量，显著提升了中国社会的文明程度，大大提高了中国的国际地位。目前，我国改革处于攻坚阶段，要在体制创新方面取得重大进展，从根本上消除束缚经济社会发展的体制性障碍，努力在经济体制、政治体制、教育体制、科技体制、文化体制、卫生体制等方面迈出新的步伐，同时还必须解决一些难度很大的深层次问题。改革是一项全新的事业，我们只能在实践中摸索，不断总结经验、吸取教训，把改革推向前进，为落实科学发展观、全面建设小康社会提供体制保障。

6. 对外开放是我国必须长期坚持的基本国策

邓小平在强调改革的动力作用时，总是把改革与开放联系在一起，阐述两者的辩证关系：“一个对外经济开放，一个对内经济搞活。改革就是搞活，对内搞活也就是对内开放，实际上都叫开放政策。”①对外开放和改革一起成为新时期中国最鲜明的特征。

1980年，在中央工作会议上的讲话中，邓小平正式使用了“对外开放”的表述，1984年党的十二届三中全会把实行对外开放定为基本国策。把对外开放作为基本国策，最重要的依据，就是邓小平关于“现在的世界是开放的世界”和“中国的发展离不开世界”两个重要观点。当今的世界是开放的世界，这是对世界经济发展历史的深刻总结，是生产社会化和商品经济、市场经济发展的必然结果。中国历史发展的经验也证明，关起门来搞建设、把自己孤立于世界之外是不行的，要发达起来，必须对外开放。中国作为一个发展中的大国，在实现现代化的进程中存在着许多困难和问题，如资金不足、科学技术落后、劳动者科学文化素质

① 《邓小平文选》第3卷，人民出版社1993年版，第98页。

不高、缺乏组织现代化大生产的经营管理知识和经验等等，要解决这些问题，就必须实行对外开放，利用国内和国际两种资源、两个市场。

实行对外开放要处理好对外开放与独立自主、自力更生的关系。我们始终要把独立自主、自力更生作为立足点，这是我国革命和建设的基本经验和重要原则。坚持独立自主、自力更生，把增强自主创新能力作为国家战略，贯穿到现代化建设的各个方面，建设创新型国家。坚持独立自主、自力更生同对外开放是相辅相成的。独立自主、自力更生是实行对外开放的基础，只有增强独立自主、自力更生的能力，才能在国际上获得较高的信誉，吸引更多的合作者，才能不断扩大对外开放的深度和广度；对外开放是为了增强独立自主、自力更生的能力，在对外开放过程中积极利用外国的投资、先进技术与管理经验，取得更好的经济和社会效益，可以加快本国经济发展，增强经济实力和综合国力。坚持独立自主、自力更生，积极实行对外开放，都是为了更好更快地推进社会主义现代化建设。

党的十一届三中全会以后，我国开始了对外开放的历史进程。随着经济特区的建立，沿海城市的开放，引进外资、对外经济技术交流与合作的迅速扩大，我国经济摆脱了原来的封闭半封闭状态，逐步形成了全方位、多层次、宽领域的对外开放格局。所谓全方位就是不论对资本主义国家还是社会主义国家，对发达国家还是发展中国家都实行开放政策。所谓多层次，就是根据各地区的实际和特点，通过经济特区、沿海开放城市、经济技术开发区、沿海经济开放区、开放沿边和沿江地区以及内陆省区等不同开放程度的各种形式，形成全国范围内的对外开放。所谓宽领域，就是立足于我国国情，对国际商品市场、国际资本市场、国际技术市场、国际劳务市场的开放，把对外开放拓宽到能源、交通等基础产业以及金融、保险、房地产、科技、教育、文化、服务业等。

经过长达15年的谈判，2001年11月我国正式成为世界贸易组织的成员国。加入世界贸易组织，标志着我国对外开放进入了一个新的阶段，这对我们来说既是机遇，也是挑战。它有利于扩大对外开放，为我国赢得更好的国际环境，有利于促进经济体制改革和经济结构战略性调整，增强我国经济发展的活力和国际竞争力，总体上符合我国的根本利益和长远利益。同时，加入世贸组织后国际市场的竞争将更加深入地与国内市场的竞争结合在一起，面临的经济风险也显著增加。能否把有利条件用足，把不利影响减少到最低限度，关键在于我们自己的努力。

7. 处理好改革、发展和稳定之间的关系

邓小平在我国改革开放全面展开的历史进程中，反复强调稳定是中国实现社会主义现代化发展战略的必要前提，是中国的最高利益。中国的问题，压倒一切的是稳定，没有稳定的环境，什么都搞不成，已经取得的成果也会失掉。20世纪90年代以后，江泽民在总结历史经验的基础上提出了抓住机遇、深化改革、扩大开放、促进发展、保持稳定这个全党工作的大局，系统地分析了改革、发展、稳定三者之间的内在联系，指出它们好比现代化建设棋盘上的三着紧密关联的战略性棋子，每一着棋都下好了，相互促进，就会全局皆活；如果有一着下不好，其他两着也会陷入困境，就可能全局受挫。

热点链接

中国与WTO

WTO是世界贸易组织的英文简称，该组织于1994年成立，以取代1947年成立的世界关贸总协定(GATT)。该组织致力于管理世界贸易和经济秩序，调解成员国之间的贸易纠纷。到2011年止，该组织已有156个成员国。

中国曾经是GATT的创始成员国之一。新中国成立后，受国际冷战割据的影响，我们脱离了GATT。从1986年中国提出"恢复"其GATT缔约国地位到2001年12月中国正式加入世界贸易组织，中国进行了长达15年的努力。

加入世界贸易组织对于中国的改革开放来说，既是机遇也是挑战。其利在于：①它有利于中国参与国际经济合作和国际分工；②有利于扩大出口和利用外资；③有利于促进技术进步、产业升级和经济结构调整；④有利于改革开放、社会主义市场经济的发展和人民生活水平的提高；⑤有利于促进世界经济的增长；⑥也有利于直接参与21世纪国际贸易规则的决策过程。其弊有：加入世贸组织对我国的弱势产业也是一个严峻的挑战。如果不加快改革的步伐，这些产业将面临被淘汰的危险。随着市场的进一步扩大，关税的大幅度减让，外国产品、服务和投资有可能更多地进入中国市场，国内一些产品、企业和产业面临更加激烈的竞争。

发展是硬道理，中国解决所有问题的关键要靠自己的发展。改革是经济和社会发展的强大动力，是社会主义制度的自我完善和发展，它的决定性作用不仅在于解决当前经济和社会发展中的一些重大问题，推进社会生产力的解放和发展，还要为我国经济的持续发展和国家的长治久安打下坚实的基础。稳定是改革和发展的前提，改革和发展必须要有稳定的政治和社会环境。没有稳定的政治和社会环境，一切无从谈起。实践表明，改革、发展、稳定三者关系处理得当，就能总揽全局，保证经济社会的顺利发展；处理不当，就会吃苦头，付出代价。

中国目前正处于从基本小康向全面小康过渡的阶段，这是发展的关键时期，也是改革的攻坚阶段。在这一时期处理好改革、发展、稳定关系的任务极其艰巨。因此，我们要以科学发展观为指导，遵循改革开放以来党在处理改革、发展、稳定关系方面积累起来的经验和主要原则。

第一，保持改革、发展、稳定在动态中的相互协调和相互促进关系。稳定是前提，但稳定是相对的，不能因为改革有风险就不改革或者在改革中裹足不前，否则会导致更加严重、更加剧烈的社会不稳定；也不能因为在发展中可能出现不协调、不平衡现象而不致力于发展。因此，需要统观全局，精心谋划，从整体上把握改革、发展、稳定之间的关系，做到在政治和社会稳定中推进改革和发展，在改革和发展的推进中实现政治和社会的长期稳定。

第二，把改革的力度、发展的速度和社会可以承受的程度统一起来。全面建设小康社会，必须深化改革，促进发展，但是改革和发展也不能不顾及社会稳定的内在要求。改革的胆子要大，步子要稳；要加快发展，但要注意协调发展。改革和发展要始终注意适应国情和社会的承受能力，要统筹安排改革和发展的举措，精心处理稳定同改革、发展的关系，着眼于“为之于未有，治之于未乱”，及时化解矛盾，排除不安定因素，以保持稳定，促进改革和发展。

第三，把不断改善人民生活作为处理改革、发展、稳定关系的重要结合点。人民群众是改革发展的主体和动力，是稳定的力量源泉和深厚基础。改善人民生活，让人民共享改革和发展的成果，是我们致力于发展、积极推进改革、坚持维护稳定的共同目的。所以，要做到把不断改善人民生活、让人民共享改革和发展的成果，作为处理改革、发展、稳定关系的重要结合点。为此，要坚持一切为了群众、一切依靠群众的工作路线，要坚持给人民群众以看得见的实际利益的工作原则，要坚持以着力解决人民群众生活中面临的实际问题为工作重点。

案例分析

前苏联休克式改革与中国的渐进式改革

“休克疗法”(shock therapy)又被称为“震荡疗法”，本来是一种医学术语，但在上世纪80年代中期被美国经济学家杰弗里·萨克斯(Jeffrey Sachs)引入经济领域。其主要内容包括宏观政策稳定化、价格自由化、产权私有化，是一种“一揽子过渡”的改革主张。由于这种改革主张具有较强的冲击力，在短期内可能使社会的经济生活产生巨大的震荡，因此人们借用医学上的名词，将其称之为“休克疗法”。“休克疗法”起初被南美部分国家用来稳定经济、治理通货膨胀，并取得成功，后来则被广泛应运于苏、东国家的经济转型改革，但是效果并不理想。

1991年前苏联解体，1992年叶利钦上台即急于推出私有化的系统改革。35岁的盖达尔被任命为政府总理，根据萨克斯的“休克疗法”，制定了激进的改革方案。为此，叶利钦破格将盖达尔提拔为政府总理，任命萨克斯为总统首席经济顾问。在二人的设计和主持下，以放开物价、大规模快速彻底私有化为主要内容的“休克疗法”式激进改革全面推出。“休克疗法”在俄罗斯实施的结果并不理想，通胀非但没有遏制，反而进一步加剧，1992年当年通胀率即达到2501%。同时，在国企私有化的过程中，因为法制不健全，出现国资被严重贱卖的现象。企业领导人通过与主管官员的钱权交易，评估价值低且暗箱操作，以远低于实际价值的价格受让。比如，俄罗斯500家大型国有企业实际价值超过1万亿美元，但只卖了72亿美元。此外，俄罗斯的改革还加大了贫富差距。1992年，俄罗斯居民实际收入下降了56%，国民收入下降到了1976年的水平。

与俄罗斯的休克式的改革所不同，中国采取了渐进式的改革方式，从农村到城市，先简后繁，由易到难，在改革步骤上通过体制外先行，双规过渡等方式循序渐进，尽最大可能地将改革可能带来的社会动荡降至最低。虽然，渐进性的改革存在着如国有企业产权制度不明确、社会保障制度滞后及制度创新短缺等问题，但是它成功地实现了中国经济平稳地增长。改革开放三十年来，中国国内生产总值平均年增长率接近10%，为世界首位。

思考讨论：

如何看待中国改革的模式，并分析中国渐进式改革取得成功的关键。

案例分析：

中国自1978年开始改革开放后，已连续三十年在经济上获得高速增长，GDP增加了18

倍，目前，中国已经成为世界第二大经济体。中国以西方不认可的模式实现了崛起，引起世界的关注。我们将自己的改革道路命名为中国特色社会主义道路，西方社会称我们的改革为渐进式改革，并起初认为不动摇政治制度和采取私有化道路，市场经济的改革不可能取得成功。事实证明，结合自己国情，坚持自己发展特点和优势独立自主地制定的改革模式要比盲目参照他国模式，听从外国专家建议而制定的模式要有效得多。

中国渐进式改革取得成功其关键就在于它始终自觉地注意处理好改革、发展和稳定的关系。把改革的力度、发展的速度和社会可以承受的程度统一起来；保持改革、发展和稳定在动态中相互协调和相互促进；同时注重改善人民生活，让人民共享改革和发展的成果。渐进式的改革模式能更好地处理好这三者的关系。此外，我国改革开放取得成功的关键在于我们始终坚持走独立自主的、具有中国特色的社会主义发展道路。

8. 坚持党在社会主义初级阶段的基本路线不动摇

坚持党的基本路线不动摇，必须正确处理好改革开放和四项基本原则的关系，把二者放在建设中国特色社会主义的实践中统一起来。四项基本原则是中国近现代历史发展的必然选择，是对党长期以来积累的经验所作出的科学概括，是我们的立国之本；改革开放是决定中国命运的历史性决策，是新时期最鲜明的特征，是社会主义中国的强国之路。它们二者相互依存、相互贯通、不可分割。离开四项基本原则谈改革开放，改革开放必然会失去正确的方向，走到背离社会主义的邪路上去；离开改革开放谈四项基本原则，四项基本原则的内容就不能与时俱进，就会变成僵化的教条。一方面，必须充分认识四项基本原则在改革开放和现代化建设进程中不断获得新的内容；另一方面，又必须在改革开放中坚持四项基本原则，以保证社会主义现代化建设的正确方向。

坚持四项基本原则和改革开放两个基本点的统一，必须旗帜鲜明地反对资产阶级自由化。搞资产阶级自由化，即反对共产党的领导、否定社会主义制度，主张资本主义制度，主张全盘西化，是根本违背人民利益和历史潮流、为广大人民所坚决反对的。邓小平一再强调，中国要搞现代化，绝不能搞自由化，绝不能走西方资本主义道路。

毫不动摇地坚持党的基本路线，把以经济建设为中心同四项基本原则、改革开放这两个基本点统一于建设中国特色社会主义的伟大实践中，这是改革开放以来“我们党最宝贵的经验，是我们事业胜利前进最可靠的保证。”①

四、社会主义初级阶段的基本纲领

党在社会主义初级阶段的基本纲领，是对十一届三中全会以来特别是十四大以来我国改革开放和现代化建设主要经验的科学总结，是对社会主义初级阶段基本路线的具体贯彻和落实。

① 《十五大以来重要文献选编(上)》，人民出版社2000年版，第18页。

1. 社会主义初级阶段基本纲领的提出

1979年,叶剑英在庆祝建国30周年大会的讲话中,提出了全面实现社会主义现代化的简要纲领。此后,邓小平又反复强调,建设中国特色社会主义的任务很多,要在以经济建设为中心的前提下,坚持社会主义社会的全面发展和全面进步。为此,他提出了一系列"两手抓"的战略思想和方针。1991年,江泽民在庆祝中国共产党成立70周年的讲话中,对中国特色社会主义经济、政治、文化的基本内容以及这些方面建设所遵循的基本原则、基本方针作出了分析和论述,奠定了党在社会主义初级阶段基本纲领的雏形。

党的十四大之后,伴随着社会主义市场经济体制目标的确立,中国的改革进入攻坚阶段,新的深层次矛盾出现,干部群众中产生了种种困惑,社会上也出现了一些新的错误倾向的干扰。党在此期间召开的几次中央全会所作的决议,特别是江泽民对我国社会主义现代化建设全局的十二个重大关系的深刻论述,进一步明确了我国现阶段的经济体制、政治体制和社会发展战略、精神文明建设等方面的基本目标、基本政策,初步回答了什么是社会主义初级阶段的经济、政治和文化以及如何建设这样的经济、政治和文化,为党在社会主义初级阶段基本纲领的制定奠定了基础。1997年党的十五大根据社会主义初级阶段基本路线的要求,围绕着社会主义现代化建设,制定了党在社会主义初级阶段的基本纲领。2007年党的十七大进一步丰富了基本纲领的内容。

2. 社会主义初级阶段基本纲领的主要内容

党的十五大根据社会主义初级阶段基本路线的要求,围绕社会主义现代化建设的总题目,制定了党在社会主义初级阶段的基本纲领。

社会主义初级阶段的经济纲领确立了建设中国特色社会主义经济的基本目标,即在社会主义条件下发展市场经济,不断解放和发展生产力,保证国民经济持续快速健康发展,人民共享经济繁荣成果。

社会主义初级阶段的政治纲领确立了建设中国特色社会主义政治的基本目标,即在中国共产党领导下,在人民当家作主的基础上,依法治国,发展社会主义民主政治。实现社会安定、政府廉洁高效、全国各族人民团结和睦、生动活泼的政治局面。

社会主义初级阶段的文化纲领确立了建设中国特色社会主义文化的基本目标,即以马克思主义为指导,以培育有理想、有道德、有文化、有纪律的公民为目标,发展面向现代化、面向世界、面向未来的,民族的、科学的、大众的社会主义文化。建设立足中国现实、继承历史文化优秀传统、吸取外国文化有益成果的社会主义精神文明。

构建社会主义和谐社会是十七大对基本纲领的丰富和发展,它提出了构建中国特色社会主义社会建设的基本目标,即要按照民主法治、公平正义、诚信友爱、充满活力、安定有序、人与自然和谐相处的总要求和共同建设、共同享有的原则,以改善民生为重点,解决好人民最关心、最直接、最现实的利益问题,努力形成全体人民各尽所能、各得其所而又和谐相处的局面。

3. 最低纲领和最高纲领的统一

实现社会主义初级阶段基本纲领,必须正确认识和处理好最高纲领和最低纲领之间的辩证统一关系。共产主义是共产党人的理想信念和精神支柱,实现共产主义是无产阶级政党的最高纲领。但共产主义的实现是一个历史过程,需要通过若干阶段的具体目标,有步骤、分阶段地向前推进。在每个不同的发展阶段,都需要提出符合实际的理论、路线、方针、政策和策略,形成阶段性的行动纲领。中国共产党制定的民主革命的纲领、向社会主义过渡的纲领、建设中国特色社会主义的纲领,都是党在特定历史阶段的最低纲领。

最高纲领与最低纲领既有区别,又有联系,辩证统一于为实现共产主义奋斗的全部历史过程中。最高纲领为最低纲领的制定指明了前进方向;最低纲领为最高纲领的实现提供了必要的条件。坚持最高纲领与最低纲领的统一,就是坚持理想与现实的统一,方向和道路的统一,目的和过程的统一,不断发展和发展阶段的统一,革命精神和科学态度的统一。

科学阐明和正确处理好最高纲领和最低纲领之间的辩证统一关系,是中国共产党在理论上、政治上清醒和成熟的重要标志。坚持最高纲领不是也不能离开现实空谈远大理想。只有通过扎扎实实地做好现实的每一项工作,坚持长期不懈的奋斗,才能逐步实现我们的远大理想。实践最低纲领不是也不能只顾眼前忘记远大理想。忘记远大理想而只顾眼前,就会失去前进方向。有了共产主义远大理想,可以使我们在复杂的国际国内环境中坚持正确的政治方向,可以在各种风险考验中给我们以强大的精神支柱,能够在我们取得成功后继续激发前进的动力,更给共产党员和先进分子以考察自己行为的道德评判的价值标准。

在整个社会主义初级阶段,我们必须坚持最低纲领与最高纲领的统一,毫不动摇地贯彻党在社会主义初级阶段的基本路线,致力于实现党在现阶段的基本纲领,不断把中国特色社会主义事业推向前进。

学习建议

社会主义初级阶段理论也被经常称为中国国情论,是中国特色社会主义建设的立足点和出发点。围绕着社会主义初级阶段理论,我们制定了初级阶段的基本路线和基本纲领。社会主义初级阶段"一个中心,两个基本点"是把握我国当前社会主义建设的关键性内容。我们应该从改革开放的社会主义建设实践中去把握初级阶段的基本路线和纲领的主要内容并应用于实践,尤其是以基本路线和纲领的贯彻实践中总结我国改革开放成功的经验。

阅读书目:

《七个怎么看》,中共中央宣传部理论局,学习出版社、人民出版社

《从怎么看到怎么办》,中共中央宣传部理论局,学习出版社、人民出版社

《苏共亡党十年祭》,黄苇町,江西高校出版社

音像资料:《百年叱咤风云录之1978改革开放》

思考题

1. 如何理解社会主义初级阶段的科学内涵及其基本特征?

2. 如何理解社会主义初级阶段基本路线的主要内容,如何坚持四项基本原则和改革开放的统一?

3. 党在社会主义初级阶段的基本纲领的主要内容是什么,如何理解党的最高纲领和最低纲领的统一?

第七章 中国特色社会主义建设的发展战略

实现现代化是一个多世纪以来中国人民梦寐以求的夙愿。为实现现代化，中国共产党选择了社会主义道路，并先后确立了“四个现代化”、“三步走”、“全面建设小康社会”等发展战略，对社会主义建设进行总体上的规划。通过发展战略的制定，不仅确立了社会主义建设的目标和步骤，还从总体上部署了现代化发展的重点、关键和模式，是中国特色社会主义理论体系实践内容的开篇。

本章提要：

- 分“三步走”基本实现现代化，是我国社会主义现代化建设的基本发展步骤。全面建设小康社会，是实现现代化第三步战略目标必经的重要发展阶段。

- 保持国民经济持续快速健康发展是我国现代化建设的必由之路，必须实现发展中速度和效益相统一，走新型工业化道路，转变经济增长方式。

- 科教兴国、可持续发展战略、西部大开发战略和新农村建设是我国现代化建设进程中确立的重大发展战略，它事关社会主义建设的全局，必须置于战略的角度予以优先发展。

一、中国特色社会主义建设发展战略的提出

所谓战略就是筹划和指导全局的方略。中国特色社会主义建设的发展战略是对实现现代化这一目标而对中国经济、社会等社会主义建设各个方面进行总体性的规划和部署，制定可行的发展目标和步骤，选择适宜的发展模式，确立有利于全局的优先发展的领域和模式。发展战略的制定不仅使我们社会主义建设有了明确的目标和任务，并且还使我们高瞻远瞩地把握好发展中的一些全局性的、整体性的关键问题，使社会主义建设各个领域能够有序协调地发展。

中国共产党很早就把实现中国现代化作为重要目标提了出来。实现社会主义现代化是中国共产党人和中国人民梦寐以求的夙愿。新中国成立前夕，党的七届二中全会提出了把我国由农业国变为工业国，实现国家现代化的构想。

1.“四个现代化”

新中国成立以后，以毛泽东为核心的党的第一代中央领导集体提出了在20世纪内，分

两步把我国建设成为“四个现代化”的社会主义国家的构想，并设想用100年时间赶上和超过世界上最先进的资本主义国家。1954年召开的第一届全国人民代表大会，第一次明确提出要实现工业、农业、交通运输业和国防的四个现代化的任务，1956年又把这一任务列入党的八大所通过的党章中。经过多年的实践，在逐步提高了对科学技术在发展国民经济、实现现代化中的地位和作用的认识以后，1964年周恩来在第三届人大一次会议的政府工作报告中第一次宣布：“在本世纪内，把我国建设成为一个具有现代农业、现代工业、现代国防和现代科学技术的社会主义强国”的奋斗目标，并提出完成这个目标可以分“两步走”的设想，即“从第三个五年计划开始，我国的国民经济发展，可以按两步来考虑：第一步，建立一个独立的比较完整的工业体系和国民经济体系；第二步，全面实现农业、工业、国防和科学技术的现代化，使我国经济走在世界的前列”[①]，并把它作为在20世纪内奋斗的目标。这是中国共产党最早提出并作了具体论证的有关我国社会主义建设远景规划的宏伟蓝图。

1975年，当人们对“文化大革命”中在阶级斗争名义下人为制造的无休无止的争斗十分不满、对中国的前途感到渺茫的时候，周恩来在四届人大一次会议的政府工作报告中重申了这一目标，极大地振奋了全国人民的精神，鼓舞了人民的斗志。但由于对我国社会主义社会所处的历史阶段、主要矛盾和根本任务等重大问题缺乏始终一贯的科学认识，使我国社会主义现代化建设在十一届三中全会前经历了曲折的过程。

知识拓展

国民经济和社会发展“五年计划”

国家对一定时期内国民经济的主要活动、科学技术、教育事业和社会发展所作的规划和安排，是指导经济和社会发展的纲领性文件。有长期计划（十至二十年）、中期计划（一般为五年）。“五年计划”是中国国民经济计划的一部分，主要是对全国重大建设项目、生产力分布及国民经济重要比例关系等作出规划，为国民经济发展远景制定目标和方向。中国除了1949年到1952年底为国民经济恢复时期和1963年至1965年为国民经济调整时期外，从1953年第一个五年计划开始，已经编制了十二个“五年计划”。

2.“三步走”的发展战略

十一届三中全会以后，邓小平开始进一步思考如何从中国具体国情出发研究“四个现代化”的进程问题。这时距20世纪末只剩20余年时间。邓小平在此期间访问了美国、日本，加深了对现代化的认识。因此他提出，实现四个现代化涉及实事求是的问题。1979年3月，他在党的理论工作务虚会上的讲话中强调指出：“现在搞建设，也要适合中国情况，走出一条中国式的现代化道路。”“中国式的现代化，必须从中国的特点出发。”[②]邓小平关于“中国式的现代化”的新说法，意味着他已经开始思考20世纪末中国的现代化究竟可能达到什么水平的问题。同年10月，他在谈到实现现代化时第一次明确提出要修改原来关于现代化的

① 《周恩来选集（下卷）》，人民出版社1984年版，第439页。
② 《邓小平文选》第2卷，人民出版社1994年版，第164页。

具体目标。他说："我们开了大口，本世纪末实现四个现代化。后来改了个口，叫中国式的现代化，就是把标准放低一点。特别是国民生产总值，按人口平均来说不会很高。"①同年12月，他第一次使用了"小康"的概念。1980年1月，他把到20世纪末的20年分为两个10年，初步提出分"两步走"达到"小康水平"的战略构想。这个战略构想，后来在五届全国人大四次会议和党的十二大的报告中得到肯定。党的十二大正式提出分"两步走"，20世纪末在不断提高经济效益的前提下，工农业总产值翻两番，实现小康社会的经济发展战略，并确定了我国经济建设的战略目标、战略重点、战略步骤等一系列正确方针。

20世纪末，人民生活总体上达到小康水平以后，再往前发展的战略目标是什么？在党的十二大召开前夕，邓小平曾指出：如果能实现小康社会的目标，我们就取得了一个新的起点，再花30年到50年时间，接近发达国家的水平。我们不是说赶上，更不是说超过，而是接近。1987年2月，邓小平更切合实际地把接近发达国家水平改为"到21世纪中叶我们建成中等发达水平的社会主义国家"。1987年4月，他在会见西班牙客人时，第一次使用"第一步"、"第二步"、"第三步"这样的提法，明确了分"三步走"基本实现现代化的战略。根据邓小平的思想，同年10月，党的十三大把邓小平"三步走"的发展战略构想确定下来，指出我国经济发展战略部署大体分"三步走"：第一步，从1981年到1990年实现国民生产总值比1980年翻一番，解决人民的温饱问题；第二步，从1991年到20世纪末，使国民生产总值再翻一番，达到小康水平；第三步，到21世纪中叶，国民生产总值再翻两番，达到中等发达国家水平，基本实现现代化。然后在这个基础上继续前进。

我国在提前实现了"三步走"战略的一、二步战略目标之后，为了把第二步战略和第三步战略更好地衔接起来，我们党根据邓小平关于分阶段、有步骤实现我国现代化的战略思想，十五大把"三步走"战略的第三步进一步具体化，提出了三个阶段性目标：21世纪第一个10年，实现国民生产总值比2000年翻一番，使人民的小康生活更加富裕，形成比较完善的社会主义市场经济体制；再经过10年的努力，到建党100周年时，使国民经济更加发展，各项制度更加完善；到21世纪中叶建国100周年时，基本实现现代化，建成富强、民主、文明的社会主义国家，从而使"三步走"的战略和步骤更加具体明确。

"三步走"的发展战略，把我国社会主义现代化建设的目标具体化为切实可行的步骤，展现了美好的前景，统一了全党和全国人民的意志，成为全国人民为共同理想而努力奋斗的行动纲领，意义重大。我国经济发展战略目标的实现，将雄辩地向世人证明中国社会主义是成功的，社会主义是优越的。

从"两步走"到"三步走"的发展战略的确定，突出地体现了我们党对我国国情认识的深化，体现了中国共产党人一切从实际出发、实事求是、坚持在实践中检验真理和发展真理的品格。我国"三步走"的现代化发展战略，是党的第二代和第三代中央领导集体参考了国外现代化发展历史经验，总结我国历史经验的基础上提出的，是对中国国情和时代特征的深刻把握，对现代化客观规律的正确反映。这一发展战略从社会主义初级阶段实际出发，坚持了雄心壮志与实事求是的统一；把经济发展和提高人民生活水平结合起来，坚持了经济发展和实现社会主义本质要求的统一；明确提出了把我国建设成为富强、民主、文明的社会主义现代化国家，坚持了经济与社会的全面协调发展，是指导全党和全国人民建设中国特色社会主义的行动纲领。

① 《邓小平文选》第2卷，人民出版社1994年版，第194页。

知识拓展

根据世界银行《1990年世界发展报告》的分类，人均国民生产总值545美元以下为低收入国家，545~2200美元为中下收入国家，2200~5999美元为中上收入国家，6000美元以上为高收入国家。我国1996年人均GDP达到650美元，走出了低收入国家行列。2010年，我国人均GDP已经超过了3000美元，那就等于迈入了中等收入国家行列，人均世界排名大概93位。到本世纪中叶，我国要达到中等发达国家水平，那意味着届时我国人均GDP将超过5000美元。

3. 全面建设小康社会

在邓小平提出的“三步走”发展战略的基础上，基于我们已经顺利实现了第一步和第二步的战略目标，为了更好地实现第三步的战略目标，在进入新世纪之初，以江泽民为代表的党中央提出了全面建设小康社会的战略目标。

知识拓展

现代小康的标准是什么？

小康的涵义类似于国际上通用的生活质量的涵义，一般包含三层意思：物质生活状况，主要内容为食品、衣着、住房、交通等物质条件；生活环境状况，主要指空气是否清新、交通是否拥挤以及水质和绿化状况；社会环境状况，主要内容是社会秩序与安全感、社会道德风尚等状况。国家统计局采用了区间距离实现程度的方法，用16个基本监测指标来界定小康临界值：

(1)人均国内生产总值2500元(按1980年的价格和汇率计算，2500元相当于900美元)；(2)城镇人均可支配收入2400元；(3)农民人均纯收入1200元；(4)城镇住房人均使用面积12平方米；(5)农村钢木结构住房人均使用面积15平方米；(6)人均蛋白质日摄量75克；(7)城市每人拥有铺路面积8平方米；(8)农村通公路行政村比重85%；(9)恩格尔系数50%；(10)成人识字率85%；(11)人均预期寿命70岁；(12)婴儿死亡率3.1%；(13)教育娱乐支出比重11%；(14)电视机普及率100%；(15)森林覆盖率15%；(16)农村初级卫生保健基本合格县比重100%。

经过全党和全国各族人民的共同努力，到20世纪末，我国人民生活总体上达到了小康水平，这是中华民族发展史上的一个新的里程碑。党的十六大深刻分析了党和国家面临的新形势和新任务，提出了大体用20年时间，全面建设一个惠及十几亿人口的更高水平的小康社会的奋斗目标，并围绕实现这个目标制定了推进各方面工作的方针政策。全面小康社会的奋斗目标是对“三步走”发展战略中第三步战略目标的进一步细化，是中国特色社会主义发展新阶段的重要战略，为我们指明了新世纪新阶段继续前进的方向。

在基本实现小康的基础上提出全面建设小康社会的战略目标，这是因为我国总体上实现的小康还是低水平、不全面、发展很不平衡的小康。低水平的小康，是指刚进入小康的门槛，只是解决了衣食无忧的基本生存需要，离宽裕还较远。不全面主要是指已经达到的小康侧重于物质文明方面，对精神文明、政治文明、生态环境可持续发展方面关注不够。发展很不平衡是指进入小康的人口在全国分布是不平衡的。城市与农村之间、东部与西部之间、不同收入阶层之间，经济发展和生活水平存在巨大差距，而且这种差距还有扩大的趋势。全面建设小康社会就是要进一步巩固和发展我国初步建设的小康社会的成果，使全体人民都能更加充分、更加稳定地享受小康生活。

全面建设小康社会的目标也是在对国际环境、国内形势和我国现在已经展现出来的发展态势作了科学分析后确立的目标。

党的十六大报告指出：21 世纪的头 20 年，我国处在改革的攻坚阶段和发展的关键时期，对我国来说，这是一个必须紧紧抓住并且可以大有作为的重要战略机遇期。一些国家和地区的发展历程昭示我们：在这个机遇和挑战并存、希望与压力同在的黄金发展期、矛盾凸显期，如果举措得当，经济社会发展将实现新的跨越；如果应对失误，很容易导致经济徘徊、社会动荡。我们面临的仍将是一个总体上有利于我们促进经济社会发展，但不利因素可能增多的环境。对于中国这样的发展中大国来说，发展的机遇不是很多的。我们一定要牢牢把握和切实利用好这个重要战略机遇期，妥善应对各种挑战，实现经济、政治、文化、社会又好又快地发展。

案例分析

人均 GDP1000 美元这道坎

2003 年我国人均 GDP 达到 1090 美元，超过了 1000 美元。这是我国经济发展取得辉煌成绩、进入一个新的发展阶段的重要标志，更是我国经济发展充满机遇、面临风险的一个关键阶段。

世界许多国家和地区在人均 GDP 达到 1000 美元后，经济发展出现了不一样甚至截然不同的结果。有一些国家和地区在这一关键阶段较好地抓住了机遇，克服了风险，经济保持了持续快速发展，经济总量很快地实现了翻一番，其中一些国家和地区目前已步入发达国家和地区的行列。这些国家和地区包括亚洲四小龙的新加坡、韩国、中国台湾和中国香港，以及亚洲四小虎的马来西亚和泰国。这些国家和地区在人均 GDP 达到 1000 美元后，经济均保持了 20 年甚至 30 年以上年平均 6%甚至 7%以上速度的增长，而且仅用了 8 年到12 年的时间实现了 GDP 的翻一番，目前中国香港和新加坡人均 GDP 都超过了 2 万美元，中国台湾和韩国人均 GDP 超过了 1 万美元。有一些国家则在这一关键阶段没能很好地抓住机遇，克服风险，经济发展缓慢、波动甚至停滞。这些国家包括拉丁美洲的巴西、阿根廷和墨西哥，以及亚洲四小虎的印度尼西亚和菲律宾。这些国家在人均 GDP 达到 1000 美元后，经济长期保持在年平均 4%以下的低速增长，而且用 20 年甚至 30 多年的时间才实现 GDP 的翻一番。同样是人均 GDP 在 70 年代中期达到 1000 美元的国家和地区，目前巴西、阿根廷人均 GDP 不足 3000 美元，印度尼西亚和菲律宾还倒退到不足 1000 美元（其中也有币值贬值的原因，实际上币值贬值也是经济发展不理想的结果）。总之，人均 GDP 达到 1000 美元是一个国家发展的关键门槛。党的十六大指出我国所处的战略机遇期就是指的这个门槛。

人均GDP1000美元后，社会经济关系都发生了深刻的变化，既是战略机遇期，也是矛盾凸显期。国际经验告诉我们，在这个关键时期，维持社会政治经济环境的稳定与安全至关重要。同时针对由于社会经济关系变化引起的新的矛盾和冲突要从战略角度进行整体的规划，给予适度的调整和解决。

思考讨论：

试结合案例分析中国实现全面建设小康社会战略目标面临的挑战。

案例分析：

人均GDP是衡量一个国家经济发展水平的重要指标。案例材料说明，人均GDP达到1000美元是一个国家发展进程中的重要的转折点。这是因为一方面，人均GDP1000美元表明这个国家经济发展水平已经能够满足国民的基本生活需求，并为经济更高水平的发展奠定了基础。另一方面，人均GDP1000美元后，社会经济关系会发生深刻的变化，比如出现收入差距过大、社会、文化和政治的发展滞后、国民对社会进步指标发生变化、经济增长面临环境资源和科学技术发展的瓶颈等。在中共十六大上，党中央提出到2020年全面建设小康社会的奋斗目标就是在这样一个拐点上提出的，表明党中央对社会发展的规律有着清醒的认识。

结合国际社会发展经验和我国自身的国情可以预测，中国实现全面建设小康社会战略目标面临的挑战主要表现在：一是中国庞大的体量将给环境资源和社会发展带来巨大的压力；二是经济增长方式的转变和创新性国家的建立对科学技术和教育的发展提出了挑战；三是社会发展的多元化趋势和收入差距的拉大将给政治体制和社会建设提出新的要求；四是国际上的反华势力和国家分裂分子也会对中国的发展从多方面进行阻挠干扰。全面建设小康社会奋斗目标、构建和谐社会和科学发展观的提出，则是中国的应对方案。

全面建设小康社会的目标是：

在优化结构和提高效益的基础上，国民生产总值到2020年力争比2000年翻两番，综合国力和国际竞争力明显增强。基本实现工业化，建成完善的社会主义市场经济体制和更具活力、更加开放的经济体系。城镇人口的比重有较大幅度提高，工农差别、城乡差别和地区差别扩大的趋势逐步扭转。社会保障体系比较健全，社会就业比较充分，家庭财产普遍增加，人民过上更加富足的生活。

社会主义民主更加完善，社会主义法制更加完备，依法治国基本方略得到全面落实，人民的政治、经济和文化权益得到切实尊重和保障。基层民主更加健全，社会秩序更加良好，人民安居乐业。

全民族的思想道德素质、科学文化素质和健康素质明显提高，形成比较完善的现代国民教育体系、科技和文化创新体系、全民健身和医疗卫生体系。人民享有接受良好教育的机会，基本普及高中阶段教育，消除文盲。形成全民学习、终身学习的学习型社会，促进人的全面发展。

可持续发展能力不断增强，生态环境得到改善，资源利用效率显著提高，促进人与自然的和谐，推动整个社会走上生产发展、生活富裕、生态良好的文明发展道路。

全面建设小康社会的目标，既体现了对邓小平小康思想的继承，又体现了时代特征，反映了“三个代表”重要思想的根本要求。这个目标的实现，将使我国经济更加发展、民主更加健全、科教更加进步、文化更加繁荣、社会更加和谐、人民生活更加殷实。有了这个奋斗目标,就有了凝聚全党和全国各族人民共同奋斗的基点和前进方向。

4. 贯彻和落实科学发展观

十七大确立为党的指导思想之一的科学发展观是从新世纪新阶段的实际出发,适应全面建设小康社会的需要而提出来的。发展观是关于发展的本质、目的、内涵和要求的总体看法和根本观点,决定了发展道路、发展模式和发展战略,必将对我国社会主义建设现代化战略产生深远的影响。

科学发展观是实现中国民族伟大复兴的战略选择。经过一个多世纪的努力,今天中国的现代化建设已经开始进入到一个和全球社会现代化同步的历史时期和历史阶段。中国社会开始由"生存型"向"发展型"转变。在最终实现中国民族伟大复兴的时刻,科学发展观回答了"为什么发展"以及"为谁发展"这一关系到发展价值取向的根本性问题,指明了社会主义现代化建设的最终目的是为最广大人民群众谋福利。人民群众生活福祉的增加才是发展的最终目的,也是民族振兴的标志。

科学发展观是中国现代化进程由外发阶段步入内发阶段的一个战略规划。从发展类型来看,现代化可以分为内发和外发两种类型。中国现代化是属于外发型的,是由外部刺激所引发的,其现代化的因素更多不是从内部自然生成,而是直接从外部渗透、传播进来。外发型的现代化往往也是"追赶型"的现代化,既有现成的制度性和技术性的经验可学习,又有先发的现代性国家的教训以警示。然而,中国在步入内发性的现代化阶段之后,现成的可以借鉴的经验和模式有限,未来社会发展道路该前往何处?该如何解决现代化进程中的新矛盾和新问题?科学发展观是为进入内发现代化阶段而主动做的一个战略选择,是在总结之前社会发展经验和教训的基础上,确立了一条和谐而协调的发展道路和模式。

科学发展观也是针对我国现代化前期所产生的一系列问题而作出的战略调整。21 世纪中国基本实现小康之后,经济的飞速发展不可避免地产生了一些新的矛盾与难题,比如现代化建设日益受到资源环境的约束与限制;经济发展的效率优先原则进一步拉大了贫富差距、城乡差距和中西部差距;片面追求 GDP 数字增长而造成的社会发展滞后于经济增长等等。这些问题的存在将是中国进一步实现现代化的巨大障碍。要解决这些问题,为未来的中国社会发展进入一个更高的平台,我们必须要转变发展观念和发展模式,科学发展观则是从战略角度对原有的发展模式和发展道路进行战略性的调整。

科学发展观的第一要义是发展,表明科学发展观依然是我国迈向现代化社会和实现民族复兴进程中的一个战略选择。科学发展观的确立目的是为了实现全面建设小康社会的建设目标。坚持科学发展观,其根本点是要用新的发展思路、开拓新的发展模式,突破现代社会已有的发展模式的瓶颈,获得经济社会的可持续发展。

科学发展观的核心是以人为本,这回答了发展是为了谁、依靠谁以及发展的目的是什么等关键性问题,确立了发展的根本价值取向。"以人为本"的科学发展观确立了发展的目的是为了实现每个人全面自由的发展,是为了满足人们多方面的需求。这一价值目标的确立有助于我们调整发展中的各种脱离人自身发展需求的各种数字崇拜现象和物化现象,避免陷入以牺牲人的幸福和自由为代价的无止境发展困境之中。

科学发展观的基本内涵是全面、协调、可持续的发展,这就树立了一系列全新的发展理念。全面发展,就是要以经济建设为中心,全面推进经济、政治、文化建设,实现经济发展和社会全面进步,经济单方面的增长并不等于发展。协调发展,重点是协调经济社会发展中的各种关系,按照“五个统筹”的要求,协调好城乡发展、区域发展、人与自然和谐发展、国内发展和对外开放之间的关系,促进整个社会的协调发展。可持续发展就在要在发展中促进可持续发展能力的不断增强,尤其要注重改善生态环境,提高资源利用效率,促进人与自然的和谐。

总之,科学发展观是我国在基本实现小康社会后,在全面建设小康社会过程中对社会主义现代化建设提出的整体规划,它的贯彻和落实对于我国未来发展观念、发展模式和发展道路产生深远的影响。

二、转变经济增长方式,走新型工业化道路,实现经济又好又快发展

中国特色社会主义建设的发展战略站在社会经济发展的全局角度从中国社会主义建设的实际出发,高屋建瓴地把握现代化建设中的一些整体性、全局性的关键问题,确定发展的战略重点和需要整体进行协调和调整的战略性关系,以推动社会主义建设协调有序地进行。

1. 优化产业结构

产业结构,是指国民经济各个产业部门和产业内部各部门之间的对比关系和结合状况。社会生产的产业结构或部门结构是在一般分工和特殊分工的基础上产生和发展起来的,它反映了国家经济发展水平。根据社会生产活动历史发展的顺序对产业结构的划分。产品直接取自自然界的部门称为第一产业,对初级产品进行再加工的部门称为第二产业,为生产和消费提供各种服务的部门称为第三产业。一国经济发展重点或产业结构重心由第一产业向第二产业和第三产业逐次转移的过程,标志着一国经济发展水平和现代化程度由低向高的提升。从当今世界各国现代化的经验来看,世界各国在工业化阶段,工业一直是国民经济发展的主导部门。发达国家在完成工业化之后逐步向“后工业化”阶段过渡,高技术产业和服务业日益成为国民经济发展的主导部门。

建国初期,由于对实现工业化的片面理解,我们在一定时期内片面强调优先发展重工业,导致了我国的产业结构严重不合理,主要表现是农业落后,能源和原材料严重短缺,交通和通讯等基础设施十分薄弱,第三产业发展滞后,因此调整和优化产业结构是十分迫切的任务。邓小平根据我国经济的实际情况,1982 年提出了我国战略重点:一是农业,二是能源和交通,三是教育和科学。根据这一重点,当时确立的调整和优化产业结构的方向是:大力发展第一产业,特别是农业;调整和提高第三产业,着力加强能源、交通等基础设施和基础工业;积极发展第三产业。

经过三十多年的发展,我国经济结构有了很大的改善。第三产业比重已经占国民经济的 40%以上,同时能源和交通等基础性建设也有了很大的改善。但是按照科学发展观的要求,我国目前的产业结构仍面临着进一步优化升级的任务。中共十六大根据世界经济科技发展新趋势和走新型工业化道路的要求,作出了推进产业结构优化升级的部署,即形成以

高新技术产业为先导、基础产业和制造业为支撑、服务业全面发展的产业格局，为我国推进产业结构优化升级指明了方向。中共十六届五中全会通过的《中共中央关于制定国民经济和社会发展第十一个五年规划的建议》明确提出了我国在“十一五”期间推进产业结构优化升级的重要任务和关键，指出：“发展先进制造业、提高服务业比重和加强基础产业基础设施建设，是产业结构调整的重要任务，关键是全面增强自主创新能力，努力掌握核心技术和关键技术，增强科技成果转化能力，提升产业整体技术水平。”2005 年 12 月经国务院常务会议审议通过发布的《促进产业结构调整暂行规定》进一步指明了当前及今后一段时期内产业结构调整的目标、原则、方向和重点。

今后我国产业结构调整的方向和重点是：一是巩固和加强农业基础地位，加快传统农业向现代农业转变；二是加强能源、交通、水利和信息等基础设施建设，增强对经济社会发展的保障能力；三是以振兴装备制造业为重点发展先进制造业，发挥其对经济发展的重要支撑作用；四是加快发展高技术产业，进一步增强高技术产业对经济增长的带动作用；五是提高服务业比重，优化服务业结构，促进服务业全面快速发展；六是大力发展循环经济，建设资源节约型和环境友好型社会，实现经济增长与人口资源环境相协调；七是优化产业组织结构，调整区域产业布局；八是实施互利共赢的开放战略，提高对外开放水平，促进国内产业结构升级。

2. 转变增长方式

“经济增长方式” 通常指决定经济增长的各种要素的组合方式以及各种要素组合起来推动经济增长的方式。按照马克思的观点，经济增长方式可归结为扩大再生产的两种类型，即内涵扩大再生产和外延扩大再生产。外延扩大再生产就是主要通过增加生产要素的投入，来实现生产规模的扩大和经济的增长。而内涵扩大再生产，主要通过技术进步和科学管理来提高生产要素的质量和使用效益来实现生产规模的扩大和生产水平的提高。现代经济学从不同的角度将经济增长的方式分成两类，即粗放型增长和集约型增长。粗放型经济增长方式是指主要依靠增加资金、资源的投入来增加产品的数量，推动经济增长的方式。集约型经济增长方式则是主要依靠科技进步和提高劳动者的素质来增加产品的数量和提高产品的质量，推动经济增长的方式。这种经济增长方式的实质是以提高经济增长质量和经济效益为核心。

长期以来，我国经济发展过多地依靠扩大投资规模和增加物质投入，主要是依赖粗放型经济增长方式，使我们在发展过程中付出了资源浪费、环境污染、城乡差距拉大等巨大的代价，经济发展与能源、资源、环境的矛盾越来越尖锐，已经难以为继。

热点链接

1990—1995 年是中国第八个五年计划期间。据统计，“八五”期间，是我国建国以来经济增长速度最快、波动最小的 5 年。然而我国单位生产国民生产总值消耗的能源是世界平均水平的 4 倍，是发达国家的 6 倍；每单位国民生产总值消耗的主要原材料是日本的 6 倍，美国的 2 倍。

1995年党的十四届五中全会提出“积极推进经济增长方式转变”。党的十七大提出“加快经济发展方式转变”。所谓经济增长方式转变主要是指由粗放型向集约型转变，其基本要求就是从主要依靠增加投入、铺新摊子、追求数量转到主要依靠科技进步和提高劳动者素质上来，转到以提高经济效益为中心的轨道上来。经济增长的方式转变还包括由不可持续性向可持续性转变；由出口拉动向出口、消费、投资协调发展转变；由结构失衡型向结构均衡型转变；由高碳经济型向低碳经济型转变；由投资拉动型向技术进步型转变；由技术引进型向自主创新型转变；由第二产业带动向三大产业协调发展转变；由忽略环境型向环境友好型转变；由“少数人”先富型向“共同富裕”型转变。经济增长方式从粗放型向集约型转变，是保持我国国民经济又好又快发展的一个带有全局意义的根本性转变。

3. 走新型工业化道路

实现工业化是中国社会主义建设的一个重要目标。工业化一般是指传统的农业社会向现代化工业社会转变的过程。工业化是现代化的基础和前提，高度发达的工业社会是现代化的重要标志。新中国成立以后，我国的工业化建设取得了很大的成就，工业产出在整个经济中的比重提升很快，使我国在较短的时间内建成了一个初具规模、门类齐全的工业体系。改革开放以来的30多年，我国经济快速增长，工业化取得了显著的进展，但工业化的任务还远远没有完成。

知识拓展

中国工业化道路选择50年

中国工业化历程经历了三次道路选择：

一是20世纪50年代选择的以“单一公有制”为基础的“优先发展重工业”道路；

二是80年代选择的以“改革开放”为基础的“外延型全面发展”道路；

三是世纪之交选择的以社会主义市场经济为基础的“新型工业化道路”。

20世纪末，世界新科技革命尤其是信息技术的发展深刻地改变了现代工业生产的方式和结构，并直接影响了整个经济发展的方式和人们的社会生活。一方面，我们要继续完成工业化的历史任务，同时又要应对信息时代所带来的新的挑战和机遇。为此，2002年，党的十六大提出了走新型化工业道路的任务。报告提出：“我国要坚持以信息化带动工业化，以工业化促进信息化，走出一条科技含量高、经济效益好、资源消耗低、环境污染少、人力资源优势得到充分发挥的新型工业化路子”。这就是新型工业化道路的完整表述。

新型工业化道路是相对于传统工业化道路而言的。传统工业化道路，就是农业经济向工业经济的转变。传统工业化道路是二元经济结构下实现现代化的普遍路径选择。新型工业化道路和传统工业化道路的根本区别就在于它们是不同经济结构下的工业化道路。新型工业化的本质就是工业化与信息化的互动发展，即信息化带动工业化，工业化促进信息化。

新型工业化道路的“新”，就在于它同信息化等现代高科技发展紧密结合；注重经济发展同资源环境相协调；坚持城乡协调发展；实现资金技术密集型产业同劳动密集型产业相结合。走新型工业化道路是从中国国情和世界经济发展情况出发,既遵循工业化客观规律,又体现时代特点的工业化道路。它是在对我国经济发展阶段作出准确定位的基础上,加快实现工业化和现代化的必然选择。同时,新型工业化道路也是我国现有资源约束条件下的必然选择。通过新型工业化道路,我们能够突破我国人口多,资源压力大的瓶颈,充分抓住新技术革命给予的契机,获得超越式的发展。此外,新型工业化道路也是我国在经济全球化背景下求生存求发展的必然选择。新型工业化道路使我们能够更好地利用后发优势,引进、消化国外先进技术,缩小与发达国家的差距。

世界多数发达国家是在完成工业化任务后才推进信息化的。当今中国不必重走这条老路,而在工业化处于中期阶段的今天,就要充分利用人类的共同财富和智慧,将信息产业摆在优先发展的战略地位,不失时机地推进信息化,使高新技术渗透到各个产业中。这是走新型工业化道路的技术手段及重要标志,也是提高经济增长质量和效益的快速增长方式。走新型工业化道路,要紧紧抓住加快经济结构战略性调整这条主线,着力推进产业结构优化升级。产业结构的优化升级,是实现我国经济结构战略性调整的关键。我国产业结构优化升级的目标是,坚持以市场为导向,形成以高新技术产业为先导、基础产业和制造业为支撑、服务业全面发展的产业格局。高新技术产业是以信息产业为代表的依托高新技术发展起来的新兴产业,其特点是科技含量高、发展速度快、对国民经济和社会生活的渗透及带动作用强,是经济增长的重要驱动力。

三、科教兴国战略、可持续发展战略、西部大开发战略和新农村建设

在中国特色社会主义道路的探索过程中,为了更好地实现确立的战略目标,保持经济社会高速、持续和协调地发展,我们先后制定了一些具体的具有全局意义的战略:科教兴国战略、可持续发展战略、西部大开发战略和新农村建设。

1. 科教兴国战略

科教兴国战略是1995年江泽民在全国科技大会的讲话中提出的,随后《中共中央、国务院关于加速科学技术进步的决定》中正式提出:科教兴国,是指全面落实科学技术是第一生产力的思想,坚持教育为本,把教育和科学技术放在经济、社会发展的重要位置,增强国家的科技实力及向现实生产力转化的能力,提高全民族的科学文化素质,把经济建设转移到依靠科学技术进步和提高劳动者素质的轨道上来,加速实现国家的繁荣昌盛。科教兴国战略确立了科技和教育是兴国的基础和手段。

科教兴国战略是对邓小平提出的"科学技术是第一生产力"论断的继承和发展。我们党历来十分重视科学技术的作用。早在上世纪50年代,党中央就发出了"向科学进军"的伟大号召。1988年,邓小平明确表述了"科学技术是第一生产力"的论断。邓小平关于"科学技术是第一生产力"的论断是对当今世界科技和经济迅猛发展所作出的科学概括和理论总结。它的精神也被渗透到社会主义建设的理论体系中。

建设创新型国家是对科教兴国战略的进一步发展。以胡锦涛为总书记的党中央,从全

面建设小康社会、开创中国特色社会主义事业新局面的全局出发，综合分析世界发展大势和我国所处历史阶段，作出了推进自主创新、建设创新型国家的重大决策。这是继科教兴国和人才强国战略以来我们党提出的事关社会主义现代化建设全局的重大战略决策。

创新是一个民族进步的灵魂，是一个国家兴旺发达的不竭动力。建设创新型国家，不仅是提高我国国际竞争力的客观需要，而且也是贯彻落实科学发展观、全面建设小康社会的重大举措，是解决我国当前发展面临的突出矛盾和问题的紧迫要求。只有通过大力推进科技进步和创新，增强自主创新能力，推动我国经济增长从资源依赖型转向创新驱动型，才能继续保持经济平稳较快和可持续增长，实现又好又快的发展。

创新型国家，一般来说，是指将科技创新作为国家基本战略，大幅度提高科技创新能力，从而形成强大的国家竞争优势。建设创新型国家，就要把增强自主创新能力作为发展科学技术的战略基点，走中国特色自主创新道路，推动科学技术的跨越式发展；把增强自主创新能力作为调整经济结构、转变经济增长方式的中心环节，建设资源节约型、环境友好型社会，推动国民经济又好又快发展；就要把增强自主创新能力作为国家战略，贯穿到现代化建设各个方面，激发全民族创新精神，培养高水平创新人才，形成有利于自主创新的体制，大力推进理论创新、制度创新、科技创新，不断巩固和发展中国特色社会主义伟大事业。

实施"科教兴国"战略，既要充分发挥科技和教育在兴国中的作用，又要努力培植科技和教育这个兴国的基础。在当前，更要着重加强和扶持科技与教育，为国家的近期发展和长期稳定发展打好基础。提高生产者对经济增长的贡献率，尽快地建立起高科技企业，同时要加强提高国民素质，加强基础教育，注重人才的培养，重视创造性的科研工作。科技和教育具有双重的功能，既能为当前社会经济的发展提供各种手段，又能为持续的、长远的发展提供必要的基础。今天科技和教育能够为经济和社会的发展提供知识、技术、人才，从而提供效益，是在此之前的科技和教育的投入所作的回报。

实施科教兴国战略，科技是关键，人才是核心，教育是基础。科技人才是提高自主创新能力的关键所在。要创造良好的环境和条件，培养和凝聚各类科技人才特别是优秀拔尖人才，充分调动广大科技人员的积极性和创造性，作为科技工作的首要任务，努力开创人才辈出、人尽其才、才尽其用的良好局面，努力建设一支与经济社会发展和国防建设相适应的规模宏大、结构合理的高素质科技人才队伍，为我国科学技术发展提供充分的人才支撑和智力保证。

实施科教兴国战略，要深化科技体制改革，促进科技成果向现实生产力转化的能力。我国原有的科研体制以政府为主导、充分发挥市场配置资源的基础性作用。要通过进一步深化科技体制改革，充分发挥企业在技术创新中的主体作用，充分发挥国家科研机构的骨干和引领作用，充分发挥大学的基础和生力军作用，努力建设技术创新体系、知识创新体系、国防科技创新体系、区域创新体系、科技中介服务体系，进一步形成科技创新的整体合力，为建设创新型国家提供良好的制度保障。

实施科教兴国战略，必须坚持自主创新、重点跨越、支撑发展、引领未来的指导方针。自主创新，不是意味着什么都自己干，完全由自己来创新，而是从增强国家创新能力出发，加强原始创新（独立自主地完成科学新发现和技术新发明）、集成创新（把各种已有的相关技术有机融合起来的创新活动）和引进消化吸收再创新（在消化吸收国外先进技术基础上进行的创新）。

加强自主创新是我国科学技术发展的战略基点。我们必须高度重视提高原始创新能力，要有更多的科学发现和技术发明，在关键领域掌握更多的自主知识产权，在科学前沿和战略高技术领域占有一席之地。集成创新能力是一个国家创新能力的重要标志。我们必须注重提高国家集成创新能力，使各种相关技术有机融合，形成具有市场竞争力的产品和产业。在引进技术的基础上消化吸收再创新也是创新。要继续把对引进技术的消化吸收再创新，作为增强国家创新能力的重要方面。

2006 年初，国务院制定了《国家中长期科学和技术发展规划纲要》。党中央、国务院作出关于实施科技规划纲要、增强自主创新能力的决定，提出了用 15 年时间使我国进入创新型国家行列的重大战略任务。我国建设创新型国家的总体目标是：到 2020 年，使我国的自主创新能力显著增强，科技促进经济社会发展和保障国家安全的能力显著增强，为全面建设小康社会提供强有力的支撑。基础科学和前沿技术研究综合实力显著增强，取得一批在世界上具有重大影响的科学技术成果，进入创新型国家行列，为我国在 21 世纪中叶成为世界科技强国奠定基础。

2. 可持续发展战略

可持续发展战略是联合国环境和发展委员会于 1987 年在其报告《我们共同的未来》中提出来的。可持续发展战略作为人类社会的共同战略是在 1992 年的联合国环境发展大会上确立的。1992 年，中国政府在联合国召开的环境与发展会议上，作出了履行《21 世纪议程》的庄严承诺，并于 1994 年 3 月通过了世界首部国家级可持续发展战略——《中国 21 世纪议程——中国 21 世纪人口、环境与发展白皮书》。党的十四届五中全会上通过的《中共中央关于制定国民经济和社会发展“九五”计划和 2010 年远景目标的建议》，第一次把“实现经济社会可持续发展”作为主要奋斗目标载入党的正式文件之中。党的十五大进一步指出：“我国是人口众多、资源相对不足的国家，在现代化建设中必须实施可持续发展战略。”党的十六大又把可持续发展能力不断增强作为全面建设小康社会的重要目标。党的十六届五中全会从贯彻落实科学发展观、构建社会主义和谐社会的高度，提出了建设资源节约型、环境友好型社会的奋斗目标。

“可持续发展”亦称“持续发展”。1987 年挪威首相布伦特兰夫人在《我们共同的未来》中，把可持续发展定义为“既满足当代人的需要，又不对后代人满足其需要的能力构成危害的发展”。实施可持续发展战略，主要是要处理好经济建设、人口增长与资源利用、生态环境保护的关系。

中国是世界上人口最多的发展中国家，资源的人均占有量少。我国水资源人均占有量仅相当于世界人均的 1/4；人均耕地面积约 1.5 亩，不足世界平均水平的 1/2；大多数矿产资源的人均拥有量不足世界平均水平的一半。我国正处在工业化、城镇化、市场化、国际化程度不断提高的发展阶段，面临很大的资源环境压力。随着经济的发展，人民群众对生产生活环境质量的要求也不断提高。改革开放以来，我国经济社会发展取得了举世瞩目的成就，环境保护工作不断得到加强。但由于经济增长基本建立在高消耗、高污染的传统发展模式上，出现了比较严重的环境污染和生态破坏，发达国家上百年工业化过程中分阶段出现的环境问题在中国集中出现，环境与发展的矛盾日益突出。资源相对短缺、生态环境脆弱、环境容量不足，逐渐成为中国发展中的重大问题。如果不改变传统的经济增长方式，不把节约资源和保护环境放到更重要的位置，不加大保护环境的力度，不改变先污染后治理、边治理边破坏的状况,生产生活环境会越来越恶化,这不仅将直接影响到全面建设小康社会宏伟目标的顺利实现,而且关系到中华民族生存和长远发展。

贯彻可持续发展战略就我国的具体实践来说,就必须做到:(1)控制人口数量,提高人口质量。我国人口基数大,今后十五年还将增加近两亿人口,这对农业发展、人民生活水平提高和整个经济建设都造成了很大的压力。必须坚定不移地执行计划生育的基本国策,严格控制人口数量增长,大力提高人口质量。(2)建设资源节约型,环境友好型社会。资源节约型社会,是指以能源资源高效率利用的方式进行生产、以节约的方式进行消费为根本特征的社会。它是一种全新的社会发展模式,它要求在生产、流通、消费的各个领域,在经济社会发展的各个方面,以节约使用能源资源和提高能源资源利用效率为核心,以节能、节水、节材、节地、资源综合利用为重点,以尽可能小的资源消耗,获得尽可能大的经济和社会效益,从而保障经济社会的可持续发展。环境友好型社会,是人与自然和谐发展的社会,通过人与自然的和谐来促进人与人、人与社会的和谐。具体说来,它是一种以人与自然和谐相处为目标,以环境承载能力为基础,以遵循自然规律为核心,以绿色科技为动力,坚持保护优先、开发有序,合理进行功能区划分,倡导环境文化和生态文明,追求经济、社会、环境协调发展的社会体系。

发展循环经济,是建设资源节约型、环境友好型社会和实现可持续发展的重要途径。循环经济以减量化、再利用和资源化为原则,以提高资源利用率为核心,以资源节约、资源综合利用、清洁生产为重点,通过调整结构、技术进步和加强管理等措施,大幅度减少资源消耗、降低废物排放、提高劳动生产率。努力促进资源循环式利用,鼓励企业循环式生产,推动产业循环式组合,形成能源资源节约型的经济增长方式。

3. 西部大开发战略

西部大开发是中共中央贯彻邓小平关于我国现代化建设"两个大局"战略思想、面向新世纪作出的重大战略决策,全面推进社会主义现代化建设的一个重大战略部署。2000 年 10 月,中共十五届五中全会通过的《中共中央关于制定国民经济和社会发展第十个五年计划的建议》,把实施西部大开发、促进地区协调发展作为一项战略任务,强调:"实施西部大开发战略、加快中西部地区发展,关系经济发展、民族团结、社会稳定,关系地区协调发展和最终实现共同富裕,是实现第三步战略目标的重大举措。"在十五计划中对西部大开发战略进行了具体的部署。

实施西部大开发,就是要依托亚欧大陆桥、长江水道、西南出海通道等交通干线,发挥中心城市作用,以线串点,以点带面,逐步形成我国西部有特色的西陇海兰新线、长江上游、南(宁)贵、成昆(明)等跨行政区域的经济带,带动其他地区发展,有步骤、有重点地推进西部大开发。2006 年 12 月 8 日,国务院常务会议审议并原则通过《西部大开发"十一五"规划》,目标是努力实现西部地区经济又好又快发展,人民生活水平持续稳定提高,基础设施和生态环境建设取得新突破,重点区域和重点产业的发展达到新水平,教育、卫生等基本公共服务均等化取得新成效,构建社会主义和谐社会迈出扎实步伐。西部大开发总的战略目标是:经过几代人的艰苦奋斗,到 21 世纪中叶全国基本实现现代化时,从根本上改变西部地区相对落后的面貌,建成一个经济繁荣、社会进步、生活安定、民族团结、山川秀美、人民富裕的新西部。进入新世纪,根据我国当前区域发展的实际情况和全面推进现代化建设的要求,以胡锦涛为总书记的党中央进一步提出了促进地区协调发展的战略布局:继续推进西部大开发,振兴东北地区等老工业基地,促进中部地区崛起,鼓励东部地区率先发展,形成分工合理、特色明显、优势互补的区域产业结构,推动各地区共同发展。这是从全面建设小康社会和加快现代化全局出发作出的总体战略部署。

西部大开发要加大对欠发达地区和困难地区的扶持。中央财政转移支付资金重点用于中西部地区,尽快使中西部地区基础设施和教育、卫生、文化等公共服务设施得到改善,逐步缩小地区间基本公共服务差距。要加大对革命老区、民族地区、边疆地区、贫困地区以及粮食主产区、矿产资源开发地区、生态保护任务较重地区的转移支付,加大对人口较少民族的支持。支持经济发达地区加快产业结构优化升级和产业转移,扶持中西部地区优势产业项目,加快这些地区的资源优势向经济优势转变。鼓励东部地区带动和帮助中西部地区发展,扩大发达地区对欠发达地区和民族地区的对口援助,形成以政府为主导、市场为纽带、企业为主体、项目为载体的互惠互利机制。继续发挥经济特区、上海浦东新区作用,推进天津滨海新区等条件较好地区开发开放。建立健全资源开发有偿使用制度和补偿机制,对资源衰退和枯竭的困难地区经济转型实行扶持措施。

实施西部大开发战略、加快中西部地区发展,对扩大内需,推动国民经济持续增长;对促进各地区经济协调发展,最终实现共同富裕;对加强民族团结,维护社会稳定和巩固边防,具有十分重要的意义。经过30多年的改革、建设,东部地区已经得到了较快发展,积累了一定的资金、人才、技术和管理经验。一方面,东部地区在继续发展壮大自己的同时,有愿望也有能力支持西部地区的发展;另一方面,西部地区的丰富资源和巨大市场,也为东部地区继续发展提供了更大的潜力。

案例分析

天 路

青藏铁路,是实施西部大开发战略的标志性工程,是中国新世纪四大工程之一。该路东起青海西宁,西至拉萨,全长1956公里,是世界海拔最高、线路最长的高原铁路。西部大开发战略提出后,国家计委决定对原青藏铁路路西格路段进行扩能改造,总投资7.4亿。2002年,开始了青藏铁路二期修建工程,其总投资逾三百三十亿元人民币,青藏铁路二零零六年七月一日九点全线建成通车。

青藏铁路的通车极大地促进了西藏地区经济的发展。2007年旅游总收入比上年增长73.3%,"西藏旅游热"有力促进了第三产业的发展,同比增长15.8%;青藏铁路使得区域成本差异逐渐缩小、投资回报率上升,激发了当地民间资本、内地企业以及国外财团的投资热情,极大优化了西藏的投资结构。

思考讨论:

通过青藏铁路的建设领会西部大开发战略的整体思路和意义。

案例分析:

西部大开发战略是对邓小平当年提出的"两个大局"的具体实施。所谓"两个大局",一个大局就是东部沿海地区加快对外开放,使之先发展起来,中西部地区要顾全这个大局。另一个大局就是当发展到一定时期,就要拿出更多力量帮助中西部地区加快发展,东部沿海地区也要服从这个大局。

青藏铁路的建设和效益直接体现了西部大开发战略的整体思路:以基础建设为主要内容、以国家投资为主要手段、以激发西部自身发展优势为途径,以实现西部经济又好又快发展为目标。在这整体思路的指引下,我国在西部大开发战略中启动的基础建设工程主要集中在交通运输、水利和电网的建设。在资金保障上,除了中央每年的预算内资金和专项资金基于保障之外,国家还通过发行国债给予投资。

西部大开发战略的实施直接促进了西部地区经济的发展,并通过带动西部发展扩大了国内需求及缩小中国经济地区发展不平衡,有利于推动国家经济持续发展、社会和谐稳定、民族团结融合。此外,西部大开发战略还注重跳出原有支持西部发展的旧思路如“等、靠、要”和资源导向型发展,注重激发西部发展的优势和特色,避免对西部资源的掠夺性开发,这些都对西部发展产生长远的影响。

4. 新农村建设

统筹城乡经济社会发展,逐步改变城乡二元经济结构,建设社会主义新农村,是我们党从全面建设小康社会全局出发作出的重大决策。它集中体现了我们党在新阶段关于“三农”工作的新理念、新思路,是对我们党长期以来特别是改革开放以来关于农业、农村、农民问题战略思想的继承和发展,是统筹城乡发展的根本措施,是新世纪新阶段解决“三农”问题的重大战略部署,为我国农村的发展展现了美好蓝图,开辟了广阔道路。

农业、农村、农民问题始终是我国革命、建设、改革的根本问题。我们党领导的革命、建设、改革取得的伟大成就,都是同高度重视解决“三农”问题密不可分的。新中国成立以后,毛泽东从我国的实际出发,提出发展国民经济必须以农业为基础;发展工业必须和发展农业同时并举;在优先发展重工业的同时,必须充分注意发展农业和轻工业;并且强调必须十分注意处理好国家同农民的关系。邓小平早在 1975 年 8 月就指出:“工业支援农业,促进农业现代化,是工业的重大任务。”[①]“农业要现代化,才能适应工业的现代化。工业越发达,越要把农业放到第一位。这就要求工业支援农业。”[②]

改革开放以后,特别是十六大以来,我们党先后制定了许多具体政策来解决农村问题,使农业得到加强、农村得到发展、农民得到实惠,为推动经济社会发展、保持社会稳定创造了重要条件。但必须看到,制约农业和农村发展的深层次矛盾尚未消除,促进农民持续稳定增收的长效机制尚未形成,农村经济社会发展滞后的局面尚未根本改变。解决好“三农”问题依然是一项长期的任务。

农业、农村、农民问题,是全面建设小康社会进程中的关键问题。农业丰则基础强,农民富则国家盛,农村稳则社会安。全面建设小康社会,最艰巨最繁重的任务在农村。没有农民的小康就没有全国人民的小康,没有农村的现代化就没有国家的现代化。发展好农村经济,建设好农民的家园,让农民过上宽裕的生活,才能保证全体人民共享经济社会发展成果,才能不断扩大内需和促进国民经济持续快速协调健康发展。

十六大以来,我们党强调要把解决好“三农”问题作为全党工作的重中之重,统筹城乡

---

① 中共中央文献研究室编:《邓小平年谱(1975–1997)》(上),中央文献出版社 2004 年版,第 83 页。
② 中共中央文献研究室编:《邓小平年谱(1975–1997)》(上),中央文献出版社 2004 年版,第 382 页。

发展。胡锦涛在党的十六届四中全会上，明确提出了“两个趋向”的重要论断，即在工业化初始阶段，农业支持工业、为工业提供积累，是带有普遍性的趋向；但在工业化达到相当程度后，工业反哺农业、城市支持农村，实现工业与农业、城市与农村协调发展，也是带有普遍性的趋向。当前，我国总体上已进入以工促农、以城带乡的发展阶段。

党的十六届五中全会进一步提出了建设社会主义新农村是我国现代化进程中的重大历史任务。2006年，中共中央国务院颁发了《关于推进社会主义新农村建设的若干意见》，对统筹城乡经济社会发展，扎实推进社会主义新农村建设作了全面部署。

中央提出的建设社会主义新农村的总要求是：生产发展、生活宽裕、乡风文明、村容整洁、管理民主。生产发展，是新农村建设的中心环节，是实现其他目标的物质基础。生活宽裕，是新农村建设的目的，也是衡量我们工作的基本尺度。乡风文明，是农民素质的反映，体现农村精神文明建设的要求。村容整洁，是展现农村新貌的窗口，是实现人与环境和谐发展的必然要求。管理民主，是新农村建设的政治保证，显示了对农民群众政治权利的尊重和维护。这五句话二十个字，内涵丰富，要求明确，全面体现了当前和今后一个时期内“三农”工作的主要方面，不仅勾画出了现代化农村的美好图景，而且提出了解决“三农”问题的系统思路。

建设社会主义新农村是一项系统工程，要按照工业反哺农业、城市支持农村和“多予少取放活”的方针，有计划有步骤有重点地推进。要通过坚持农村基本经营制度，强化支农惠农政策，加快农业科技进步，调整优化农村经济结构，加大扶贫力度，促进农业不断增效、农村加快发展、农民持续增收。为此，各级政府要把基础设施建设和社会事业发展的重点转向农村，逐步加大政府土地出让金用于农村的比重，探索确保农民现实利益和长期稳定收益的有效办法，解决好被征地农民的就业和社会保障。要加快培养新型农民，充分发挥广大农民在新农村建设中的主体作用。

建设社会主义新农村又是一项长期、艰巨、复杂的重大历史任务，要动员全党全社会关心农业、关注农村、关爱农民，积极支持和参与到新农村建设中，使建设社会主义新农村成为全党全国人民的共同行动。

学习建议

发展战略是在实践中对中国特色社会主义建设的整体性和大局性的把握。“三步走”发展战略和全面建设小康社会是对社会主义建设事业的发展步骤和发展目标的规划。调整发展模式、走新型化工业化道路是对发展模式的调整和选择。科教兴国战略、可持续发展战略、西部大开发战略、新农村建设是为推动现代化建设进入一个持续、均衡、协调、和谐的发展轨道而确定的具体的、事关整体的发展战略，表现了社会主义现代化建设的高度自觉意识。中国特色社会主义建设的发展战略向我们展现了中国未来社会发展的一个蓝图。

思考题

1. 如何理解全面建设小康社会的奋斗目标？
2. 什么是新型工业化道路？实现新型工业化道路要实现怎样的转变？
3. 科教兴国战略和可持续发展战略的主要内容是什么？
4. 新农村建设的总体要求是什么？

第八章 建设中国特色社会主义经济

经济建设是我国社会主义建设的中心，中国特色社会主义经济建设的内容包括经济体制改革和基本经济制度的调整。围绕着发展生产力这一根本任务，几十年来，我们在经济体制上进行了大刀阔斧的改革。经济体制经历了由计划经济向市场经济的转变，所有制结构经历了由单一公有制向多种经济共同发展的转变，分配原则经历了由"大锅饭"向效率优先、兼顾公平的转变。正是有了这些调整和转变，才使得我国经济发展呈现出惊人的活力，取得了持续、稳定和高速的经济增长。

本章提要：

- 社会主义市场经济是社会主义基本制度与市场经济的结合，是中国特色社会主义经济建设的主要体现。中国选择市场经济体制是在社会主义建设的实践中逐渐摸索出来的。

- 所有制结构是最基本的一个经济制度。目前我国所有制结构是以公有制为主体，多种所有制经济共同发展。它决定了我国经济体制的社会主义性质。

- 按劳分配为主、多种分配方式并存是我国基本经济制度所决定的基本分配方式。在分配中遵循效率优先，兼顾公平的原则，按劳分配与按生产要素分配结合起来。

一、中国社会主义市场经济体制的选择

1. 经济体制、计划与市场

经济体制指在一定区域内(通常为一个国家)制定并执行经济决策的各种机制的总和，通常是一国国民经济的管理制度及运行方式，是一定经济制度下国家组织生产、流通和分配的具体形式，或者说是一个国家经济制度的具体形式。经济体制的不同，体现为社会制度的不同，而社会制度的不同决定了经济体制不同。经济体制优劣的评价标准，是资源是否得到了合理配置和利用，人们近期和长远的需求是否以最少的资源得到了最大的满足。

在社会化大生产条件下，资源配置方式主要有计划经济和市场经济两种。作为资源配置的两种方式，计划和市场各有优缺点。

计划经济是通过中央计划直接调节资源配置方式的资源组织形式。在计划经济体制下，生产、资源分配以及产品消费各方面，都是由政府事先进行计划安排的。由于几乎所有

计划经济体制都依赖于政府的指令性计划，因此也称“指令性经济”。计划经济的概念来源于列宁在《土地问题和争取自由的斗争》中所表达的宏伟梦想：“只有实行巨大的社会化的计划经济制度，同时把所有的土地、工厂、工具的所有权转交给工人阶级，才能消灭一切剥削。”从理论上来说，计划经济体制的建立是试图通过有规划、有计划地发展经济，从而避免了市场经济发展的盲目性、不确定性、重复建设、企业恶性竞争、工厂倒闭、工人失业、地域经济发展不平衡、产生社会经济危机等问题。计划经济具有自觉性、事前性和宏观性等特点。

知识拓展

国民经济五年计划

“九五”计划目标是实现人均国民生产总值比1980年翻两番；基本消除贫困现象，人民生活达到小康水平；加快现代企业制度建设，初步建立社会主义市场经济体制。

“十五”计划目标：经济增长速度预期为年均7%左右，到2005年国内生产总值达到12.5万亿元左右，人均国内生产总值达到9400元；城镇登记失业率控制在5%左右；价格总水平基本稳定；国际收支基本平衡；产业结构优化升级，国际竞争力增强。

“十一五”计划的目标为建设社会主义新农村；推进工业结构优化升级；加快发展服务业；促进区域协调发展；建设资源节约型、环境友好型社会；实施科教兴国战略和人才强国战略；深化体制改革；实施互利共赢的开放战略；推进社会主义和谐社会建设；加强社会主义民主政治建设；加强社会主义文化建设；加强国防和军队建设；建立健全规划实施机制。

“十二五”计划的主要目标是：(1)实现经济平稳较快发展。国内生产总值年均增长7%，城镇新增就业4500万人，城镇登记失业率控制在5%以内，价格总水平基本稳定，国际收支趋向基本平衡。(2)结构调整取得重大进展。服务业增加值占国内生产总值比重提高4个百分点。城镇化率提高4个百分点。(3)科技教育水平明显提升。九年义务教育巩固率达到93%，高中阶段教育毛入学率提高到87%。研究与试验发展经费支出占国内生产总值比重达到2.2%，每万人口发明专利拥有量提高到3.3件。(4)资源节约环境保护成效显著。耕地保有量保持在18.18亿亩，森林覆盖率提高到21.66%。单位国内生产总值能源消耗降低16%。(5)人民生活持续改善。全国总人口控制在13.9亿人以内。人均预期寿命提高1岁，达到74.5岁。城镇居民人均可支配收入和农村居民人均纯收入分别年均增长7%以上。新型农村社会养老保险实现制度全覆盖，城镇参加基本养老保险人数达到3.57亿人，城乡三项基本医疗保险参保率提高3个百分点。城镇保障性安居工程建设3600万套。贫困人口显著减少。社会建设明显加强。覆盖城乡居民的基本公共服务体系逐步完善。(6)改革开放不断深化。财税金融、要素价格、垄断行业等重要领域和关键环节改革取得明显进展，政府职能加快转变，政府公信力和行政效率进一步提高。对外开放广度和深度不断拓展，互利共赢开放格局进一步形成。

一般来说，计划经济的优点是：在生产力发展水平比较低的情况下，能够有效地在全社会范围内集中必要的人力、物力和财力进行重点建设；更容易进行经济预测，制定经济发展战略；在宏观上统筹规划经济总量、调整重大经济结构和生产力布局；可以合理地调解收入分配，防止两极分化；同时能够更好地兼顾经济、社会和环境的协调发展。其缺点是：对微观经济活动、复杂多变的社会需求难以发挥作用，容易忽视经济主体利益，而使经济运行缺乏必要的动力机制而造成效率低下。而且一旦计划脱离实际，也会造成经济的重大损失和浪费。

市场经济以市场机制为基础，一切社会的资源都通过自由的市场交易来进行配置，社会生产关系被简化为供给者和需求者，市场主体根据供需关系变化和市场竞争导致的价格波动来调节资源配置，收入分配也根据市场交易的结果来决定。从理论看，自由竞争的市场经济体制将会透过产品和服务的供给和需求产生复杂的相互作用，进而达成自我组织的效果，市场经济机制就如一只看不见的手，自动地调解资源向最有效率的地方流动，最终实现社会资源配置效率的最优化。市场机制具有自发性、灵活性、事后性和微观性的特点。

市场经济的长处是：能够使经济活动遵循价值规律的要求，适应供求关系的变化，通过价格杠杆和竞争机制的功能，把资源配置到效益较好的环节中去；同时给企业以动力和压力，实现优胜劣汰，促进技术进步和管理水平的提高；对各种经济信号反映灵敏，促进生产和需求的协调。同时，市场经济也有明显的弱点，具体表现在：生产的盲目性，经济总量的失衡、经济运行的周期性波动、社会效益的缺失和贫富差距的拉大等。在马克思看来，生产社会化程度越来越高与自由竞争机制下越来越集中的财富是市场经济自身不可调和的矛盾。

作为两种资源配置的方式，虽然长期以来我们在认识上都给它们套上了社会制度的属性，将市场经济和资本主义、计划经济和社会主义等同起来，并认为它们彼此是对立和冲突的。但是在现实生产实践中，从未出现过绝对单一的依赖一种资源配置方式的经济体制，尤其在现代经济运行中，任何一个国家都是市场配置和计划配置两种方式交叉运行的。因此，事实上，无论是市场也好、计划也好，都只是资源配置的方式和手段，本身并没有社会属性之分。

2. 社会主义市场经济体制确立的过程

(1) 计划经济体制的确立

我国社会主义制度建立后，建设社会主义应当实行什么样的经济体制，这是党执政后面临的一个重大问题。随着国民经济的恢复，第一个五年计划的实施，以及对生产资料私有制的社会主义改造的全面展开，我国逐步形成了高度集中的计划经济体制。工厂按照国家计划生产产品，农村按照国家计划种植农作物，商业部门按照国家计划进货和销售，所有的品种、数量和价格都由计划部门统一制定。

20 世纪 50 年代，计划经济体制在我国社会主义经济建设中发挥了重要的作用。在整个国民经济实力非常弱小的条件下，我国能够集中主要力量开展以 156 个重大项目为中心的工业建设，比较迅速地建立起社会主义工业化的初步基础，并在此基础上初步建立了独立的比较完整的工业体系和国民经济体系。这些成就的取得与这一体制所发挥的作用是分不开的。

但是，高度集中的计划经济体制在运行过程中也暴露出了不少问题。它的主要弊端是：政企职责不分，条块分割，国家对企业统得过多过死，权力过于集中，忽视商品生产、价值规律和市场机制的作用，分配中平均主义严重；经济形式和经营方式单一化，这就造成了企业缺乏应有的自主权,企业吃国家"大锅饭"、职工吃企业"大锅饭"的局面,严重压抑了企业和广大职工群众的积极性、主动性、创造性,使本来应该生机盎然的社会主义经济在很大程度上失去了活力。

针对经济建设中出现的这些问题,毛泽东等党中央领导对如何建立符合中国国情的经济体制进行了积极的探索。毛泽东提出要发挥中央和地方两个积极性,认为国家、生产单位和生产者不能只顾一头,必须兼顾三个方面。他也认识到了把什么东西统统都集中在中央或省市,不给工厂一点权力、一点机动的余地、一点利益,恐怕不妥。在社会主义改造完成以后,陈云在党的八大上就提出了"三个主体、三个补充"的构想,即在所有制结构、经济运行和市场结构三个方面,允许保留一部分个体经营、一部分产品自由生产、一定范围的自由市场,以此来弥补所有制过分单一、忽视市场机制的高度集中计划经济体制的不足。20世纪50年代末60年代初,毛泽东在纠正"大跃进"中的错误时,指出:我国是一个商品生产很不发达的国家,需要有一个发展商品生产的阶段,必须有计划地大力发展商品生产同时也要尊重价值法则。20世纪五六十年代党的领导人这些创造性的思想观点,为后来形成社会主义市场经济理论提供了有益的启示。但是,由于把计划经济和市场经济分别看作是社会主义和资本主义两种不同社会制度的基本特征,当时提出的改革措施至多只是加强一些市场调节的力度和作用,不可能突破计划经济体制总的框架。此后由于"左"的思想的发展,这种探索没有也不可能继续得到前进和发展。

(2) 由计划走向市场的经济体制改革

随着我国社会主义经济建设条件的变化,高度集中的计划经济体制越来越不适应现代化建设的需要,严重束缚了生产力的发展。邓小平在总结了历史经验的基础上,指出:"要发展生产力,经济体制改革是必由之路。"他指出在坚持社会主义基本制度的同时,必须通过改革,从根本上改变束缚生产力发展的经济体制,建立起充满生机和活力的经济体制,以解放生产力和发展生产力。由此,自十一届三中全会之后,我们围绕着如何正确地认识和处理,计划和市场的关系,开始了一条逐渐由计划经济体制向市场经济体制转型,并最终确立市场经济体制改革方向的经济体制改革之路。

改革之初,经济体制改革的目的主要是突破完全排除市场调节的大一统的计划经济观念。1981年党的十一届六中全会通过的《关于建国以来党的若干历史问题的决议》中,提出了"计划经济为主、市场调节为辅"的方针。这个提法得到了党的十二大的肯定。虽然这一提法仍然坚持计划经济总体框架不变,但它允许市场调节存在和发挥作用。1984年10月,党的十二届三中全会通过的《中共中央关于经济体制改革的决定》首次提出"在公有制基础上有计划的商品经济"的新概念,明确肯定商品经济的充分发展是社会主义经济发展的不可逾越的阶段,是实现我国经济现代化的必要条件。虽然它同时还强调,就总体上说,我国实行的是计划经济,即有计划的商品经济,但不再把计划经济同商品经济对立起来,这是社会主义经济理论的重大突破。这种突破的基础是社会主义改革的实践。

随着社会主义改革实践的进一步发展,党的十三大提出了社会主义有计划商品经济的体制,应该是"计划与市场内在统一的体制","计划和市场的作用范围都是覆盖全社会的",新的运行机制总体上来说应当是"国家调节市场,市场引导企业"的机制。后来,中央又提出"计划经济与市场调节相结合"。从这些提法的演变可以看出,改革的实践是在不断提升市场在社会主义建设中的意义和作用,在实践中越来越依靠市场来配置资源。1987年邓小平再次强调,计划和市场都是方法,只要对发展生产力有利,就可以利用。我们以前是学苏联的,搞计划经济。后来又讲计划为主,现在不要再讲这个了。社会主义市场经济这个概念呼之欲出。20世纪80年代后期,经济活动中市场调节的比重已超过了计划调节,中国经济体制改革取得了很大的成就。

20世纪90年代针对国内经济体制改革中出现的问题及国际上发生东欧剧变、苏联解体的重大变化,邓小平继续将经济体制改革推向深入。1992年他视察南方谈话中明确指出:"计划多一点还是市场多一点,不是社会主义与资本主义的本质区别。计划经济不等于社会主义,资本主义也有计划;市场经济不等于资本主义,社会主义也有市场。计划和市场都是经济手段。"①这一精辟论述,从理论上破除了计划经济和市场经济是制度属性的陈旧观念,从根本上解除了把计划经济和市场经济看作属于社会基本制度范畴的思想束缚,为形成社会主义市场经济理论奠定了坚实的基础。根据邓小平的这一思想,1992年党的十四大明确把建立社会主义市场经济体制作为我国经济体制改革的目标,使我们党在社会主义经济理论上实现了又一次重大突破。

党的十四届三中全会通过的《中共中央关于建立社会主义市场经济体制若干问题的决定》,进一步明确了建立社会主义市场经济体制的基本框架。经过20世纪90年代的不断深化改革和建设,20世纪末我国已经初步建立了社会主义市场经济体制。在此基础上,2003年,党的十六届三中全会作出的《中共中央关于完善社会主义市场经济体制若干问题的决定》,根据实践发展的要求,对进一步完善社会主义市场经济体制提出了明确的目标和任务。

现在的中国,社会主义市场经济体制已经初步建立,市场在资源配置中的基础作用显著增强,宏观调控体系日趋完善;以公有制经济为主体、个体和私营等非公有制经济共同发展的格局基本形成。按预定计划,到2020年我国将建立起比较成熟的社会主义市场经济体制。

(3) 社会主义市场经济理论的内涵

邓小平是社会主义市场经济理论的创立者。由他提出并经过党的十四大确立的关于社会主义市场经济的理论具有丰富的内涵。一是计划和市场都只是资源配置的手段,本身不具备社会属性。这就突破了过去公认的计划经济和市场经济是分别代表社会主义和资本主义两种经济制度本质属性的观念。二是计划和市场作为调节经济的两种手段,它们对经济活动的调节各有自己的优势和长处,在社会化大生产和存在着复杂经济关系的条件下,市场经济对促进经济发展具有更强的适应性、更显著的优势和较高的效率。但两者都有自身的不足和缺陷,如计划经济不能有效解决效率和激励问题,市场经济的自发性、盲目性会引发恶性竞争、短期行为、道德缺失等。三是在我国现有生产力水平下,市场经济体制更有利于发展生产力。改革开放的实践证明,凡是市场经济比例比较大,市场因素比较多的地方,经济发展就比较有活力,经济发展速度也比较快,发展势头好。四是社会主义市场经济具有与资本主义市场经济不同的特征,必须要体现与社会主义的结合。把发展市场经济与坚持社会主义基本制度有机结合起来,既可以充分发挥社会主义制度的优越性,又可以充分利用市场经济对发展生产力的作用。

---

① 《邓小平文选》第3卷,人民出版社1993年版,第373页。

二、社会主义市场经济体制的基本特征和基本框架

社会主义市场经济体制是社会主义基本制度与市场经济的结合。这种经济体制，一方面，它必然体现出社会主义的制度特征；另一方面，它又具有市场经济的一般特征。

1. 市场经济的共性

社会主义市场经济体制是在国家宏观调控下使市场在社会资源配置中起基础性作用。就其作为资源配置方面来说，社会主义市场经济有市场经济的一般特征：

(1) 经济关系市场化。所有经济活动主体都通过市场发生联系，一切经济活动都直接或间接处于市场关系中。全部生产要素都进入市场，市场机制是推动生产要素流动和促进资源优化配置的基本运作机制。

(2) 企业行为自主化。所有企业都具有进行商品生产经营所拥有的全部权利，从而自觉地面向市场、自主地开展市场经营活动。

(3) 宏观调控间接化。政府部门不直接干预企业生产和经营的具体事务，而是通过财政、税收、价格、金融等政策和各种经济杠杆，按既定的社会目标，调解、规范和引导企业生产和经营活动，并弥补市场缺陷，保证市场经济的健康运行。

(4) 经营管理法制化。一切经济活动方式和关系都以法律形式来规范，所有经营活动都按照一套法规体系来进行，整个经济运行有一个比较健全和科学的法制基础。

(5) 保障制度社会化。这是现代市场经济运行的支撑和保障体系，市场竞争的规则要求对市场竞争的失败者(如破产、失业)和需要照顾的老弱病残者给予社会保障。这种保障制度不是企业或单位的，而应该是社会化的。

2. 社会主义市场经济体制的基本特征

社会主义市场经济除了具有市场经济的一般性特征以外，还具有自己的特征，这些特征主要表现在以下几个方面：

(1) 在所有制结构上，以公有制为主体、多种所有制经济共同发展，一切符合"三个有利于"标准的所有制形式都可以而且应该用来为社会主义服务。在公有制为主体的前提下，公有制企业与其他企业在市场经济中平等竞争、共同发展，国有经济在国民经济中发挥主导作用。

(2) 在分配制度上，以按劳分配为主体、多种分配方式并存。运用包括市场在内的各种调节手段，既鼓励先进，促进效率，合理拉开收入差距 又防止两极分化，注重社会公平，逐步实现共同富裕。

(3) 在宏观调控上，以实现最广大劳动人民利益为出发点和归宿，社会主义国家能够把人民的当前利益与长远利益、局部利益与整体利益结合起来，使市场在社会主义国家宏观调控下对资源配置起基础性作用，更好地发挥计划和市场两种手段的长处，使社会主义的优势与市场经济的优势都能够得到充分发挥。具有上述特征的社会主义市场经济体制，对

社会主义和市场经济而言，都是前所未有的。完善的社会主义市场经济体制的确立，不仅对中国，而且对世界都将是具有历史意义的伟大创新。

3. 社会主义市场经济体制的基本框架

党的十四届三中全会通过的《中共中央关于建立社会主义市场经济体制若干问题的决定》，把党的十四大确定的经济体制改革的目标和基本原则加以系统化和具体化，提出了建立社会主义市场经济体制的基本框架，这一框架主要由以下几方面构成：

一是建立现代企业制度。现代企业制度是社会主义市场经济的微观基础。建立现代企业制度是社会化大生产和市场经济发展的必然要求，是我国国有企业改革的方向。现代企业制度是以科学的企业法人制度为主体，以有限责任制为特征，以规范的法人治理结构为核心的新型企业制度。

二是培育和发展市场体系。发挥市场在资源配置中的基础作用，必须培育和发展市场体系，没有一个完善和发达的市场体系，市场机制就缺乏发挥作用的必要条件。市场体系的内容包括各种消费品市场和生产要素市场，现代市场体系具有统一、开放、竞争、有序的特征。

三是建立健全宏观调控体系。政府对经济运行的宏观调控是现代市场经济的基本特征之一。宏观调控既是社会化大生产发展的客观要求，也是弥补市场调节缺陷的需要，同时又是政府充分发挥经济职能的体现。必须把政府的宏观调控与充分发挥市场机制的作用有机结合起来。

四是建立合理的个人收入分配制度。建立以按劳分配为主体、多种分配方式并存的个人收入分配制度，确立生产要素按照贡献参与分配的原则，坚持效率优先，兼顾公平，鼓励一部分地区、一部分人通过诚实劳动和合法经营先富起来，提倡先富带动后富，逐步实现共同富裕，是发展社会主义市场经济的客观要求。

五是建立健全社会保障制度。建立健全社会保障制度，不仅是市场经济自身发展的根本要求，而且也是维护社会稳定的重要基础。从我国生产力和经济发展水平的实际出发，建立和健全社会保险制度，发展城乡社会救济和社会福利事业，是社会主义市场经济体制的重要构成内容。

市场经济体制框架的建立为社会主义市场经济体制的建立和完善提供了具体的目标和方向，经济体制改革的主要内容就是以这一框架展开的，具体包括：坚持以公有制经济为主体、多种经济成分共同发展的方针，建立适应市场经济要求的现代企业制度；建立全国统一开放的市场体系，实现国内市场与国际市场的衔接，促进资源优化配置；转变政府管理经济的职能，建立完善的宏观调控体系；鼓励一部分地区一部分人先富起来，走共同富裕的道路；为城乡居民提供同中国国情相适应的社会保障，促进经济发展和社会稳定。这五个基本框架是相互联系、相互制约的有机统一体。

自主经营的企业、市场体系和宏观调控体系是构成现代市场经济中的基本要素。在现代企业制度方面，以转换国有企业经营机制为重点，将国有企业建设为适应市场经济要求，产权明晰、权责明确、政企分开、管理科学的现代企业。同时鼓励个体、私营和外资经济发展，建立多元的市场主体。在实践中，国有经济的质量和效益得到显著增强，非公有经济也得到蓬勃发展，成为支撑国民经济发展的重要力量。

完善的市场体系是市场经济有效配置资源的条件。完善的市场体系是包括从消费资料到生产资料和一切生产要素,以及各种服务在内的完整的市场体系。十四大以来,我国社会主义市场体系建设取得重大进展,市场在资源配置中明显地发挥出基础性作用。技术、信息、劳动力、房地产、资本等各生产要素市场都已建立。与此同时,市场法规也逐步健全,基本上形成公开、公平的市场竞争秩序。

国家宏观调控机制是社会主义市场经济体制的内在要求。十四大以来,我国在转变政府职能、建立健全宏观经济调控体系方面取得了重大进展,基本实现了从指令性计划为主向运用经济手段、法律手段为主的转变,从直接调控向间接调控的转变,综合运用税收、利率、价格和投资政策等调解经济运行。与此同时,宏观经济管理体制改革全面推进,财税改革、金融改革、计划和投资体制改革和政府机构改革力度不断加大。外贸、外汇、价格、流通、住房、社会保障等各项改革也都取得了显著成效。经过十年的努力,我国社会主义市场经济体制已经初步建立。

4. 社会主义市场经济体制的完善

党的十四届三中全会之后,经过十年改革和探索,社会主义市场经济体制初步建立。在新的历史条件下,为了适应全面建设小康社会的新形势,2003 年召开的党的十六届三中全会作出的《中共中央关于完善社会主义市场经济体制若干问题的决定》,对进一步完善社会主义市场经济体制的基本框架提出了具体的举措。具体表现在:

第一,对建立健全现代产权制度提出了新的要求。提出建立归属清晰、权责明确、保护严格、流转顺畅的现代企业制度,有利于维护公有财产权,巩固公有制经济的主体地位;有利于保护私有财产权,促进非公有制经济发展;有利于各类资本的流动和重组,推动混合所有制经济的发展。

第二,对进一步完善市场体系提出了新的要求。提出要形成以道德为支撑、产权为基础、法律为保障的社会信用制度,这是建设现代市场体系的必要条件,也是规范市场秩序的治本之策,使我们对完善市场体系有了更深层次的理解。

第三,对改善宏观调控,加快转变政府职能有了新的认识。在充分发挥市场对资源配置基础性作用的前提下,加强政府对经济进行宏观调控的能力,完善政府经济管理职能,深化投资体制改革。

第四,对就业、分配体制改革和完善社会保障体系提出了新的要求。确立了劳动者自主择业、市场调节就业和政府促进就业相结合的就业方针。在坚持按劳分配为主体、多种分配方式并存的分配制度下,把分配制度的改革放在整顿和规范分配秩序,加大收入分配调解力度,重视解决部分社会成员收入差距过分扩大的问题。

在社会主义条件下搞市场经济,在世界上还没有先例,这是一个伟大而艰辛的创举,还需要我们在社会主义建设的实践过程中不断地探索。

三、社会主义初级阶段的基本经济制度

生产资料的所有制结构是指各种生产资料所有制形式在社会经济中所处的地位、所占的比重及其相互关系。由于生产资料所有制是生产关系的基础,因此对所有制结构的规定

是国家经济体制的基本经济制度。党的十五大明确提出,以公有制为主体、多种所有制经济共同发展,是我国社会主义初级阶段的一项基本经济制度。社会主义初级阶段基本经济制度的确立,经历了一个调整和确立的过程。

1. 我国所有制结构的变化

按照马克思主义的基本原理,所有制结构是由生产力状况决定的,要适应生产力发展的要求,脱离和超越生产力发展水平的所有制结构,必然阻碍生产力的发展。我国在社会主义制度建立以后的相当一段时间内由于没有完全搞清楚什么是社会主义,以及对我国社会主义所处历史阶段缺乏科学认识,总认为社会主义经济制度只能由社会主义性质的公有制经济构成,以至于在所有制结构上实行了一些超越阶段的错误政策。在所有制结构上重全民、轻集体、排挤个体、消灭私营,急于过渡,盲目求纯,力图建立单一的公有制结构。实践证明,这种单一的所有制结构不符合我国的生产力状况,严重阻碍了生产力的发展。

改革开放以来,经济体制改革的一项重要内容就是调整我国单一的公有制结构。十二大肯定了"劳动者的个体经济是公有制经济必要的补充"。党的十三大把私营经济、中外合资合作经济、外商独资经济同个体经济一起作为公有制经济必要的和有益的补充。党的十四大进一步强调,多种经济成分长期共同发展,不是权宜之计,而是一项长期的方针。党的十五大在深刻总结改革开放以来所有制结构改革经验的基础上,第一次明确提出,公有制为主体、多种所有制经济共同发展,是我国社会主义初级阶段的基本经济制度,非公有制经济的地位由我国经济的有效补充变为我国社会主义市场经济的重要组成部分。这标志着我们党对社会主义初级阶段基本经济制度的认识提升到了一个新的高度。

2. 社会主义初级阶段基本经济制度确立的依据

确立公有制为主体、多种所有制经济共同发展的基本经济制度,其基本根据是:

第一,公有制是社会主义经济制度的基础,是社会主义生产关系区别于资本主义的本质特征,是劳动人民当家作主的经济基础,也是社会化大生产的客观要求。必须坚持以公有制作为社会主义经济制度的基础,使之牢牢占据主体的地位。没有作为主体地位的公有制经济,就不能确保我国社会的社会主义性质,就不能坚持社会主义道路,就不能巩固和发展社会主义制度。

第二,我国还处在社会主义初级阶段,生产力还不发达,生产社会化的程度还不高,发展还很不平衡,需要在公有制为主体的条件下发展多种所有制,以适应生产力的要求。离开了多种所有制,就背离了社会主义初级阶段的实际,就会重蹈超越阶段、违背国情的覆辙。

第三,一切符合"三个有利于"标准的所有制形式,都可以而且应该用来为发展社会主义服务。那种认为在社会主义社会不能发展非公有制经济的主张,已被实践证明是不符合社会主义初级阶段实际的。

社会主义初级阶段基本经济制度,既包括作为社会主义经济基础的公有制经济,也包括不是社会主义经济基础的非公有制经济。把非公有制经济纳入到基本经济制度之中,只是表明它们同作为主体的公有制经济一样,也是社会主义初级阶段中国特色社会主义经济的内容,并不意味着它们也是社会主义性质的经济。中国特色社会主义的特色,就在于社会主义初级阶段的经济兼有社会主义和非社会主义两种不同的经济。既不能因为公有制以外的其他经济成分不属于社会主义性质的经济而将它们排除在基本经济制度以外,也不能因为它们属于基本经济制度而认为它们也是社会主义性质的经济。社会主义基本经济制度的确立,能够把社会主义的本质特征和初级阶段的现实要求有机统一起来,因而更加有利于促进社会生产力的发展,有利于巩固和发展社会主义制度。

3. 坚持公有制经济的主体地位

(1) 公有制经济的含义及实现形式

坚持公有制的主体地位,必须全面认识公有制经济的含义。社会主义公有制作为一种生产关系的理论范畴,其实质和核心是全体社会成员或者部分社会成员共同占有生产资料,实现了人们在生产资料面前的平等。在公有制范围内,对生产资料的支配、使用,以及由此取得的收益都必须服从于和服务于他们共同的意志和需要。

公有制经济的性质和实现形式是两个不同层次的问题。公有制经济的性质体现在所有权的归属上,坚持公有制的性质,根本的是坚持国家和集体对生产资料的所有权。所有制作为生产关系的基础,有公有制与私有制、社会主义与资本主义的区别。而所有制的实现形式是采取怎样的经营方式和组织形式问题,它不具有“公”与“私”、“社”与“资”的区分。同样的所有制可以采取不同的实现形式,而不同的所有制可以采取相同的实现形式。因为实现形式要解决的是发展生产力的组织形式和经营方式问题。只要能够有利于生产力的发展,公有制的实现形式可以而且应当多样化,一切反映社会化生产规律的经营方式和组织形式都可以大胆利用。要根据社会化生产规律的要求,采取多样化的经营方式和资产组织形式,使国有经济在更大的范围里获得广阔的发展空间。

过去把公有制经济局限于全民所有制和集体所有制两种形式,原因在于当时我国不存在其他的公有制形式。实践表明,公有制经济的范围不仅包括国有经济和集体经济,还包括混合所有制经济中的国有成分和集体成分。国有经济是指由全体社会成员共同占有生产资料的公有制形式。它同较高的社会化生产力相适应,基本实现了劳动者在生产资料所有制关系上的平等。国有经济是社会主义公有制经济的重要形式。集体经济是指由部分劳动群众共同占有生产资料的一种社会主义公有制形式。它是劳动群众根据自愿互利原则组织起来的,实行独立经营、自负盈亏的合作经济组织。集体所有制经济是社会主义公有制经济的重要组成部分,在国民经济发展中起着极其重要的作用。集体所有制经济形式是灵活多样的。混合所有制经济是指由不同所有制经济,以控股、参股等不同方式投资形成法人财产,由企业法人经营的企业。这些企业中的国有成分和集体成分,最终所有权属于国家和集体,所以它们也属于公有制经济成分。随着经济体制改革的深入,社会主义市场经济的发展,投资来源的多元化,混合所有制经济中的公有经济成分在整个公有制经济中的比重也将越来越多。

适应经济市场化不断发展的趋势,进一步增强公有制经济的活力,要大力发展国有资本、集体资本和非公有资本等参股的混合所有制经济,实现投资主体的多元化,使股份制成为公有制的主要实现形式。股份制是资本集中的一种形式,它可以在短时期内迅速集中起大量资本,弥补个别资本积累和积聚的不足,缓解个别资本积累的有限性同发展社会化大生产要求巨额资本之间的矛盾。股份制本身不具有制度属性，它不等于公有制，也不等于私有制，关键看控股权掌握在谁手里。在社会主义条件下，国家和集体控股，具有明显的公有性。实行股份制有利于扩大公有资本的支配范围，有利于推进政企分开，实现所有权和经营权的两权分离，有利于实现转换机制和科学管理，提高企业和资本的运作效率，增强公有制的主体地位。

十五大对公有制内涵的界定，打破了公有制经济只包括国有经济和集体经济的传统观念，拓展了公有制经济的范围，对我国经济体制改革和经济发展具有重大意义，丰富和补充了马克思主义所有制理论。

(2) 坚持公有制的主体地位

在社会主义初级阶段所有制结构中，必须坚持以公有制为主体。这是由公有制的性质和它在国民经济中的作用所决定的。具体来说是因为：公有制是与社会化大生产相适应的，同社会发展方向一致；公有制是社会主义制度的基本特征，是社会主义经济制度的经济基础；公有制是社会主义国家进行宏观调控的主要物质基础；公有制是实行按劳分配原则的经济前提，也是实现劳动人民经济上、政治上的主人翁地位和全体社会成员共同富裕的不可缺少的物质保证。

毫不动摇地巩固和发展公有制经济，是坚持和完善社会主义初级阶段基本经济制度必须遵循的一条基本原则。马克思主义认为，所有制是社会经济制度的核心和基础，决定着社会经济制度的性质。我国是社会主义国家，必须坚持公有制的主体地位。我国对所有制结构的改革，是以坚持公有制的主体地位为前提的，发展多种所有制经济也是以确保公有制的主体地位为条件的。任何否定公有制主体地位的观点，在理论上是站不住的，在实践上是有害的。

实践证明公有制经济是中国社会主义现代化建设的保证，新中国成立六十多年来尽管在经济建设方面走过曲折的道路，遭受过巨大挫折，但正是因为我们建立了社会主义公有制，公有制居于主体地位，依靠社会主义可以集中力量办大事的优越性，才使我们建成了独立的工业体系和国民经济体系，才使中国在国际上占有今天这样举足轻重的地位。

(3) 公有制主体地位的体现

公有制的主体地位主要体现在两个方面：一是公有资产在社会总资产中占优势。二是国有经济控制国民经济命脉，对经济发展起主导作用。这是就全国而言的，有的地方、有些产业可以有所差别。鉴于过去只重视扩大公有资产在数量上的优势，不注意质量的提高，党的十五大特别提出，公有资产占优势，要有量的优势，更要注重质的提高。

国有经济起主导作用，主要体现在控制力上。国有经济需要控制的行业和领域主要包括：涉及国家安全的行业，自然垄断的行业，提供重要公共产品和服务的行业，以及支柱产业和高新技术产业中的重要骨干企业。在其他领域，可以通过资产重组和结构调整，根据“有进有退，有所为有所不为”的原则，加强重点，提高国有资产的整体质量。对主体地位和主导作用这一新的表述，使人们深化了对公有制经济地位和作用的认识，从单纯看它们在国民经济中所占的比重，扩展为从质和量的统一的观点上去观察和分析问题，从偏重于量的优势发展到更加重视质的提高。这为更好地坚持公有制经济的主体地位，发挥国有经济的主导作用，拓宽了思路，奠定了坚实的基础。在坚持公有资产在社会总资产中占优势的条件下，只有强调质的提高，努力使公有制经济不断提高整体素质和生产要素的配置效率，注重结构优化和规模经济效益，加强科学管理，加速技术进步，在竞争中处于优势地位，这样的数量优势才有实际意义，才能真正坚持主体地位。只要坚持公有制为主体，国有经济控制国民经济命脉，在经济中的控制力和竞争力得到增强，在这个前提下，国有经济比重减少一些，不会影响我国的社会主义性质。

案例分析

我国国有企业改革的历程

国有企业的改革一直是我国经济体制改革的重点和难点问题，是一个“摸着石头过河”的“试错”过程。30 年来，中国国有企业改革可划分为改革的初步探索、制度创新以及纵深推进三个阶段。

一、1978－1992 年：国企改革的初步探索

这一阶段经历了从放权让利到两权分离的承包责任制再到转换经营机制三个阶段。通过放权让利、提高企业自主权和理清政府和国有企业的关系，企业和职工的积极性都有所提高。但是，这些措施也孕生了国有企业的短期行为。与此时涌现出来的乡镇企业和外资企业相比，国有企业的整体效益仍不尽人意。

二、1993－2003 年：国企改革的制度创新

1993 年 11 月，中共十四届三中全会通过了《中共中央关于建立社会主义市场经济体制若干问题的决定》，明确指出，我国国有企业的改革方向是建立“适应市场经济和社会化大生产要求的、产权清晰、权责明确、政企分开和管理科学”的现代企业制度。但是这个时期，与非公经济迅速发展形成鲜明对照的是，国有企业由于高负债率、冗员多、社会负担重、摊派严重、员工积极性不高等原因，陷入了发展的困境，效益逐年下滑，亏损面逐年增大的。据不完全统计，1996 年上半年亏损的国有企业达到 43.3%，1998 年第一季度出现了全国性的亏损，国有资产的损失数额也逐年上升。1997 年，中共十五届一中全会将国企改革的目标确定为三年内在大多数国企初步建立起现代企业制度，为了给国有企业解困，中央推出了多项政策，包括兼并重组、主辅分离及债转股等等，并使大多数国有亏损企业走出困境。

三、2004 年至今：国企改革的纵深推进

本阶段，国企改革依然是以抓大放小为主，同时以产权多元化和治理结构建设为中心。与此同时，要建立健全国有资产管理和监督体制，近几年来，国有企业的效益和地位有了大幅度的提高，资产质量也有了显著提升。借助资本市场，许多国有企业都实现了做大做强的目标。2011 年底，跻身世界 500 强的企业有 69 家，其中大部分为国有企业。

思考讨论：

试从国有企业改革的进程中去讨论公有制经济在国民经济中的地位及其体现。

案例分析：

在市场为主要资源配置手段的经济体制下，国有企业并不存在竞争优势。从 1978 年直到 2003 年国有企业整体效益不断下滑就充分地证明了这一点。国有企业前期改革的优势都逐渐被日益激烈的市场竞争所抵消。

社会主义市场经济的一项基本经济制度就是以公有制为主体。尽管国有企业在整个改

革进程中困难重重,挫折不断,但是我们从未放弃公有制的主体地位,并且也将国有企业改革放在了体现公有制主体地位的高度来推进。公有制经济在国民经济中占主体地位是社会主义市场经济体制改革成功的表现之一。我国在推进市场经济体制改革的进程中,并没有向其他国家一样直接采取私有化的进程,而是在逐步推进国有企业市场化转型的同时,也给非公有制经济提供更多的发展空间。这是我国市场经济体制改革的一个重要特点。

不过,在国企改革逐渐深入的过程中,我们对于"以公有制为主体"的认识也逐渐深化。首先认识到主体地位并不一定要体现在数量上的绝对多数,而更多的应体现在国有资产的质量和对国民经济的控制力上。国企改革走向"抓大放小"就是这种认识转变的结果;其次认识到公有制经济也未必只有国有企业一种实现形式,股份制企业也是实现公有制的有效形式,公有制经济应该探索更多元的实现形式。国有资产管理局和国有企业的分割就是这种认识的结果。

4. 鼓励、支持和引导非公有制经济共同发展

毫不动摇地鼓励、支持和引导非公有制经济发展,是坚持和完善社会主义初级阶段基本经济制度必须遵循的又一条基本原则。

(1) 非公有制经济的含义

非公有制经济包括个体经济、私营经济、港澳台经济、外资经济及混合所有制经济中的非公有制成分等。

个体经济,是指劳动者个人占有生产资料,并以个人(包括家庭成员)劳动为基础,劳动所得由个体劳动者支配的一种小私有制经济。个体经济具有规模小、工具简单、经营灵活等特点。我国社会生产力发展水平普遍不高,劳动人口多,因而应长期地大力发展个体经济。党的十一届三中全会后,我国就纠正了长期以来排挤和打击个体经济的政策,个体经济得到了恢复和发展,成为我国市场经济体系中最有活力的一部分。

私营经济,是指以生产资料私人占有和雇佣劳动为基础,以获取利润为生产经营目的的私有制经济。它和个体经济的最主要的区别是它是以雇佣劳动为基础进行生产经营活动,比个体经济有更大的发展空间。改革开放以后,我国私营经济从无到有,不断发展,已经成为社会主义市场经济中的一支重要力量。

外商投资经济和港澳台投资经济,是指外国投资者和港澳台投资者根据我国法律、法规在我国大陆开办的独资企业、合资企业和合作企业中的外商和港澳台投资部分。这些经济大部分是资本主义国家和地区企业的投资。这些企业在社会主义国家的管理和调节下进行生产和经营,同社会主义经济有着密切的联系。改革开放以来,这部分经济解决了我国经济发展之初的资金短缺困境,给我国带来了先进的经营管理和技术设备,并解决了我国的部分就业问题。

这些非公有制经济自改革开放以来从无到有,逐步发展壮大,成为我国经济中的重要组成部分。

(2) 非公有制经济的地位和作用

改革开放以前,受到对社会主义认识的限制,我们对非公有制经济一直持限制和排斥

的态度。改革开放以后，非公有制的地位和作用逐渐提升。邓小平在总结历史经验和科学分析中国社会主义发展阶段的基础上，明确提出要在公有制为主体的前提下发展非公有制经济，使它们得到共同发展。党的十一届六中全会通过的《关于建国以来党的若干历史问题决议》和十二大上提出"劳动者的个体经济是公有制经济的必要补充"。到党的十三大，私有经济和外资经济也纳入到非公有制体系中成为了公有制经济的必要有益的补充。党的十四大提出了多种所有制经济共同发展政策。十五大明确指出非公有制经济是我国社会主义市场经济的重要组成部分。

必须毫不动摇地鼓励、支持和引导非公有制经济共同发展，从根本上说是由它们在发展社会生产力中不可替代的地位和作用决定的。社会主义初级阶段的生产力水平和发展的不平衡性，给非公有制经济留下了广阔的空间。鼓励、支持和引导非公有制经济共同发展，对于充分调动社会各方面的积极性，促进经济增长、扩大就业、活跃市场和满足人们多样化的需要等方面具有重要作用。毫不动摇地鼓励、支持和引导非公有制经济共同发展，还因为它是我国社会主义市场经济的重要组成部分，在加强社会主义市场经济体制建设方面有着不可替代的作用。这主要表现在：第一，市场经济要求市场主体多元化，非公有制经济的存在和发展，提供了多种市场经济主体，为建立社会主义市场经济体制提供了不可缺少的条件；第二，通过竞争，促进作为主体的公有制经济，特别是国有经济加速市场化改革，提高经营管理水平，增强市场竞争力；第三，外资企业的进入不仅会带来资金、先进的技术和管理经验，而且还会带来一些与社会化生产规律和市场经济体制相适应的经营方式和资本组织形式，可为我国公有制经济特别是国有经济的体制创新提供借鉴。因此，在发展社会主义市场经济，促进社会主义现代化建设的进程中，必须把坚持公有制的主体地位同促进非公有制经济共同发展两者统一起来，而不能把这两者对立起来。

促使非公有制经济健康发展，既要对它们鼓励和支持，又要对它们进行引导。一方面要放宽市场准入，允许非公有资本进入法律法规未禁入的基础设施、公用事业及其他行业和领域；非公有制企业在投融资、税收、土地使用和对外贸易等方面，与其他企业享受同等待遇；支持非公有制中小企业的发展，鼓励有条件的企业做强做大，完善保护私人财产的法律制度，为非公有制经济的发展创造良好的环境。另一方面要依法加强监督和管理，引导它们依法经营、照章纳税、诚实守信、保障职工合法权益。要改进对非公有制企业的服务和监管，促进非公有制经济健康发展。

案例分析

温州模式

温州可谓中国民营经济最早萌芽的地方，由于这里地少人多，为养家糊口，温州人善于闯荡、经商，且大胆敢为。改革开放后，一些小厂如雨后春笋般发展壮大，1981 年，柳市生产低压电器的家庭企业就有 300 家，而整个温州活跃在全国各地的推销员达数十万之众。当时温州就有"八大王"，他们是"螺丝大王"刘大源、"五金大王"胡金林、"目录大王"叶建华、"矿灯大王"程步清、"翻砂大王"吴师廉、"胶木大王"陈银松、"线圈大王"郑祥青和"旧货大王"王迈仟，"螺丝大王"刘大源的工厂里有 4 万种螺号，比上海最大的国营标准件公司还多 2 万。

1982年1月11日，中共中央发出《紧急通知》，传达中央政治局常委会会议关于对一些干部走私贩私、贪污受贿、把大量国家财产窃为己有等严重违法犯罪行为采取紧急措施的指示。而受到当时人们思想认识的束缚，温州成了这次打击经济犯罪的重点对象，温州“八大王”被指控搞投机诈骗，遭到逮捕，理由是：赚钱这么多就是资本主义。“八大王”事件当时轰动全国。对“八大王”的高调讨伐，令全国民营企业噤若寒蝉，再也没有人敢公然与国营企业抢原料和“扰乱市场秩序”了。这年柳市镇工业产值比1981年下降了53.8%，到年底，共揭出并立案审查各类经济犯罪案件16.4万多件，判刑近3万人。1984年，中央发布一号文件，提倡农村发展商品生产、搞活流通，里面提到，“在工作中要注意划清界限，不可把政策允许的经济活动同不正之风混同起来，不可把农民一般性偏离经济政策的行为同经济犯罪混同起来。对经济上的问题，主要采用加强引导和管理的办法解决；对思想上的问题，主要用正面教育的办法解决，都不可简单从事。”温州市委学习了一号文件之后，由市政法委牵头，会同公检法三家组成了联合调查组，对“八大王”全案进行复查。调查结果除了发现一些轻微的偷漏税之外，“八大王”的所作所为基本上符合中央精神。当夜，市委召开乡镇干部以上参加的全市电话会议，在传达了中央一号文件的主要精神之后，宣布为“八大王”平反，全部无罪释放，收缴的财物将从国库拨出如数归还。

1984，温州开始走上以“小商品、大市场；小规模、大协作；小机器、大动力；小能人，大气魄”为主要特征的经济发展之路，到1985年，全市已有80多万农村劳动力离开耕地，转向经营家庭办和联户办的工业、商业、交通运输业和其他服务行业，家庭工业企业达13.3万家，被称为“中国农民经济史上的一个创举”。媒体报道后，也开始有了著名的“温州模式”这一说法。

思考讨论：

从温州模式讨论我国私有经济地位的变化。

案例分析：

本案例非常直观地反映了改革开放以来私有经济地位的变化。在计划经济时代，私有经济因为被认为存在剥削而被消灭。改革开放后，为了激发经济活力，最先放开的是个体经济。个体劳动者通过自己的自主劳动和经营活动获得的经济收入被允许。而个体经济和私有经济的区别就在规模大小和雇佣劳动的多少上。私有经济在一定时间内因为雇佣劳动生产而在政策上是不允许的。此外，非公有制经济长期以来被认为只是公有制经济的“有效补充”，对公有制经济只是起到拾遗补缺的作用，一旦私有经济的发展超过了国有企业的时候，私有经济就会被认为是危险的，甚至会受到打击。温州“八大王”所遭遇到的“讨伐”其实就是改革开放之初这种地位的生动体现。

与公有制经济相比，私有经济产权清晰、权责明确、自主经营、自负盈亏、机制灵活，具有很强的生命力，是市场经济体制配置资源的重要调节因子和市场经济活力的体现。随着我国市场经济体制改革的推进和不断完善，私有经济的地位和作用也发生了很大的变化。1997年中共十五大确立了“非公有制经济是国民经济的重要组成部分”的地位。

四、社会主义初级阶段的分配制度

马克思主义认为，分配方式是由生产方式决定的，有什么样的生产方式，就有什么样的分配方式。因为消费资料的任何一种分配,都不过是生产条件本身分配的结果。而生产条件的分配具体体现为生产资料的所有制。社会主义初级阶段以公有制为主体、多种所有制经济共同发展的基本经济制度,决定了收入分配领域必然实行按劳分配为主体、多种分配方式并存的制度。这一收入分配制度是随着我国所有制改革的不断深化和社会主义市场经济体制不断完善而逐步建立起来的。

1. 坚持按劳分配的主体地位

按劳分配是社会主义公有制的产物,又是社会主义公有制的实现形式。按劳分配原则是指把劳动量作为个人消费品分配的主要标准和形式,在生产资料社会主义公有制条件下,对社会总产品作了各项必要的社会扣除以后,按照劳动者的劳动数量和质量分配个人消费品,多劳多得,少劳少得。

社会主义初级阶段个人收入分配制度,必须坚持按劳分配的主体地位。这是由社会主义公有制和社会生产力的发展水平决定的。公有制是实行按劳分配的所有制基础。生产资料公有制实现了人们在生产资料占有上的平等关系,排除了个人凭借对生产资料的所有权来无偿地占有他人劳动成果。每一个劳动者在共同占有生产资料的基础上为社会提供劳动,社会则根据每个劳动者提供的劳动数量和质量进行收入分配。生产力发展水平则是实行按劳分配的物质基础。当前我国的生产力水平还没有达到高度发达的程度,社会产品还没有极大丰富,劳动还是谋生的手段,还没有成为生活的第一需要,人们还不能做到不计报酬地为社会提供劳动,这决定了社会还不具备实行按需分配的条件。此外,在社会主义社会里,旧的社会分工还没有消失,劳动还存在着重大差别,只有承认这种劳动的差别,把劳动贡献和劳动报酬紧密地联系起来,才能充分调动劳动者的积极性。

与社会主义市场经济相联系的按劳分配,体现出以下几个特点:第一,按劳分配的"劳"不是直接的社会劳动,只是以企业为单位的局部劳动。企业生产的商品必须经过交换,企业生产商品的局部劳动才能转化为社会劳动。这种转化实现的结果直接影响到劳动者的收入水平。第二,按劳分配还不能在全社会范围内实行,只能在局部的范围内实行。对劳动者进行分配的主体是企业,而不是社会。现阶段对全社会分配原则的按劳分配,是通过各个企业对劳动者进行按劳分配来实现的。第三,按劳分配还不能按照劳动者实际提供的劳动量来计量,而只能按照被社会承认的劳动量来计量。也就是说,劳动者通过劳动获得的收入除了与自己的劳动数量和质量有关之外,还和企业的经营状况相关。第四,按劳分配还必须通过商品货币的形式来实现。劳动者提供劳动,获得的是价值形态的货币,然后再用货币去购买所需要的商品。价格的波动会影响到劳动者实际收入水平,从而影响到按劳分配的实际实现程度。

坚持按劳分配为主的原则除了要考虑到以上社会主义初级阶段按劳分配的特点之外,还要注意防止不讲物质利益原则的平均主义倾向。按劳分配不等于平均主义。按劳分配要把国家、集体和个人的利益结合起来,尤其要注意通过按劳分配原则来调动劳动者的积极性,使劳动者个人的物质利益能够实现。

坚持按劳分配的主体地位对于坚持中国特色社会主义经济的性质具有重要意义。按劳分配是社会主义公有制在分配方面的体现,只有坚持按劳分配的主体地位,才能体现公有制的主体地位的最终实现和社会主义初级阶段基本经济制度的社会主义性质;才能保证人们相互之间在平等的经济关系基础上建立和谐的经济利益关系；才能保证向共同富裕这一目标前进。当然，也只有始终坚持公有制的主体地位，才能保证按劳分配的主体地位的实现。

2. 多种分配方式并存

在社会主义初级阶段，多种分配方式并存是收入分配制度的一大特点。按劳分配以外的多种分配方式，其实质就是按对生产要素的占有状况进行分配。按生产要素分配是指在市场经济条件下，生产要素的使用者根据各种生产要素在生产经营过程中发挥的贡献的大小，按照一定比例，对生产要素的所有者支付相应的报酬的一种分配方式。社会的生产要素是多种多样的，归纳起来可以分成两大类：一类是各种物质生产资料，如土地等自然资源以及生产厂房、设备、原材料等；另一类则是人的劳动，包括人们在生产过程中提供的活劳动、技术、信息、管理等。

私有制社会主要是以生产要素的参与进行分配，对社会主义而言按生产要素分配则是我国在改革开放的实践中提出的新问题。在私有制社会之所以实行按生产资料的私有权进行分配，原因在于生产资料为奴隶主、封建地主、资产阶级所占有。社会主义初级阶段实行按生产要素分配的必要性和根据，是存在着生产要素的多种所有制。各种生产要素同劳动一起，都是物质财富和使用价值的源泉，是社会生产不可或缺的因素。这种生产要素具有排他性，因此，必须实行按生产要素分配的原则才能有效地利用它们来发展生产。按生产要素分配的原则，同劳动价值论并不矛盾，因此既不能因为肯定劳动价值论而否定按生产要素分配，也不能因为肯定按生产要素分配而否定劳动价值论。

按生产要素分配有多种不同的分配形式，就其内容可以分为三种类型：

一是以劳动作为生产要素参与分配。这里不包括公有制中的按劳分配，因为按劳分配得到收入的劳动者不是凭借作为独立的生产要素的所有者、以提供生产要素的身份来参与分配的。这种分配与其他分配方式中凭借提供劳动这个生产要素参与分配具有完全不同的性质。以劳动作为生产要素参与分配的主要是个体劳动者和被雇于非公有制经济的雇佣劳动者。个体劳动者的收入是凭借自己的劳动和占有的生产资料从事个体劳动和经营所取得的收入；被雇于非公有制经济的雇佣劳动者取得的劳动收入，实质上是劳动者出卖劳动力商品，按劳动力价值得到的收入。

二是劳动以外的生产要素所有者参与分配。主要包括资本所有者在生产经营活动中凭借资本所取得的利润；生产要素的所有者将自有的货币或资本借给他人经营或存入金融机构所取得的利息；以实物形态资本租借给他人经营或使用而取得的租金等。

三是管理和知识产权类的生产要素，如科技发明、创意、信息、专利等参与分配。这类生产要素来自所有者的劳动或劳动成果，在当代经济生活中发挥着越来越巨大的作用，在很大的程度上决定着企业经营的成败和发展前途。

在社会主义初级阶段，实行按劳分配和按生产要素分配相结合的分配制度，有利于优化资源配置，促进经济发展，有利于最广泛最充分地调动一切积极因素，让劳动、知识、技术、管理和资本的活力竞相迸发，让一切创造财富的源泉充分涌流，以造福人民，造福社会。

知识拓展

工资指导线和工资集体协商

工资指导线是指政府对企业工资分配进行规范和调控，使企业工资增长符合经济和社会发展要求，促进生产力发展的企业年度货币工资增长幅度的标准线。工资指导线水平的制定应以当地政府确定的经济社会发展目标、本地区的年度经济增长、社会劳动生产率、城镇居民消费价格指数预期增长水平等为主要依据，并综合考虑国家、本地宏观经济环境及周边地区经济发展、本地城镇就业状况、劳动力市场价格、人工成本水平、对外贸易状况等相关因素。“十二”期间，最低工资标准年均增长将达到13%以上。

工资集体协商是指职工代表与用人单位代表依法就企业内部工资分配制度、工资分配形式、工资支付办法、工资标准等事项进行平等协商，在协商一致的基础上签订工资协议的行为。《劳动法》、《工会法》、《劳动合同法》明确要求建立工资集体协商机制。

3. 完善收入分配制度

实行以按劳分配为主体、多种分配方式并存的收入分配制度，内含着怎样调整和规范国家、企业和个人的分配关系的问题。理顺分配关系事关广大群众的切身利益和积极性的发挥。完善分配结构和分配方式，深化分配制度改革必须处理好以下几个方面的关系：

（1）效率与公平的关系

效率优先，兼顾公平是社会主义初级阶段的一个分配原则，也是处理效率与公平关系的原则。效率优先，实质就是发展生产力优先，使劳动者的劳动报酬和劳动贡献紧密结合起来，打破平均主义的分配方式，激发人们参与生产活动的积极性。公平作为一种价值判断，包含着自由、公正、平等等诸多方面的内容，它既是社会主义的要求，也是市场经济发展的必要条件，具体体现在市场主体参与经济活动的机会的平等和获得收入的公正。在某种程度上，效率和公平存在着矛盾。追求社会的公平往往是以牺牲效率为代价，而追求效率又会导致不平等的结果。同时，两者在某种程度上又是互为依赖的。公平问题解决得不好，在很大程度上会影响效率的提高，而不讲效率的公平也只能是低水平、低层次的公平。

社会主义公有制基础上的市场经济为实现效率和公平提供了可能。在社会主义公有制条件下，劳动者在生产资料占有上处于平等地位，这构成社会成员经济权利平等的基本前提；公有制提供了解决生产资料归属和个人消费品分配不公所需要的制度条件。同时承认差别，允许个人通过努力获得更多的收入，让一部分人先富起来，以调动各方面的积极性，促进生产力的发展，增加社会财富，从而实现更高层次的公平。

在社会主义市场经济中，兼顾公平首先是力求起点的公平，为个人创造平等的竞争条件，给人们提供平等的竞争机会。其次是通过政府对国民收入再分配，利用税收杠杆和社会保障制度，缩小收入差距。

(2) “先富”与“共富”的关系

允许和鼓励一部分地区、一部分人先富起来,先富带动后富,逐步实现共同富裕。这是处理公平和效率关系问题的具体体现,是邓小平在总结历史经验的基础上提出的一个实现社会主义建设目标的具体路径。

先富是实现共同富裕的必经之途。在市场经济条件下,在社会主义初级阶段,承认和允许人们在收入方面存在差别,并且在一定时期内保持收入差距,有其客观必然性。共同富裕的目标只能是一个逐步实现的过程。就我国生产力发展的实际来说,如果不谈“先富”、只谈“共富”,不仅不可能为实现“共富”逐步创造物质基础,反而只会回到平均主义的老路上去,导致共同的贫穷。

共同富裕是先富落脚点。当然,如果不谈“共富”、只谈“先富”,就可能导致两极分化,偏离社会主义的目标。只有实行邓小平提出的这个大政策,才能逐步创造条件,最终达到共同富裕。

处理好先富和共富的关系,首先要保证先富起来的人必须也只能是依靠诚实劳动和合法经营。只有诚实劳动和合法经营,才能增加社会财富,为逐步实现共同富裕创造出物质基础;才能发挥应有的示范作用,引导和带动其他人一起为发展生产力、增加社会财富而努力。其次要从逐步实现共同富裕的目标出发,在处理“先富”与“共富”关系上,在不同的时期也应该有不同的重点。邓小平指出:“沿海地区要加快对外开放,使这个拥有两亿人口的广大地带较快地先发展起来,从而带动内地更好地发展,这是一个事关大局的问题。内地要顾全这个大局。反过来,发展到一定的时候,又要求沿海拿出更多力量来帮助内地发展,这也是个大局。那时沿海也要服从这个大局。”①邓小平提出的“两个大局”的思想,就是处理“先富”与“共富”关系的基本指导原则。在一定时期内需要着重强调让一部分地区、一部分人先富起来,而发展到一定时期,就应该逐步把“共富”作为重点。西部大开发战略、全面建设小康社会的目标和科学发展观的提出在某种程度上都是由先富走向共同富裕在政策上的表现。

(3) 注重社会公平,防止两极分化

允许和鼓励一部分地区、一部分人先富起来,是承认在发展经济的过程中允许收入差别的存在和在一定程度内的扩大,但要注意防止产生两极分化。社会主义与资本主义不同的特点就是共同富裕,不搞两极分化。

在社会主义初级阶段,我国存在多种所有制并实行市场经济体制,客观上存在着产生两极分化的可能性。解决这个问题比解决发展起来的问题还困难。我们讲要防止两极分化,就要利用各种手段、各种方法、各种方案来解决这个问题。

防止两极分化,必须有针对性地规范收入分配秩序,构建科学合理、公平公正的社会收入分配体系,防止收入高低过于悬殊。随着在经济发展进程中收入分配差距的不断扩大,党的十六大提出,在坚持效率优先、兼顾公平方面既要提倡奉献精神,又要落实分配政策,既要反对平均主义,又要防止收入悬殊。初次分配注重效率,发挥市场的作用,鼓励一部分人通过诚实劳动、合法经营先富起来;再分配注重公平,加强政府对收入分配的调节职能,调

① 《邓小平文选》第3卷,人民出版社1993年版,第277-278页。

节差距过大的收入，规范分配秩序。党的十六届四中全会按照构建社会主义和谐社会的要求，强调要注重社会公平，合理调整国民收入分配格局，切实采取有力措施解决地区之间和部分社会成员收入差距过大的问题，逐步实现全体人民的共同富裕。党的十六届五中全会针对当前收入分配领域存在的矛盾比较突出的问题，以科学发展观为指导，提出要在经济发展的基础上，更加注重社会公平，合理调整国民收入分配格局，加大调节收入分配的力度，使全体人民都能享受到改革开放和社会主义现代化建设的成果。

规范收入分配秩序，就是要通过完善分配政策使社会主义初级阶段不可避免存在的收入差距保持在合法和适度的范围内。所谓合法，就是来自诚实劳动和守法经营而产生的收入差距；所谓适度，就是使收入差距保持在合理的范围之内，不使因收入差距扩大而形成的社会矛盾发展到尖锐对立的地步。为此必须取缔非法收入，整顿不合理收入，调节过高收入。对侵吞公有财产和用偷税逃税、权钱交易等非法手段牟取利益的，坚决依法惩处；对凭借行业垄断和某些特殊条件获得个人额外收入的，必须纠正；要完善个人所得税制，开征有利于调节收入分配的新税种，使收入差距趋向合理，防止两极分化。合法又适度的差距，是发展社会主义市场经济的内在要求，有利于促进生产力的发展，创造走向共同富裕的物质基础。

总之，坚持和完善社会主义个人收入分配制度，要以有利于发展生产力为出发点，以逐步实现共同富裕为目标，通过深化分配制度改革，加强收入分配宏观调节，在经济发展的基础上，更加注重社会公平，着力提高低收入者收入水平，逐步扩大中等收入者比重，有效调节过高收入，坚决取缔非法收入，使全体人民都能享受到改革开放和社会主义现代化建设的成果，促进共同富裕。

知识拓展

三次分配机制

社会分配机制主要有三个层次：初次分配、再分配、第三次分配。初次分配是按照各生产要素对国民收入贡献的大小进行的分配，主要由市场机制形成。再分配是指在初次分配的基础上，把国民收入中的一部分拿出来通过税收和社会保险系统进行重新分配，主要由政府调控机制起作用。第三次分配是指动员社会力量，建立社会救助、民间捐赠、慈善事业、志愿者行动等多种形式的制度和机制，是社会互助对于政府调控的补充。

4. 健全社会保障体系

社会保障，是指国家通过立法对国民收入进行分配和再分配，对社会成员的基本生活权利给予保障的社会安全制度。建立与经济发展水平相适应的社会保障体系，是社会稳定和国家长治久安的重要保证，是建立和完善社会主义市场经济体制的一项重要内容。

社会保障体系包括社会保险、社会救济、社会福利、优抚安置和社会互助、商业保险与慈善事业等。在市场经济条件下，无论企业还是个人都无力单独承担社会保障所涉及的各项内容。因此，动员国家、集体和个人的力量建立覆盖全社会的保障体系，对于缓解社会矛盾，保证社会稳定，促进经济发展，具有极为重要的作用。

经过多年努力，我国已初步形成了社会保障体系的总体框架。现有社会保障制度的主要内容有：职工的基本养老保险制度、基本医疗保险制度、失业保险制度和城市居民最低生活保障制度。由于我国正处在社会主义初级阶段，生产力发展水平还不高，物质基础也比较薄弱，城乡之间、地区之间的发展不平衡，需要建立健全与经济发展水平相适应的社会保障体系。我国目前社会保障体系存在着覆盖范围窄、制度不健全、管理基础薄弱等问题，不适应人口老龄化、城镇化和就业方式多样化的要求。我们要从统筹经济发展与社会建设、统筹劳动就业和社会保障、统筹城镇社会保障和农村社会保障、统筹公平和效率、统筹政府作用与市场效率的高度，进一步建立健全社会保障体系。

现阶段，健全社会保障体系要以确保发放、扩大覆盖和完善制度为重点。确保发放就是要在继续确保企业离退休人员基本养老金按时足额发放的基础上，做到确保社会保险各项待遇的发放，保障参保人员的基本生活和权益。扩大覆盖就是要从更多地注重公平、促进社会和谐的高度，认识加快扩大社会保障覆盖范围的意义，尽快使养老保险、医疗保险、工伤保险覆盖到各种所有制企业。特别是要通过制度创新，对机关事业单位人员、灵活就业人员、进城务工人员、被征地农民等社会群体作出符合其就业和收入特点的制度安排，加快建立适应农民工特点的社会保障制度。完善制度就是要深化制度改革，研究制定更加积极的社会保障政策，增强现行各项保险制度的保障功能，逐步建立社会保险、社会救助、社会福利、慈善事业相衔接的覆盖城乡居民的社会保障体系。同时，按照统筹城乡发展和建设社会主义新农村的要求，加快推进新型农村合作医疗制度，逐步建立农村最低生活保障制度，有条件的地方探索建立多种形式的农村养老保险制度，加强对困难群众的救助，完善城市低保、农村五保供养、特困户救助、灾民救助、城市生活无着落的流浪乞讨人员救助等制度。

我国是一个发展中的大国，社会经济发展很不平衡，居民收入有较大差距，这不仅决定了建立全社会保障体系的任务十分艰巨，必须有一个较长的过程，而且也决定了我国社会保障的方式是多样化的，既要有国家法定的基本保障，也要有补充保险和商业保险，以满足各方面的需要。国家法定的保障解决的是人们基本的保障，较高水平的保障需求应通过发展补充保险和商业保险来解决。随着经济的发展和国家与个人财富的增加，保障范围和标准也将适当调整，使更多的城乡居民分享到改革和发展的成果。

学习建议

经济建设是中国特色社会主义建设的重要内容，是社会主义初级阶段基本路线的中心。学习这章的内容首先要了解社会主义经济体制改革从计划经济走向市场经济的转变过程及其原因，了解我国社会主义经济体制改革的目标。其次要把握我国的基本经济制度，理解公有制的含义及其主体地位的体现，同时也要了解非公有制经济地位的变化。此外，在收入分配制度上，把握按劳分配作为我国基本分配制度内涵的同时，要领会多种分配方式的现实意义。认识健全社会保障体系的必要性。

参考文献：

1. 邓小平：《在武昌、深圳、珠海、上海等地的谈话要点》，《邓小平文选》第 3 卷

2. 江泽民：《全面建设小康社会，开创中国特色社会主义事业新局面》，《江泽民文选》第 3 卷

3. 胡锦涛：《坚持走中国特色自主创新道路 为建设创新型国家而努力奋斗》

4.《中共中央关于完善社会主义市场经济体制若干问题的决定》

思考题

1. 邓小平关于社会主义市场经济理论的主要内涵是什么?

2. 社会主义初级阶段基本经济制度是什么? 如何认识公有制的主体地位与实现形式?

3. 结合现阶段个人收入分配制度和按劳分配的理论,对现实经济生活中个人收入出现差距的现象进行分析。

第九章 建设中国特色社会主义政治

新中国成立以后,中国已经建立了中国特色的民主政治制度,人民代表大会制度、共产党领导的多党合作和政治协商制度、民族区域自治制度构成了我国民主政治的基本制度。在此基础上,我们在社会主义建设中不断推进政治文明的建设,积极稳妥地推进政治体制改革,以不断扩大社会主义民主,健全社会主义法制,体现党的领导、人民当家作主和依法治国的有机统一,建设中国特色的民主政治制度。

本章提要:

● 人民民主专政是我国的国体。人民代表大会制度是中国人民当家作主的根本政治制度,是我国的政体。中国共产党领导的多党合作和政治协商制度是中国特色的政党制度。民族区域自治制度是体现各民族团结自治的民族政策。基层民主是一种基层自治和民主管理制度,是社会主义民主广泛而深刻的实践。

● 发展社会主义民主政治,建设社会主义政治文明,是全面建设小康社会的重要目标。党的领导、人民当家作主和依法治国的有机统一是中国特色社会主义政治文明建设的特色和优势。

● 扩大民主,加强法制是政治体制改革的目标。依法治国是党领导人民治理国家的基本方略。发展社会主义民主政治,要保证人民依法享有广泛的权利和自由。在坚持四项基本原则的基础上,积极稳妥地推进政治体制改革。

一、中国特色社会主义的民主政治制度

经过新民主主义革命和社会主义改造,我国已经建立了一套完整的社会主义民主政治制度,为实现国家安全、社会稳定和人民安居乐业提供了政治保障。目前我国已经确立的民主政治制度包括:人民民主专政制度、人民代表大会制度、共产党领导的多党合作和政治协商制度、民族区域自治制度。

1. 人民民主专政制度

人民民主专政是我国的国体。我国宪法明确规定:“中华人民共和国是工人阶级领导的、以工农联盟为基础的人民民主专政的社会主义国家。”这一规定表明:人民民主专政是

工人阶级(经过共产党)领导的、以工农联盟为基础的对人民实行民主和对敌人实行专政的国家政权。所谓国体,就是国家的阶级性质,即国家的权力由社会的哪个阶级或哪些阶级掌握。

人民民主专政是马克思列宁主义关于无产阶级专政的理论同我国革命的具体实践相结合的产物,是中国共产党在领导革命斗争中的一个创造。我国现阶段的人民民主专政实质上是无产阶级专政,简单理解就是对人民实行民主,对敌人实行专政。

坚持人民民主专政的实质,就是要不断发展社会主义民主,切实保护人民的利益,维护国家的主权、安全、统一与稳定。要坚持国家的一切权力属于人民,保证人民依照宪法和法律规定,通过各种形式和途径,管理国家事务,管理经济和文化事业,管理社会事务,保证人民当家作主。

坚持人民民主专政,还必须充分履行国家政权的专政职能。任何国家要保持政权巩固和社会稳定发展,都要履行专政的职能。坚持人民民主专政,就必须对西方敌对势力的破坏和渗透活动,对敌对分子颠覆共产党领导和社会主义制度的政治图谋,对民族分裂主义势力的分裂活动,对暴力恐怖活动,对严重危害人民生命和财产安全的严重刑事犯罪,对严重危害国家和人民利益的腐败现象等,依法坚决予以防范和打击,用人民民主专政来维护人民的政权,维护人民的根本利益。

2. 人民代表大会制度

人民代表大会制度是中国人民当家作主的根本政治制度,是我国的政体,是人民民主专政的政权组织形式。我国宪法规定:“中华人民共和国一切权力属于人民。人民行使国家权力的机关是全国人民代表大会和地方各级人民代表大会。”人民代表大会制是指全国各族人民按照民主集中制原则,定期选举产生各级人民代表大会,作为国家权力机关,并由人民代表大会产生其他国家机构,制定法律,以实现人民管理国家的一种制度。一切权力属于人民,是人民代表大会制度的核心内容。

人民通过人民代表大会行使权力表现在:人民通过直接或间接选举产生各级人民代表大会,组成各级政权机关;国家行政机关、审判机关、检察机关都由人民代表大会产生,对它负责,受它监督。全国人民代表大会有权修改宪法。全国人民代表大会五年为一届。实行人民代表大会制度是中国社会主义民主政治最鲜明的特点。在我国,人民内部虽然还存在着各种复杂的矛盾,但全国人民根本利益的一致性,决定了人民可以统一行使自己的国家权力。中国在实现现代化的进程中,既要解决各种复杂的矛盾和问题,又要追赶发达国家,所以更需要集中和效率。实行人民代表大会制度最符合我国国情,它保证了国家统一有效地组织各项事业,保证一切权力属于人民。

改革开放以来,人民代表大会制度的建设和人民代表大会的工作得到不断推进,人民民主不断扩大和深入。我们把直接选举人民代表大会代表的范围扩大到县,实行普遍的差额选举制度;完善了全国人民代表大会常务委员会的职权;在县级以上地方各级人民代表大会设立了常务委员会并赋予其相应职权;立法工作取得显著进展,以宪法为核心的中国特色社会主义法律体系初步形成,有力地推动和保障了改革开放和社会主义现代化建设的顺利进行。

知识拓展

人大代表

人大代表经过民主选举方式产生，代表人民行使国家权力，具有广泛性、代表性、先进性的特点。人大代表主要权利有：提出议案的权利；提出质询的权利；选举和罢免政权机关领导人的权利；人身特别保护权；在人大会上发言和表决不受法律追究的权利。人大代表的选举采取直接选举和间接选举两种方式。不设区的市、市辖区、县、自治县、乡、民族乡、镇的人大代表，由选民直接选举产生。全国人大代表、省、自治区、直辖市、设区的市、自治州的人大代表，通过间接选举方式产生，由下一级人民代表大会选举产生。县级人大代表名额不超过 450 人，乡、镇人大代表名额一般不超过 100 人，人口超过 13 万的镇不超过 130 人，人口不足 2000 的乡、民族乡、镇的代表人数一般少于 40 人。代表候选人由各政党、各人民团体联合或单独推荐，选民 10 人以上联名也可推荐代表候选人。全国人大代表数不超过 3000人。省级人大代表的人数不超过 1000 人。每届人大代表的任期为五年，目前全国人大已经是第十一届。

3. 中国共产党领导的多党合作和政治协商制度

中国共产党领导的多党合作和政治协商制度，是我国的一项基本政治制度，是马克思主义政党理论和统一战线学说与我国具体实际相结合的产物，是中国社会主义民主政治制度的重要形式。

除中国共产党外，中国大陆目前还有八个民主党派。它们是：中国国民党革命委员会、中国民主同盟、中国民主建国会、中国民主促进会、中国农工民主党、中国致公党、九三学社和台湾民主自治同盟。共产党领导的多党合作和政治协商制度，是在中国人民反抗帝国主义、封建主义和官僚资本主义的革命斗争中形成的，是共产党和各民主党派及社会各界民主人士的共同选择。1949 年初中国共产党创建了中国人民政治协商会议，在从新中国成立至 1954 年首届全国人大召开的 5 年期间，人民政协代行全国人民代表大会职权，为多党合作和政治协商制度奠定了基础。

我国多党合作的主要方式有：各民主党派和无党派民主人士参加人大、政协参与管理国家和参政议政；共产党与各民主党派通过多渠道实行政治协商和民主监督；吸收各民主党派和无党派人士中的优秀人士到国家机关担任领导职务，实行多党合作共事。

中国共产党的领导是多党合作的首要前提和根本保证。中国共产党与各民主党派合作的基本方针是“长期共存、互相监督、肝胆相照、荣辱与共”。中国人民政治协商会议是中国人民爱国统一战线的组织，是中国共产党领导的多党合作和政治协商的重要机构，也是中国政治生活中发扬民主的重要形式。

人民政协的主要职能是政治协商、民主监督、参政议政。政治协商就是中国共产党同各民主党派、人民团体及各方面的代表人士，在共同遵守宪法和基本路线的基础上，就有关国家事务和地方事务的重大问题，进行各种形式的充分讨论，集中各方面提出的正确意见，采取协商一致的原则，解决问题。人民政协的民主监督是参加人民政协的各党派团体和各族各界人士通过政协组织对国家机关及其工作人员的工作进行的监督，也是中国共产党在政协中与各民主党派和无党派人士之间进行的互相监督。人民政协的参政议政是对政治、经济、文化和社会生活中的重要问题以及人民群众普遍关心的问题，开展调查研究，反映社情民意，进行协商讨论，通过调研报告、提案、建议案或其他形式，向党和国家机关提出意见和建议。

我国的政党制度是一种社会主义的新型政党制度，与资本主义国家的两党制或多党制有根本的不同。西方资本主义国家实行的两党制或多党制，建立在资本主义私有制基础之上，实质是资产阶级不同利益集团之间的竞争在政治上的反映。我国的政党制度建立在公有制占主体地位的社会主义经济基础之上，具有如下特征：第一，在我国的政党制度中，中国共产党是执政党，民主党派是参政党，不是在野党，更不是反对党。第二，中国共产党和各民主党派有着共同的根本利益和共同的目标，都以四项基本原则为共同准则，以实现不同时期的总任务为共同纲领，以建设中国特色社会主义为共同理想。第三，各民主党派都参加国家政权，参与国家事务的管理，参与国家大政方针和国家领导人选的协商，参与国家方针、政策、法律、法规的制定执行。第四，中国共产党和各民主党派都以宪法为根本活动准则，都受到宪法的保护，享有宪法规定范围内的政治自由、组织独立和法律上的平等地位。在构建社会主义和谐社会的进程中，多党合作与政治协商具有重要作用。

知识拓展

政协提案

《全国政协提案工作条例》规定：提案是政协委员和参加政协的各党派、人民团体以及政协专门委员会，向政协全体会议或者常务委员会会议提出的、经提案审查委员会或者提案委员会审查立案后，交承办单位办理的书面意见和建议。提案是履行人民政协职能的一个重要方式，是坚持和完善中国共产党领导的多党合作和政治协商制度的一种重要载体，是协助中国共产党和国家机关实现决策民主化、科学化的一条重要渠道。以十一届全国政协为例，2010 年至 2011 年，全国政协共立案提案达 5300 件，其中关于加快转变经济发展方式、加快调整经济结构、加强和改善宏观调控、保持经济平稳健康运行等方面，就有提案 2200 余件；为保障和改善民生，委员们就人民群众普遍关注的收入分配、住房、就业、教育、医疗卫生、社会保障以及防范通货膨胀、平抑物价等方面，提出提案 1700 余件。

4. 民族区域自治制度

民族区域自治是解决我国民族问题的基本政策，是国家的一项基本政治制度。实行这种制度，体现了我国坚持实行各民族平等、团结、合作和共同繁荣的原则。

中国是一个统一的多民族国家，在 56 个民族中，汉族人口最多，其他 55 个民族人口较少，习惯上被称为少数民族。2010 年第六次全国人口普查统计，少数民族人口为 11 379 万人，占全国总人口的 8.49%。

世界上的多民族国家在处理民族问题方面有不同的制度模式，如联邦制、邦联制、民主自治等，中国采用的是民族区域自治制度。民族区域自治是在统一而不可分离的国家领导下，各少数民族聚居的地方设立自治机关，行使自治权，实行区域自治。民族区域自治的核心，是保障少数民族当家作主，管理本民族、本地方事务的权利。

根据《中华人民共和国宪法》、《中华人民共和国民族区域自治法》和其他法律的规定，我国各民族自治地方的自治机关享有广泛的自治权利。一是自主管理本民族、本地区的内部事务；二是享有制定自治条例和单行条例的权利；三是享有宗教信仰自由的权利；四是享有使用和发展本民族语言文字、按照传统风俗习惯生活及进行社会活动的权利和自由。此外，还拥有自主安排、管理、发展经济建设事业，自主发展教育、科技、文化等其他各项权利。

民族区域自治制度，是中国共产党根据我国的历史发展、文化特点、民族关系和民族分布等具体情况作出的制度安排。统一的多民族国家的长期存在和发展，是我国实行民族区域自治的历史依据。近代以来在反抗外来侵略中各民族团结一致、同仇敌忾的斗争实践是实行民族区域自治的政治基础。各民族大杂居、小聚居的人口分布格局，各地区资源条件和发展的差异，是实行民族区域自治的现实条件。

在民族区域自治政策的指导下，全国先后建立了 5 个自治区、30 个自治州、124 个自治县，在少数民族散居地区，还建立了 1700 多个民族乡镇。为保障民族区域自治，1984 年国家颁布了《中华人民共和国民族区域自治法》。

经过 60 多年特别是改革开放 30 多年的努力，在我国民族自治地方，各族人民的生存和生活环境明显改善，经济和各项社会事业迅速发展；经济快速增长，人民生活水平显著提高；基础设施明显改善，传统文化得到保护和弘扬；教育水平显著提高，医疗卫生事业持续进步。实践证明，民族区域自治制度把民族因素与区域因素相结合，把政治因素与经济因素相结合，是党和各族人民的一个伟大创举。

案例分析

数字与事实：中国的民族区域自治

2005 年，国务院新闻办公室发表《中国的民族区域自治》白皮书。白皮书公布了如下数字与事实：

56 个民族：通过识别并由中央政府确认的民族有 56 个。据 2000 年第五次全国人口普查，55 个少数民族人口为 10449 万人，占全国总人口的 8.41%。

民族自治地方：截至 2003 年底，中国共建立了 155 个民族自治地方，其中包括 5 个自治区、30 个自治州、120 个自治县(旗)。在 55 个少数民族中，有 44 个建立了自治地方，实行区域自治的少数民族人口占少数民族总人口的 71%，民族自治地方的面积占全国国土总面积的 64%左右。11 个因人口较少且聚居区域较小而没有实行区域自治的少数民族中，有 9 个建有民族乡。

政治权利：中国 155 个民族自治地方的人民代表大会常务委员会中都有实行区域自治的民族的公民担任主任或者副主任，自治区主席、自治州州长、自治县县长全部由实行区域自治的少数民族公民担任。十届全国人民代表大会有少数民族代表 415 名，占代表总数的 13.9%，高于人口比例 5.5 个百分点。每个民族都有全国人民代表大会代表。

法律变通：截至 2003 年底，民族自治地方共制定自治条例 133 个、单行条例 384 个，民族自治地方根据本地的实际，对婚姻法、继承法、选举法、土地法、草原法等法律的变通和补充规定有68件。根据《中华人民共和国立法法》,“自治条例和单行条例可以依照当地民族的特点,对法律和行政法规的规定作出变通规定。”

windows系统上的少数民族语言:新中国成立后,国家帮助10多个少数民族改进和创制了文字。在中国的55个少数民族中,除回族、满族使用汉语外,其余53个民族都有自己的语言。蒙古、藏、维吾尔、朝鲜等少数民族文字软件已实现windows系统上的运行和激光照排。

思考讨论:

试从以上数据中分析我国民族区域自治制度中民族区域自治的表现及其成就。

案例分析:

根据《中华人民共和国宪法》和《中华人民共和国民族区域自治法》,我国各民族自治地方享有广泛的自治权利,具体包括自主管理本民族、本区域的内部事务;制定自制条例和单行条例的权利;宗教信仰自由的权利;享有使用和发展本民族语言文字,按照传统风俗习惯生活及进行社会活动的权利和自由。2005年颁布的《中国的民族区域自治》中的数字表明了少数民族区域切实享有了法律所赋予的自治权,而且在各个方面,少数民族区域还享受到了特殊的优惠政策和特别的保障。像windows系统上民族文字软件的开发,没有国家的帮助,以少数民族自身的力量是不可能做到的。

在国际人类社会发展历史上,尤其是现代化进程中,很多国家都出现了对少数民族进行剥夺甚至灭绝的情况,还有一些国家也就最多是任其自生自灭。我国民族区域自治制度的实践,不仅明显改善了少数民族区域经济和社会的发展,促进了民族的团结,而且为国际社会实现多民族发展、多元文化并存提供了一个成功的范例。

5. 基层民主自治制度

基层民主是我国广大工人、农民、知识分子和各阶层人士,在城乡基层政权机关、企事业单位和基层自治组织中依法直接行使的民主权利,包括政治、经济、文化、教育等领域的民主权利,渗透到社会生活各个方面,具有全体公民广泛和直接参与的特点。它不仅是一种基层自治和民主管理制度,而且作为国家制度民主的具体化,是社会主义民主广泛而深刻的实践。

目前,中国已经建立了以农村村民委员会、城市居民委员会和企业职工代表大会为主要内容的基层民主自治体系。广大人民在城乡基层群众性自治组织中,依法直接行使民主选举、民主决策、民主管理和民主监督的权利,对所在基层组织的公共事务和公益事业实行民主自治,已经成为当代中国最直接、最广泛的民主实践。

农村基层民主政治建设。村民自治是广大农民直接行使民主权利,依法办理自己的事情,实行自我管理、自我教育、自我服务的一项基本制度。民主选举、民主决策、民主管理和民主监督是村民自治的主要内容。村民自治发端于20世纪80年代初期,发展于80年代,普遍推行于90年代,已成为在当今中国农村扩大基层民主和提高农村治理水平的一种有效方式。

城市社区民主政治建设。城市居民委员会是中国城市居民实现自我管理、自我教育、自我服务的基层群众性自治组织,是在城市基层实现直接民主的重要形式。1989年,全国人大常委会制定了《城市居民委员会组织法》,为城市居民委员会发展提供了法律基础和制度保障。目前，城市社区建设正在由点到面、由大城市向中小城市、由东部地区向西部地区推进，以完善城市居民自治，建设管理有序、服务完善、环境优美、文明祥和的新型社区正在全国展开。

职工代表大会制度建设。职工代表大会，是保证职工对企事业单位实行民主管理的基本制度。在中国，职工在企事业单位中享有的当家作主的民主权利，主要通过职工代表大会制度来实现。中国宪法、全民所有制工业企业法、劳动法、工会法和全民所有制工业企业职工代表大会条例等法律法规，均对职工代表大会制度作了相应规定。改革开放以来，职工代表大会和其他形式的企事业单位的民主管理制度在实行民主管理、协调劳动关系、保障和维护职工合法权益、推进企事业单位的改革、发展、稳定等方面发挥了不可替代的作用。

案例分析

中国的“海选”

“海”：东北话即“大”的意思。由中国农民创造的“海选”，最初是指村委会三年一届的“大选”。作为“中国式的草根民主”，“海选”产生于20世纪80年代初期，系中国村民民主自治的产物。美国一家研究机构把中国的“海选”列为世界六大民主选举模式之一。

“海选”这种民主选举形式产生于吉林省梨树县北老壕村。1986年，梨树县政府第一次组织村民选举，村委会成员均由乡党委提名，村民只能在10名候选人中选择。北老壕村原村委会主任连任17年，经济上有问题，班子不团结。新一轮村干部任命时，乡党委还在力保他，村民非常不满。经过民意测验，80%以上的村民要求自己选举村干部。北老壕村百姓的民主意愿得到梨树县主管民政的副县长费允成的支持。这看似简单的应允在国内开创先河。1986年12月，乡党委当众宣布：“不划框子、不定调子、不提候选人”，“谁当村干部由群众民主投票选举决定”。经由全村2000多名村民投票选举，三轮后选出9名村委会成员。最后，原村主任被淘汰出局，孙国清成为中国通过海选入选的村官第一人。孙国清就职演说的第一句话就是“我是大伙儿选上来的，得对得起大伙儿，为大伙儿干点实事儿”。此后的几年间，后进村变成了先进村。这次选举为“海选”确立了雏形。

1991年末，吉林省平安村委会第二次换届选举过程中，梨树县民政局决定：由村民自己选。平安村采取的是“拉大网”的选举办法，第一轮是民主推荐候选人的投票，全村1031名选民，每人发一张盖着公章的空白选票，自由填写，这轮共推出76个候选人，以票数多少确定19名候选人，然后由全体村民进行第二轮投票，确定出正式候选人12名；之后进行了第三轮投票——正式选举产生新一届村委会。选举结果是：陈永喜以760票当选为村委会主任，原主任陈森落选。在“海选”一词出炉前，这种选举方式被很多群众戏称为“海捞儿”，原梨树县民政局副局长、现年62岁的徐谦则把它简称为“海选”。

“海选”一词诞生，后被载入汉语词典。

思考讨论：

从梨树县海选的案例中分析讨论中国基层民主政治建设的进程和现实意义。

案例分析：

梨树县“海选”的出现是中国基层民主进步的反映。基层民主是社会主义民主最广泛的实践。实际上中国基层民主建设起源于民主革命时期，萌芽于上个世纪八十年代，真正兴起于九十年代并逐步法制化。随着“海选”在吉林省内的大范围推广,其选举办法也在逐步丰富和完善。1994 年的“海选”中,竞选演讲、选民登记、秘密填票等方法一一出台。1998 年 11 月 4 日,《村民委员会组织法》正式实施,关于选举的内容由原来的 33 条变为 40 条,“梨树海选”的方法和经验都被载入了《村民委员会组织法》。

中国基层民主自治制度是中国特色社会主义民主政治制度的一个重要特色,是人民当家作主的最有效、最广泛的途径。像“海选”这样基层民主制度直接产生发展于人民民主实践中,拥有广泛的群众基础和基层实践基础,是人民民主意识提高的表现。“海选”的出现进一步推动了我国基层民主政治的建设。我们也应该从“海选”的成功实践中意识到从中国国情出发,从人民群众日常生产生活实践出发,才是中国民主政治建设应该坚持的路径。

二、积极稳妥地推进政治体制改革

政治体制,是指政治制度的具体体现和实施形式,主要是指党和国家的领导制度、组织制度、工作制度等具体制度。邓小平指出:“评价一个国家的政治体制、政治结构和政策是否正确,关键看三条:第一是看国家的政局是否稳定;第二是看能否增进人民的团结,改善人民的生活;第三是看生产力能否得到持续发展。”①改革开放以来,针对我国政治体制中存在的弊端,中国共产党积极稳妥地推进政治体制改革,建设中国特色的政治文明,成为中国全面改革的重要组成部分。

1. 我国原有政治体制的弊端

尽管中华人民共和国是近代以来第一个具有现代意义的政治上独立统一、民主的国家,但是在长期的运行中,受到各种因素的影响,原有的政治体制也暴露出许多弊端,严重影响了我国社会主义建设事业的发展。

1980 年,邓小平在深刻总结文革的经验教训时,在《党和国家领导制度的改革》中尖锐地揭露了我国政治体制中存在的弊端,从国家领导制度、干部制度方面来说,主要的弊端就是官僚主义现象、权力过分集中的现象。邓小平指出这种弊端存在的原因主要是封建残余思想的影响。旧中国留给我们的封建专制传统比较多,民主法制传统比较少。这种情况严重影响了我国社会主义制度优越性的发挥。从经济建设方面来说,传统政治体制是与高度集中的计划性经济体制相对应的。随着经济体制改革的市场化转型,政治体制中的机构过于庞大臃肿,政府对企业管得过多过死,党政不分,政企不分,决策权力高度集中,法制不健全等,这些弊端一方面造成政府办事效率低下,另一方面又使政府财政负担沉重。

2. 政治体制改革的必要性

政治体制改革就是为了克服以上传统政治体制存在的弊端,充分发挥社会主义制度的优越性。政治体制改革不是要改变我国基本的政治制度,而是改革不完善、还存在弊端的具

① 《邓小平文选》第 3 卷,人民出版社1993 年版,第 213 页。

体的政治制度。在政治体制改革中，把那些不适应生产力发展和人民要求的体制弊端革除。其必要性具体体现在：

(1) 政治体制改革是克服原有体制存在的弊端，充分发挥社会主义制度优越性的需要。

(2) 政治体制改革是适应经济体制改革，充分地激发社会发展活力的需要。

(3) 政治体制改革也是保障国家长治久安和稳定发展的需要。政治体制改革必须推进社会主义民主制度化、法律化，以保证党和国家的长治久安。

(4) 政治体制改革是全面建设小康社会、全面推进中国特色社会主义事业的必然要求。全面发展就包括了政治文明建设的内容。物质文明建设、精神文明建设和政治文明建设是相互促进、协调发展的。

政治体制改革是社会主义政治制度的自我完善和发展。党的十六大指出，推进政治体制改革要有利于增强党和国家的活力，发挥社会主义制度的特点和优势，充分调动人民群众的积极性和创造性，维护国家统一、民族团结和社会稳定，促进经济发展和社会全面进步。

3. 政治体制改革的原则

由于政治体制与国家安全和社会稳定休戚相关，稳定是政治体制改革和社会主义民主政治建设的前提和保证，因此，政治体制改革一定要遵循以下几个原则：

第一，政治体制改革必须坚持四项基本原则，反对资产阶级自由化。四项基本原则是我国的立国之本，是改革开放和现代化建设健康发展最重要的政治保证，是我们党领导人民建设中国特色社会主义的一项基本经验。四项基本原则的核心是社会主义道路和党的领导。我们进行政治体制改革，是对社会主义政治制度的自我完善和发展，是为了更好地坚持和改善党的领导，进一步发扬人民民主。在坚持四项基本原则下推进政治体制改革，必须旗帜鲜明地反对资产阶级自由化，绝不能搞西方式的多党轮流执政、两院制、三权分立，绝不能搞指导思想的多元化。

第二，推进政治体制改革，必须从我国国情出发，总结自己的实践经验，同时要善于借鉴人类政治文明的有益成果。在中国国情上进行政治体制改革，需要我们认识我国政治体制赖以生存并发展的特定社会特征和社会基础。社会主义初级阶段是我国最大的国情，因而也是我国政治体制改革的重要依据。在这一阶段，生产力发展相对不发达，市场经济体制还不完善和成熟，人口众多且地区发展不平衡，社会主义民主政治建设不能脱离这些基本国情。政治体制改革绝对不能照搬西方政治模式。但并不意味着不能和不需要吸收和借鉴西方政治文明的积极成果。资本主义民主政治的某些观念、形式和方法，有我们可以吸收借鉴的地方。但吸收和借鉴应是有分析、有批判的，不能简单模仿、全盘照搬。

第三，政治体制改革要在党的领导下有步骤、有秩序地进行。所谓有步骤、有秩序地推进政治体制改革，是说政治体制改革的渐进性和稳定性。政治体制改革情况复杂，任务艰巨，每项改革涉及的人和事都很广泛、很深刻，触及很多人的利益，会遇到很多的障碍，需要审慎从事。因此改革的方针必须坚定，但方法要细密，步子要稳妥。要高度重视和认真做好维护社会稳定的工作，始终保持安定团结的社会政治局面，在和谐稳定的环境中有序地推进政治体制改革。

4. 政治体制改革的目标和内容

20 世纪 80 年代初，邓小平从当时我国政治体制存在的主要问题出发，从长远的总目标和近期的具体目标这两个层次提出了我国政治体制改革的目标。长远目标有三条：第一，巩固社会主义制度；第二，发展社会主义社会的生产力；第三，发扬社会主义民主，调动广大人民的积极性。政治体制改革的近期目标就是要增强党和行政机构以及整个国家领导机关的活力；克服官僚主义，提高工作效率；充分调动人民群众和各行各业以及基层的积极性。根据邓小平的精神，党的十四大提出："政治体制改革的目标，是以完善人民代表大会制度、共产党领导的多党合作和政治协商制度为主要内容，发展社会主义民主政治。"党的十五大又指出："我国经济体制改革的深入和社会主义现代化建设跨世纪的发展，要求我们在坚持四项基本原则的前提下，继续推进政治体制改革，进一步扩大社会主义民主，健全社会主义法制，依法治国，建设社会主义法治国家"。这里不仅说明了继续推进政治体制改革的必要性，还指明了具体的方向和目标，突出了依法治国，建设社会主义法治国家。在此目标下，十五大还提出了推进政治体制改革的基本要求："必须有利于增强党和国家的活力，保持和发挥社会主义制度的特点和优势，维护国家统一、民族团结和社会稳定，充分发挥人民群众的积极性，促进生产力发展和社会进步。"它们既是推进政治体制改革的基本要求，也是改革的目的。2002 年十六大报告提出政治文明建设的概念，指出"发展社会主义民主政治，建设社会主义政治文明，是全面建设小康社会的重要目标。"政治文明概念的提出表明我国政治体制改革将由改革时期进入建设时期，今后的政治体制建设将以社会主义社会政治意识提高、政治体系完善、政治行为进步、政治发展先进作为建设的目标。

在十七大报告中，胡锦涛总书记从六个方面阐述了近期发展社会主义民主政治的具体内容：

（1）扩大人民民主，保证人民当家作主。要健全民主制度，丰富民主形式，拓宽民主渠道，完善人民代表大会制度和民主监督制度。推进决策科学化、民主化，完善决策信息和智力支持系统，增强决策透明度和公众参与度。加强公民意识教育，树立社会主义民主法治、自由平等、公平正义理念。支持工会、共青团、妇联等人民团体依照法律和各自章程开展工作，参与社会管理和公共服务，维护群众合法权益。

（2）发展基层民主，保障人民享有更多更切实的民主权利。健全基层党组织领导的充满活力的基层群众自治机制，扩大基层群众自治范围，完善民主管理制度。加强城乡社区建设、职工代表大会制度建设和基层政权建设，完善政务公开、村务公开等制度，增强社会自治功能。

（3）全面落实依法治国基本方略，加快建设社会主义法治国家。坚持科学立法、民主立法，完善中国特色社会主义法律体系。加强宪法和法律实施，坚持公民在法律面前一律平等，维护社会公平正义，维护社会主义法制的统一、尊严、权威。建设公正高效权威的社会主义司法制度；加强政法队伍建设，做到严格、公正、文明执法。尊重和保障人权，依法保证全体社会成员平等参与、平等发展的权利。

（4）壮大爱国统一战线，团结一切可以团结的力量。促进政党关系、民族关系、宗教关系、阶层关系、海内外同胞关系的和谐。支持民主党派和无党派人士更好地履行参政议政、民主监督的职能，选拔和推荐更多优秀党外干部担任领导职务。巩固和发展平等团结互助和谐的社会主义民族关系。全面贯彻党的宗教工作基本方针，发挥宗教界人士和信教群众在促进经济社会发展中的积极作用。鼓励新的社会阶层人士积极投身于中国特色社会主义建设中。

(5) 加快行政管理体制改革，建设服务型政府。要抓紧制定行政管理体制改革总体方案，着力转变职能、理顺关系、优化结构、提高效能，形成权责一致、分工合理、决策科学、执行顺畅、监督有力的行政管理体制。

(6) 完善制约和监督机制，保证人民赋予的权力始终用来为人民谋利益。确保权力正确行使，必须让权力在阳光下运行。

三、依法治国，建设社会主义法治国家

1. 依法治国方略的提出

发展社会主义民主，健全社会主义法制，依法治国，建立社会主义法治国家，是建设中国特色社会主义的重要目标。

新中国成立后，毛泽东亲自领导并参加了新中国第一部宪法的起草工作。在制定宪法过程中，毛泽东曾指出："一个团体要有一个章程，一个国家也要有一个章程，宪法就是一个总章程，是根本大法。"①1956 年，党的八大提出："由于社会主义革命已经基本上完成，国家的主要任务已经由解放生产力变为保护和发展生产力，我们必须进一步加强人民民主的法制，巩固社会主义建设的秩序。国家必须根据需要，逐步地系统地制定完备的法律。一切国家机关和国家工作人员必须严格遵守国家的法律，使人民的民主权利充分地受到国家的保护。"②十一届三中全会以后，邓小平针对"文化大革命"时期我国法制建设遭受的严重破坏以及改革开放出现的新情况，十分强调和重视法制建设。他指出："要继续发展社会主义民主，健全社会主义法制。这是三中全会以来坚定不移的基本方针，今后决不允许有任何动摇。我们的民主制度还有不完善的地方，要制定一系列的法律、法令和条例，使民主制度化、法律化。"③党的十三届四中全会以后，江泽民进一步继承和发展了邓小平关于加强社会主义法制建设的思想，并于 1996 年 2 月提出了"依法治国"思想。党的十五大报告第一次深刻地阐述了"依法治国"的含义，把"依法治国"确定为党领导人民治理国家的基本方略，提出了"依法治国，建设社会主义法治国家"的历史任务。1999 年 3 月，九届全国人大二次会议通过的宪法修正案明确写上"中华人民共和国实行依法治国，建设社会主义法治国家"，正式把这一治国方略以国家根本大法的形式确定下来。

2. 依法治国方略的内涵

依法治国就是广大人民群众在党的领导下，依照宪法和法律规定，通过各种途径和形

① 《毛泽东文集》第 6 卷，人民出版社 1999 年版，第 328 页。
② 《中华人民共和国法规汇编》(1956 年 7—12 月)，法律出版社 1957 年版，第 14 页。
③ 《邓小平文选》第 2 卷，人民出版社 1994 年版，第 359 页。

式管理国家事务，管理经济文化事业，管理社会事务，保证国家各项工作都依法进行，逐步实现社会主义民主的制度化、法律化，使这种制度和法律不因领导人的改变而改变，不因领导人看法和注意力的改变而改变。

深刻理解依法治国的科学内涵，应注意把握：依法治国的主体是党领导下的人民群众，也就是党领导人民实行依法治国。依法治国的客体是国家事务、经济文化事业和社会事务。依法治国就是要保证对所有这些事业、事务的管理工作都要依法进行。依法治国所依的法，最重要的是宪法和法律。我国宪法和法律体现了党的主张和人民利益、人民意志的统一。

3. 依法治国是党领导人民治理国家的基本方略

依法治国是社会文明进步的显著标志，是国家长治久安的重要保障，是建设中国特色社会主义经济、政治、文化，构建和谐社会的必然要求。

第一，依法治国是中国共产党执政方式的重大转变，有利于加强和改善党的领导。依法治国同坚持和改善党的领导是完全一致的。江泽民指出："依法治国，有利于从法律上制度上保证党的基本路线和基本方针的贯彻落实，保证党始终发挥总揽全局、协调各方的核心作用。"①

第二，依法治国是发展社会主义民主、实现人民当家作主的根本保证。民主与法治相互依赖，相互促进，密不可分。社会主义民主是社会主义法治的基础，社会主义法治是社会主义民主的保障。只有人民掌握政权，实行社会主义民主，才能把自己的意志上升为国家法律，建立起自己的法律制度。同时，人民的民主权利和公民的基本权利，国家经济、政治、文化和社会生活各个方面的民主制度、民主结构、民主形式和民主程序，都需要有法律加以确认、规范，并通过国家的强制力来保证实施。

第三，依法治国是发展社会主义市场经济和扩大对外开放的客观需要。一个比较成熟的市场经济，必然要求并具有比较完备的法制。市场经营活动的运行，市场秩序的维系，国家对经济活动的宏观调控和管理，以及生产、交换、分配、消费等各个环节，都需要法律的引导和规范。在国际经济交往中，也需要按国际惯例和国与国之间约定的规则办事。这些都是市场经济的内在要求。实行依法治国，才能适应发展社会主义市场经济的要求，适应我国加入世贸组织、发展开放型经济的需要。

第四，依法治国是国家长治久安的重要保障。社会稳定、安定团结是我们各项事业顺利发展的前提。稳定压倒一切。要保持社会稳定，就必须依靠法治来协调社会关系，化解社会矛盾。同时，还要依法严厉打击各种犯罪活动，加强社会治安综合治理，创造良好的社会治安环境。

4. 加强法治建设的基本要求

社会主义法制是人民按照自己的意志，通过国家政权所建立起来的法律制度和执法原则，是人民当家作主和治理国家的基本方法。法制是依法治国的前提和基础。经济的发展，社会的进步，都离不开法制的健全。推进依法治国进程，建设社会主义法治国家，必须大力加强社会主义法制建设。

---

① 《江泽民论有中国特色社会主义（专题摘编）》，中央文献出版社 2002 年版，第328 页。

加强社会主义法制建设的基本要求，可以用16个字来概括，即“有法可依、有法必依、执法必严、违法必究”。这四个方面相互联系、相互制约。有法可依是前提，有法必依是核心，执法必严是关键，违法必究是保障。

“有法可依”就是要建立统一、完备、科学的法律体系和制度，即立法能够适应不断发展的经济、政治、文化和社会生活的需要，及时对各种社会关系进行规范。法律体系应当力求完整、科学、严谨、系统；各部门法应当合理划分，彼此协调，共同发挥作用；法律规范应当明确、肯定、具体，具有可操作性。法律的内容应当体现最广大人民的利益，不能把部门利益法律化。应当避免和消除各国家机关，不同时期的法律、法规之间的矛盾以及法律、法规与法律解释之间的矛盾。

“有法必依”就是要保证法律效力的普遍性和有效性，即尽量排除和杜绝立法、执法、司法、守法和法律监督中的随意性、偶然性和腐败现象；坚持法律面前人人平等，任何组织和个人都不能有超越宪法和法律的特权。公民不分民族、种族、性别、职业、家庭出身、宗教信仰、教育程度、财产状况、居住期限，都必须平等地遵守宪法、法律和其他法规，依法平等地享有法定的权利和承担法定的义务；任何公民的合法权益必须毫无例外地受到法律的平等保护。要建立和健全法律服务机构，保证法律正确实施。

“执法必严” 就是要确保严格公正的执法和司法。司法机关应当独立公正地行使司法权，不受其他机关、社会团体和个人的非法干预。要按照公正司法、文明执法的要求，完善司法机关的机构设置、职能划分和管理制度，形成权责明确、相互配合、相互制约、高效运行的司法体制和工作机制，维护司法权威，维护公民、法人和其他组织的合法权益，维护社会公平和正义。要加强执法、司法队伍的建设和对他们工作的监督，防止他们滥用权力。

“违法必究”就是对一切违法犯罪行为都要按照“以事实为依据，以法律为准绳”的原则，给予惩处。在法律面前人人平等，不容许任何组织和个人有超越宪法和法律的特权。

世界上任何一个国家的民主和法制都是逐步建立、发展和完善的。社会主义民主和社会主义法制建设，也需要一个逐步发展和完善的历史过程，不可能一蹴而就。它需要经济、政治、文化、社会等客观条件的发展，也需要人的思想认识等主观条件的发展。因为我国有几千年封建社会的历史，缺乏民主和法制的传统，建设社会主义民主政治和加强社会主义法制具有特殊的迫切性；又因为我国生产力水平和人民群众政治文化素质水平还比较低，建设社会主义民主政治和加强社会主义法制又具有特殊的艰巨性。改革开放以来，我国社会主义法制建设取得了显著成绩，但我们必须清醒地看到，我国的法律体系仍有待于健全和完善，有法不依、执法不严、违法不究的现象还在一定范围内存在，包括干部队伍在内的全民的法律素质还有待进一步提高。这就需要我们从我国的国情出发，在实践中积极探索，逐步健全社会主义法制，不断推进我国依法治国的进程。

四、发展民主政治

1. 民主是社会主义的本质特征

民主的问题，顾名思义，就是人民当家作主的问题。我国宪法开宗明义地规定，中华人民共和国的一切权利属于人民。这说明我国政权的性质,也反映了社会主义制度的本质特征。

民主的本质就是一种国家制度。社会主义民主的本质,就是人民当家作主,人民掌握管理国家的权力,实行民主选举、民主决策、民主管理和民主监督。社会主义民主包括两个方面的涵义:一是从国家的性质来说,是指无产阶级和人民群众成了国家的主人,在国家政权中居于统治地位;它体现为我国各民族人民利用人民代表大会这种形式,享有当家作主、管理国家的最高权力。二是从国家的民主制度、民主生活来说,指的是民主集中制建立起来的各项民主制度、民主生活的高度发展和高度完善。这两方面是紧密联系不可分割的。前者是决定性的一面,后者是前者的具体表现。概括地说,社会主义民主政治,就是能够体现人民意志,能够保障工人阶级、劳动人民有效行使当家作主权力的法律化、制度化和规范化的政治。

社会主义国家是人类历史上第一次建立的劳动者和全体公民管理国家、管理社会,人民当家作主的国家体制,因此民主是社会主义制度的本质特征和内在要求。建设和发展社会主义民主政治,是我们党始终不渝的奋斗目标。

"没有民主就没有社会主义,就没有社会主义现代化",这是邓小平的著名论断。民主不仅是社会主义制度的本质特征,而且也是社会主义现代化的一个基本目标。社会主义初级阶段基本路线确立了把我国建设成为富强、民主、文明的社会主义国家。同时民主也是实现社会主义现代化的必要条件。建设社会主义现代化,必须紧紧依靠广大人民群众,充分发挥全国各族人民建设社会主义现代化建设事业的主动性、积极性和创造性。社会主义的各项事业都要具有社会主义民主的特点,是社会主义各项事业的发展符合人民的利益、意志和要求,使人民享受到社会主义现代化建设的丰硕成果,使人民真正体会到主人翁地位和增强责任感。

2. 我国社会主义民主政治建设的进程

我国社会主义民主政治建设的进程大体上可以分为四个阶段:

第一阶段,1949 年 10 月至 1954 年 9 月。这一阶段可称为中国社会主义民主政治的首创时期。在这一阶段,中国共产党人领导无产阶级和劳动人民建立了自己的政权,从而实现了中国根本政治制度从国民党专制政治到社会主义民主政治的实质性转变。同时,这一时期民主政治建设的突出成就,就是建立了反映中国特色的中国人民政治协商制度。

第二阶段,1954 年 9 月至 1966 年 5 月。这一阶段可成为中国社会主义民主政治的建设时期。经过 5 年的准备,1954 年 9 月召开了由普选产生的代表组成的第一届全国人民代表大会第一次会议,从而标志我国人民代表大会制度的正式建立。在这次会议上,通过并颁布了《中华人民共和国宪法》。在以后的几年内,这部宪法一直作为我国政治生活的指导原则,形成了一种初步的民主政治气氛。但是在这一阶段后期,由于"左"的思想的影响,民主政治建设开始出现偏差,在很大程度上抑制了刚刚建立并得到较快发展的社会主义民主政治空气。

第三阶段,1966 年 5 月至 1978 年 12 月。这一阶段是社会主义民主政治的断裂时期。文化大革命开始后,社会主义民主政治的基本原则和基本制度被毁于一旦。践踏民主、破坏法制的"大民主"被推崇之至,人民的基本权利遭到极大摧残。这种局面在 1976 年 10 月粉碎"四人帮"并经过反对"两个凡是"以后才得以扭转。

第四阶段，1978年12月以后，这一阶段可称为中国民主政治制度的发展时期。十一届三中全会端正了党的思想路线和政治路线，提出了政治体制改革建设民主政治的途径。民主政治建设才得到了较快发展。1982年新宪法的实施以及随后组织法、选举法的修订，可以说已经确立了指导国家政治生活的宪法法律准则；通过政治体制改革，确认并倡导了废除领导职务终身制的原则，提出了实行党政职能分开的领导体制的政治主张，加快了干部人事制度的改革，着手进行了建立国家公务员制度的工作等。十七大报告指出："人民民主是社会主义的生命。发展社会主义民主政治是我们党始终不渝的奋斗目标。"

3. 民主建设的内容

今后，在民主政治建设方面的主要内容主要表现在以下几个方面：

第一，实现民主的制度化。领导和支持人民掌握国家的权力，需要通过制度性的措施来实现。正如十五大报告所指出，发展社会主义民主，制度更带有根本性、全局性、稳定性和长期性。新中国成立以来，我们已经建立了一套体现民主性质的政治制度，在民主政治建设方面发挥着基础性的作用。民主的制度化建设包括进一步健全和完善我国现有的基本政治制度，包括人民代表大会制度、民主政治协商制度和民族区域自治制度等，在制度上进一步理顺政党制度和人民代表大会制度的关系。加强民主制度化建设的关键是加强法制建设，实现依法治国。

第二，推进决策的科学化和民主化。决策的科学化和民主化是社会主义民主完善程度的直接体现。党的十六大指出，要改革和发展决策机制，健全深入了解民情、充分反映民意、广泛集中民智、切实珍惜民力的决策机制，推进决策的科学化和民主化，提高决策水平和工作效率。推进决策的科学化和民主化需要转变政府职能，提高政府的管理效率，推进政府管理方法的改进，克服官僚主义，抵制"拍脑袋"决策。十七大指出："推进决策科学化、民主化，完善决策信息和智力支持系统，增强决策透明度和公众参与度，制定与群众利益密切相关的法律法规和公共政策原则上要公开听取意见。"

第三，努力扩大基层民主。十五大指出扩大基层民主，保证人民群众直接行使民主权利，依法管理自己的事情，是社会主义民主最广泛的实践。十七大指出人民依法直接行使民主权利，管理基层公共事务和公益事业，实行自我管理、自我服务、自我教育、自我监督，对干部实行民主监督，是人民当家作主最有效、最广泛的途径，必须作为发展社会主义民主政治的基础性工程重点推进。在基层民主建设方面，要健全基层党组织领导基层群众自治机制，完善以职工代表大会为基本形式的企事业单位民主管理制度，完善政务公开、村务公开等制度，实现政府行政管理与基层群众自治有效衔接和良性互动。通过基层民主建设，增强社会自治功能。

4. 坚持党的领导、人民当家作主和依法治国的有机统一

党的十六大指出，发展社会主义民主政治，最根本的是要把坚持党的领导、人民当家作主和依法治国有机统一起来。党的领导、人民当家作主和依法治国有机统一也是中国特色的社会主义民主政治建设的特征。

第一，中国共产党的领导是人民当家作主和依法治国的根本保证。我们党领导人民推

翻了剥削阶级的统治，建立了人民民主专政的国家政权，就是要组织和支持人民依法管理国家和社会事务、管理经济和文化事业，当家作主，实现人民群众的根本利益。而人民利益的广泛性和实现人民利益的复杂性、艰巨性，必然要求有一个代表最广大人民根本利益的坚强的政治核心，来广泛地动员、领导和组织人民掌握好国家权力，管理好国家、社会事务和各项事业。在我国这样一个发展中大国，离开了共产党的领导，就不可能把全国人民的力量和意志凝聚起来，发展社会主义民主也就无从谈起。因此，发展社会主义民主政治，建设社会主义政治文明，核心在于坚持党的领导。我们推进政治建设和政治体制改革，必须坚持和改善党的领导，增强党和国家的活力，而决不能削弱党的领导。

第二，人民当家作主是社会主义民主政治的本质要求，是社会主义政治文明建设的根本出发点和归宿。社会主义民主政治的本质是人民当家作主。共产党执政就是领导和支持人民当家作主。健全民主和法制，全面落实依法治国基本方略，切实尊重和保障人民的政治、经济和文化权益，是社会主义民主政治建设的根本要求，也是我们党执政的根本目的和可靠基础。发扬人民民主，又是加强和改善党的领导的有效途径。党的领导方式和执政方式集中反映在党与国家以及人民群众关系的具体形式上。党只有领导人民创造各种有效的当家作主的民主形式，坚持依法治国，才能充分实现人民当家作主的权力，巩固和发展党的执政地位。

第三，依法治国是党领导人民治理国家的基本方略。依法治国与人民民主、党的领导是紧密联系、相辅相成、相互促进的。依法治国不仅要从制度上、法律上保证人民当家作主，而且也要从制度上、法律上保证党的执政地位。我国的宪法和法律是党的主张和人民意志相统一的体现。人民在党的领导下，依照宪法和法律治理国家，管理社会事务和经济文化事业，保障自己当家作主的各项民主权利，这是依法治国的实质。依法治国的过程，实际上就是在党的领导下，维护人民主人翁地位的过程，保证人民实现当家作主的过程。党领导人民通过国家权力机关制定宪法和各项法律，又在宪法和法律范围内活动，严格依法办事，保证法律的实施，从而使党的领导、人民当家作主和依法治国有机统一起来。

总之，党的领导、人民当家作主和依法治国统一于建设中国特色社会主义民主政治的伟大实践之中，决不能把它们分割开来或对立起来。

5. 尊重和保障人权是发展社会主义民主政治的内在要求

尊重和保障人权是发展社会主义民主政治，建设社会主义政治文明的内在要求。新中国成立特别是改革开放以来，我国经济发展和社会进步有力地推动了人权事业的发展，今天中国所焕发出的蓬勃活力，是我国人民拥有广泛自由、民主和人权的生动写照。

人权，最初是资产阶级革命时期为反对神权和封建特权提出的。人权作为权利的一般表现形式，是社会的产物。从马克思主义的观点看，人权不能局限于个人的政治权利，而应当扩大范围。人权的基础是生命的生存和发展，没有生存权，其他人权均无从谈起。西方发达国家的人权理论强调的主要是个人的政治权利，而不大讲经济和社会权利。我们强调，人权不仅包括个人权利，还包括集体人权；不仅包括政治权利，而且包括经济、社会、文化、公民权利。

我们尊重国家社会关于人权的普遍性原则，但普遍性原则必须与各国国情相结合，人权是具体的、相对的，不是抽象的、绝对的，与一个国家的政治状况、经济发展、历史传统、文化结构和整个社会的发展水平有很大关系。经济文化落后，即使有了先进的社会制度，人权的实现程度也会受到限制。实现人权的根本途径是经济发展和社会进步。对于发展中国家来说，生存权和发展权是最根本最重要的人权。新中国成立以来，特别是改革开放以来，我国大力组织扶贫开发，解决了几亿人口的温饱问题。它充分证明了社会主义对人的生存权和发展权的高度重视。

民主、自由、人权，核心是民主。公民权利的实现和发展，都要通过国家政权，依赖国家政权。只有人民掌握政权，巩固和发展政权，人民才会拥有真正属于自己的民主、自由和权利。西方国家打着“人权高于主权”的旗号干涉别国内政，甚至颠覆别国政权。在他们看来，不许少数敌对分子对本国进行颠覆活动，就是没有“民主”，社会主义国家或发展中国家惩治颠覆力量，就是侵犯“人权”。江泽民指出，一个国家如果失去了国家主权、民族独立和国家尊严，也就失去了人民民主，并且从根本上失去了人权。有鉴于此，我们同第三世界国家要更加重视国家主权的完整，要求国际民主，反对霸权主义干预别国内政。

学习建议

社会主义政治建设是中国特色社会主义建设的关键，是国家长治久安、社会稳定团结的大事。针对建国以来我国政治体制存在的弊端，我们采取了循序渐进的方式推进政治体制改革。了解政治体制改革的必要性、进程、内容和目标有助于我们更好地理解当前的社会主义民主政治建设的内容。在相当长的一段时间内，我国民主政治建设将主要围绕着加强法制、扩大民主两个方面，不断推进依法治国方略，发挥社会主义民主的特点和优势。因此我们要了解依法治国的内涵和基本要求。在发展民主政治方面，在了解民主政治建设内容的基础上，要领会社会主义民主的特点，即实现党的领导、人民当家作主和依法治国的统一。

参考文献：

毛泽东：《论人民民主专政》，《毛泽东选集》第 4 卷，人民出版社 1991 年版。
邓小平：《党和国家领导制度的改革》，《邓小平文选》第 2 卷，人民出版社 1994 年版。

思 考 题

1. 我国政治制度的民主性质体现在哪些制度上？
2. 我国政治体制改革的目标和原则是什么？
3. 依法治国的含义是什么？如何理解依法治国的基本要求？
4. 如何正确理解坚持党的领导、人民当家作主和依法治国的有机统一？

第十章 建设中国特色社会主义文化

文化是民族的血脉，是人民的精神家园。建设中国特色社会主义文化，是我国社会主义现代化建设的重要内容，是凝聚和激励全国各族人民的重要力量，是综合国力的重要标志。中国人民物质生活的提高对文化建设提出了更高的要求，世界科学技术的进步使得文化成为软实力的作用更加凸显。世界文化交流也使得保护国家文化安全的任务加剧。因此，中国特色社会主义文化建设是实现中华民族伟大复兴的关键。

本章提要：

● 社会主义文化建设是社会主义建设的重要特征，在社会主义建设的总体部署中具有重要的战略地位，是综合国力的标志。在全球化背景下，文化作为一种软实力越来越成为国际竞争力的一个重要指标。

● 中国特色的社会主义文化建设就是要发展先进文化，即发展面向现代化、面向世界、面向未来的，民族的科学的大众的社会主义文化。文化建设的根本任务就是要培养“四有”公民。文化建设的指导思想必须坚持马克思列宁主义、毛泽东思想和中国特色社会主义理论体系。中国特色社会主义文化建设必须坚持为人民服务、为社会主义服务的方向，坚持“百花齐放、百家争鸣”的方针。

● 社会主义核心价值体系包括四个方面的基本内容，即马克思主义指导思想、中国特色社会主义共同理想、以爱国主义为核心的民族精神和以改革创新为核心的时代精神、以“八荣八耻”为主要内容的社会主义荣辱观。社会主义核心价值体系是社会主义意识形态的本质体现。

● 思想道德建设和教育科学文化建设是社会主义文化建设的主要内容。思想道德建设决定着社会主义文化建设的性质和方向，是社会主义文化建设的中心环节。教育科学文化建设是提高人民群众思想道德觉悟的重要手段，是提高我国综合国力和增强我国国际竞争力的决定性因素。当前要实现社会主义文化的大发展、大繁荣，必须深化文化体制改革。

一、发展社会主义先进文化

1. 社会主义文化建设的作用和地位

文化是一个内涵十分丰富的范畴。一般来说,广义的文化,是指人类在改造自然和改造社会的过程中所创造的物质财富和精神财富的总和;狭义的文化,是指作为观念形态的,与经济、政治并列的,有关人类社会生活的思想理论、道德风尚、文学艺术、教育和科学等精神方面的内容。社会主义文化建设中的文化指的是狭义的文化概念。

文化是人类智慧的历史结晶。任何社会都是一定经济、政治和文化组成的有机整体。在这个有机整体中,经济是政治和文化的物质基础,政治是经济的集中体现和根本保证,文化是经济和政治的必然产物和精神动力。经济、政治和文化三者互相联系、相互影响、相互作用,共同推动社会的全面发展和进步。

社会主义文化是以马克思主义为指导,以社会主义公有制为经济基础,批判地吸收继承了以往文明的全部优秀成果的一种文化。社会主义文化是社会主义社会的重要特征,在我国的社会主义建设中发挥着极其重要的作用。

首先,社会主义文化是民族凝聚力和创造力的重要源泉。文化是一个国家和民族赖以生存发展的重要根基,也是区别与其他民族和国家的重要标志。每一个民族和国家都有自己鲜明特色的文化。这种文化渗透于社会生活的各个方面,影响着人们的精神世界和行为方式,成为一个民族生命力、创造力和凝聚力的重要源泉。社会主义文化建设将为推进我国现代化建设提供可靠的思想保证,是维系国家统一和民族团结的精神纽带。

第二,社会主义文化是综合国力竞争的重要因素。当今世界正处在大发展大变革大调整时期,世界多极化、经济全球化深入发展,科学技术日新月异,各种思想文化交流交融交锋更加频繁,文化在综合国力竞争中的地位和作用更加凸显,文化已经成为国际竞争的软实力,是一个国家国际影响力的重要体现。

第三,社会主义文化是经济社会发展的重要支撑。社会主义文化建设为推进我国现代化建设提供智力和人才支持。文化科学技术直接推动了经济和社会进步。文化建设的发展、人民整体素质的提高也为经济和社会的发展提供了强大的精神动力, 提升生产力发展水平,实现经济社会的科学发展。

第四,社会主义文化满足了人民丰富精神文化生活的需求。文化生活的需求是人类特有的一种需求。社会主义建设的目的不仅仅是满足人们物质生活方面的需求,也是为了更好地满足人民的精神文化需求。用积极、健康、丰富而活泼的文化生活来提升人们的生活品质,最终实现人的自由而全面的发展。

因此, 社会主义文化建设是中国特色社会主义建设事业总体布局中的重要组成部分。没有社会主义文化的大繁荣,就没有现代化。

知识拓展

文化软实力

“软实力”(Soft Power)的概念是由美国哈佛大学教授小约瑟夫·奈提出来的，他在《美国定能领导世界吗》一书中提出了“软实力”的概念。约瑟夫·奈指出，一个国家的综合国力既包括由经济、科技、军事实力等表现出来的“硬实力”，也包括以文化和意识形态吸引力体现出来的“软实力”。软实力就是指能够影响他国的精神力量，包括价值观的感召力、文化的感染力等。近几年来，文化软实力在当今国际竞争中的作用越来越突出。十七大也明确将提高文化软实力写进报告。

2. 社会主义文化建设的进程

中国共产党历来十分重视文化建设问题。我们党历来高度重视运用文化引领前进方向、凝聚奋斗力量，团结带领全国各族人民不断以思想文化新觉醒、理论创造新成果、文化建设新成就推动党和人民的事业向前发展。文化工作在革命、建设、改革各个历史时期都发挥了不可替代的重大作用。

在新民主主义革命时期，毛泽东就十分强调文化的重要作用，制定了新民主主义的文化纲领，他认为任何社会没有文化就建设不起来。新中国成立后，他提出了一系列关于文化建设的观点，在新民主主义文化纲领的基础上，毛泽东还提出文学艺术要为大众服务，吸收民族文化的精华、剔除封建性的糟粕，提倡“百花齐放、百家争鸣、古为今用、洋为中用”等，成为文化建设的重要指导方针。

在改革开放新时期，邓小平创造性地阐述了关于社会主义精神文明建设的思想。他指出，社会主义精神文明是社会主义社会的重要特征，要在建设高度的物质文明的同时，建设高度的社会主义精神文明；物质文明和精神文明都要抓，“两手抓，两手都要硬”；提出要提高全民族的思想道德素质和科学文化素质，培育“有理想、有道德、有文化、有纪律”的社会主义新人。为此，党中央还向全社会发出了“五讲”、“四美”、“三热爱”的号召。1982 年中共十二大报告明确提出，社会主义精神文明是社会主义的重要特征，是社会主义制度优越性的重要表现。同年通过的《中华人民共和国宪法》中规定：国家通过普及思想教育、道德教育、文化教育、纪律和法制教育，通过在城乡不同范围的群众中制定和执行各种守则、公约，加强社会主义精神文明建设。

1996 年 10 月，中共十四届六中全会把精神文明建设，主要是思想道德文化建设作为主要议题，并通过了《中共中央关于加强社会主义精神文明建设若干重要问题的决议》。决议提出了社会主义文化建设的指导思想和主要任务。2000 年，江泽民提出中国共产党要始终代表中国先进文化的前进方向，在确立了社会主义文化建设的基本方针和指导思想的基础上，进一步提出了要把弘扬主旋律和提倡多样化结合起来，把依法治国和以德治国紧密结合起来。

进入全面建设小康社会的新阶段，以胡锦涛为总书记的党中央把文化建设摆在更加突出的位置，强调要兴起社会主义文化建设新高潮，激发全民族文化创造活力，提高国家文化软实力。为此,胡锦涛总书记提出了要建设社会主义核心价值体系,以提高社会主义意识形态的吸引力和凝聚力,号召人民践行“八荣八耻”,在提出构建和谐社会目标的同时,提出要建设和谐文化。

2011 年 10 月,十七届六中全会召开,会议通过了《中共中央关于深化文化体制改革,推动社会主义文化大发展大繁荣若干重大问题的决定》,对深化文化体制改革、推动社会主义文化大发展大繁荣作出了全面部署,对加强社会主义思想道德建设提出了新任务和新要求。

3. 发展社会主义先进文化

发展社会主义先进文化,建设和谐文化,就是建设中国特色社会主义文化。中国特色社会主义文化就是以马克思主义为指导,以培育有理想、有道德、有文化、有纪律的公民为根本任务,发展面向现代化、面向世界、面向未来的,民族的科学的大众的社会主义文化。中国特色社会主义文化,就其主要内容来说,同改革开放以来我们一贯倡导的社会主义精神文明是一致的。精神文明和文化建设的指导思想、科学内涵和根本任务是相同的。繁荣社会主义先进文化、建设和谐文化,为构建社会主义和谐社会作出贡献,是现阶段我国文化工作的主题。

十六大报告指出,在当代中国,发展先进文化,就是发展面向现代化、面向世界、面向未来的,民族的科学的大众的社会主义文化,以不断丰富人们的精神世界,增强人们的精神力量。这一论述准确地描述了中国先进文化的本质特征。

第一,当代中国先进文化,是以马克思列宁主义、毛泽东思想、邓小平理论、“三个代表”重要思想和科学发展观为指导的社会主义文化。先进文化是反映先进生产力的发展要求的、符合最广大人民群众的根本利益的、代表未来社会发展方向、有利于社会进步的文化。马克思主义是迄今为止最科学、最严谨、最有生命力的理论,是无产阶级和劳动人民认识世界、改造世界的强大理论武器。毛泽东思想、邓小平理论、“三个代表”重要思想和科学发展观是马克思主义同中国实际相结合的理论成果,反映了马克思主义在当代中国的新发展。

第二,当代中国先进文化,是面向现代化,为现代化服务的文化。先进文化对生产力的发展有着积极的推动作用。现代化的建设实践也为中国先进文化的不断发展和创新提供了源泉和动力。同时,现代化建设实践提出了一系列重大问题要求我们作出文化上理论上的科学回答。中国先进文化的建设必须紧紧围绕着现代化建设这一中心任务,努力为现代化建设提供强大的精神动力和智力支持。

第三,当代中国先进文化,是面向世界,吸收和借鉴一切优秀文化成果的文化。当今世界是开放的世界。世界文化的多样性,不仅使世界充满活力,也使不同文化相互激荡、相互融合、相互竞争。社会主义先进文化就是要大胆吸收和借鉴人类创造的一切优秀文明成果,博采世界各国文化之长,繁荣和发展中国特色社会主义文化。

第四,当代中国先进文化,是面向未来,与时俱进的文化。世界在变化,人民群众的伟大实践在发展,因此先进文化也是在实践中不断发展创新的文化。当代中国先进文化能够及时地把握世界发展的最新动向,并且能够为未来社会发展态势进行整体的预测,为未来社会发展在思想上进行引领。

第五,当代中国先进文化,是立足中国,继承和弘扬中华民族一切优秀传统的文化。当代中国的先进文化体现了中华民族的特色,具有中国风格、中国气派。中国传统文化源远流长，是世界几大古代文明体系中最具生命力的文化体系。中国先进文化的建设需要批判地继承中国优秀的文化传统，做到古为今用。

第六，当代中国先进文化，是以科学为基础，吸收和反映当今人类科学最优秀成果的文化。当代中国先进文化是科学的先进文化，是以科学为基础，符合科学发展要求的先进文化。中国先进文化建设，要立足当今科学发展的前沿，追踪当今科学发展的最新成果，反映科学最新发展的要求。

第七，当代中国先进文化，是面向大众、服务人民的文化。当代中国的先进文化是反映最广大人民群众的呼声和要求，为广大人民群众所喜闻乐见的文化。社会主义文化是广大人民群众的文化，它比以往任何文化更具有广泛的群众性。先进文化不仅来源于群众，而且必须服从于群众。我们发展先进文化的目的，就是要为广大人民群众提供丰富的精神文化产品。

在当今中国，建设和谐文化，就是建设社会主义先进文化。这个文化以社会主义意识形态为核心，继承发扬中华民族“和”、“合”文化传统，吸收借鉴世界优秀的文明成果，立足当代实践，体现时代精神，引导人们树立和谐的思想观念和思维方式，使和谐的理念成为全社会的重要价值取向。和谐文化既是和谐社会的重要特征，也是实现社会和谐的文化源泉和精神动力。无论是经济社会的协调发展、人与自然的和谐相处，还是人与人的团结和睦，乃至人自身的心理和谐，都离不开和谐文化的支撑。没有和谐文化，就没有社会和谐的思想根基，也就不可能有建设和谐社会的实践追求。建设和谐文化，就是要培育和谐精神，倡导和谐理念，在全社会形成共同的理想信念和道德规范，不断增强中华民族的凝聚力、向心力、亲和力，为构建和谐社会创造良好的人文环境和文化生态。

4. 中国特色社会主义文化建设的根本任务

发展社会主义先进文化的根本任务，就是以马克思列宁主义、毛泽东思想、邓小平理论和“三个代表”重要思想为指导，着力提高全民族的思想道德素质和科学文化素质，培育有理想、有道德、有文化、有纪律的公民，促进人的全面发展。

新中国成立初期，毛泽东就对广大青年提出了“身体好、学习好、工作好”的要求，走“又红又专”的道路，坚持德、智、体全面发展的教育方针，把德、智、体等方面的全面发展作为培养人才的重要标准。在改革开放和社会主义现代化建设的新时期，邓小平提出要培育有理想、有道德、有文化、有纪律的“四有”公民的任务。

培育“四有”公民，是建设社会主义先进文化对公民素质提出的综合要求。其中，有理想、有道德、有纪律，是对公民思想道德素质方面的要求；有文化则是对公民科学文化素质的要求。思想道德素质和科学文化素质是有机统一、相辅相成的，二者互相补充、互相促进、协调发展。“四有”是现代条件下衡量人的素质综合性的科学标准。有理想是目标，有道德是实现有理想的基础，有纪律是有崇高理想和良好道德的表现，也是有理想和有道德的保证，有文化是要提高整个中华民族的科学文化素质和为现代化建设提供智力支持。这四个方面的内容，构成了培育社会主义公民的整体标准。建设中国特色社会主义文化，要始终按照“四有”这样一个整体标准去培养人才，提高人的综合素质，为中国特色社会主义建设提供智力支持和人才支持。

促进人的全面发展，是马克思主义关于建设社会主义新社会的本质要求，是建设社会主义各项事业包括文化建设在内所追求的根本目标。所谓人的全面发展，即指人的体力和智力的充分、自由、和谐的发展。“三好”、“又红又专”和“四有”本质上都是对人的全面发展的具体体现。人的全面发展是共产主义社会的特征之一，人的全面发展也是同社会全面发展相统一、相一致的。实现人的全面发展是一个长远的理想和目标，还需要一个长期的社会发展进步才能实现，在现阶段加强文化建设就是按照有理想、有道德、有文化、有纪律的要求来引导人、教育人、培养人。

知识拓展

单向度的人

《单向度的人》是西方马克思主义主要代表人物赫伯特·马尔库塞（Herbert Marcuse，1889~1979）极富盛名的一部著作。在这本著作中，作者指出发达工业社会是如何成功地压制了人们内心中的否定性、批判性、超越性的向度，使这个社会成为单向度的社会，而生活于其中的人成了单向度的人，这种人丧失了自由和创造力，不再想象或追求与现实生活不同的另一种生活，对社会没有批判精神，一味认同于现实。这样的人不会去追求更高的生活，甚至没有能力去想象更好的生活。马尔库塞认为正是发达资本主义社会造成了单向度的人。这种单向度的趋势和马克思主义倡导的“人的全面发展”形成了鲜明的对照。

5. 中国特色社会主义文化建设的奋斗目标

党的十七届六中全会通过的《关于深化文化体制改革的决议》确立了文化建设的具体目标，即到2020年，文化改革发展的奋斗目标是：社会主义核心价值体系建设深入推进，良好思想道德风尚进一步弘扬，公民素质明显提高；适应人民需要的文化产品更加丰富，精品力作不断涌现；文化事业全面繁荣，覆盖全社会的公共文化服务体系基本建立，努力实现基本公共文化服务均等化；文化产业成为国民经济支柱性产业，整体实力和国际竞争力显著增强，公有制为主体、多种所有制共同发展的文化产业格局全面形成；文化管理体制和文化产品生产经营机制充满活力、富有效率，以民族文化为主体、吸收外来有益文化、推动中华文化走向世界的文化开放格局进一步完善；高素质文化人才队伍发展壮大，文化繁荣发展的人才保障更加有力。全党全国要为实现这些目标共同努力，不断提高文化建设科学化水平，为把我国建设成为社会主义文化强国打下坚实基础。

6. 中国特色社会主义文化建设的基本方针

我党在领导文化建设的长期实践中，积累了宝贵的经验，不断深化对文化发展规律的认识，形成了指导文化建设的一系列重要方针和原则。

第一，文化建设的“二为”方向，我们的文化必须坚持为人民服务、为社会主义服务，充分体现人民的利益和愿望，满足人民不同层次的、多方面的、丰富的、健康的精神需要，激发人民建设社会主义的积极性。文化建设的“二为”方向回答了文化建设以什么为指导，为什么人的根本问题。对这个方向的坚持决定了社会主义文化的目标和方向，也决定了文化的性质。

第二，文化建设的“双百方针”，即坚持百花齐放、百家争鸣的方针。“双百”方针是对文化建设经验的深刻总结，反映了文化发展的内在规律。百花齐放、百家争鸣是指在宪法规定的范围内，努力营造生动活泼、求真务实的良好氛围，充分发扬学术民主和艺术民主，在学术问题上提倡不同观点和不同学派的自由讨论，在艺术创作上提倡不同艺术风格和流派的争鸣和切磋。科学的进步、理论的发展、文化的繁荣和艺术的创新，都必须长期坚持“双百”方针，把弘扬主旋律和提倡多样化统一起来，促进社会主义文化的大繁荣和大发展。

第三，文化创作要坚持“三贴近”原则，即贴近实际、贴近生活、贴近群众，不断推进文化创新。坚持“三贴近”，就要立足社会主义初级阶段的实际，深入改革开放和现代化建设的实践，尊重人民群众的文化主体地位和首创精神。“三贴近”是文化发展和创新的丰富土壤和不竭源泉。只有坚持“三贴近”，文化建设才能回答和解决现实问题、反映生活本质、满足群众的文化需求。发挥人民在文化建设中的主体作用，坚持文化发展为了人民、文化发展依靠人民、文化发展成果由人民共享。

第四、坚持继承和发扬优秀民族文化传统，利用、借鉴和吸收人类文明的共同成果。我国有着优秀的文化传统，经过数千年的积淀和发展，已经深深地融入到中华民族的血脉之中，成为中华文明的基本特性和重要价值取向。对于传统文化要取其精华、去其糟粕、古为今用、推陈出新。同时吸收和借鉴世界优秀文明成果。发展先进文化、建设和谐文化，离不开与世界文化的交流与对话，离不开对各国有益文化成果的学习与借鉴。必须坚持洋为中用，博采众长，积极吸收、借鉴和利用人类文明的共同成果，把它熔铸于社会主义先进文化之中。

第五，文化建设要坚持“两手抓”，即一手抓繁荣，一手抓管理。繁荣是文化建设的永恒主题，管理是文化繁荣发展的有利保障，两者紧密联系、相互促进。文化的繁荣有赖于长期的建设，同时要坚持科学管理、依法管理，综合运用法律、行政、经济、行业自律等手段，推进文化领域管理工作的法制化、规范化、制度化建设。

第六，文化建设要坚持把社会效益放在首位，坚持社会效益和经济效益有机统一，遵循文化发展规律，推动文化事业和文化产业的全面协调可持续发展。

案例分析

“限娱令”与“过度娱乐化”

2011 年，广电总局下发《关于进一步加强电视上星综合频道节目管理的意见》，提出从 2012 年 1 月 1 日起，34 个电视上星综合频道要提高新闻类节目播出量，同时对部分类型节目播出实施调控，并要求各大卫视须办道德建设栏目，其中娱乐选秀节目不得超过 10 档。

“限娱令”的出台，与近年来我国电视娱乐节目的泛滥有关。同样的娱乐游戏，各类电视台都在拷贝复制，换汤不换药地玩，跟风、模仿之风泛滥。比如各类电视选秀节目和相亲节目充斥着各家卫视，电视文化的结构严重失衡，使得民众陷入了一种浅层次的庸俗、低俗的娱乐之中。

电视的魅力，就在于电视的图像给人的直观而强烈的视觉冲击力，给人讲故事讲道理的潜移默化的渗透力。过度娱乐化遮蔽了电视的光芒，钝化了电视的锋芒，也就让电视不能站在国家和民族的高度，释放先进文化、优秀文化对人的春风化雨、润物无声的力量，让人稀释了人生的志趣与质量。

在这个意义上，我们没必要对“限娱令”感到愤懑，因为这一限，不仅能够促使电视主动调整和优化电视文化的结构，而且也能够促使娱乐节目自身精品化、差异化，多些创造，少些跟风。娱乐节目也只有在电视文化中分量适中、精品众多时，才能展示它本身的魅力，对观众产生积极的影响。过度娱乐化，电视或能在一时中获得一点收视率，最终却会在观众的厌恶中失去发展的机遇，临了再转型只怕已经晚了。

思考讨论：

试结合材料内容谈谈对我国文化建设方针的认识。

案例分析：

有中国特色社会主义文化建设的目标是培养“四有”公民。文化建设的基本方针就是为实现这一目标，结合文化建设实践经验而确立的原则。其中，“双为”和“双百”即“为人民服务、为社会主义服务”、“百花齐放，百家争鸣”是我国文化建设中的两条重要基本方针。中国广播电视事业的繁荣发展，各种卫星电视台和娱乐节目的出现都是贯彻这些方针的体现。此外，我国文化建设还要坚持“三贴近”和“两手都要抓”的方针。即“贴近实际、贴近生活、贴近群众”，“坚持一手抓繁荣，一手抓管理”。近年来泛滥的电视娱乐节目大部分都是引进的国外娱乐项目，主要依靠一些哗众取宠的言论、新奇搞怪的视觉效果、隐私八卦甚至是物质刺激来吸引观众，其中大部分内容实际远离人们生活实际，既不直面社会现实问题，也不能反映生活本质。因此，我们在文化建设中不能只抓文化繁荣和多样性，还要注重文化的管理和积极引导。广电总局的“限娱令”也是贯彻我国文化建设方针的体现。

一个国家文化自身发展有着极其复杂而多元的态势，文化也有着消极文化和先进文化之分，只有严格遵循我国文化建设的方针政策，坚持社会主义先进文化的前进方向，才能充分地发挥文化对社会主义建设的推进作用，使得文化真正成为我国的核心竞争力。

二、建设社会主义核心价值体系

1. 核心价值体系的提出

所谓价值体系即主体以其需求系统为基础，对主客体之间的价值关系进行整合而形成的观念形态，集中体现为主体的愿望、要求、理想、需要、利益等。任何一个社会都会出于自己的需要，提出自己的核心价值体系。在中国古代就有“礼义廉耻，国之四维”之说，它构成了中国封建社会的核心价值体系。在当代中国，社会发展的多元化导致了文化发展的多样性及多元的价值体系。虽然多元的价值体系都有自己的社会基础、社会地位和作用，但是它们各自的地位、影响和作用不是均等的，有的价值体系居于核心地位，发挥主导规范和价值引领的作用。

中国处在社会主义初级阶段，有着多元价值体系并存的现实基础，但居于核心地位的价值体系应该是社会主义先进文化中的价值观体系。党的十六届六中全会通过的《中共中央关于构建社会主义和谐社会若干重大问题的决定》中第一次提出了建设社会主义核心价值体系的战略任务，提出社会主义核心价值体系是建设和谐文化的根本，是社会主义制度的内在精神和生命之魂，它决定着社会主义的发展模式、制度体制和目标任务，在所有社会主义价值目标中处于统摄和支配地位。没有社会主义核心价值体系的引领，构建和谐社会、建设和谐文化就会迷失方向。2007 年底党的十七大，首次将“建设社会主义核心价值体系”纳入报告中，指出：社会主义核心价值体系是社会主义意识形态的本质体现，要切实把社会主义核心价值体系融入到国民教育和精神文明建设的全过程，转化为人民的自觉追求。积极探索用社会主义核心价值体系引领社会思潮的有效途径，增强社会主义意识形态的吸引力和凝聚力。

2. 核心价值体系的内涵

社会主义核心价值体系包括四个方面的基本内容，即马克思主义指导思想、中国特色社会主义共同理想、以爱国主义为核心的民族精神和以改革创新为核心的时代精神、以“八荣八耻”为主要内容的社会主义荣辱观。

(1) 马克思主义指导思想

马克思主义指导思想决定了社会主义核心价值体系的性质和方向。马克思主义是社会主义意识形态的旗帜，是社会主义核心价值体系的灵魂。建设社会主义核心价值体系，最根本的是坚持马克思主义的指导地位。

马克思主义深刻揭示了人类社会发展规律，为人类的进步和社会发展指明了正确方向。只有马克思主义才真正反映和代表工人阶级和劳动人民的根本利益。坚持马克思主义的指导思想，才能坚定维护和发展最广大人民根本利益，指引人民推动社会进步、创造美好生活。

坚持马克思主义的指导思想，必须反对指导思想的多元化。在文化多元化的背景下，牢牢掌握意识形态的指导权、主动权、话语权，反对搞指导思想的“多元化”、“模糊化”、“边缘化”。

坚持马克思主义的指导思想，必须在新的历史条件下发展马克思主义，实现马克思主义的中国化、时代化和大众化。科学分析世情、国情、党情的新变化，深入研究解决改革开放和社会主义现代化建设的新课题，不断深化对共产党执政规律、社会主义建设规律、人类社会发展规律的认识，不断把党带领人民创造的成功经验上升为理论，不断赋予当代中国马克思主义鲜明的实践特色、民族特色、时代特色。

坚持马克思主义的指导思想，要深入开展马克思主义的学习活动。坚持不懈地用中国特色社会主义理论体系武装全党、教育人民，推动学习实践科学发展观向深度和广度拓展，引导党员、干部深入学习贯彻党的基本理论、基本路线、基本纲领、基本经验，学习马克思主义经典著作，系统掌握马克思主义立场、观点、方法。坚持以领导班子和领导干部为重点，以提高思想政治素养为根本，以建设学习型党组织为抓手，大力推进马克思主义学习型政党建设。

(2) 中国特色社会主义共同理想

中国特色社会主义共同理想是社会主义核心价值体系的主题。理想和信念要解决的是精神支柱和精神动力的问题。一个民族、一个国家，如果没有共同的理想和信念，就等于没有精神支柱，就会失去凝聚力和生命力。建设中国特色社会主义的共同理想，就要使社会各个阶层、各个群体在同一目标下团结起来，共同行动。

在社会主义初级阶段，我国人民的共同理想就是在中国共产党的领导下，走中国特色社会主义道路，实现中华民族的伟大复兴。这一共同理想是社会主义核心价值体系的主题。这个共同理想，集中代表了我国工人、农民、知识分子和其他劳动者、建设者、爱国者的利益和愿望，具有令人信服的必然性、广泛性和包容性，具有强大的感召力、亲和力和凝聚力；这个共同理想，把国家、民族与个人紧紧地联系在一起，强调了国家要基本实现现代化、民族要实现伟大复兴、人民要过上宽裕的小康生活，有利于调动全体人民的积极性共同为之奋斗；这个共同理想，既体现了现阶段党的奋斗目标，又体现了党的最终奋斗目标，要求共产党员把为最高理想而奋斗同为现阶段共同理想而奋斗统一于建设中国特色社会主义的实践中。

建设社会主义核心价值体系，要深入开展理想信念教育，引导干部群众深刻认识中国共产党领导和中国特色社会主义制度的历史必然性和优越性，深刻认识中国特色社会主义道路既是实现社会主义现代化和中华民族伟大复兴的必由之路，也是创造人民美好生活的必由之路，自觉把个人理想融入到中国特色社会主义共同理想之中，最大限度地把广大人民团结和凝聚在中国特色社会主义的伟大旗帜之下。

(3) 弘扬民族精神和时代精神

以爱国主义为核心的民族精神和以改革创新为核心的时代精神是社会主义核心价值体系的精髓。爱国主义是中华民族最深厚的思想传统，最能感召中华儿女团结奋斗；改革创新是当代中国最鲜明的时代特征，最能激励中华儿女锐意进取。要广泛开展民族精神教育，大力弘扬爱国主义、集体主义、社会主义思想，增强民族自尊心、自信心和自豪感。

民族精神是民族文化最本质、最集中的体现，是一个民族在历史活动中表现出来的富有生命力的优秀思想、高尚品格和坚定志向，是民族文化中固有的并且延绵不断的一种历史文化传统。在五千多年的发展中，中华民族形成了以爱国主义为核心的团结统一、爱好和平、勤劳勇敢、自强不息的伟大民族精神，包括了“天下兴亡匹夫有责”，“富贵不淫、贫贱不移、威武不屈”，“先天下之忧而忧、后天下之乐而乐”等民族优良传统。这个民族精神，是中华民族生生不息、发展壮大的强大精神动力。

当代中国改革开放和社会主义现代化建设的伟大实践铸就了以改革创新为核心的与时俱进、开拓进取、求真务实、奋勇争先的时代精神。这一时代精神已经深深融入我国经济、政治、文化、社会建设的各个方面，成为各族人民不断开创中国特色社会主义事业新局面的强大精神力量。它反映了当代中国社会进步的发展方向，引领时代进步的潮流，是被全社会成员普遍认同和接受的思想观念、价值取向和行为方式，反映了当代中国社会崭新的精神风貌。

民族精神和时代精神相互交融，深深熔铸在民族的生命力、创造力和凝聚力之中，共同构成了中华民族自立自强的精神品格，成为推动中华民族伟大复兴的精神动力。在全面建设小康社会、加快推进社会主义现代化的进程中，民族精神和时代精神对中华民族的凝聚、激励作用越来越突出，成为社会主义核心价值体系不可或缺的重要组成部分。

弘扬民族精神和时代精神，能够凝聚全国各族人民的力量，使全体人民保持昂扬向上的精神状态，锐意进取，奋发图强，也是我们全面建设小康社会、实现中华民族伟大复兴的重要保证。

知识拓展

中国文化的基本精神

中国传统文化的基本精神就是中华民族在精神形态上的基本特点。对于其基本特点，不同的学者有不同的概括。

张岱年在《论中国文化的基本精神》中认为：(1)刚健有为；(2)和与中；(3)崇德利用；(4)天人协调。这些就是中国传统文化的基本精神之所在。中国的民族精神基本凝结于《周易大传》的两句名言之中，这就是："天行健，君子以自强不息"；"地势坤，君子以厚德载物"。"自强不息，厚德载物"是中国传统文化的基本精神。'中庸"观念，虽然在过去广泛流传，但是实际上不能起推动文化发展的作用。所以，不能把"中庸"看做中国传统文化的基本精神。

(4) 社会主义荣辱观

社会主义荣辱观是社会主义核心价值体系的基础。荣辱观，是人们对荣誉和耻辱的根本看法和态度，是世界观、人生观、价值观的重要内容，它为一个人提供了分清是非荣辱，明辨善恶美丑的价值判断标准，为一个社会确立了基本的道德风尚。它以基本行为规范的方式涵盖了社会主义核心价值体系其他三个方面的内容并使之具体化，从而让社会主义核心价值体系落到实处，有了依托，人民践行有了遵循方向。

社会主义荣辱观以"八荣八耻"为主要内容，是胡锦涛对教育广大干部群众尤其是青少年提出的要求。具体内容包括：坚持以热爱祖国为荣、以危害祖国为耻；以服务人民为荣、以背离人民为耻；以崇尚科学为荣、以愚昧无知为耻；以辛勤劳动为荣、以好逸恶劳为耻；以团结互助为荣、以损人利己为耻；以诚实守信为荣、以见利忘义为耻；以遵纪守法为荣、以违法乱纪为耻；以艰苦奋斗为荣、以骄奢淫逸为耻。

社会主义荣辱观是对与社会主义市场经济相适应、与社会主义法律规范相协调、与中华民族传统美德相承接的社会主义思想道德体系全面系统、准确通俗的表达，它旗帜鲜明地指出了在社会主义市场经济条件下，应当坚持和提倡什么、反对和抵制什么，为全体社会成员判断行为得失、作出道德选择、确定价值取向，提供了基本的价值准则和行为规范。

树立和实践社会主义荣辱观，要深入开展社会主义荣辱观宣传教育，引导人民增强道德判断力和道德荣誉感，自觉履行法定义务、社会责任、家庭责任，在全社会形成"知荣辱、讲正气、作奉献、促和谐"的良好风尚。深化政风、行风建设，开展道德领域突出问题专项教育和治理，坚决反对拜金主义、享乐主义、极端个人主义，坚决纠正以权谋私、造假欺诈、见利忘义、损人利己的歪风邪气。把诚信建设摆在突出位置，在全社会广泛形成守信光荣、失信可耻的氛围。

社会主义核心价值体系这四个方面的内容，相互联系、相互贯通，相互促进，是一个有机统一的整体。坚持马克思主义的指导地位，抓住了社会主义核心价值体系的灵魂；树立共同理想，突出了社会主义核心价值体系的主题；培育和弘扬民族精神和时代精神，把握了社会主义核心价值体系的精髓；树立和践行社会主义荣辱观，打牢了社会主义核心价值体系的基础。

3. 建设社会主义核心价值体系的意义

没有社会主义核心价值体系的引领和主导，和谐文化建设就会迷失方向、失去根本。建设社会主义核心价值体系，既是丰富发展中国特色社会主义理论与实践的需要，也是构建和谐社会、建设和谐文化的必然要求。只有建设社会主义核心价值体系，才能形成全民族奋发向上的精神力量和团结和睦的精神纽带。只有坚持用社会主义核心价值体系引领多样化的思想观念和社会思潮，才能在尊重差异中扩大社会认同，在包容多样中增进思想共识，团结不同阶层、不同认识水平的人们共同前进。

社会主义核心价值体系是兴国之魂，是社会主义先进文化的精髓，决定着中国特色社会主义发展方向。必须强化教育引导，增进社会共识，创新方式方法，健全制度保障，把社会主义核心价值体系融入到国民教育、精神文明建设和党的建设的全过程，贯穿于改革开放和社会主义现代化建设各领域，体现到精神文化产品的创作生产传播各方面，坚持用社会主义核心价值体系引领社会思潮，在全党全社会形成统一的指导思想、共同的理想信念、强大的精神力量和基本的道德规范。

三、社会主义文化建设的主要内容

社会主义文化建设包含了丰富的内容。从内容上来看，主要有思想道德建设和科学文化教育建设两个方面的内容。

1. 思想道德建设

社会主义思想道德建设，是建设中国特色社会主义文化的重要内容和中心环节。思想道德建设解决的是整个中华民族的精神支柱和精神动力问题。道德是调整社会关系、规范人们行为的基本准则，是形成良好社会风尚和人际关系的重要保证。没有共同的道德规范，失去了普遍遵循的行为准则，就无法有效提升人们的精神境界，无法协调不同利益主体的相互关系，也就无法实现社会和谐。

思想道德建设的基本任务是：坚持爱国主义、集体主义、社会主义教育，加强社会公德、职业道德、家庭美德建设。引导人们树立正确的世界观、人生观、价值观，建设社会主义核心价值体系。思想道德建设的基本内容可以归纳为理想建设、道德建设和纪律建设三个方面。其中，理想建设是思想道德建设的核心；道德建设是思想道德建设的主体内容；纪律建设是思想道德建设的保证。在社会主义初级阶段，道德建设具有多层次性，既有先进性的要求，也有广泛性的要求。要把先进性要求同广泛性要求结合起来，形成和完善不同层次的道德体系。鼓励支持一切有利于解放和发展社会主义生产力的思想道德，一切有利于国家统一、民族团结、社会进步的思想道德，一切有利于追求真善美、抵制假恶丑、弘扬正气的思想道德，一切有利于履行公民权利与义务，用诚实劳动争取美好生活的思想道德，团结和引导亿万人民积极向上，不断提高全民族的思想道德水平。

思想政治工作是经济工作和其他一切工作的生命线，是中国共产党的创举，是中国共产党和我们国家重要的政治优势。在改革开放和社会主义现代化建设的新时期，越是发展经济，越是改革开放，就越需要重视和加强思想政治工作。思想政治工作的一个重要任务就是要引导人们分清正确与谬误、文明与愚昧、真善美与假恶丑。做好思想政治工作，不仅要发扬我们党的优良传统，同时还要增强思想政治工作的说服力和感染力，增强实效性和针对性。思想政治工作要以理想信念教育为核心，坚持以人为本，既要教育人、引导人、帮助人、鞭策人，又要尊重人、理解人、关心人、爱护人。

加强思想道德建设，要加快建立和完善社会主义思想道德体系。首先，社会主义思想道德体系要立足于马克思主义对人与社会的本质的揭示，鼓励和宣扬人与人的互助与合作，尊重人的自由与权利；同时社会主义思想道德体系要适应社会主义市场经济的要求，要反映不同层次和不同职业的群体进行社会交往和生产实践的要求。此外，社会主义思想道德体系还要符合中华民族的传统道德观念，使几千年文明发展沉淀下来的传统美德在社会主义制度下得到更好的展现和宣扬。

加强思想道德建设，要加强思想道德的引导力和规范力。思想道德是通过一种内在的约束力来规范个体的行为，实现社会的有序化。社会主义思想道德体系在社会主义建设中的发挥有赖于人们自觉认可、接纳这一道德体系，并内化为个体的道德观念体系，这样社会伦理和个人道德才能合一。思想道德的约束力主要是通过社会舆论和社会风气来实现。因此，要加强社会舆论和大众媒体的道德约束力和自制力，有效地发挥社会舆论对大众思想道德观念的引导作用和约束作用。

加强思想道德建设，要将依法治国与以德治国紧密结合起来。所谓以德治国，即运用一定的思想道德来规范人民的行为，治理社会或国家。依法治国与以德治国的结合就是使法律和道德在内容上相互衔接、相互协调，在作用上相辅相成、相互促进。法治和德治从来都是相辅相成、相互促进的。法治是以法律的权威性和强制性规范社会成员的行为，法律是对人们行为和道德底线的约束；德治是以道德的说服力和感召力来提高社会成员的思想认识和道德觉悟，是对高尚的人格和优良的社会风气的弘扬。

热点链接

2011年，道德问题成为十大社会热点问题

中共中央机关刊物《求是》杂志社旗下《小康》杂志与清华大学联合发布了《2011最受关注十大焦点民生问题》，其中最令人关注的是“社会道德风气”从2007年以来首次进入国人关注的热点问题前十名，调查显示，八成受访者为社会道德风气担忧。2011年，“老人倒地无人敢扶”、“小悦悦事件”、“郭美美事件”等引起的连锁反应给中国人的道德素质和慈善组织留有强烈的余震。“中国人信用调查”显示，近九成(88.7%)受访者因“郭美美事件”而降低了对中国慈善组织的信任度。尽管有专家指出，网络的过度渲染加剧了公众关于道德素养的社会信任危机，但是公众对这一系列事件的关注就表明了一定程度的信任危机的存在，这应当引起我们对道德建设的重视。

2. 发展教育和科学

教育和科学是文化建设的重要内容，对于满足人民群众日益增长的精神文化需求，提高民族素质，促进经济发展和社会全面进步具有重要作用。发展教育和科学，营造良好的文化环境，是加强文化建设、提高社会文明程度、推进改革开放和现代化建设的重要条件。改革开放和社会主义现代化建设的伟大实践，为中国教育和科学的发展注入了新的活力，同时迫切要求文化建设有一个大的提高和发展。

发展教育和科学事业，要重视科学技术的进步。一个国家的现代化，关键是科学技术的现代化。没有科学技术的高速度发展，也就不可能有国民经济的高速度发展。进入21世纪，世界新科技革命发展的势头更加迅猛，并孕育着新的重大突破。在世界新科技革命推动下，知识在经济社会发展中的作用日益突出，科学技术进步愈益成为经济发展的决定性因素，国民财富的增长和人类生活的改善越来越有赖于知识的积累和创新，科技竞争成为国际综合国力竞争的焦点。新中国成立以来特别是改革开放以来，党和国家采取了一系列加快我国科技事业发展的重大战略举措，全社会科技水平显著提高。但我国科技的总体水平同世界先进水平相比仍有较大差距，同我国经济社会发展的要求还有许多不相适应的地方。我国要在本世纪中叶基本实现现代化，就必须重视科学技术的进步。要正确把握世界科技迅速发展的趋势，充分估量未来科学技术特别是高科技对社会经济结构、现代化进程和综合国力的巨大影响，把加速科技进步放在经济和社会发展的关键地位，把经济建设转到依靠科技进步和提高劳动者素质的轨道上来。要坚持经济建设依靠科学技术、科学技术面向经济建设的方针，加强科技与经济的结合。

发展教育和科学事业，要繁荣哲学社会科学。哲学社会科学，是人们认识世界、改造世界的重要工具，是推动历史发展和社会进步的重要力量。在认识和改造世界的过程中，哲学社会科学与自然科学同样重要；培养高水平的哲学社会科学家，与培养高水平的自然科学家同样重要；提高全民族的哲学社会科学素质，与提高全民族的自然科学素质同样重要；任用好哲学社会科学人才并充分发挥他们的作用，与任用好自然科学人才并充分发挥他们的作用同样重要。要立足国情，立足当代，以重大现实问题为主攻方向，推动理论创新和知识创新，研究回答关系党和国家发展的前瞻性、全局性、战略性问题，研究回答干部群众关心的重大理论和实际问题，充分发挥认识世界、传承文明、创新理论、资政育人、服务社会的作用，努力建设具有中国特色、中国风格、中国气派的哲学社会科学。

发展教育和科学事业，要以教育为基石。百年大计，教育为本。国运兴衰，系于教育。科技进步、经济繁荣和社会发展，从根本上说取决于劳动者的素质。而人才的培养离不开教育。教育是立国之本、兴国之基。提高国民素质，必须大力发展教育。我国有13亿人口，人力资源十分丰富，但是文化素质整体不高。加快教育发展，是把我国巨大人口压力转化为人力资源优势的根本途径。教育是发展科学技术和培养人才的基础，在现代化建设中具有先导性和全局性作用，因此，要把教育放在优先发展的战略地位，充分发挥教育在开发我国巨大人力资源方面的优势，全面提高广大人民的思想道德素质和科学文化素质，造就数以亿计的高素质的劳动者、数以千万计的专门人才和一大批拔尖创新人才。

教育事业必须同现代化建设的要求相适应。教育要面向现代化，面向世界，面向未来。教育必须为社会主义现代化建设服务，为人民服务，必须与生产劳动和社会实践相结合，培养德、智、体、美等全面发展的社会主义建设者和接班人。坚持教育优先发展,促进教育公平。建设现代国民教育体系和终身教育体系,保障人民享有接受良好教育的机会。坚持公共教育资源向农村、中西部地区、贫困地区、边疆地区、民族地区倾斜,逐步缩小城乡、区域教育发展差距,推动公共教育协调发展。继续普及和巩固九年义务教育,重点加强义务教育特别是农村义务教育,保障农民工子女接受义务教育,认真解决城市低收入群众的子女就学困难问题。加快发展城乡职业教育和培训网络,努力使劳动者人人有知识、个个有技能。保持高等院校招生合理增长,注重增强学生的实践能力、创造能力和就业能力、创业能力。提高师资特别是农村师资水平。改进学校思想政治工作和管理工作,提高师生思想道德素质。引导民办教育健康发展。积极发展继续教育,努力建设学习型社会。

四、深化文化体制改革

1. 文化体制改革及其基本框架

文化体制就是国家对发展文化事业、管理文化事业而制定的一系列制度的总称,包含了文化管理制度、文化环境的培育制度、文化发展的激励制度。具体包括对文化主体、文化秩序、文化市场、文化事业与文化产业的管理制度。

文化体制改革就是通过改革,形成科学有效的宏观文化管理体制,完善文化法律法规体系,强化政府管理文化管理服务职能,构建覆盖全社会的公共文化服务体系;形成富有效率的文化生产和服务的微观运行机制;形成以公有制为主体,多种所有制共同发展的文化产业格局;形成统一、开放、竞争、有序的现代文化市场体系;形成完善的文化创新体系;形成以民族文化为主体,吸收外来有益文化,推动中华文化走向世界的文化开放格局,进一步提升文化事业和文化产业的国际影响力和竞争力。这是文化体制改革的基本框架。

2. 文化体制改革的进程

1988 年,国务院相关部门陆续颁布了文化市场管理法规,文化市场的概念得以确立;2000 年,"文化产业"一词被正式写入中央文件。2002 年 11 月,党的十六大报告厘清了两者之间的关系,首次提出"积极发展文化事业和文化产业","根据社会主义精神文明建设的特点和规律,适应社会主义市场经济发展的要求,推进文化体制改革"。2005 年年底,中共中央、国务院下发了《关于深化文化体制改革的若干意见》。2006 年 3 月,中央召开全国文化体制改革工作会议,新确定了全国 89 个地区和 170 个单位作为文化体制改革的试点地区和单位。文化体制改革在稳步推进的基础上,走上全面推开的新里程。2006 年 9 月,中共中央办公厅、国务院办公厅印发了《国家"十一五"时期文化发展规划纲要》,对"十一五"时期文化发展的指导思想、方针原则、目标任务作出了全面阐述,对进一步加快文化建设、推动文化体制改革作出了重要部署。2007 年 11 月,党的十七大从中国特色社会主义事业"四位一体"总体布局的战略高度,提出了兴起社会主义文化建设新高潮、推动社会主义文化大发展大繁荣的战略任务。2009 年 7 月,我国第一部文化产业专项规划——《文化产业振兴规划》

由国务院常务会议审议通过，这是继钢铁、汽车、纺织等十大产业振兴规划后出台的又一重要产业振兴规划，标志着文化产业已上升为国家战略性产业。2011年，十七届六中全会再一次通过决议以深化文化体制改革，促进文化大发展、大繁荣。

文献导引

文化产业振兴规划

基本原则：坚持把社会效益放在首位，努力实现社会效益和经济效益的统一；坚持以体制改革和科技进步为动力，增强文化产业发展活力，提升文化创新能力；坚持走中国特色文化产业发展道路，学习借鉴世界优秀文化，积极推动中华民族文化繁荣发展；坚持以结构调整为主线，加快推进重大工程项目，扩大产业规模，增强文化产业整体实力和竞争力；坚持内外并举，积极开拓国内国际文化市场，增强中华文化在国际上的影响力。

规划目标：完成经营性文化单位转企改制，文化市场主体进一步完善，活力进一步增强，文化产业规模不断扩大，推动经济社会发展的功能和作用得到较好发挥。

1. 文化市场主体进一步完善
2. 文化产业结构进一步优化
3. 文化创新能力进一步提升
4. 现代文化市场体系进一步完善
5. 文化产品和服务出口进一步扩大。

3. 文化体制改革的目标和原则

党的十六届四中全会把建设社会主义先进文化作为加强党的执政能力建设的重要内容，强调要不断提高建设社会主义先进文化的能力，通过深化文化体制改革，解放和发展文化生产力。十七届六中全会通过的《中共中央关于深化文化体制改革推动社会主义文化大发展、大繁荣的决定》，对积极发展文化事业和文化产业进一步作出了具体部署。

文化体制改革的奋斗目标是：社会主义核心价值体系建设深入推进，良好思想道德风尚进一步弘扬，公民素质明显提高；适应人民需要的文化产品更加丰富，精品力作不断涌现；文化事业全面繁荣，覆盖全社会的公共文化服务体系基本建立，努力实现基本公共文化服务均等化；文化产业成为国民经济支柱性产业，整体实力和国际竞争力显著增强，公有制为主体、多种所有制共同发展的文化产业格局全面形成；文化管理体制和文化产品生产经营机制充满活力、富有效率，以民族文化为主体、吸收外来有益文化、推动中华文化走向世界的文化开放格局进一步完善；高素质文化人才队伍发展壮大，文化繁荣发展的人才保障更加有力。全党全国要为实现这些目标共同努力，不断提高文化建设科学化水平，为把我国建设成为社会主义文化强国打下坚实基础。

文化体制改革的原则要求是：坚持社会主义先进文化的前进方向；坚持马克思主义在意识形态领域的指导地位，确保国家文化安全；坚持勇于实践、大胆创新，树立新的文化发展观；坚持把社会效益放在首位，把发展公益性文化事业作为保障人民文化权益的主要途径，努力实现社会效益和经济效益的统一；坚持文化事业和文化产业协调发展；坚持区别对待、分类指导，循序渐进、逐步推开。

案例分析

上海文化体制改革

1995 年，上海广电系统实行第三次改革，进行“撤二建一”，即撤消了原来的电影局、广播电视局，形成影视合流，组建了上海广播电影电视局，在上海广播影视系统实现了发展战略规划、基建规划、宣传管理、技术管理和财务管理的五个统一。

1998 年后，上海相继建立了世纪出版集团、解放日报报业集团、新华发行集团、广电集团和新闻出版局及邮政部门联手组建了面向基层、遍布全市的书报刊零售网络——东方书报亭。2000 年，由上海主要新闻媒体，共同出资 6 亿元人民币，联手组建了上海市最大的新闻网站——东方网。

上海市文艺院团在推进人事制度改革的同时，对拨款制度实施了拨改投改革：建立了四项基金(改革基金、人才培养基金、剧目创作基金和演出补贴基金)，将原来拨给院团的一部分钱以基金的形式，资助文艺院团的改革、创作、演出和人才培养。

2000 年，上海市推出了文广合并的重大改革，将原来文化局、广播电影电视局合并，组建了文化与广播电影电视局。2001 年上海文广系统有两个制度创新的举措：一是将部分文艺院团委托给文广集团下属的一些实体管理；二是将新闻传媒实体从文广局剥离，组建文广集团。像上海歌剧院、上海轻音乐团、上海话剧中心委托上海电视台管理；文艺院团改革，实行的是分类管理。第一类是国家重点保护剧种，如京剧团、昆剧团和交响乐团，直接由上海文广集团管理，依然主要由政府投入；第二类是芭蕾舞、歌剧院等剧种，交给有实力的媒体或其他社会单位管理，政府给予一定的优惠政策予以支持；第三类市场化程度比较高的剧种，如滑稽剧、杂技等，则直接面向市场。

2001 年 4 月成立的文广集团将上海文化广播影视管理局的部分职能剥离出来，行使“办文化”的职能，而作为政府主管部门的上海文化广播影视管理局则由“办文化”转到“管文化”。

近年来上海文化产业发展十分迅猛，其吸纳社会资本的方式也较为多样。一是土地批租和房屋置换，如上海博物馆新馆建设的总投资为 5.7 亿元，其中 2700 万美元的资金是通过老馆土地批租和房屋置换获得的，还有 20%是通过社会赞助获得的。二是银行贷款，如上海广电系统的上视、东视和上广、东广三幢大厦的建设资金，其中有 14 亿元是通过银行贷款得到的。三是股票上市，如东方明珠广播电视塔的首期建设资金为 8.3 亿元，通过股票上市先后融资 4 亿多元，解决了资金不足。四是合作合资经营，如上海嘉华影院。五是市区联动，如上海举办八运会新建和改建 38 个体育场馆，需要资金 60 亿元，通过市区联动这个办法解决了资金问题。

思考讨论：

试结合上海文化体制改革的实践谈谈中国文化体制存在的问题及改革方向。

案例分析：

文化体制实质上就是国家对发展文化和管理文化而制定的一系列政策和制度安排的总称。在计划经济体制下，文化事业的发展和建设单纯依靠政府的投资，政府也对文化事业的发展进行直接的管理。随着市场经济体制改革的逐步推进，原有单一的文化体制极大地制约了文化的发展。主要问题表现在：单一的文化管理方式制约了文化自身发展的活力；政府对文化投入不足不能满足人民日益增长的文化需求；经营性文化和公益性文化不分，导致经营性文化挤压了公益性文化的发展等。

上海文化体制的改革就是为了解决这系列的问题。将文化事业单位和政府部门进行职能的划分，对经营性文化和公益性文化进行分类管理，引进多元的文化投资模式，促进各项文化事业的发展。上海文化体制改革总体上取得了良好的成效，为我国文化体制改革的深化提供了许多有价值的经验。

4. 促进文化大发展大繁荣

文化生产力是经济和文化及其相互融合发展到一定阶段的产物，是指人们生产文化产品、提供文化服务的能力。文化生产力是社会生产力的重要组成部分，在经济社会发展和文化建设的实践中占有重要的地位。文化生产力是促进经济增长的强大动力，是综合国力竞争的重要标志，文化生产力的发展是先进文化建设的重要途径。解放和发展文化生产力，是我们面临的一项重大而紧迫的任务。

在马克思主义指导下，解放和发展文化生产力，是满足人民群众精神文化需求的重要途径。由于历史和现实的原因，我国目前社会上还存在一些落后文化和腐朽文化，存在一些否定马克思主义的错误思想观点。如果不解放和发展文化生产力，增强先进文化的竞争力和影响力，就不可能巩固马克思主义在意识形态领域的指导地位，打牢全体人民团结奋斗的共同思想基础。

随着物质生活水平的不断提高，人们的精神文化需求日益增长，并表现出多层次、多形式、多样性等特点。如果不解放和发展文化生产力，从数量、质量、多样性、个性化等方面提供文化产品和服务，就不可能满足人民群众的精神文化需求。

解放和发展文化生产力，是构建社会主义和谐社会的内在要求。文化产业作为“朝阳产业”和新的经济增长点，在各国经济发展中的地位越来越重要。我国文化产业的整体实力还不强，文化资源优势还没有转化为现实发展优势，文化支撑作用发挥得还不够，文化产业对国民经济的贡献率还比较低。构建社会主义和谐社会，要求我们促进经济建设、政治建设、文化建设、社会建设协调发展。如果不解放和发展文化生产力，增强文化的总体实力和竞争力，就不可能为构建社会主义和谐社会提供强有力的精神支撑。

改革开放以来，适应社会主义市场经济发展的要求，不断深化文化体制改革，在加强宏观管理、调整产业结构、转换经营机制、培育和规范文化市场、推进集团化建设和对外开放等方面，取得了显著成绩，文化赖以生存和发展的经济基础、体制环境、社会条件发生了深刻变化。在新的历史条件下，文化体制已经与人民群众日益增长的精神文化需求、全面建设小康社会的目标任务，与完善社会主义市场经济体制、进一步扩大对外开放的新形势，与依法治国、加快社会主义法制建设的环境，与高新技术在文化领域迅猛发展和广泛应用的趋势不相适应。只有不断深化文化体制改革，推动文化创新，加快文化事业和文化产业发展，我们才能繁荣和发展好社会主义先进文化。实现文化事业全面繁荣和文化产业快速发展，迫切需要深化文化体制改革。

在推进文化体制改革、建设社会主义先进文化的过程中，要坚持把社会效益放在首位，实现经济效益和社会效益有机统一的正确方针。文化产品具有双重属性。文化产品进入市场，具有一般商品的属性，有其经济价值；文化产品又不同于一般商品，是一种特殊的精神文化产品，具有教育人、陶冶人、愉悦人的作用。因此不能片面强调文化产品的经济效益。我们的文化工作者一定要创作出既有思想性，又有艺术性的佳作，使广大人民群众在消费文化产品、欣赏文学艺术的同时，也受到了教育，陶冶了情操，只有这样，才能实现经济效益和社会效益的最佳结合。如果只是一味地强调文化产品的经济效益，“一切向钱看”，而忽视了文化产品的社会效益，那样只能损害广大人民群众的文化利益，也不可能繁荣中国特色社会主义文化。

报纸、广播、电视等新闻媒体是党、政府和人民的喉舌。新闻出版、广播影视要坚持为团结稳定鼓劲、正面宣传为主，宣传科学理论，传播先进文化，弘扬社会正气，塑造美好心灵，提倡科学精神。要坚持正确导向，把体现党的意志同反映人民的心声结合起来，把坚定正确的政治方向放在首位，紧紧围绕经济建设这个中心，服从服务于全党全国工作的大局。

文学艺术是民族精神的火炬，是人民奋进的号角。实现中华民族伟大复兴的时代，也是能够产生伟大文艺作品的时代。要坚持党的文艺工作方针，尊重文艺规律，尊重作家艺术家的创造性劳动，在艺术创作上提倡不同形式和风格的自由发展，在艺术理论上提倡不同观点和学派的自由讨论，实现体裁、题材、主题的极大丰富。作家艺术家应该以人类灵魂工程师的标准要求自己，把创作自由与社会责任感统一起来，努力创作更多的思想性、艺术性、观赏性相统一的优秀作品。

广大文艺工作者一定要密切同人民群众的血肉联系，积极反映人民心声；发扬创新精神，积极开拓文艺的新天地；做到德艺双馨，积极履行人类灵魂工程师的职责。

学习建议

文化与经济、政治与社会一道成为中国特色社会主义建设“四位一体”中的一部分。近几年来，随着我国经济实力的增强以及世界知识经济时代的到来，使得文化的地位和作用大大增强。学习这一章的内容，需要把握文化建设在我国社会主义建设中的地位和作用。重点了解中国特色的社会主义文化建设的目标、方针和政策及建设的内容，尤其是社会主义核心价值体系的内容和重要性。在此基础上，去把握当前中国文化体制改革的目标和方向。

思考题

1. 如何理解中国特色社会主义文化的地位？
2. 如何理解社会主义核心价值体系的主要内容？
3. 怎样理解中国特色社会主义文化建设的根本任务和主要内容？

第十一章 构建社会主义和谐社会

社会建设是中国特色社会主义建设的重要组成部分，是社会主义经济、政治、文化、社会建设四位一体中的一部分。社会和谐是中国特色社会主义的本质属性，是国家富强、民族振兴、人民幸福的重要保证。构建社会主义和谐社会，反映了建设富强民主文明和谐的社会主义现代化国家的内在要求。

本章提要：

● 社会和谐是中国特色社会主义的本质属性，是国家富强、民族振兴、人民幸福的重要保证。构建社会主义和谐社会，反映了建设富强民主文明和谐的社会主义现代化国家的内在要求，体现了全党全国各族人民的共同愿望。

● 我们要构建的社会主义和谐社会，是在中国特色社会主义道路上，中国共产党领导全体人民共同建设、共同享有的和谐社会；是民主法治、公平正义、诚信友爱、充满活力、安定有序、人与自然和谐相处的社会。

● 提出构建社会主义和谐社会，是对人类社会发展规律、社会主义建设规律和共产党执政规律认识的深化，是对马克思主义关于社会主义社会建设理论的丰富和发展。

● 构建社会主义和谐社会，要遵循以下原则：必须坚持以人为本，必须坚持科学发展，必须坚持改革开放，必须坚持民主法治，必须坚持正确处理改革发展稳定的关系，必须坚持在党的领导下全社会共同建设。

● 构建社会主义和谐社会，必须坚持协调发展，加强社会事业建设；必须加强制度建设，保障社会公平正义；必须建设和谐文化，巩固社会和谐的思想道德基础；必须完善社会管理，保持社会安定有序；必须激发社会活力，增进社会团结和睦；必须加强党对构建社会主义和谐社会的领导。

一、构建社会主义和谐社会的提出

1. 社会的涵义

社会是以人为中心、以文化为纽带、以有目的的生产活动为基础、具有一套自我调解机制和特定地理空间的有组织的系统。社会是一个大系统,从概念上讲,社会包含了二个层次的内涵:作为一个宏观层次的概念,泛指以人为中心的整个人类社会,是与自然界相对应的一个概念。马克思主义经典作家所说的社会形态(如资本主义社会、社会主义社会、共产主义社会等)、社会制度大都是在"大社会"这一意义上说的。这里的"大社会"包括社会的经济结构、政治结构、文化结构、社会结构等多个子系统。我们通常所说的经济、政治、文化"三位一体"的"体"就是指大社会,不可能存在一种没有经济政治文化的社会。作为一个中观层次,社会是指与经济、政治、文化相对的概念。我们通常所说的经济、政治、文化、社会"四位一体"中的"社会"就是"中社会"。社会主义和谐社会就是指的这一层面的概念。

作为一个中观层次概念,社会建设的内容包括社会结构、社会阶层、社会保障、社会流动、社会政策、社会组织、社会环境、社会管理、社会控制、社会整合等。社会是经济、政治、文化的黏合剂,是经济建设、政治建设和文化建设得以开展的具体场合和赖以顺利进行的关键,经济建设、政治建设和文化建设的成就也只有在社会层面体现出来,转化成为社会建设的成果才具有意义。

2. "和谐"的内涵

实现社会和谐,建设美好社会,始终是人类孜孜以求的社会理想。和谐就是指事务和现象的各个方面配合协调,是多样性的有机统一。"和谐"包含以下几层含义:

第一,和谐是反映事物与现象的协调、适中、秩序、平衡和完美的存在状态的范畴,是多样性的协调和统一,表明事物的发展变化合乎逻辑或规律。这是和谐的内涵和本质特征。

第二,和谐不是无差别、无矛盾、无冲突的"和谐"。每一种矛盾的两个方面,各以其对立面为自己存在的前提;矛盾着的对立面相互依存、相互影响,相异结合、相反相成,既统一又斗争,推动事物的运动和变化,达到动态的和谐。

第三,和谐是人生的最高境界,也是人类的最高追求。和谐本身就是一种价值追求和社会发展的标准,能够维系社会生存和有机运转。

社会和谐是一个十分复杂的系统,在这系统中,既有对多元矛盾、多元文化、多元价值的包容和并存,同时还追求它们能够在统一体内协调运作,良性转化和融合,使社会处在一个健康的、富有生机和活力的状态之中。和谐的社会包括了人与自然的和谐、人自身的和谐、人与人的和谐、人与社会的和谐、社会内部结构的和谐、社会外部环境的和谐等。

中国是一个文明古国,在文明的演进中就产生了丰富的和谐社会的思想。追求和谐是东方文明的一个重要特点。我国历史上曾经产生过不少有关社会和谐的思想。孔子说过"和为贵",墨子提出过"兼相爱"、"爱无差",孟子描绘了"老吾老以及人之老,幼吾幼以及人之幼"的社会状态。两千多年来,人们从不同角度提出过'大同"社会的理想,反映了我国人民对和谐社会的向往和追求。

追求和谐也是马克思主义社会理想的一个价值目标。马克思主义产生之前的空想社会主义,就曾提出过建立和谐社会的构想。法国空想社会主义者傅立叶发表《全世界和谐》一文,指出现存资本主义制度是不合理的,必将为"和谐制度"所代替。1824 年,英国空想社会主义者欧文在美国印第安纳州进行的共产主义试验,也以"新和谐"命名。1842 年,德国空想共产主义者魏特林在《和谐与自由的保证》一书中把社会主义社会称为"和谐与自由"的社会,并指出新社会的"和谐"是"全体和谐"。马克思、恩格斯在继承前人思想成果的基础上,创立了科学社会主义理论，勾画了共产主义社会的美好蓝图，指明了实现美好社会理想的正确途径。按照马克思、恩格斯的设想，未来社会将在打碎旧的国家机器、消灭私有制的基础上，消除阶级之间、城乡之间、脑力劳动和体力劳动之间的对立和差别，极大地调动全体劳动者的积极性，使社会物质财富极大丰富、人民精神境界极大提高，实行各尽所能、按需分配，实现每个人自由而全面的发展，在人与人之间、人与自然之间形成和谐的关系。

文献导引

在共产主义社会里，任何人都没有特定的活动范围，每个人都可以在任何部门内发展，社会调节着整个生产，因而使我有可能随我自己的心愿今天干这事，明天干那事，上午打猎，下午捕鱼，傍晚从事畜牧，晚饭后从事批判，但并不因此就使我成为一个猎人、渔夫、牧人或者批判者。

——马克思《德意志意识形态》

代替那存在着阶级和阶级对立的资产阶级旧社会的，将是这样一个联合体，在那里，每个人的自由发展是一切人的作用发展的条件。

——马克思《共产党宣言》

3.“构建和谐社会”的提出

社会和谐是中国共产党不懈奋斗的目标。中国共产党领导社会主义建设的长期实践中，在完成大力发展生产力这一根本任务的基础上，逐渐提出了“构建和谐社会”的任务。

毛泽东在《论十大关系》、《关于正确处理人民内部矛盾的问题》等著作中，明确提出要学会用民主的方法解决人民内部矛盾，包括坚持百花齐放、百家争鸣的方针以解决科学文化领域里的矛盾，坚持长期共存、互相监督的方针以解决共产党与民主党派的矛盾，坚持统筹兼顾、适当安排的方针以解决全国城乡各阶层以及国家、集体、个人三者之间的矛盾，这些观点中就包含了社会和谐的思想。

十一届三中全会后，邓小平结合改革开放的实际，对社会主义社会建设作出了一系列重要论断，包括社会主义的本质、物质文明和精神文明，两手抓、两手都要硬、稳定压倒一切等，都是和谐社会思想的思想雏形。

十三届四中全会后，江泽民根据国内外形势的发展变化，强调实现经济社会协调发展是我国社会主义现代化建设的一个重要指导方针，必须推进各项社会事业健康发展，使社会更加和谐；要充分调动各个方面的积极性，努力形成全体人民各尽其能、各得其所而又和谐相处的局面。2002 年，十六大报告明确把“社会更加和谐”列为全面建设小康社会的一个重要目标。

十六届四中全会进一步提出了构建社会主义和谐社会的任务，强调形成全体人民各尽其能、各得其所而又和谐相处的社会是巩固党执政的社会基础、实现党执政的历史任务的必然要求，要适应我国社会的深刻变化，把和谐社会建设摆在重要位置，并明确了构建社会主义和谐社会的主要内容。2006 年 10 月，十六届六中全会审议通过的《中共中央关于构建社会主义和谐社会若干重大问题的决定》，阐明了社会主义和谐社会的性质和定位，指明了构建社会主义和谐社会的指导思想、目标任务、工作原则和重大部署。

构建社会主义和谐社会是社会主义建设的题中应有之义。社会和谐是中国特色社会主义的本质属性,是国家富强、民族振兴、人民幸福的重要保证。

4. 构建和谐社会的现实依据和条件

构建社会主义和谐社会是我们党带领人民把中国特色社会主义伟大事业推向前进的必然选择。十六大以来,党中央反复强调要把推进社会主义和谐社会建设作为全面建设小康社会和中国未来发展的重要任务,其现实依据在于:

第一,这是我们抓住和用好重要战略机遇期、实现全面建设小康社会宏伟目标的必然要求。改革开放以来,中国发生了翻天覆地的变化,所取得的成就举世瞩目。我国已进入改革发展的关键时期,经济体制深刻变革,社会结构深刻变动,利益格局深刻调整,思想观念深刻变化。这种空前的社会变革,给我国发展进步带来巨大活力,也必然带来这样那样的矛盾和问题。目前,我国社会总体上是和谐的。但是,也存在不少影响社会和谐的矛盾和问题,主要是:城乡、区域、经济社会发展很不平衡,人口资源环境压力加大;就业、社会保障、收入分配、教育、医疗、住房、安全生产、社会治安等方面关系群众切身利益的问题比较突出;体制机制尚不完善,民主法制还不健全;一些社会成员诚信缺失、道德失范,一些领导干部的素质、能力和作风与新形势新任务的要求还不适应;一些领域的腐败现象仍然比较严重;敌对势力的渗透破坏活动危及国家安全和社会稳定。这些问题如果处理不好,就会严重影响社会和谐稳定和全面建设小康社会的大局。

第二,这是我们把握复杂多变的国际形势、有力应对来自国际环境的各种挑战和风险的必然要求。新世纪新阶段,我们面临的发展机遇前所未有,面对的挑战也前所未有。和平、发展、合作成为时代潮流,世界多极化和经济全球化的趋势深入发展,科技进步日新月异。同时,国际环境复杂多变,综合国力竞争日趋激烈,影响和平与发展的不稳定不确定因素增多,我们仍将长期面对发达国家在经济科技等方面占优势的压力。在复杂多变的国际形势下,我们要有力应对来自外部的各种挑战和风险,就必须首先把国内的事情办好,通过和谐社会建设,始终保持国家统一、民族团结、社会稳定的局面。

第三,这是巩固党执政地位的社会基础、实现党执政历史任务的必然要求。构建社会主义和谐社会,是党坚持立党为公、执政为民的必然要求,是实现好、维护好、发展好最广大人民的根本利益的重要体现,也是党实现执政历史任务的重要条件。党的十六大以来,中央强调要坚持立党为公、执政为民,做到权为民所用、情为民所系、利为民所谋;牢固树立和落实科学发展观,按照"五个统筹"的要求,推进经济社会全面协调可持续发展;发展党内民主和人民民主,充分调动一切积极因素;坚持以人为本,始终把最广大人民的根本利益作为党和国家工作的根本出发点和落脚点,切实做好关心群众生产生活的工作,都是为了实现好、维护好、发展好最广大人民的根本利益,促进社会和谐。

我们党明确提出并积极推进社会主义和谐社会建设,不仅具有必然性,而且具备许多有利条件。第一,中国共产党的领导和我国的社会主义制度,为构建社会主义和谐社会提供了最根本的政治保证。第二,经过新中国成立以来特别是改革开放以来的不断发展,我国已经具备了较为坚实的物质基础,可以为缩小社会差距、促进社会公平、完善社会保障、发展社会事业、加强社会建设和管理等提供更充分的物质保证。第三,在我国,各阶层、各党派、各民族、各团体政治上享有平等地位,根本利益是一致的,这为化解各种社会矛盾奠定了坚实的基础。第四，马克思主义在党和国家工作中的指导地位不断得到巩固，爱国主义、集体主义、社会主义思想深入人心，教育科技文化事业不断发展，全体人民的思想道德素质和科学文化素质不断提高，民族凝聚力显著增强，这些又为我们构建社会主义和谐社会提供了重要的思想文化保证。

二、构建社会主义和谐社会

1. 社会主义和谐社会的内涵

2005 年 2 月，胡锦涛在中央党校省部级主要领导干部"提高建设社会主义和谐社会能力专题研讨班"上发表的重要讲话中指出，我们所要建设的社会主义和谐社会，应该是民主法治、公平正义、诚信友爱、充满活力、安定有序、人与自然和谐相处的社会。这是社会主义社会的基本内涵。

民主法治，就是社会主义民主得到充分发扬，依法治国基本方略得到切实落实，各方面积极因素得到广泛调动。

公平正义，就是社会各方面的利益关系得到妥善协调，人民内部矛盾和其他社会矛盾得到正确处理，社会公平和正义得到切实维护和实现。

诚信友爱，就是全社会互帮互助、诚实守信，全体人民平等友爱、融洽相处。

充满活力，就是能够使一切有利于社会进步的创造愿望得到尊重，创造活动得到支持，创造才能得到发挥，创造成果得到肯定。

安定有序，就是社会组织机制健全，社会管理完善，社会秩序良好，人民群众安居乐业，社会保持安定团结。

人与自然和谐相处，就是生产发展，生活富裕，生态良好。

社会主义和谐社会的上述六个方面是相互联系、相互作用的。这六个方面既包括社会关系的和谐，也包括人与自然关系的和谐，体现了民主与法治的统一、公平与效率的统一、活力与秩序的统一、科学与人文的统一、人与自然的统一。这六个方面，内容十分丰富，既是社会主义和谐社会的科学内涵和总体特征，也是我们构建社会主义和谐社会的总体要求。

准确把握社会主义和谐社会的科学内涵，必须把握以下几个方面：

一是要正确把握社会主义和谐社会的性质。社会主义和谐社会不是以往其他社会形态标榜的社会协调与和谐，而是社会主义性质的和谐社会。它不同于封建式的"田园牧歌"，也不是空想社会主义的"乌托邦"，更不是现代资本主义式的"福利社会"。

二是要正确把握构建社会主义和谐社会同建设社会主义物质文明、政治文明、精神文明的关系。这四者是有机统一的，它们既有不可分割的紧密联系，又有各自的特殊领域和规律。建设社会主义物质文明、政治文明、精神文明，可以为构建社会主义和谐社会提供坚实基础；构建社会主义和谐社会，又可以为建设社会主义物质文明、政治文明、精神文明提供重要条件。

三是要正确把握构建社会主义和谐社会与全面建设小康社会的关系。构建社会主义和谐社会是贯穿中国特色社会主义事业全过程的长期历史任务和全面建设小康社会的重大现实课题。构建社会主义和谐社会同全面建设小康社会,都属于建设中国特色社会主义这个大范畴,两者是相互包含、相辅相成的。作为社会建设过程,构建社会主义和谐社会既是全面建设小康社会的重要内容,也是全面建设小康社会的重要条件。十六大提出的全面建设小康社会,包含了“社会更加和谐”的要求;构建社会主义和谐社会,是对这一要求的进一步展开和丰富。在全面建设小康社会阶段,构建社会主义和谐社会是一项现实的重大任务。同时,构建社会主义和谐社会又是一个长期的过程,在实现全面建设小康社会的宏伟目标之后,还要继续为构建更高水平的和谐社会长期奋斗。

案例分析

和谐的“萧山航民村”

浙江萧山航民村地处风景秀丽的钱塘江南岸,位于杭州市萧山东部。该村不仅是全国村级经济中居领先地位的经济强村,而且村里的各项社会事业全面发展,村民过上了安定有序的小康生活。被誉为“浙江第一村”。

该村自1979年,以6万元农业积累开始创办工业企业,目前已拥有总资产26亿元,职工1.2万人。目前全村形成了以纺织、印染、热电、建材、冶炼、饰品等行业为主体的多门类工业体系;以宾馆、商场和房地产为特征的第三产业布局;以集约化经营、机械化生产相配套的现代农业经营模式。

经济的发展,促进了全村各项事业的建设步伐,村庄建设达到了城镇化水平,全村绿地面积达到10万平方米,村庄、厂区、路旁、庭院都栽树和草,建造公园、花圃,整个村庄呈现出天蓝水碧、地绿山青的和谐景象。文化、教育、卫生及各项福利事业日趋完善。村民从幼儿园到大学实行免费教育。村中拥有设施一流的幼儿园、村文化中心、职工业余学校,还与东华大学建立校企合作关系,依托学校培养人才,提高航民人的文化科技素质。转变村民的思想观念、生活习惯和行为方式,人人讲诚信,多年来,村里没有赌博和偷盗,没有人搞歪门邪道,全村形成了积极进取、健康向上的良好氛围。与此同时,村民的社会福利也得到切实保障。全村统一推行村民养老金和职工社会养老保险制度;村民、职工人人享有医疗保险,老年村民享有退休金、养老金(养老金每人每月200元)。全村液化气、自来水、电话、有线电视、宽带网普及,户户住上庭园式楼房和别墅,人均居住面积达到80平方米。

在航民,“全村没有困难户,家家都是富裕户。”全村仅有二十个村民从事农业劳动,基本上实现了现代化。村民人人都有稳定的工作和收入来源,没有任何失业的压力。2006年,村民人均收入18000元。

思考讨论:

结合航民村和谐农村建设的实践,谈谈和谐社会的内涵。

案例分析:

根据胡锦涛总书记的讲话,和谐社会应该是民主法治、公平正义、诚信友爱、充满活力、安定有序、人与自然和谐相处的社会。这是社会主义和谐社会的基本内涵。萧山航民村被誉为“浙江第一村”,是浙江省“和谐新农村”的典型。航民村不仅注重经济的发展,使村民物质上富裕起来,而且注重政治、文化的建设,使村民精神上富裕起来,同时更注重社会建设,着力保障和改善民生,使全体村民学有所教、劳有所得、病有所医、老有所养、住有所居,真正呈现出一派和谐农村的新景象。

航民村发展选择了一个“充分就业+按劳按资分配+社会福利”的模式，坚持发展集体经济的道路，保证了村庄在经济和社会各项事业的调控能力，能够兼顾各方利益，协调发展，实现共同富裕，实现和谐农村。由此可见，公有制经济在推进和谐社会的构建方面具有私有制经济不可比拟的优势。萧山航民村的发展为我们勾勒出了一个依靠集体经济而建立起来的充满活力、安定有序的社会主义和谐农村的轮廓。

2. 构建社会主义和谐社会的指导思想和基本原则

党的十六届六中全会明确提出了构建社会主义和谐社会的指导思想。这就是：必须坚持以马克思列宁主义、毛泽东思想、邓小平理论和“三个代表”重要思想为指导，坚持党的基本路线、基本纲领、基本经验，坚持以科学发展观统领经济社会发展全局，按照民主法治、公平正义、诚信友爱、充满活力、安定有序、人与自然和谐相处的总要求，以解决人民群众最关心、最直接、最现实的利益问题为重点，着力发展社会事业、促进社会公平正义、建设和谐文化、完善社会管理、增强社会创造活力，走共同富裕道路，推动社会建设与经济建设、政治建设、文化建设协调发展。

在明确构建社会主义和谐社会指导思想的同时，党中央还提出了推进和谐社会建设必须遵循的基本原则，为我们在实践中积极稳妥地推进和谐社会的建设指明了方向。

第一，必须坚持以人为本。这是构建社会主义和谐社会的根本出发点和落脚点。构建社会主义和谐社会必须把以人为本贯彻始终，把实现最广大人民的根本利益作为党和国家一切工作的最高标准，做到发展为了人民、发展依靠人民、发展成果由人民共享，促进人的全面发展。

第二，必须坚持科学发展。这是构建社会主义和谐社会的工作方针。构建社会主义和谐社会必须牢固树立和全面贯彻科学发展观，切实抓好发展这个党执政兴国的第一要务，统筹兼顾城乡、区域、经济社会和人与自然和谐发展，统筹国内发展和对外开放，实现经济社会全面协调可持续发展。

第三，必须坚持改革开放。这是构建社会主义和谐社会的主要动力。构建社会主义和谐社会必须坚持社会主义市场经济的改革方向，适应社会发展要求，推进经济、政治、文化和社会体制的改革和创新，进一步扩大对外开放。

第四，必须坚持民主法治。这是构建社会主义和谐社会的重要保证。构建社会主义和谐社会必须加强社会主义民主政治建设，发展社会主义民主，实施依法治国基本方略，通过民主法治来促进社会公平正义。

第五，必须坚持正确处理改革发展稳定的关系。这是构建社会主义和谐社会的重要条件。构建社会主义和谐社会必须把改革的力度、发展的速度和社会可承受的程度统一起来，维护社会安定团结，以改革促进和谐、以发展巩固和谐、以稳定保障和谐，确保人民安居乐业、社会安定有序、国家长治久安。

第六，必须坚持在党的领导下全社会共同建设。这是构建社会主义和谐社会的领导核心和依靠力量。构建社会主义和谐社会必须加强和改善党的领导，发挥党的领导核心作用；同时要维护人民群众的主体地位，团结一切可以团结的力量，调动一切积极因素，形成促进和谐人人有责、和谐社会人人共享的生动局面。

上述六条重要原则，构成一个有机整体，深刻体现了构建社会主义和谐社会的根本要求。它们从不同的角度，回答了社会主义和谐社会为谁建、靠谁建、怎样建的问题，指明了我们应当遵照什么思想构建社会主义和谐社会、依据什么原则统筹全局、根据什么要求推进发展、运用什么方式保证和谐，形成了比较系统的构建社会主义和谐社会的指导思想和基本原则。

3. 构建社会主义和谐社会的目标任务

按照党的十六大确立的全面建设小康社会的宏伟目标，根据构建社会主义和谐社会的总要求，党的十六届六中全会提出了到2020年构建社会主义和谐社会的目标和主要任务是：(1)社会主义民主法制更加完善，依法治国基本方略得到全面落实，人民的权益得到切实尊重和保障；(2)城乡、区域发展差距扩大的趋势逐步扭转，合理有序的收入分配格局基本形成，家庭财产普遍增加，人民过上更加富足的生活；(3)社会就业比较充分，覆盖城乡居民的社会保障体系基本建立；(4)基本公共服务体系更加完备，政府管理和服务水平有较大提高；(5)全民族的思想道德素质、科学文化素质和健康素质明显提高，良好道德风尚、和谐人际关系进一步形成；(6)全社会创造活力显著增强，创新型国家基本建成；(7)社会管理体系更加完善，社会秩序良好；(8)资源利用效率显著提高，生态环境明显好转；(9)实现全面建设惠及十几亿人口的更高水平的小康社会的目标，努力形成全体人民各尽其能、各得其所而又和谐相处的局面。这九条目标和主要任务分别反映了民主法治、公平正义、诚信友爱、充满活力、安定有序、人与自然和谐相处总要求的各个方面，充实和丰富了全面建设小康社会的内容。

党的十七大又将上述几个方面的目标和任务进一步概括为："现代国民教育体系更加完善，终身教育体系基本形成，全民受教育程度和创新人才培养水平明显提高。社会就业更加充分。覆盖城乡居民的社会保障体系基本建立，人人享有基本生活保障。合理有序的收入分配格局基本形成，中等收入者占多数，绝对贫困现象基本消除。人人享有基本医疗卫生服务。社会管理更加健全。"

4. 构建社会主义和谐社会的具体举措

为了完成上述目标和任务，党的十六届六中全会对构建社会主义和谐社会作了全面部署，提出了五条举措。对经过努力能够解决的问题提出了具体政策措施，对需要在实践中进一步探索解决的问题则明确了基本思路和努力方向。

第一，坚持协调发展，加强社会事业建设。社会要和谐，首先要发展。社会和谐在很大程度上取决于社会生产力的发展水平，取决于发展的协调性。必须坚持用发展的办法解决前进中的问题，大力发展社会生产力，不断为社会和谐创造雄厚的物质基础。同时，更加注重解决发展不平衡问题，更加注重发展社会事业。只有促进经济社会协调发展，才能为构建社会主义和谐社会提供坚实基础。

第二，加强制度建设，保障社会公平正义。社会公平正义是社会和谐的基本条件，制度是社会公平正义的根本保证。必须加紧建设对保障社会公平正义具有重大作用的制度，保障人民在政治、经济、文化、社会等方面的权利和利益，引导公民依法行使权利、履行义务。

只有完善促进社会公平正义的体制机制,才能为构建社会主义和谐社会提供制度保障。

第三,建设和谐文化,巩固社会和谐的思想道德基础。建设和谐文化,是构建社会主义和谐社会的重要任务。社会主义核心价值体系是建设和谐文化的根本。必须坚持马克思主义在意识形态领域的指导地位,牢牢把握社会主义先进文化的前进方向,弘扬民族优秀文化传统,借鉴人类有益文明成果,倡导和谐理念,培育和谐精神,进一步形成全社会共同的理想信念和道德规范,打牢全党全国各族人民团结奋斗的思想道德基础。只有加强思想文化建设,才能为构建社会主义和谐社会提供精神支撑。

第四,完善社会管理,保持社会安定有序。加强社会管理、维护社会稳定,是构建社会主义和谐社会的必然要求。必须创新社会管理体制,整合社会管理资源,提高社会管理水平,健全党委领导、政府负责、社会协同、公众参与的社会管理格局,在服务中实施管理,在管理中体现服务。只有加强社会管理、维护社会稳定,才能为构建社会主义和谐社会提供良好环境。

第五,激发社会活力,增进社会团结和睦。社会主义和谐社会既是充满活力的社会,也是团结和睦的社会。必须最大限度地激发社会活力,促进政党关系、民族关系、宗教关系、阶层关系、海内外同胞关系的和谐,巩固全国各族人民的大团结,巩固海内外中华儿女的大团结。坚持走和平发展道路,营造良好外部环境。只有增强社会团结和活力,才能为构建社会主义和谐社会提供广泛力量。

构建社会主义和谐社会,关键在党。必须加强党对构建社会主义和谐社会的领导,充分发挥党的领导核心作用,坚持立党为公、执政为民,以党的执政能力建设和先进性建设推动社会主义和谐社会建设,为构建社会主义和谐社会提供坚强有力的政治保证。

三、构建和谐,改善民生

党的十七大报告明确指出:“社会建设与人民幸福安康息息相关。必须在经济发展的基础上,更加注重社会建设,着力保障和改善民生,推进社会体制改革,扩大公共服务,完善社会管理,促进社会公平正义,努力使全体人民学有所教、劳有所得、病有所医、老有所养、住有所居,推动建设和谐社会。”加快推进以改善民生为重点的社会建设,涉及面广,内涵丰富,基本要求是:积极解决好教育、就业、收入分配、社会保障、医疗卫生和社会管理等直接关系人民群众根本利益和现实利益的问题。

1. 优先发展教育

教育是民族振兴、社会进步的基石,是提高国民素质、促进人的全面发展的根本途径,寄托着亿万家庭对美好生活的期盼,承载着中华民族伟大复兴的希望。胡锦涛总书记在十七大报告中号召要优先发展教育,建设人力资源强国,这不仅是对科学发展观的具体落实,同时也是对民生问题的关切。教育优先发展是科学发展的前提和保障。教育是惠及全民的幸福工程,寄托着亿万家庭对美好生活的期盼,是促进社会公平与社会和谐,增强民族凝聚力的重要基础。

自改革开放以来,我国教育事业取得了巨大的成就。但同时也存在一系列的问题,比如教育发展与经济社会发展不协调、教育资源配置不均衡、教育公平公正没有得到具体的贯彻、教育的结构与经济社会发展的需求相脱节等等。进入新世纪以来,随着我国经济社会的发展,人们对优质教育的渴望更加强烈,对教育公平的关注更加突出,对多样化、个性化教育的需求更加迫切。因此,把教育摆在优先发展的战略地位,办好让人民满意的教育是近几年来构建和谐社会的一项重要内容。

党的十七大以来,在以胡锦涛同志为总书记的党中央领导下,我国在优先发展教育方面的具体举措有:

一是促进教育公平。要着力解决好人民群众关心的教育问题,致力于让所有孩子都能上得起学、上好学。坚持教育公益性质,政府加大财政对教育的投入,进一步规范教育收费,健全公共财政投入和保障机制,为全体国民提供接受良好教育的机会和条件。重点加强和发展农村教育,全部免除农村义务教育阶段学生学杂费,进行农村义务教育经费保障机制改革。同时扶持贫困地区、民族地区教育,健全学生资助制度,保障经济困难家庭、进城务工人员子女平等接受义务教育。

二是优化教育结构。要坚持按照教育发展规律和经济社会发展需要,优化教育资源配置,促进义务教育均衡发展,加快普及高中阶段教育,大力发展职业教育,提高高等教育质量,重视学前教育,关心特殊教育,形成各级各类教育全面协调可持续发展的良好格局。在教育结构调整的努力下,职业教育在改革创新中加快发展。2007 年基本实现了中等职业教育与普通高中规模大体相当的目标。

三是推进教育改革创新。要着眼于构建现代国民教育体系,提高学生综合素质,大力实施素质教育。关键是更新教育观念,改进人才培育模式,深化教学内容及方式、考试招生制度、质量评价制度等改革,减轻中小学生课业负担,全面提高教育质量和水平。特别要推进教育教学与生产劳动和社会实践的紧密结合,使学生得到主动的、生动活泼的发展,注重培养学生的独立思考能力、创造能力和就业能力、创业能力。

四是切实提高教育质量。要切实加强和改进德育,把思想道德素质放在首要位置,全面推进素质教育。大力加强教师队伍建设,教师特别是农村教师队伍整体水平不断提高。从2007 年秋季起,我国在教育部直属师范大学实行了师范生免费教育。

过去几年来,在构建和谐社会的背景下,我国教育持续协调健康发展。各级各类教育入学率进一步提高,国民受教育机会扩大,受教育水平进一步提高。教育为现代化建设各行各业输送了数以亿计的高素质劳动者和大批专门人才,进一步提高了全民族思想道德素质和科学文化水平。目前我国有 2.6 亿在校学生,还有上亿人在接受着成人教育、继续教育和各种形式的培训, 高等教育在学总规模超过 2500 万人, 目前我国国民人均受教育年限达到8.5 年,全国总人口中有大学以上文化程度的已达 7000 多万人,从业人员中有高等教育学历的人数已位居世界前列,我国正加速完成从人口大国向人力资源大国的转变。

热点链接

加大教育投入,确保 2012 年实现达到 4%的目标

《国家中长期教育改革和发展规划纲要(2010—2020 年)》明确提出,2012 年要实现国家财政性教育经费支出占国内生产总值比例达到 4%的目标。为此国务院印发了《国务院关于

进一步加大财政教育投入的意见》,大致包括:

严格落实教育经费法定增长要求,保证财政教育支出增长明显高于财政经常性收入增长幅度,提高财政教育支出占公共财政支出的比重,提高预算内基建投资用于教育的比重。

从2010年12月1日起,统一内外资企业和个人城市维护建设税和教育费附加制度,教育费附加统一按照增值税、消费税、营业税实际缴纳税额的3%征收。

全面开征地方教育附加,地方教育附加统一按照增值税、消费税、营业税实际缴纳税额的2%征收。

从2011年1月1日起,土地出让收入中,按照扣除征地肯拆迁补偿、土地开发等支出后余额的10%的比例,计提教育资金。

合理安排使用财政教育经费,切实提高资金使用效益,进一步突出重点、优化结构,加强管理,促进教育公平,全面提高教育质量。

2. 实施扩大就业的发展战略,促进以创业带动就业

就业是民生之本,是保障和改善人民生活的重要条件。我国劳动力资源十分丰富,这是促进经济持续较快发展的有利条件。同时,扩大就业的压力很大,就业形势严峻将是我国今后较长时期面临的一个重大课题。因此,必须把扩大就业放在经济社会发展的突出位置。要坚持实施积极的就业政策,坚持劳动者自主择业、市场调节就业、政府促进就业的方针,多渠道扩大就业。

第一,千方百计增加就业岗位。坚持发展经济与促进就业互动,积极发展经济和调整结构,以发展促进就业,扩大就业规模,改善就业结构。大力发展劳动密集型产业、服务业和各类中小企业,发展有利于扩大就业的新行业、新产业,鼓励、支持、引导非公有制经济发展,推进小城镇建设和加快县域经济发展,尽可能多地增加就业岗位。

第二,鼓励自主创业、自谋职业。促进以创业带动就业,是解决就业问题的一个重大方针。创业不仅是创业者自己实现就业,还可以通过发展多元化创业主体和多种创业形式,创造更多的就业岗位,带动更多的人就业。要完善支持自主创业、自谋职业政策,加强就业观念教育,营造自主创业的社会环境。运用好财税、金融政策,增加融资渠道,放宽市场准入限制,加强技能培训和信息服务,积极培育创业主体,使更多劳动者成为创业者,推动创业型社会建设,扩大就业容量。

第三,推进就业体制改革创新。要统筹城市就业和农村富余劳动力转移就业,建立统一规范的人力资源市场,形成城乡劳动者平等就业的制度,健全覆盖城乡的就业服务体系。要完善面向所有困难群众的就业援助制度,及时帮助零就业家庭解决就业困难。积极做好高校毕业生就业工作,鼓励和引导大学生面向农村、面向基层就业。

第四,规范和协调劳动关系,依法维护劳动权益,发展和谐劳动关系。要规范企业行为,继续完善和落实国家对农民工的政策。要加强劳动执法监督,特别要解决好非法用工、超时加班、劳动条件差等问题,维护劳动者合法权益。

热点链接

就业优先战略

进入新世纪以来,我国明确提出,就业是民生之本,促进就业是安国之策。“十二五”规划纲要明确提出了就业优先战略,坚持把促进就业放在经济社会发展的优先位置,健全劳动者自主择业、市场调节就业、政府促进就业相结合的机制,创造平等就业机会,提高就业质量,努力实现充分就业。为促进就业,我国初步建立以《就业促进法》为核心的法律法规体系,形成了一整套稳定扩大就业、鼓励创业的积极就业政策体系。农民工、大学生、困难群体等创业可享受多项政府扶持政策,比如初创企业,允许注册资金分期到位、免收管理费等行政事业性收费、减免个人收入所得税等。为促进就业,政府准备建立起面向城乡全体劳动者的职业培训制度,提高劳动者就业素质,并提供公共就业服务,为劳动者提供免费的就业政策资讯,开展就业指导,实施就业援助等。

案例分析

冷热两重天:就业难与招工难

就业是民生之本。对于拥有13亿多人口的我国来说,就业难是一个长期存在的问题。然而,2011年春节前后,招工难现象却再度发生。在不少地方,曾经熙熙攘攘的劳务市场,如今却显得有些“冷清”;曾经是农民工“一岗难求”,如今却是招聘企业“一工难求”。面对缺工困境,不仅东南沿海很多企业奔赴中西部地区上门“请工”,当地企业也纷纷开出优惠条件家门口“留工”。一时间,招工难成为了社会热点。

与“招工难”现象形成鲜明对照的是,近几年来,随着大学扩招人数的不断增加,大学毕业生的就业压力日益突出。就有关统计数据透露,2010年,全国大学毕业生有600多万,就业率仅为90%多,那就意味着有60万大学毕业生找不到工作。每年大学应届毕业生和“毕业即失业”的大学生加起可能达到1000万左右。2012年,中国大学毕业生有680万人,就业形势依然严峻。大学生就业的“扎堆”现象也使就业形势更加严峻。比如大学生喜欢集中在大城市和经济发达城市和高薪行业就业,有一项对北京3000余名本科毕业生的调查表明,首选到北京工作的高达74.8%,首选去中西部地区的仅有2%。而有些热门行业的就业竞争更加激烈,2011年国家公务员考试录用比例仅为58:1。

一面是“一工难求”,一面是为一工挤破头,这种冷热两重天的现象成为近年来我国就业问题的新特点。

思考讨论:

如何看待案例所反映的我国就业问题的新现象。

案例分析:

中国是人口大国,以现有的整体就业形势来看,主要矛盾仍然是供大于求。冰火两重天现象的出现并不意味着我国就业压力的减缓,反而反映出我国就业形势除了总量上一直存在劳动力供给大于需求的矛盾之外,又出现了新的问题和矛盾。要解决我国就业问题,除了不断创造就业岗位之外，还面临着要调整新出现的结构性矛盾。

“招工难”并非全局性的、普遍性的难，而是集中在薪酬较低的劳动密集型制造业和服务业及用工需求量大的东部沿海地区。“招工难”现象也是中西部地区经济发展，农民工收入地区性差异缩小的反映。东部沿海地区企业要解决用工荒，应该逐步消除对农民工的歧视性待遇，提高农民工福利待遇。

“招工难”和“就业难”反映的是劳动力需求与供给之间在某些方面的不匹配。如招聘单位工资福利和农民工期望值的不匹配；大学生专业结构和社会劳动力需求的不匹配；大学生个人发展需求和社会对大学生需求的不匹配等。政府应该通过相关政策积极调整就业中的结构性矛盾。

就业问题是构建和谐社会的基本民生问题。构建和谐社会，我们不仅要努力实现充分就业，劳有所得，而且还要让大家劳动愉快、身心和谐。

3. 深化收入分配制度改革，增加城乡居民收入

合理的收入分配制度是社会公平的重要体现。改革开放以来，我国收入分配制度改革不断深化，打破了平均主义、“大锅饭”制度，形成了按劳分配为主体、多种分配方式并存的分配制度，有力地促进了经济社会发展，但同时也出现了城乡、地区、行业和部分居民之间收入差距持续拉大的现象。必须深化收入分配制度改革，调整国民收入分配结构，整顿和规范分配秩序，加快形成合理有序的收入分配格局。

第一，坚持和完善按劳分配为主体、多种分配方式并存的分配制度。健全劳动、资本、技术、管理等生产要素按贡献参与分配的制度，放手让一切劳动、知识、技术、管理和资本的活力竞相迸发，让一切创造社会财富的源泉充分涌流，以造福于人民。初次分配和再分配都要处理好效率和公平的关系，再分配更加注重公平。

第二，逐步提高居民收入在国民收入分配中的比重，提高劳动报酬在初次分配中的比重。提高这“两个比重”，调整国民收入分配格局，有利于理顺国家、企业和个人三者的分配关系，有利于增加广大劳动者收入，维护劳动者权益，也有利于合理调整投资与消费关系，促进经济社会协调健康发展。

第三，加大个人收入分配调节力度，合理调整收入分配格局。一要着力提高低收入者收入。要强化支农惠农政策，促进农民持续增收，建立企业职工工资正常增长机制和支付保障机制，逐步提高扶贫标准和最低工资标准，使城乡居民特别是低收入者收入随着经济发展逐步较多地增加。二要努力扩大中等收入者比重。要通过采取多种措施，创造条件让更多群众拥有财产性收入，使更多低收入者进入中等收入者行列。三要切实对过高收入进行有效调节。要正确运用税收手段，使过高收入者的一部分收入通过税收等形式由国家集中用于再分配。四要取缔非法收入。要严格执法，对偷税漏税、侵吞公有财产、权钱交易等各种非法收入依法取缔和惩处。五要规范垄断行业的收入，引入竞争机制，打破经营垄断；规范垄断性企业资本收益的收缴和使用办法，合理分配利润。要通过改革和发展，扩大转移支付，强化税收调节，打破经营垄断，创造机会公平，整顿分配秩序，逐步扭转收入分配差距扩大趋势，防止两极分化，使全体社会成员逐步共同致富。

4. 加快建立覆盖城乡居民的社会保障体系，保障人民基本生活

健全的社会保障体系，是国家的一项重要社会制度，是维护社会稳定和国家长治久安的重要保障。改革开放以来，特别是进入新世纪以来，我国社会保障体系建设取得了重要进展，但还存在着覆盖面小、保障水平低、制度不健全等问题。在新的形势下，必须加快完善社会保障体系。总的要求是：坚持广覆盖、保基本、多层次、可持续的指导方针，以社会保险、社会救助、社会福利为基础，以基本养老、基本医疗、最低生活保障制度为重点，以慈善事业、商业保险为补充，加快建立覆盖城乡居民的社会保障体系。

第一，完善基本养老保险制度。要促进城镇职工基本养老保险制度规范化，完善社会统筹与个人账户相结合的企业职工基本养老保险制度，促进企业、机关、事业单位基本养老保险制度改革，探索建立农村养老保险制度。

第二，完善基本医疗保险制度。要全面推进城镇职工基本医疗保险、城镇居民基本医疗保险、新型农村合作医疗制度建设，使基本医疗保险制度覆盖城乡全体居民。

第三，完善最低生活保障制度。在城市要继续健全最低生活保障制度，做到应保尽保。在农村要将符合条件的贫困人口全部纳入最低生活保障范围，切实解决他们的基本生活问题。

第四，发展社会救助与慈善事业。社会救助与慈善事业是中国特色社会保障体系的重要组成部分，具有不可替代的促进社会和谐的特殊功能，应当支持其加快发展。

第五，积极发展商业保险的补充作用。商业保险能够满足人们更高层次和多样化的社会保障需要，也应支持其加快发展。

第六，要采取多种方式充实社会保障基金，搞好基金投资运营，实现保值增值；加强基金监管，杜绝非法侵占、挪用，确保社保基金安全。要逐步提高社会保险统筹层次，制定全国统一的社会保险关系转续办法，这有利于发挥社会保障制度的功能，也有利于促进劳动人口在全国范围的流动就业。

第七，把解决住房问题放在重要位置。住房是重要的民生问题，也是当前人民群众十分关注的问题，应当把解决住房问题摆在重要位置，加快建立适应全体居民需要的多层次住房保障体系，特别要健全廉租住房制度。廉租住房制度是解决城市低收入家庭住房困难的重要制度，要合理确定廉租住房保障标准，健全廉租住房保障方式，加大廉租住房建设力度。

知识拓展

目前我国保障性住房的种类

公共租赁房：实行政府主导、社会参与，以略低于市场价格出租，主要解决城镇中等偏下收入家庭、新就业职工、外来务工人员等“夹心层”的阶段性住房困难。这将成为今后保障性住房的主力军，在保障房中的比例将大幅度提升。

廉租住房：由政府投资，以低租金出租给城镇人均建筑面积 13 平方米以下的低收入家庭（经济发达的城市面积标准略高）。

经济适用住房：由政府组织，社会投资建设，按照保本微利原则出售给符合条件的家庭。购房人拥有有限产权，购房满一定年限可上市出售，政府优先回购。

限价商品房：面向符合条件的中等偏下收入家庭销售。在土地招标出让时限定套型结构、销售价位。

棚户改造：对老工业基地和林区、垦区、矿区集中连片棚户区进行改造。

5. 建立基本医疗卫生制度，提高全民健康水平

健康是国民素质的重要体现，是人全面发展的基础，关系千家万户幸福。多年来，我国医疗卫生事业取得了显著成就，但与人民群众对医疗卫生的需求仍然差距较大，存在着看病难、看病贵的问题。大力发展医疗卫生服务，是广大人民群众的迫切愿望。要加快建立基本医疗卫生制度，实现人人享有基本医疗服务的目标。总的原则和要求是：坚持公共医疗卫生的公益性质，坚持预防为主、以农村为重点、中西医并重，实行政事分开、管办分开、医药分开、营利性和非营利性分开，强化政府责任和投入，完善国民健康政策，鼓励社会参与，建设覆盖城乡居民的公共卫生服务体系、医疗服务体系、医疗保障体系、药品供应保障体系，为群众提供安全、有效、方便、价廉的医疗卫生服务。

第一，要加快推进医疗卫生事业改革和发展。同时，要完善重大疾病防控体系，提高突发公共卫生事件应急处置能力。加强农村三级卫生服务网络和城市社区卫生服务体系建设。

第二，要以深化公立医院改革为突破口，深化医疗卫生管理体制、医疗机构运行机制、卫生投入体制、医疗服务和药品价格形成机制改革。

第三，建立国家基本药物制度，保证群众基本用药。扶持中医药和民族医药事业发展。

第四，要坚持计划生育的基本国策，稳定低生育水平，提高出生人口素质。开展爱国卫生运动，发展妇幼卫生事业。

6. 完善社会管理，维护社会安定团结

社会稳定是人民群众的共同心愿，是改革发展的重要前提。随着改革开放不断深化和社会主义市场经济不断发展，我国的经济体制、社会结构、利益格局和人们思想观众发生深刻变化。这种空前的社会变革，给我国经济社会发展带来巨大活力，同时也必然带来这样那样的矛盾和问题，增加了社会管理的难度和复杂性，必须把完善社会管理作为改善民生和促进社会和谐的重要任务。

第一，推进社会管理体制改革创新。要健全党委领导、政府负责、社会协同、公众参与的社会管理格局，健全基层社会管理体制。坚持以人为本，创新社会管理理念和管理方式，在服务中实施管理，在管理中实现服务，最大限度地激发社会创造活力，最大限度地增加和谐因素，最大限度地减少不和谐因素。

第二，妥善处理人民内部矛盾。要完善信访制度，健全党和政府主导的维护群众权益机制，统筹协调各方面利益关系，有效预防和化解各类社会矛盾。

第三，重视社会组织建设和管理。社会组织具有提供服务、反映诉求、规范行为的积极作用，把他们的作用利用好、保护好、发挥好，有利于降低政府社会管理成本，有利于增强公

民的社会认同感。要支持各类社会组织承担社会事务、参与社会管理和服务。

第四,强化安全生产管理和监督。要坚持安全第一、预防为主、综合治理的方针,完善安全生产体制机制,健全安全生产责任制度,维护安全生产秩序,有效遏制重特大安全事故,维护人民生命财产安全。要完善突发事件应急管理机制,提高保障公共安全和处置突发事件的能力;全面加强综合减灾能力建设,提高防范和应对自然灾害的能力。

第五,健全社会治安防控体系。要加强社会治安综合治理,深入开展平安创建活动,改革和加强城乡社区警务工作,依法防范和打击违法犯罪活动。完善国家安全战略,高度警惕和坚决防范各种分裂、渗透、颠覆活动,切实维护国家安全。

和谐凝聚力量,和谐成就伟业。构建社会主义和谐社会,是一项艰巨复杂的系统工程,需要全党全社会长期坚持不懈的努力。党和政府应加强和改善对构建社会主义和谐社会各项工作的领导,把构建社会主义和谐社会摆在全局工作的重要位置,建立有效的领导机制和工作机制,把构建社会主义和谐社会的要求落到实处。广大人民群众应以积极的热情,自觉投身于社会主义和谐社会的建设之中,为使我们的社会更加和谐作出贡献。

四、构建社会主义和谐社会的重要意义

构建社会主义和谐社会,是我们党以马克思列宁主义、毛泽东思想、邓小平理论和“三个代表”重要思想为指导,全面贯彻落实科学发展观,从中国特色社会主义事业总体布局和全面建设小康社会全局出发提出的重大战略任务,反映了建设富强民主文明和谐的社会主义现代化国家的内在要求,体现了全党全国各族人民的共同愿望。构建社会主义和谐社会,具有重要的理论意义。

第一,提出构建社会主义和谐社会,是对人类社会发展规律认识的深化,是对马克思主义关于社会主义社会建设理论的丰富和发展。任何社会都不可能没有矛盾,人类社会总是在矛盾运动中发展进步的。构建社会主义和谐社会是一个不断化解社会矛盾的持续过程。马克思恩格斯创立的唯物史观揭示了社会的本质、发展动力和发展规律,使人类的社会和谐理想变成了科学,并且论证了实现社会主义和谐社会的历史必然性,揭示了未来社会和谐发展的基本特征,指出了实现社会和谐的基本条件。马克思恩格斯创立的唯物辩证法揭示了社会系统内各种要素之间的普遍联系、对立统一和相互转化的规律,阐明了社会结构、人与社会、人与自然以及人与人之间的辩证关系。马克思关于共产主义社会和“人的全面自由发展”的表述,指出了未来社会的奋斗目标。我们党提出“构建社会主义和谐社会”,就是从社会主义初级阶段实际出发,把马克思主义的社会建设理论与中国实际结合,逐步将其变成我国社会发展的现实目标和具体措施。它完全符合人类历史发展规律的要求,是党对马克思主义关于社会主义社会建设理论的丰富和发展。

第二,提出构建社会主义和谐社会,是对社会主义建设规律认识的深化,丰富和发展了中国特色社会主义理论。构建社会主义和谐社会,拓展了中国特色社会主义的理论体系,使社会建设成为与中国特色社会主义经济、政治、文化建设具有同等地位的一个崭新层面。中国特色社会主义是一个全面发展、全面进步、全面现代化的社会。党的十三大明确提出了“三步走”的现代化建设战略部署,并且提出了包括经济富强、政治民主、精神文明在内的三位一体的现代化建设总体格局。十五大围绕社会主义现代化建设的总目标,在党的基本理

论、基本路线的基础上，制定了建设中国特色社会主义经济、政治、文化的基本纲领，从而使“三位一体”的现代化建设格局更加明晰而深入。进入新世纪新阶段，面对错综复杂的国际形势和不断变化的国内格局，党顺应历史发展和时代变化的要求，在我国处于体制转轨、社会转型的特殊历史时期，正式提出了构建社会主义和谐社会的命题，强调“社会和谐是中国特色社会主义的本质属性”，使社会主义现代化建设的总体布局，由物质文明、政治文明、精神文明建设的“三位一体”深化拓展为包括和谐社会建设在内的“四位一体”。由此拓展深化了现代化建设的战略格局，反映了党对社会主义本质的新认识新发展，进一步充实创新了中国特色社会主义的理论体系。

第三，提出构建社会主义和谐社会，是对共产党执政规律认识的深化，是党执政理念的升华。中国共产党是中国特色社会主义事业的领导核心。作为一个掌握全国政权并长期执政的党，只有认真研究和掌握执政规律，不断完善执政方略，提高执政能力，才能有效地推进中国特色社会主义事业。构建社会主义和谐社会，进一步体现了党执政的本质要求。十六届四中全会把“使党始终成为立党为公、执政为民的执政党”作为强调党的执政能力建设的总体目标之一，要求坚持权为民所用、情为民所系、利为民所谋，实现好、维护好、发展好最广大人民的根本利益，保证人民群众共享改革发展的成果。提出构建社会主义和谐社会，正是立党为公、执政为民这一本质的内在要求。只有通过构建社会主义和谐社会，广泛调动各方面的积极性，妥善协调各方面的利益关系，切实维护和实现社会公平和正义，全体人民能够平等友爱、融洽相处，人与自然的关系处于和谐状态，党执政为民的目的和要求才能够得到更加充分的体现。明确提出构建社会主义和谐社会，反映了党对执政规律、执政方略的新认识，为我们紧紧抓住和用好重要战略机遇期、实现全面建设小康社会的宏伟目标提供了重要的思想指导。

构建社会主义和谐社会还具有十分重要的实践意义。第一，构建社会主义和谐社会是中国特色社会主义事业“四位一体”总体布局的重要组成部分，及时对构建社会主义和谐社会作出部署，有利于全面推进中国特色社会主义事业；第二，使社会更加和谐是全面建设小康社会的重要目标，切实做好构建社会主义和谐社会的各项工作，有利于充分调动社会各方面的积极性，抓住和用好我国发展的重要战略机遇期，切实维护和促进改革发展稳定的大局，确保实现全面建设小康社会的目标；第三，促进社会和谐是中国最广大人民的根本利益所在，把构建社会主义和谐社会的各项任务落到实处，有利于进一步解决好人民群众最关心、最直接、最现实的利益问题，实现好、维护好、发展好最广大人民的根本利益；第四，社会和谐是应对外部挑战的重要条件，保持国内安定和谐的社会政治局面，有利于增强民族凝聚力和抗风险能力，更好地维护国家主权、安全、发展利益。

总之，构建社会主义和谐社会，是中国特色社会主义事业的有机组成部分，是推进全面建设小康社会的重大战略举措。它关系到最广大人民的根本利益，关系到巩固党执政的社会基础、实现党执政的历史任务，关系到全面建设小康社会的全局，关系到党的事业兴旺发达和国家的长治久安。党要带领人民把中国特色社会主义伟大事业推向前进，必须坚持以经济建设为中心，把构建社会主义和谐社会摆在更加突出的地位。

学习建议

构建和谐社会是十六大以来，以胡锦涛同志为总书记的党中央结合新世纪中国社会主义建设进程中出现的新问题、呈现出的新特征而提出的一项重要建设内容，使得整个社会主义建设的内容更加全面，布局更加具有整体性。因此，在学习这些内容的时候，在把握和谐社会基本内涵、指导思想的基础上，要能够理论联系实际，联系社会热点，关注民生问题，才能把握社会发展的大趋势、大方向。

思考题

1. 如何准确地把握社会主义和谐社会的科学内涵？
2. 如何正确地理解构建社会主义和谐社会的重要性和可能性？
3. 构建社会主义和谐社会有何重要理论意义和现实意义？
4. 构建社会主义和谐社会应遵循的指导思想和基本原则是什么？
5. 构建社会主义和谐社会的目标和主要举措是什么？

第十二章　祖国完全统一的战略构想

实现祖国的完全统一是我国新世纪面临的三大历史任务之一，是中华民族伟大复兴的标志，也是海内外中华儿女的共同心愿。“一国两制”是我党在和平与发展的时代主题下，为实现祖国统一，用和平手段解决国家主权的历史遗留问题而提出的战略构想。在“一国两制”构想的指导下，我国实现了香港和澳门主权的回归。进入新世纪，国家的统一还有未完成的使命，国家领土的完整还面临新的挑战，需要我们继续发展和丰富“一国两制”的构想，实现祖国最终的完全统一。

本章提要：

● “一国两制”构想的提出最早是为解决台湾问题而提出的。新中国成立以来，党和政府对台方针政策大致经历了由“解放台湾”到“和平统一”两个重要历史时期。

● 在祖国统一的前提下，国家的主体坚持社会主义制度，同时在台湾、香港、澳门保持原有的资本主义制度和生活方式不变。这是“一国两制”构想的基本内容。

● 香港、澳门的回归是“一国两制”科学构想的成功实践。香港、澳门的胜利回归，使“一国两制”由科学构想变为生动现实，为国际社会解决领土主权历史遗留问题提供了一个和平解决的成功范例。

● 解决台湾问题是中国的内政。我们要继续贯彻“和平统一，一国两制”的方针，我们愿以最大的诚意、尽最大的努力争取和平统一的前景，但决不允许任何人以任何方式把台湾从中国分割出去。

一、实现祖国完全统一

完成祖国统一、推进现代化建设、维护世界和平与促进共同发展是党在21世纪伟大而艰巨的三大历史任务。

1. 维护祖国统一是中华民族的爱国主义传统

反对分裂，坚持统一，是中华民族自古以来就有的光荣传统。我国各族人民历来关心祖国的前途和命运，为捍卫民族的尊严和国家的统一进行了英勇斗争。

民族团结和国家统一始终是中华民族历史发展的主流。中华民族是由56个民族组成的大家庭。从遥远的古代起，我国各族人民就建立了紧密的政治经济文化联系，共同开发了祖国的河山，两千多年前就形成了幅员辽阔的统一国家。悠久的中华文化，成为维系民族团结和国家统一的牢固纽带。

近代中国局部地区的分离状态，是帝国主义侵略、奴役和宰割中国的结果。党领导中国人民推翻了帝国主义、封建主义和官僚资本主义的反动统治，建立了中华人民共和国，结束了中华民族遭受外敌入侵、任人宰割的悲惨命运，实现了大陆的统一和民族的大团结。新中国成立后，党对解决香港、澳门问题进行了积极探索，采取暂时不动、待时机成熟时再收回的策略。同时，也进行了武力解放台湾的各方面准备。但由于美国趁朝鲜战争之机，直接插手台湾问题，阻止中国人民完成祖国统一大业，致使台湾海峡两岸的中国人至今仍处于分裂状态。

2. 实现祖国完全统一是民族复兴的历史任务

实现祖国完全统一，是中华民族伟大复兴的重要内容和基本任务。国家的完全统一是民族复兴的重要标志，没有国家的完全统一，就没有完全意义上的民族复兴。中华民族的伟大复兴既是一个走向现代化的实现繁荣强盛的过程，同时也是一个捍卫民族独立、领土完整和主权尊严的实现祖国完全统一的过程。只有实现祖国的完全统一，才能更好地在国际上展现中华民族团结奋进、朝气蓬勃的雄姿，使中华民族真正自立于世界民族之林。

案例分析

统则兴，分则衰

纵观世界历史，凡强盛之民族都是统一的，统则兴，分则衰。穆罕默德统一了阿拉伯世界，使阿拉伯帝国曾雄踞西亚、北非数百年；俾斯麦统一了德国，德意志民族自此跻身世界强国之列；林肯在美国内战中阻止了南北的分裂，维护了美国的统一，造就了今天美国的霸主之位。

翻开中国的历史，也无不印证着统则兴，分则衰的真理。尽管中华民族形成的过程就是一个国家由分裂到统一，由小统一到大统一，再分裂再统一的过程。正是由于不断的统一，才使得我们中国今天成为一个幅员辽阔、人口众多的世界大国。历史表明：自有文字记载以来，中国统一的时间要比分裂的时间要长得多。如果从秦始皇灭六国，建立第一个中央集权的封建国家算起，大的长时间的分裂共有600年左右，只占这段历史的四分之一时间。而且统一与分裂交替发展的规律是：大的分裂，时间越来越短，而统一的时间则越来越长；统一的规模，越来越大；统一的程度越来越高。中国历史上的杰出人物：秦始皇、汉武帝、唐高宗、宋太祖、成吉思汗等都是在国家统一上作出了巨大贡献。同时，实现和维护统一也是中国历代思想家、政治家的一个共识。孔孟有“大一统”、“定于一”的思想；吕不韦提出“一则治，二则乱”的观点；孙中山也认为“统一成而后一切兴革乃有可言”。中国几千年的历史表明，在每次的大的统一之后，经济文化都得到较快的恢复和发展。为人们所称道的“文景之治”“贞观之治”、“开元盛世”、“康乾盛世”等，在国家分裂、社会动荡时期是难以出现的。

因此,只有国家的统一、社会的稳定,才有利于国家励精图治,有利于人民安居乐业。

思考讨论:

试用案例材料分析为什么党将实现祖国的完全统一作为21世纪要实现的三大历史任务之一?

案例分析:

案例材料充分论证了统一和国家强弱间的关系。"统则兴,分则衰",历史已经证明国家民族的强盛必然和政局的统一稳定联系在一起。中国几千年的历史表明,在每次大一统之后,经济文化都能得到较快恢复和发展,社会也能在相当长的时期里保持稳定。从案例也可以看出,统一是中国历史发展的主流,反对分裂,坚持统一,是中华民族自古以来就有的爱国主义传统。在中国走向统一是各民族、各地区之间经济文化联系日益加强并相互促进发展的结果,有着非常坚实的历史和文化基础。几个世纪之前,由于国家民族的衰弱,国家内忧外患,四分五裂,过去香港、澳门的割让,海峡两岸的分离都是国家民族衰亡的结果。

一个多世纪以来,在中国共产党的领导下,中国人民为实现民族复兴浴血奋战,百折不挠,奋斗不息,终于扭转了民族衰微之势,维持了长期稳定发展的局面,中国正在实现和平崛起。与此同时,在上个世纪之末,香港和澳门也回归到祖国怀抱。中华民族实现完全统一乃是人心所向,民意所在,是不可阻挡的历史大趋势。

3. 实现祖国完全统一是党和各族人民的坚定意愿

民族团结和国家统一,符合我国各族人民的根本利益,符合中国社会发展的历史潮流。实现祖国完全统一是包括台湾同胞在内的所有海内外中华儿女的共同心愿。中国共产党代表中国最广大人民的根本利益,始终高举爱国主义的伟大旗帜,把捍卫民族尊严、实现祖国完全统一、维护国家主权和领土完整作为自己神圣的历史使命,并带领中国人民为之英勇奋斗。

党和人民在实现祖国统一的问题上是坚定不移的。党领导中国人民同一切阻挠破坏中国统一的势力进行坚决的斗争, 不断开创祖国统一工作的新局面。毛泽东曾严正地指出,台、澎、金、马整个地收复回来,完成祖国统一,这是中国人民的神圣任务,这是中国内政。邓小平指出,如果到1997年后中国还不能收回香港,人民就没有理由信任我们。江泽民也指出,中国人民将坚定不移地完成祖国的统一大业。这是中华儿女不可动摇的共同愿望和决心。胡锦涛强调,实现祖国的完全统一,是海内外中华儿女的共同心愿,是中国政府和人民不可动摇的意志和决心,符合包括2300万台湾同胞在内的全中国人民的共同利益。党还把解决祖国统一问题作为执政的一项重要目标和治国理政的一项重要课题。无论在祖国统一的道路上遇到多大的艰难险阻,无论国内外敌对势力如何阻挠破坏,都动摇不了党和人民实现祖国完全统一的坚定信念和坚强决心。

二、实现祖国统一的战略方针:"一国两制"

"一国两制"是新的历史条件下实现祖国完全统一的指导方针。这一构想最早是针对解决台湾问题提出来的,首先运用于解决香港问题。这一战略构想的形成和发展,经历了一个不断探索和完善的过程。

1. 台湾问题的由来和实质

台湾自古以来就是中国领土不可分割的组成部分。台湾人民同大陆人民同根、同宗、同源，继承的是相同的文化传统。“台湾问题”一词及其相关概念，或者叫“台海问题”或者“两岸问题”，是指从1949年中华人民共和国成立与以蒋介石为首的国民党集团从中国大陆败退台湾至今所衍生的一系列主权或领土问题。

台湾问题的实质是中国的内政问题。台湾在第二次世界大战之后，不仅在法律上而且在事实上已归还中国。第二次世界大战期间的《开罗宣言》、《波茨坦公告》等有关国际条约明确规定将1895年日本割占的台湾、澎湖列岛归还中国。1945年，日本投降后，台湾回归中国，中国政府恢复对台湾行使主权。1949年10月1日，中华人民共和国中央人民政府宣告成立，取代了中华民国政府成为全中国唯一合法政府和在国际上的唯一合法代表。这是在同一国际法主体没有发生变化的情况下新政权代替旧政权，中国的主权和领土疆域并没有因此而改变，因此，中华人民共和国政府也完全享有和行使对台湾的主权。

台湾问题是中国国内战争遗留下来的问题。1949年，中华人民共和国建立，国民党政府退踞台湾，造成了海峡两岸分裂对峙的格局。建国之初，中国人民解放军曾准备着手解放台湾之际，朝鲜战争爆发，美国军队进入台湾和台湾海峡地区，阻挠中国人民解放解放台湾，并在政治上、经济上、军事上扶持国民党政权，使得海峡两岸的分裂对峙持续至今，台湾问题由此产生。

半个多世纪以来，中国共产党和人民政府从未放弃过对台湾列岛的主权，一直把解决台湾问题，实现祖国完全统一，作为自己神圣的使命。

知识拓展

台　湾

台湾位于中国大陆东南沿海的大陆架上，地处东经119°18′03″至124°34′30″，北纬20°45′，面积3.6万平方公里，包括台湾岛（面积3.58万平方公里）、澎湖列岛、绿岛、钓鱼岛、兰屿、彭佳屿、赤尾屿，现有人口2300多万。

2. 中国政府解决台湾问题的基本方针

解决台湾问题，实现国家统一，是全体中国人民一项庄严而神圣的使命。中华人民共和国成立以后，中国政府为之进行了长期不懈的努力。中国政府解决台湾问题的基本方针经历了从武力解放到和平解放，最后确立为“和平统一、一国两制”的过程。

（1）武力解放台湾的方针

在解放战争即将胜利之际，中共中央就已经估计到国民党将把台湾作为最后的落脚点，就作出了解放台湾的战略部署。1949年3月，新华社发表了题为《中国人民一定要解放台湾》的时评,指出:“中国人民(包括台湾人民)绝对不能容忍国民党反动派把台湾作为最后挣扎的根据地。中国人民解放斗争的任务就是解放全中国,直到解放台湾、海南岛和属于中国的最后一寸土地为止。”这是中国共产党首次提出“解放台湾”的口号。

新中国成立后,1949 年 12 月中共中央就发表《告前线将士和全国同胞书》,明确提出 1950 年的任务就是解放海南岛、台湾和西藏,全歼蒋介石集团的最后残余势力。可是,武力解放台湾的方针遭到了美国的非法干预。1950 年 6 月 27 日,美国总统杜鲁门发表声明宣布:“我已命令第七舰队阻止对台湾的任何攻击。”美国第七舰队侵入了台湾海峡,美国第十三航空队进驻了台湾。随后朝鲜战争的爆发使解放台湾的方针被迫搁置。

1954 年 12 月,美国又与台湾当局签订的所谓《共同防御条约》,更将中国的台湾省置于美国的“保护”之下。而针对国际社会的干预,中国共产党和中国政府进行了坚决的抗议和抵制。1954 年,中国政府再次提出解放台湾的任务,表示不能承认美国干涉和占领台湾。人民解放军于 9 月 3 日开始炮击金门,向国际社会表示解放台湾的决心和立场。1955 年 1~2 月间,中国人民解放军还发动了一次渡海战役,解放了一江山岛和大陈岛。针对美国与台湾当局签订的所谓《共同防御条约》,中国政府发表声明强调:一切关于所谓台湾“独立国”、台湾“中立化”和“托管”台湾的主张实际上都是割裂中国领土,侵犯中国主权和干涉中国内政。同时指出,中国人民一定要解放台湾,完成祖国的完全统一。

(2) 和平解放台湾的方针

20 世纪 50 年代中期,围绕台湾问题的国内外形势都发生了很大的变化。国际形势缓和,亚太地区国家希望和平的呼声高涨。台海的紧张局势越来越受到国际社会的关注,主张缓和这一地区紧张局势的呼声甚高。国内则正将精力放在社会主义改造和第一个五年计划的实施上,国内建设也需要一个和平的国际和国内环境。

根据形势的发展变化,我们党及时调整了对台政策,提出了和平解放台湾的主张。1955 年 5 月,周恩来总理在全国人民代表大会常务委员会会议上即提出:中国人民解决台湾问题有两种可能的方式,即战争的方式和和平的方式,中国人民愿意在可能的条件下,争取用和平的方式解决问题。1956 年 4 月,毛泽东主席又提出:“和为贵”、“爱国一家”、“爱国不分先后”等政策主张。这一时期毛泽东、周恩来在不同场合阐明和平解放台湾的具体方针政策,其要点概括起来有:省亲会友、来去自由、既往不咎、立功受奖、国共合作、爱国一家、和平解放、互不破坏。

1958 年毛泽东指出:台湾如果回归祖国,照他们(指蒋介石等)自己的方式生活。到 20 世纪 60 年代,周恩来进一步把我党和平解放台湾问题的思想、政策主张归纳为“一纲四目”。“一纲”即台湾必须统一于中国。“四目”为:台湾回归祖国后,除外交必须统一于中央外,所有军政大权、人事安排悉委于蒋(介石),陈诚、蒋经国亦悉由蒋意重用;所有军政及建设经费不足之数悉由中央拨付;台湾的社会改革可以从缓,必俟条件成熟之后并征得蒋同意后进行;互约不派特务,不做破坏对方团结之举。

(3)“和平统一,一国两制”的方针

自 20 世纪 70 年代末开始,国际国内形势发生了一些重要变化:中美建立外交关系,实现了关系正常化;中国共产党召开十一届三中全会,决定把党和国家的工作中心转移到现代化经济建设上来。与此同时,海峡两岸的中国人、港澳同胞以及海外侨胞、华人,都殷切期

望两岸携手合作,共同振兴中华。在这样的历史条件下,中国政府出于对整个国家民族利益与前途的考虑,本着尊重历史、尊重现实、实事求是、照顾各方利益的原则,提出了“和平统一、一国两制”的方针。

1979 年 1 月 1 日,中华人民共和国全国人民代表大会常务委员会发表《告台湾同胞书》,郑重宣告了中国政府和平解决台湾问题的大政方针,呼吁两岸就结束军事对峙状态进行商谈,表示在实现国家统一时,一定“尊重台湾现状和台湾各界人士的意见,采取合情合理的政策和办法。

1981 年 9 月 30 日,全国人民代表大会常务委员会委员长叶剑英对新华社记者发表谈话,进一步阐明解决台湾问题的方针政策,要点包括:(一)建议举行中国共产党和中国国民党两党对等谈判,实行第三次国共合作,共同完成祖国统一大业。(二)建议双方共同为通邮、通商、通航、探亲、旅游以及开展学术、文化、体育交流提供方便,达成有关协议。(三)国家实现统一后,台湾可以作为特别行政区,享有高度的自治权,并可保留军队。台湾现行的社会、经济制度不变,生活方式不变,同外国的经济、文化关系不变,私人财产、房屋、土地、企业所有权、合法继承权和外国投资不受侵犯。(四)统一后,台湾当局和各界代表人士,可以担任全国政治机构的领导职务,参与国家管理。叶剑英表示“国家实现统一后,台湾可作为特别行政区,享有高度的自治权”,并建议由两岸执政的国共两党举行对等谈判。这就是所谓的“叶九条”。

1982 年 1 月 11 日,中国领导人邓小平就叶剑英的上述谈话指出:这实际上就是“一个国家、两种制度”,在国家实现统一的大前提下,国家主体实行社会主义制度,台湾实行资本主义制度。这是邓小平首次提出“一个国家,两种制度”的概念。此后五届人大五次会议通过修订后的《中华人民共和国宪法》,其中第 31 条规定:“国家在必要时可设立特别行政区。在特别行政区内实行的制度按照具体情况由全国人民代表大会以法律规定”。从此,“一国两制”的构想正式载入国家的根本大法,实行“一国两制”有了宪法的保证。

1983 年 6 月 25 日,邓小平在会见美国西东大学教授杨力宇时,进一步阐述了按照“一国两制”解决台湾问题、实现国家统一的具体构想。(一)台湾问题的核心是祖国统一。和平统一已成为国共两党的共同意愿。(二)坚持一个中国,制度可以不同,但在国际上代表中国的,只能是中华人民共和国。(三)不赞成台湾“完全自治”的提法。自治不能没有限度,不能损害统一的国家的利益。(四)祖国统一后,台湾特别行政区可以实行同大陆不同的制度,可以有其他省、市、自治区所没有而为自己所独有的某些权力。司法独立,终审权不须到北京。台湾还可以有自己的军队,只是不能构成对大陆的威胁。台湾的党、政、军等系统都由台湾自己来管。中央政府还要给台湾留出名额。(五)和平统一不是大陆把台湾吃掉,当然也不能是台湾把大陆吃掉,所谓“三民主义统一中国”不现实。(六)举行两党平等会谈,实行国共第三次合作,而不提中央与地方谈判。万万不可让外国插手。邓小平这六点重要谈话,后来称为“邓六条”,它使“一国两制”方针的内容更加完备、明确和系统化。

3. “一国两制”构想的确立和发展

在推动“一国两制”的构想和平解决台湾问题的进程中,邓小平同志创造性地将“一国两制”的构想应用于香港和澳门回归的谈判中,实现了香港和澳门的顺利回归。

1982 年 9 月,邓小平会见英国首相撒切尔夫人时明确指出,关于收回香港主权问题,可以用"一个国家,两种制度"的方法解决。同年12月五届全国人大五次会议通过的《中华人民共和国宪法》明确规定,国家在必要时可设立特别行政区,在特别行政区内实行的制度按照具体情况由全国人民代表大会规定。这为"一国两制"的实施提供了法律依据。

1984年6月,邓小平接见香港工商业届访京团和香港知名人士时指出:"我们的政策是实行'一个国家,两种制度',具体说,就是在中华人民共和国内,十亿人口的大陆实行社会主义制度,香港、台湾实行资本主义制度。"1985年3月,六届全国人大三次会议正式把"一国两制"确定为一项基本国策。至此,"一国两制"的基本思想已经形成。

根据邓小平"一国两制"的构想,我国政府先后和英国政府、葡萄牙政府就香港、澳门主权回归问题进行了多轮谈判并达成协议,香港、澳门成功地回到祖国怀抱,并在回归后保持了繁荣稳定,使"一国两制"由科学构想变成了现实。

1995年1月,根据两岸关系和国际形势的发展变化,江泽民发表了《为促进祖国统一大业的完成而继续奋斗》的重要讲话,提出了发展两岸关系、推进祖国和平统一进程的八项主张,进一步阐述了"和平统一、一国两制"方针。"八项主张"强调一个中国原则是对台政策的基石,开宗明义地指出,坚持一个中国的原则,是实现和平统一的基础和前提。中国的主权和领土决不允许分割。任何制造"台湾独立"的言论和行动,都应坚决反对;主张"分裂分治"、"阶段性两个中国"等等,违背一个中国的原则,也应坚决反对。"八项主张"提出分步骤进行两岸谈判的主张,强调在一个中国的前提下,什么问题都可以谈,丰富了和平统一谈判的内容;明确了不承诺放弃使用武力的针对性,指出这决不是针对台湾同胞,而是针对外国势力干涉中国统一和搞"台湾独立"的图谋的;强调不以政治分歧去影响、干涉两岸经济交流与合作,以利于两岸经济共同繁荣,造福整个中华民族;表达了更加理解、尊重和寄希望于台湾人民的真诚态度。同时指出早日完成祖国统一,是中国各族人民的共同心愿,台湾问题不能无限期地拖下去。江泽民提出的"八项主张",表达了更加理解、尊重和寄希望于台湾人民的真诚态度,对发展两岸关系产生了重大的作用,并将对推动两岸关系发展和祖国统一进程产生深远影响。

进入新世纪,党的十六大在坚持"和平统一、一国两制"的基本方针和"八项主张"的基础上,根据台湾局势和两岸关系形势的新变化,又提出了一系列新的重要论断和主张,为推进祖国统一大业作出重大决策。党的十六大首次正式写入关于坚持一个中国原则的新论述,指出"世界上只有一个中国,大陆和台湾同属一个中国,中国的主权和领土完整不容分割",强调坚决反对任何旨在制造"台湾独立"、"两个中国"、"一中一台"的言行,中国人民将义无反顾地捍卫国家主权和领土完整,绝不允许任何人以任何方式把台湾从中国分割出去。十六大还提出了两岸谈判的新倡议,为恢复和进行两岸对话和谈判指明了方向。

党的十六大以来,以胡锦涛为总书记的党中央为解决台湾问题、实现祖国完全统一,陆续发表了对两岸关系重大问题的看法和主张,宣示了新的形势下对台工作的许多新思想、新主张、新论述,有力地促进了对台工作,进一步争取了台湾同胞和国际社会对我对台方针政策的理解。

2005年3月,胡锦涛就新形势下发展两岸关系提出了四点意见:第一,坚持一个中国原则决不动摇;第二,争取和平统一的努力决不放弃;第三,贯彻寄希望于台湾人民的方针决不改变;第四,反对"台独"分裂活动决不妥协。这四点意见,集中表达了中国人民的意志和愿望,是进一步做好对台工作的重要指导方针。

2005年4月下旬至5月中旬,胡锦涛在与应邀来访的中国国民党、亲民党领导人的会谈中,重点阐述了对两岸关系形势的基本看法,提出了要构建和平稳定发展的两岸关系,并全面阐述了发展两岸关系的主张。其主要内容是:第一,建立政治上的互信,相互尊重,求同存异。坚持体现一个中国原则的“九二共识”,确立两岸关系和平稳定发展的政治基础。第二,加强经济上的交流合作,互利互惠,共同发展。推进两岸“三通”,开创两岸交流与合作的新局面。第三,早日恢复在“九二共识”基础上的两岸对话和谈判,开展平等协商,加强沟通,求同存异,扩大共识。第四,鼓励两岸同胞加强交往,增进相互理解,密切两岸同胞的感情,融合亲情。

胡锦涛关于台湾问题和对台工作的一系列论述,体现了我们党和政府对台方针政策的连续性、稳定性和与时俱进的创造性,体现了坚决遏制“台独”分裂活动、捍卫国家主权和领土完整、维护两岸关系和平稳定发展的坚定意志,体现了对台湾同胞的关心、理解和希望,体现了全国人民致力于早日解决台湾问题、实现祖国统一的共同意志和迫切愿望。

三、“一国两制”构想的科学内涵和重要意义

“一国两制”作为实现祖国和平统一的具有重大战略意义的构想,包含着丰富的科学内涵。按照这个构想实现祖国的完全统一,有利于台湾、香港和澳门的长期稳定,有利于祖国统一和民族振兴,有利于世界的和平与发展,得到了国际社会的广泛认同。

1.“一国两制”构想的科学内涵

“一国两制”构想就是在一个中国的前提下,国家的主体坚持社会主义制度;香港、澳门、台湾是中国不可分割的部分,它们作为特别行政区保持原有的资本主义制度长期不变。在国际上代表中国的,只能是中华人民共和国。具体来说,它包含一个国家、两制并存、和平统一但不承诺放弃使用武力、高度自治等四个方面内容。

第一,一个中国。世界上只有一个中国,台湾、香港、澳门是中国不可分割的组成部分,中央政府设在北京。在解决台湾、香港、澳门问题时,国家的主权统一和领土完整是前提,这是不容置疑和不容谈判的。

第二,两制并存。在统一的中国内,大陆地区是主体部分,实行社会主义制度。台湾、香港、澳门地区作为这个统一国家不可缺少和不可分割的组成部分,可以实行和保留现行的资本主义制度。在统一的国家内,两种制度长期共存。用“一国两制”的办法实现祖国的和平统一,不是权宜之计,不是短期打算,而是中国共产党和中国政府要长期坚持的基本方针和基本国策。

第三,和平统一,但不承诺放弃使用武力。一方面坚持用和平的方法来解决台湾、香港、澳门问题,实现祖国的完全统一;另一方面,祖国统一后,实行社会主义制度的主体和实行资本主义制度的地区和平共处。同时,无论在任何时候决不作出放弃使用武力的承诺。这是针对外国敌对势力的干涉和内部分裂分子而言的,是为了更好地保证和平统一的实现。

第四,高度自治。实现祖国统一后,在主权国家所允许的范围内,台湾、香港、澳门地区享有高度的自治权。特别行政区政府可按照法律自行管理地方事务,享有在当地的行政管理权、立法权、司法终审权、货币发行权和财政、税收的独立。在不损害国家和民族利益的前

提下,特别行政区还享有单独同各国、各地区及有关国际组织保持和发展经济、文化关系的权力,并可以与其签订有关协定。台湾还可以保留自己的军队。特别行政区受中央政府管辖,不具备行使国家主权的权力。

2.“一国两制”构想的重要意义

“一国两制”构想是充分尊重历史和现实、照顾各方面利益、维护民族团结、实现祖国完全统一和民族伟大复兴的战略构想。“一国两制”构想丰富和发展了马克思主义,具有重大的意义。

第一,“一国两制”构想创造性地把和平共处原则用之于解决一个国家的统一问题。和平共处是处理国际关系必须遵循的普遍准则,“一国两制”构想将这一准则应用于解决一个国家内部不同社会制度的地区之间的关系,以解决祖国的和平统一问题。邓小平说:“根据中国自己的实践,我们提出‘一个国家,两种制度’的办法来解决中国的统一问题,这也是一种和平共处。”①

第二,“一国两制”构想创造性地发展了马克思主义的国家学说。马克思主义认为,国家是历史范畴,是阶级矛盾不可调和的产物。从这个意义上说,在一个国家内一般只能有代表统治阶级利益的一种社会制度存在。“一国两制”构想是马克思主义经典作家没有说过的新话,是解决中国统一问题的新思路新办法。“一国两制”的国家结构形式,既不是传统的单一制,又不是通常的复合制,而是一种新型的国家结构组织形式,即不仅在单一制的国家结构下带有某些复合制的特点,而且容纳了两种性质不同的经济、政治和社会制度。它在国家的职能和作用、国家的结构形式等方面都有新的突破。

第三,“一国两制”构想体现了既坚持祖国统一、维护国家主权的原则性,也体现了照顾历史实际和现实可能的策略灵活性,避免了武力统一可能造成的不良后果。在国家统一问题上,所谓原则坚定性,就是坚持一个中国原则,坚持中国国家主权与领土的统一和完整不受侵犯,坚持国家主体即祖国大陆社会主义制度不动摇。所谓策略灵活性,就是在一个国家的主体坚持社会主义制度的前提下,允许非主体的资本主义制度长期存在及特别行政区实行高度自治。按照“和平统一、一国两制”构想实现祖国统一,既适应了我国社会主义现代化建设的实际需要,也充分照顾到港澳台地区的历史和现实情况,同时也妥善照顾到一些有关国家在这里的投资和其他利益。

第四,“一国两制”构想有利于争取社会主义现代化建设事业所需要的和平的国际与国内环境。正如邓小平所说的,“始终顶着,僵持下去,总会爆发冲突,甚至武力冲突。”②只有实行“一国两制”,在中国的主体坚定不移地实行社会主义的前提下,在自己的身边,在小范围内容许资本主义存在,局势可以长期稳定,有利于我们一心一意搞建设。同时,也有利于香港、澳门、台湾的长期稳定、繁荣和发展。“一国两制”确实是面对现实、解决问题的好办法,顺应历史潮流,有功于民族,有益于人民。

第五,“一国两制”构想为解决国际争端和历史遗留问题提供了新的思路。“一国两制”构想及其实践,不仅为中国的和平统一开创了光明的前景,而且为解决国际争端和世界遗

① 《邓小平文选》第3卷,人民出版社1993年版,第96–97页。
② 《邓小平文选》第3卷,人民出版社1993年版,第49页。

留的类似问题提供了新的思路和途径。正如邓小平指出的:“世界上一系列争端都面临着用和平方式来解决还是用非和平方式来解决的问题。总得找出个办法来,新问题就得用新办法来解决。香港问题的成功解决,这个事例可能为国际上许多问题的解决提供一些有益的线索。”①“一国两制”构想的提出及其在香港和澳门的成功实践,证实了“一国两制”构想的科学性,也为国际社会解决世界争端,稳定世界局势,提供了一个极好的范例。

四、“一国两制”构想的成功实践

“一国两制”的构想最早是针对台湾问题提出来的,首先运用于解决香港和澳门问题。香港、澳门在“一国两制”构想的部署下相继回归祖国,对台湾问题的最终解决和祖国完全统一的实现具有重要的实践意义。

1. 香港、澳门的顺利回归

香港、澳门问题是历史上殖民主义侵略遗留下来的问题。香港是被英国殖民主义者通过向中国发动侵略战争,强迫清政府先后签订《南京条约》、《北京条约》、《展拓香港界址专条》等不平等条约而强占的。澳门是被葡萄牙殖民主义者通过胁迫清政府签订不平等的《北京条约》而强占的。新中国成立后,中国共产党和中国政府根据当时的国际国内形势,对香港、澳门这两个地区采取了如下立场:香港、澳门地区是中国的领土,不承认外国强加在中国人民头上的不平等条约;对于这一历史遗留下来的问题,将在条件成熟时通过谈判予以和平解决;未解决之前维持现状。1960 年中央进一步将上述立场归结为“长期打算、充分利用”的工作方针。

知识拓展

香 港

香港位于东经 114°15′,北纬 22°15′,地处华南沿岸,由香港岛、九龙半岛、新界内陆地区以及 262 个大小岛屿(离岛)组成,是一个条件优越的天然深水港,1842 年至 1997 年是英国的殖民地,1997 年 7 月 1 日回归中国。香港面积约 1104 平方公里,人口超过 700 万。

党的十一届三中全会以后,随着国际形势的变化和我国现代化建设新局面的开创,和平解决香港问题的条件已经成熟。根据“一国两制”的构想,我国政府和英国政府从 1982 年 9 月到 1984 年 9 月,就解决香港问题进行了 22 轮艰苦的谈判。针对英国方面先后提出的所谓三个条约有效论、区别对待新界与港九地区、以主权换治权等,中国政府采取了有理有礼有节的斗争,坚持主权问题不容讨论、没有回旋余地,到 1997 年要收回香港,同时要确保回归前的平稳过渡。

① 《邓小平文选》第 3 卷,人民出版社 1993 年版,第 59–60 页。

邓小平1982年9月在会见英国首相撒切尔夫人时强调指出："关于主权问题，中国在这个问题上没有回旋余地。坦率地讲，主权问题不是一个可以讨论的问题。现在时机已经成熟了，应该明确肯定：一九九七年中国将收回香港。就是说，中国要收回的不仅是新界，而且包括香港岛、九龙。中国和英国就是在这个前提下来进行谈判，商讨解决香港问题的方式和办法。如果中国在一九九七年，也就是中华人民共和国成立四十八年后还不把香港收回，任何一个中国领导人和政府都不能向中国人民交代，甚至也不能向世界人民交代。如果不收回，就意味着中国政府是晚清政府，中国领导人是李鸿章！"[①]

1984年9月，中英双方达成协议，草签了《关于香港问题的联合声明》及三个附件。同年12月19日，中英两国政府领导人在北京正式签署了《中华人民共和国政府和大不列颠及北爱尔兰联合王国政府关于香港问题的联合声明》及三个附件，宣布中华人民共和国将于1997年7月1日对香港恢复行使主权。

随后，全国人大成立了香港特别行政区基本法起草委员会，起草香港特别行政区基本法。1990年4月七届全国人大三次会议正式批准《中华人民共和国香港特别行政区基本法》。基本法既坚持了国家统一、主权和领土完整，又明确规定香港作为特别行政区保持原有的资本主义制度。1997年7月1日，中英两国政府举行了香港政权交接仪式，中国政府恢复了对香港行使主权，香港回到了祖国的怀抱。

在中英就解决香港问题开始谈判后，澳门回归祖国的各项准备工作也开始积极有序地进行。1985年5月，中国政府和葡萄牙政府就举行谈判解决澳门问题达成协议。谈判的重点是"何时移交管治权"、"用什么方式移交管治权"等问题。

从1986年6月30日到1987年3月，中葡两国先后举行了四轮会谈，终于达成协议。1987年4月13日，《中华人民共和国政府和葡萄牙共和国政府关于澳门问题的联合声明》在北京正式签署，宣布中国政府将于1999年12月20日对澳门恢复行使主权并设立澳门特别行政区，实行高度自治和澳人治澳。1999年12月20日，中葡两国政府举行澳门政权交接仪式，历经400多年沧桑的澳门重新回到了祖国的怀抱。

香港和澳门的回归是中国统一大业进程中的重要里程碑，使"一国两制"由构想变为现实。"一国两制"构想在解决香港、澳门问题上取得的成功，显示了它的科学性。

知识拓展

澳　门

澳门地区位于中国大陆东南沿海，地处珠江三角洲的西岸，毗邻广东省，与香港相距60公里，包括澳门半岛、氹仔和路环三个区，此外还有一个路氹填海区，全区土地面积29.4平方公里，人口55万多。

2. 香港、澳门顺利回归的重要意义

香港、澳门的顺利回归，彻底结束了殖民主义在港澳的统治，标志着外国人占据和统治

---

① 《邓小平文选》第3卷，人民出版社1993年版，第12页。

中国领土的历史彻底结束,体现了社会主义中国综合国力的增强和国际地位的提高,体现了社会主义制度的优越性。香港、澳门的顺利回归,是祖国统一大业进程中的重要里程碑,是中国共产党对中华民族的重大历史性贡献。

第一,香港、澳门回归使"一国两制"由科学构想变为现实。香港、澳门回归祖国后,中央政府坚持"一国两制"、"港人治港"、"澳人治澳"、"高度自治"的方针,严格按照特别行政区基本法办事,支持特别行政区行政长官和政府依法施政、提高管治水平。在"爱国爱港"、"爱国爱澳"旗帜下,广泛团结香港、澳门各界人士,不断开创"一国两制"事业的新局面。香港、澳门顺利回归的成功实践充分说明了"一国两制"战略构想是正确和可行的。

第二,香港、澳门回归开创了和祖国内地共同繁荣发展的新纪元。回归后的香港和澳门,保持了原有的资本主义制度和生活方式不变。在中央政府有力支持下,两个特别行政区政府沉着应对亚洲金融危机及内外经济环境变化带来的冲击和影响,团结各界人士,妥善处理了一系列社会和经济问题,保持了社会稳定和经济发展。回归后的香港、澳门与祖国内地的合作领域愈来愈广,合作的层次愈来愈高,合作的实效愈来愈显著。同时,在宪法和基本法规定的范围内,香港、澳门特别行政区积极保持和扩展了对外关系,加强了与世界各国的经贸往来。

第三,香港、澳门回归对解决台湾问题具有重要的示范作用和促进作用。香港、澳门顺利回归祖国,标志着中国人民在完成祖国统一大业的道路上取得了重要进展,表明了中国人民实现祖国统一的坚强意志和决心,体现了中国共产党治国理政和处理国际关系的卓越能力。台湾问题与香港、澳门问题虽然有所不同,但它们都是中国的一部分,都实行不同于大陆的社会制度。香港、澳门实行"一国两制"的成功实践,对解决台湾问题具有重要的推动作用。它表明通过"一国两制"实现海峡两岸和平统一,台湾可以保持原有的社会制度不变,高度自治。台湾同胞的生活方式不变,他们的切身利益将得到充分保障,永享太平。台湾经济将真正以祖国大陆为腹地,获得广阔的发展空间。台湾同胞可以同大陆同胞一道,行使管理国家的权利,共享伟大祖国在国际上的尊严和荣誉。

五、为实现祖国完全统一而共同奋斗

1. 台湾问题的新变化

台湾问题是属于中国的内政问题,是中国国内战争遗留下来的历史问题。但是由于美国等国际势力的干涉,台湾历任领导人对两岸统一的问题采取拒绝和回避的态度,使两岸分裂的状态持续了半个多世纪之久。

从20世纪70年代末开始两岸关系有所松动。1979年1月1日,第五届全国人大常委会发表《告台湾同胞书》后,台湾当局一方面将中国共产党的"和平统一"方针污蔑为"统战阴谋",严禁台湾同胞讨论和平统一问题,并以"绝不接触、绝不谈判、绝不妥协"的"三不政策"作为回应。另一方面,也相应采取了诸如停止对大陆炮击行动等缓和台海紧张局势的措施。从1986年底开始,台湾出现了声势浩大的要求返乡探亲的热潮。在各方的压力下,台湾当局在处理与大陆的关系问题上不得不采取一些措施。1987年11月,台湾当局开放台湾居民赴大陆探亲，海峡两岸同胞近 38 年的隔绝状态终于被打破。

从 1987 年起至今，海峡两岸交流大体经历了单向交流、双向交流和两岸交流持续、稳定、有序地向前发展三个阶段。其间，1992 年大陆海峡两岸关系协会(简称“海协会”)和台湾海峡交流基金会(简称“海基会”)达成了各自以口头方式表述的“海峡两岸均坚持一个中国原则”的“九二共识”。这是在一个中国原则基础上，暂时搁置某些政治争议，以灵活方式求同存异而取得的重要成果，对推动两岸关系的发展起着十分重要的作用。

知识拓展

“海协会”与“海基会”

海峡两岸关系协会简称“海协”，1991 年 12 月 16 日在北京成立，是一个以促进海峡两岸交往，发展两岸关系，实现祖国和平统一为宗旨的社会性团体，它协助有关方面促进海峡两岸各项交往和交流。海协会成立时名誉会长是荣毅仁，会长为汪道涵。现任会长为陈云林。

海峡交流基金会是 1990 年 11 月 21 日在台湾成立的一个民间机构，由辜振甫任董事长。海基会以“是一座桥，不是一堵墙”为己任，主要任务是执行台湾当局委托办理的两岸民间交流中技术性、事务性的工作，被视为台湾当局与大陆联系的中间机构。

1993 年 4 月 27—29 日，海协会会长汪道涵与海峡交流基金会董事长辜振甫在新加坡举行汪辜会谈，为两岸事务性交流掀开了新的一页。此后，两会领导人举办了多次会谈，为促进两岸交流作出了突出的贡献。

然而，在两岸关系走向缓和的同时，台湾岛内的分裂势力也在不断发展，这是台湾问题的新变化，使台湾问题也变得更为复杂。20 世纪 90 年代中期，台湾当局加紧制造“两个中国”、“一中一台”的分裂活动，支持、纵容“台独”势力，阻挠两岸直接“三通”和交流交往。2000 年 3 月台湾地区选举，主张“台独”的民进党首次上台执政。民进党一方面做出“四不一没有”的承诺及在其任内“不会宣布台湾独立、不会推动两国论入宪、不会更改国号、不会推动改变现状的统独公投”、“也没有废除国统纲领或国统会的问题”；另一方面继续鼓吹所谓“台湾”与“中国”的对等地位。2003 年后，台湾地区领导人进一步利用“统独议题”肆意挑衅一个中国原则，利用“公投”进行“台独”活动，两岸关系的主要矛盾已成为“台独”与反对“台独”的斗争，反对和遏制“台独”分裂活动成为两岸同胞最紧迫的任务。

热点链接

台湾民进党及“台独”势力

台湾“台独”势力源于 70 年代后期的台湾“倒蒋”民主运动，80 年代后期开始，“台独”运动逐步向岛内转移，鼓吹实施“独立建国”。1987 年国民党当局解除了“戒严令”后，“台独”势力更加蓬勃发展起来。“台独”的代表势力是民进党，全称“民主进步党”，成立于 1986 年 9 月 28 日，它的主要宗旨之一就是“台湾独立”，其“台独”主张历经“住民自决”、“独立建国"、"事实台独"、"渐进式台独"等不同的发展阶段。

90年代以来，在李登辉的支持下，民进党及"台独"势力得到恶性膨胀，逐渐发展成为可以对国民党执政权构成严重挑战的力量。2000年，民进党在大选中获胜，民进党主席陈水扁成为总统。此后继续推行他们的"台独"观点。2006年台湾开始声势浩大的"倒扁运动"。陈水扁也因受贿案件被判刑。之后，2008年大选中，民进党失去执政党地位。目前，虽然民进党调整了它"逢中必反"的姿态，但是其"台独"分裂野心并未发生变化，始终是我们祖国统一进程中的一大障碍。

2. 新世纪新阶段对台方针政策

江泽民在科学分析台湾局势和两岸关系发展趋势、深刻总结10多年来所形成、积累的宝贵而丰富的经验的基础上，1995年1月发表了《为促进祖国统一大业的完成而继续奋斗》的重要讲话，提出了现阶段发展两岸关系、推进祖国和平统一进程的八项主张，体现了中央对台方针政策的一贯性、连续性。

为了进一步反对和遏制"台独"势力分裂国家的猖獗活动，中共中央作出制定《反分裂国家法》的战略决策。2005年3月14日，十届全国人大三次会议通过《反分裂国家法》，首次以国家大法的形式宣示了中国人民维护国家统一、领土完整的坚强意志，进一步巩固和凸显了"大陆台湾同属一个中国"这一事实，有力地反对和遏制"台独"势力。

中国共产党还注意加强与反对"台独"、主张发展两岸关系的台湾各党派的对话与交流。在中国共产党的努力推动下，2005年4月至7月，中国国民党、亲民党、新党的领导人先后冲破"台独"势力的重重阻力，率团访问大陆。胡锦涛亲切会见他们，并就促进两岸关系改善和发展的重大问题及党际交往事宜广泛而深入地交换了意见。胡锦涛还分别与中国国民党和亲民党领导人联合发布了会谈公报。这些会谈所取得的成果，得到了两岸同胞和世界友好人士的广泛拥护和赞赏，对推动两岸关系的和平发展产生了深远的影响。

2008年12月31日，胡锦涛在纪念《告台湾同胞书》发表30周年座谈会上再次全面系统地阐述了两岸关系和平发展的思想，明确提出新世纪新阶段推动两岸关系和平发展的六点意见。

一、恪守一个中国，增进政治互信。维护国家主权和领土完整是国家核心利益。两岸在事关维护一个中国框架这一原则问题上形成共同认知和一致立场，就有了构筑政治互信的基石，什么事情都好商量。两岸应该本着建设性态度，积极面向未来，共同努力，创造条件，通过平等协商，逐步解决两岸关系中历史遗留的问题和发展过程中产生的新问题。

二、推进经济合作，促进共同发展。两岸同胞要开展经济大合作。我们期待实现两岸经济关系正常化，推动经济合作制度化。两岸可以为此签定综合性经济合作协议，建立具有两岸特色的经济合作机制，以最大限度实现优势互补、互惠互利。

三、弘扬中华文化，加强精神纽带。两岸同胞要共同继承和弘扬中华文化优秀传统。我们将继续采取积极措施，包括愿意协商两岸文化教育交流协议，推动两岸文化教育交流合作迈上范围更广、层次更高的新台阶。

四、加强人员往来，扩大各界交流。两岸同胞要扩大交流，两岸各界及其代表性人士要扩大交流。对于任何有利于推动两岸关系和平发展的建设性意见，我们都愿意作出积极回应。

五、维护国家主权，协商涉外事务。我们了解台湾同胞对参与国际活动问题的感受，重视解决与之相关的问题。两岸在涉外事务中避免不必要的内耗，有利于增进中华民族整体利益。对于台湾同外国开展民间性经济文化往来的前景，可以视需要进一步协商。对于台湾参与国际组织活动问题，在不造成“两个中国”、“一中一台”的前提下，可以通过两岸务实协商作出合情合理安排。

六、结束敌对状态，达成和平协议。海峡两岸中国人有责任共同终结两岸敌对的历史，竭力避免再出现骨肉同胞兵戎相见，让子孙后代在和平环境中携手创造美好生活。为有利于两岸协商谈判、对彼此往来作出安排，两岸可以就在国家尚未统一的特殊情况下的政治关系展开务实探讨。为有利于稳定台海局势，减轻军事安全顾虑，两岸可以适时就军事问题进行接触交流，探讨建立军事安全互信机制问题。

这六点意见指明了新世纪新阶段对台工作的新方针新政策，为祖国完全统一的最终实现指明了努力的方向。

热点链接

两岸关系发展大事记

★1979 年 1 月 1 日，全国人大常委会发表《告台湾同胞书》，宣布和平统一祖国的方针。

★1981 年 9 月，叶剑英发表《关于台湾回归祖国实现和平统一的方针政策》，俗称“叶九条”。

★1983 年 6 月 25 日，邓小平发表“邓六条”，进一步阐述实现台湾和祖国大陆和平统一具体构想。

★1990 年 11 月，“海峡交流基金会”在台北正式成立；次年 12 月，海峡两岸关系协会在北京成立。

★1992 年 11 月，两岸达成“九二共识”，次年 4 月，第一次“汪辜会谈”举行。

★1995 年 1 月 30 日，江泽民发表《为促进祖国统一大业的完成而继续奋斗》，俗称“江八点”。

★2005 年 3 月 4 日，胡锦涛就新形势下发展两岸关系提出四点意见，俗称“胡四点”。

★2005 年 3 月 14 日，全国人大通过《反分裂国家法》。

★2005 年 4 月—5 月，中国国民党主席连战访问大陆。国共两党最高领导人 60 年后再握手。

★2008 年 11 月 4 日，海协会与海基会在台北签署三通协议。

★2008 年 12 月 15 日，两岸海运直航、空运直航、直接通邮全面启动，两岸“三通”时代来临。

3. 为实现祖国统一大业而努力

解决台湾问题，关系到全中国人民的感情，关系到中国的主权和领土完整，关系到中国的发展。我们要从以下四个方面加以努力。

第一，坚持“一国两制”方针，不断推进祖国统一大业。一个中国原则是在中国人民捍卫中国主权和领土完整的正义斗争中形成的，具有不可动摇的事实和法理基础。台湾是中国领土不可分割的一部分，坚持一个中国原则是发展两岸关系和实现和平统一的基础，对任何旨在制造“台湾独立”、“两个中国”、“一中一台”的言行，我们都坚决反对。1949 年中华人民共和国政府取代中华民国政府成为全中国的唯一合法政府，已经享有和行使包括台湾在内的全中国的主权。国际社会承认只有一个中国、台湾是中国的一部分、中华人民共和国政府是中国的唯一合法政府。海峡两岸尚未统一的不正常状态，并没有赋予台湾在国际法上的地位和权利，也不能改变台湾是中国一部分的法律地位。“台湾地位未定”论是没有任何根据的。“台独”势力以“主权在民”为借口，企图以“公民投票方式”改变台湾是中国一部分的地位，以及提出两岸是“特殊的国与国的关系”，或有些人提出的以“两德模式”来处理两岸关系是没有依据和根本行不通的。台湾前途系于祖国统一。开展对话，进行和平统一谈判，是我们的一贯主张。应在一个中国原则的基础上，暂时搁置某些政治争议，尽早恢复两岸对话和谈判。在一个中国的前提下，什么问题都可以谈，可以谈正式结束两岸敌对状态问题，可以谈台湾地区在国际上与其身份相适应的经济文化社会活动空间问题，也可以谈台湾当局的政治地位等问题。我们愿与台湾各党派和各界人士就发展两岸关系、推进和平统一交换意见，以求同存异、扩大共识。两岸统一后，台湾可以保持原有的社会制度不变，实行高度自治。台湾同胞的生活方式不变，他们的切身利益将得到充分保障，永享太平。台湾经济将真正以祖国大陆为腹地，获得广阔的发展空间。台湾同胞可以同大陆同胞一道，行使管理国家的权力，共享伟大祖国在国际上的尊严和荣誉。

第二，大力发展两岸人员往来和经济文化交流，开创两岸经济文化合作新局面。我们坚持不以政治分歧去影响、干扰两岸经济合作的主张，鼓励和推动两岸人员往来，增进了解，增强互信；鼓励和推动两岸经济交流与合作，直接通邮通航通商，密切两岸经济关系，互利互惠；鼓励和推动两岸教育、科技、文化、卫生、体育交流，共同弘扬中华文化的优秀传统；鼓励和推动两岸共同打击犯罪；鼓励和推动有利于维护台湾海峡地区和平稳定、发展两岸关系的其他活动。国家依法保护台湾同胞的权利和利益。两岸同胞应携起手来，共同推进两岸关系的和平发展。

第三，广泛团结包括台湾同胞在内的全体中华儿女，共同反对和遏制“台独”分裂势力，坚定不移地捍卫国家主权和领土完整。解决台湾问题、实现祖国完全统一，寄希望于台湾人民。台湾同胞具有光荣的爱国主义传统，是发展两岸关系的重要力量。求和平、求安定、求发展，是台湾民心所向。两岸合则两利、通则双赢、分则两害，已经为越来越多的台湾同胞所认识。我们充分尊重台湾同胞的生活方式和当家作主的愿望以及发展经济的要求，维护台湾同胞的切身利益。要争取广大台湾同胞理解和支持我们的方针政策，共同推进两岸关系和祖国和平统一进程。我们努力争取和平统一，但决不承诺放弃使用武力。解决台湾问题完全是中国的内政，应该由两岸中国人自己来解决，绝不容许外国势力插手台湾问题，干涉中国内政。在这个基本原则问题上，我们决不妥协退让，决不吞下损害国家根本利益的苦果。2 300 万台湾同胞是我们的手足兄弟，没有人比我们更希望通过和平的方式解决台湾问题。我们要加强国防和军队现代化建设，为维护国家主权和领土完整提供坚强的安全保障。我们将以最大的诚意、尽最大的努力争取和平统一的前景，但我们也完全有决心、有能力粉碎任何把台湾从中国分割出去的图谋。如果出现台湾被以任何名义从中国分割出去的重大事变，如果出现外国侵占台湾，如果台湾当局无限期地拒绝通过谈判和平解决两岸统一问题，中国政府只能被迫采取一切可能的断然措施，来维护中国的主权和领土完整。

第四，解决台湾问题要靠发展。我们要实现祖国的完全统一，解决好台湾问题，只有靠自己的发展。我们发展壮大了，才能使台湾有可靠的依托和更大的发展空间，从而增加台湾对祖国的向心力。我们发展壮大了，也才有坚实的经济基础和强大的军事力量对"台独"势力的分裂活动和外来干涉势力进行坚决有力的回击。因此，只有加快发展，才能更好地推进两岸和平统一的进程，最终解决台湾问题，实现祖国的完全统一。

新世纪新阶段，我们要加强海内外中华儿女的团结，为实现中华民族的伟大复兴而奋斗。坚持一个中国原则的前提下，紧紧围绕两岸关系和平发展的主题，加强两岸人员往来和经济文化交流合作，支持海峡两岸和其他台商投资相对集中地区的经济发展，促进两岸经济技术交流和合作，推进两岸直接"三通"，尽最大努力为两岸同胞谋和平、谋发展、谋福祉，使两岸同胞感情更融洽、合作更深化，共同维护台海和平稳定，推进祖国统一大业。

学习建议

实现祖国统一是新世纪党面临的三大历史任务之一。通过本章的学习，要了解我党对实现祖国统一的基本立场、战略策略和方针政策；通过了解"一国两制"在理论上的形成和实践中的应用，要领会香港和澳门的回归的历史意义。通过了解我国在台湾问题上的一贯立场和策略调整，把握台湾问题的最新动向，从而确立我们对解决台湾问题的坚定信念和决定。

参考文献：

1. 邓小平：《一个国家，两种制度》，《邓小平文选》第 3 卷
2. 江泽民：《为促进祖国统一大业的完成而继续奋斗》，《江泽民文选》第 1 卷
3. 胡锦涛：《坚持一个中国原则，促进祖国统一大业》，《十六大以来重要文献选编》(中)
4. 《台湾问题与中国统一白皮书》，中华人民共和国国务院台湾事务办公室、国务院新闻办公室
5. 《反分裂国家法》，《人民日报》2005 年 3 月 15 日

思 考 题

1. "一国两制"构想是如何形成和发展的？
2. "一国两制"构想的基本内容和重要意义是什么？
3. 如何理解党对解决台湾问题、实现祖国完全统一的基本方针？

第十三章　国际战略和外交政策

建设中国特色社会主义需要一个稳定的国内环境，也需要一个和平的国际环境。当代世界是一个开放的世界，中国特色的社会主义建设必须准确把握国际形势和特点，制定正确的国际战略和外交政策，为中国实现民族复兴创造一个稳定、和谐和安全的国际环境，同时也为维护世界和平担负起一个大国的使命和责任。

本章提要：

- 邓小平通过对世界形势发展的深刻洞察，敏锐地把握时代主题的变化，提出了和平发展是当今时代的主题的科学论断。中国的国际战略和外交政策都是建立在这一时代主题的基础上，是中国外交的基本出发点。

- 独立自主的和平外交政策是中国外交的根本原则。争取和平，为社会主义现代化建设服务，是中国外交的根本任务；维护世界和平、促进共同发展，是中国外交政策的宗旨；和平共处五项原则是中国外交的基本准则。

- 面对世界多极化和经济全球化的趋势，中国坚定不移地走和平发展道路，高举和平、发展、合作的旗帜，维护世界和平，促进共同发展，建立国际政治经济新秩序，反对霸权主义、强权政治和一切形式的恐怖主义，努力为人类和平与发展的崇高事业作出更大贡献。

一、时代主题的变化

所谓时代主题，是指在一定历史时期内反映世界基本特征并对世界形势的发展具有全局性影响和战略性意义的问题，就是一定历史条件下世界历史发展进程中需要解决的主要问题。随着世界矛盾和国际形势的发展变化，时代主题也会发生转换。科学认识和准确把握时代主题，是制定正确发展战略和内外政策的一个重要前提。

1. 冷战与对峙

第二次世界大战后直至新中国成立之初，世界和平并未因世界大战的结束而到来，而是世界政治格局逐渐演变为一种冷战格局，即以美国为首的西方资本主义国家和以苏联为首社会主义国家两个阵营在经济、政治、军事、外交、文化、意识形态等各方面的对抗和竞争状态的时期。由于第二次世界大战刚结束,在这段时期,虽然分歧和冲突严重,但对抗双方都尽力避免导致世界范围的大规模战争(世界大战)爆发,其对抗通常通过局部代理人战争、科技和军备竞赛、外交竞争等“冷”方式进行,即“相互遏制,却又不诉诸武力”,因此称之为“冷战”。冷战期间世界各国基本也是在两大阵营中各踞一方,开展政治、经济和外交活动。冷战中各方的对峙在 20 世纪 50 年代表现尤为激烈,其中最令人生畏的是军备竞赛,双方囤积了足以让对方毁灭成百上千次的核弹头,并将核弹的打击范围扩大到太空空间。

毛泽东根据当时的国际形势,在战争与和平问题上,坚持新的世界大战既有可能发生也有可能防止的两点论。一方面坚定不移地反对霸权主义的侵略扩张活动,支持世界被压迫民族的解放运动和各国人民的革命斗争;另一方面也在做应对大规模侵略战争的准备,提出备战备荒。在对国际关系进行审慎分析的基础上,毛泽东逐步提出了“两个中间地带”和“三个世界”划分的战略。在这个基础上,20 世纪 60 年代后期和 70 年代初期,我国政府与第三世界国家结成广泛的反帝反霸斗争的国际统一战线。这构成了我国建国之初开展外交关系的重点。

此外,毛泽东还特别强调了外交关系的独立自主性。提出各国的事情应由各国人民自己来管,反对帝国主义的干涉和称霸。国家不分大小和强弱都是平等的,反对以大压小、以强凌弱。

知识拓展

“两个中间地带”和“三个世界”

“两个中间地带”和“三个世界”的划分是毛泽东同志建国之后提出的两个重要的外交战略思想,为我国当时外交确立了工作的重点和开展的依托。

“两个中间地带”就是亚洲、非洲、拉丁美洲是第一个中间地带;欧洲、北美加拿大、大洋洲是第二个中间地带。日本也属于第二个中间地带。根据这样的判断,在当时的国际关系格局下,中国不仅对发展与亚、非、拉国家的关系继续采取积极的态度,而且对建立和改善同西方国家的关系给予了一定程度的重视。

“三个世界”划分就是指美国、苏联是第一世界。中间派,日本、欧洲、澳大利亚、加拿大,是第二世界。中国是第三世界。第三世界人口很多,亚洲除了日本,都是第三世界。整个非洲都是第三世界,拉丁美洲也是第三世界。毛泽东关于划分三个世界的战略,关于中国站在第三世界一边,加强同第三世界国家的团结,争取第二世界国家共同反霸,并且推动同美国、日本建立正常关系的决策,对于我们团结世界人民反对霸权主义,改变世界政治力量对比,改善我们的国际环境,提高我国的国际威望,起到了重要的作用。

2. 和平与发展

20 世纪 70 年代末以后,国际形势已经发生了很大的变化,社会主义阵营和资本主义两大阵营都开始出现分化,矛盾趋向缓和,世界多极化的趋势逐渐显现,国际形势总体上出现了相对和平的发展趋势。邓小平经过深入的研究和分析,逐渐形成了和平与发展成为当今时代主题的新判断。

邓小平敏锐地把握住了世界政治力量对比出现的重要变化，认为和平因素增长超出战争因素增长，世界大战打不起来，争取一个较长时期的和平环境是可能的。为此，1985 年，邓小平进一步指出："现在世界上真正大的问题，带全球性的战略问题，一个是和平问题，一个是经济问题或者说发展问题。和平问题是东西问题，发展问题是南北问题。概括起来，就是东西南北四个字。南北问题是核心问题。"①1987 年党的十三大确认了"和平与发展是当今世界的两大主题"这一深刻论断。

邓小平对时代主题的判断，其基本点是：第一，世界大战在一个相当长的时期内可以避免，我们有可能争取较长时期的和平环境；第二，和平与发展是当今世界两大带有全球性的战略问题，是东西方之间、发达国家与发展中国家之间矛盾全局的集中体现；第三，和平与发展是相辅相成的，世界和平是促进各国共同发展的前提条件，各国的共同发展则是保持世界和平的重要基础；第四，和平与发展成为时代主题，并不意味着这两个问题已经解决。要清醒地看到，当今世界和平与发展这两大问题一个都没有得到解决，还需要各国人民长期不懈的共同努力。

和平与发展成为当今时代的主题，这是世界政治经济格局变化和科技革命的结果。

二次世界大战后，虽然局部地区的战争仍时有发生，但制止战争的因素也在逐步增长。两次世界大战的浩劫给人类留下了深重灾难和沉痛教训，世界各国人民对和平的追求十分强烈；核武器等毁灭世界的战争工具形成的"恐怖平衡"，也成为制约战争的一个重要因素；冷战结束后多极化进程使世界各种主要力量彼此制衡，对霸权主义战争政策的牵制力量在增强，成为制约战争的另一个重要因素。

战后兴起的新技术革命和新工业革命浪潮，深刻地改变了当代经济社会生活和世界面貌。以电子科技为依托的通讯技术和交通工具的发展，推动了二次世界大战后全球化经济浪潮，深刻地改变了世界生产方式。世界范围的竞争，由过去的军事转向经济实力和以高科技为基础的综合国力的较量上，世界经济的发展加深了各国利益的相互交织和相互依赖。

和平与发展是两个相互依存的主题。世界相对和平的新历史条件，为各国尤其是广大发展中国家带来了难得的发展机遇。而占有最大多数人口的发展中国家获得更多的发展，也才能实现世界的和平稳定，不断壮大世界和平的力量。发展不仅是每个民族、每个国家繁荣昌盛的基础，也是人类迈向更高阶段的基础。没有全人类协调、平衡、坚实的经济和社会发展，就没有持久的世界和平与稳定，已经实现的和平与稳定也难以巩固。在和平稳定中谋求发展，是当今世界的头等大事。谋求发展，不仅成为各国关注的核心，也成为一种现实可能。

进入新世纪后，虽然世界格局出现了一些新的变化和态势，如恐怖主义危害上升、霸权主义和强权政治有新的表现，民族、宗教矛盾和边界、领土争端导致的局部冲突时起时伏，南北差距进一步扩大等，但和平与发展仍是当今世界的主题。

江泽民总书记在和平与发展这一时代主题没有变化的判断前提下，针对影响和平与发展的不确定因素在增加、传统安全威胁和非传统安全威胁的因素相互交织，世界还很不安宁，人类面临着许多严峻挑战的新变化，作出了总体和平、局部战争，总体缓和、局部紧张，总体稳定、局部动荡，是当前和今后一个时期国际局势发展的基本态势的基本判断。

时代主题的变换，为我国社会主义事业发展提供了新的机遇，也带来了新的挑战。我国

① 《邓小平文选》第 3 卷，人民出版社 1993 年版，第 105 页。

的外交战略必须要适应和抓住时代主题的变换,调整外交政策和策略,争取和平的国际政治、经济环境,为我国顺利进行现代化建设创造条件和机遇。

二、当前国际形势的特点

1. 世界多极化在曲折中发展

世界多极化是指在一定时期内对国际关系有突出影响的国家和国家集团相互作用而趋向于形成多极格局的一种发展趋势，是对主要政治力量在全球实力分布状态的一种反映。第二次世界大战后世界格局的演变,经历了从两大阵营对立到美苏两个超级大国争霸全球,再到两极格局终结、世界走向多极化的曲折发展过程。

最早指明世界多极化趋势的领导人是邓小平。他在 20 世纪 80 年代就提出了多极化趋势,一是强调第三世界的力量成为世界和平力量发展的重要因素,第三世界国家在国际事务中的政治分量也越来越重,作用越来越大;中国也算多极中的一极。二是认为虽然强权政治在升级,少数几个西方国家想垄断世界,但是完全由两个超级大国主宰世界的时代已经过去。

国际政治格局由两极向多极化的演变是战后世界历史运动的一种基本趋势，起始 20 世纪 50 年代后期,具体表现为三个并行发展的历史进程:资本主义阵营由美国一家独大演变为美、欧、日三足鼎立;社会主义阵营从意识形态论战走向分裂;“第三世界”国家以不结盟运动的形式在国际政治舞台上发挥出制衡两极的作用。这些因素的合力推动着多极化趋势的发展。世界走向多极化是一个逐步演进的过程,在多极化趋势出现后,两极格局并没有立即瓦解。目前虽然呈现多极化的态势,但是多极的局面还未确立,还存在美国单极化并独霸世界的危险。在这个过程中,单极与多极的矛盾,称霸与反霸的斗争,将成为相当长一个时期内国际斗争的焦点。合作中的竞争和竞争中的合作成为世界格局多极化趋势发展过程中的重要特征。

国际格局由单边主义、两极化走向多极化,是人类文明进步的表现,有利于世界和平与稳定。多极化格局使世界各种力量逐渐形成既相互尊重又相互制约与制衡的关系,有利于避免新的世界大战的爆发,有利于遏制霸权主义和强权政治,有利于推动建立公正合理的国际政治经济新秩序,有利于实现各国人民对和平、稳定、繁荣的新世界的美好追求,也有利于广大发展中国家抓住机遇、发展自己。

世界形势的多极化趋势也为中国实现民族复兴提供了良好的机遇。世界格局多极化态势的出现说明了原有的世界政治经济格局正在打破,新的政治经济格局正在孕育形成。在这一孕育变动过程中,各个国家都在抓住机遇,一方面发展增强自身的实力,另一方面更加注重国际合作与交流,以更好的发挥自身的竞争优势。中国应该抓住这一机遇,发展自己,并且在国际事务中发挥更大的作用，以争取在新的一轮国际竞争中获取更有利的地位,真正成为世界的一极。

在世界格局多极化竞争中,军事力量仍然是关键因素。世界上的大国强国,尤其是美国,都把建立强大的国防力量作为抢占新的国际格局制高点的突破口。世界上一些军事大国都在进行第二次世界大战以来最广泛、最深刻的军事调整，实质是增强军事实力，强化军事力量在维护和扩展国家利益中的职能和作用，谋求在世界格局多极化进程中占据优势地位，争夺 21 世纪国际社会中的战略主动权。

在世界格局多极化竞争中，经济技术的地位越来越重要。经济力量是国家实力的基础。强大的经济技术力量是能否成为世界一极的根本条件。因此，各国都把发展经济摆在优先地位。世界格局多极化能否成为现实，归根到底，取决于世界各大力量中心的经济能否迅速发展，取决于发展中国家的经济能否实现腾飞。中国要在世界格局多极化的趋势中发挥大国作用，必须不断增强综合国力。

知识拓展

欧　盟

欧洲联盟，其前身是欧洲共同体，是一个集政治实体和经济实体于一身、在世界上具有重要影响的区域一体化组织。它是世界多极化演变趋势中成长起来的一个重要的一极，也是适应多极化趋势，增强自身竞争力的一个经典范例。“欧盟”的宗旨是“通过建立无内部边界的空间，加强经济、社会的协调发展和建立最终实行统一货币的经济货币联盟，促进成员国经济和社会的均衡发展”，“通过实行共同外交和安全政策，在国际舞台上弘扬联盟的个性”。

欧洲分布着一些世界经济上最发达的小国，但是长期以来，由于国家规模的限制，尽管这些国家大都处于世界发达国家行列，但是其中任何国家都难以独立与美国竞争。1993 年欧盟自成立以来，欧盟已经制定了一个单一市场，通过一个标准化的法律制度，其中适用于所有会员国，保证人、货物、服务和资本的迁徙自由。15 个会员国已通过了一个共同的货币——欧元。在对外政策上，代表其成员在世界贸易组织，在八国集团首脑会议和在联合国的会议上发言，维护其成员国利益。欧盟现有 27 个成员国，人口约 5 亿，GDP 约 16.106 万亿美元。

2. 经济全球化趋势深入发展

经济全球化是指在新科技革命和社会生产力发展到更高水平的推动下，社会在生产的各个环节(生产、分配、交换、消费)和各种资本形态(货币资本、生产资本、商品资本)的运动超出国界，在全球范围内进行的过程。

经济全球化是一个历史的过程，其萌芽可以追溯到到 19 世纪中叶。工业革命以后，资本主义商品经济和现代工业、交通运输业迅速发展，世界市场加速扩大，世界各国间的贸易往来大大超过历代水平。20 世纪 90 年代以来，经济全球化得到了迅速的发展，现已发展成为以科技革命和信息技术发展为先导，涵盖了生产、贸易、金融和投资各个领域，囊括了世界经济和与世界经济相联系的各个方面及全部过程。其主要表现为：国际分工从过去以垂直分工为主发展到以水平分工为主的一个新阶段；世界贸易增长迅猛和多边贸易体制开始形成；国际资本流动达到空前规模，金融国际化的进程加快；跨国公司对世界经济的影响日增；国际经济协调的作用日益加强。

经济全球化的实质是资本的全球化，是生产社会化和经济关系国际化发展的客观趋势。经济全球化趋势和世界多极化趋势相互关联，相互影响。马克思、恩格斯在《共产党宣言》中指出：资产阶级由于开拓了世界市场，使一切国家的生产和消费都成为世界性的了。20 世纪 80 年代中期，邓小平也指出，现在的世界是开放的世界，任何国家的发展都离不开世界。由于全球商品经济的发展，经济活动把世界连成一体。

经济全球化的主要特征是生产、交换、分配、消费的全球化。科技革命和生产力的发展是经济全球化的根本动力。世界经济生活日益国际化，各国之间的相互交流、相互依存日益加深。世界经济活动的规模不断扩大、速度加快，跨国经济联系日益紧密。经济全球化使各种生产要素在全球范围内优化组合和资源优化配置，从而促进全球经济的迅速发展。

新科技革命是当代经济全球化浪潮的重要推动力。新科技革命大大提高了劳动生产率和财富的增长速度，促使各国在世界范围内寻找资源和市场；新兴产业的不断涌现和生产过程的分解，为世界各国参与国际分工创造了新的机会和条件；而运输和通信技术的发展大大缩短了各国在时间和空间上的距离，降低了商品和生产要素跨国流动的成本，导致国际贸易、投资和金融活动的日益全球化。

经济全球化也是一把“双刃剑”，它在推动全球生产力大发展、加速世界经济增长的同时，也带来一些负面影响，增多了各国和全球共同面临的社会经济问题，加剧了国际竞争，增加了国际风险，并对国家主权和发展中国家的民族工业造成了严重冲击。经济全球化是在国际经济秩序仍存在不公正不合理因素的情况下发生和发展的，西方发达国家主导经济全球化。对发展中国家来说，经济全球化是一个难得的历史机遇，也是一个巨大的挑战。西方发达国家虽是经济全球化的主要受益者，但也面临着其带来的一系列新的社会经济问题的挑战。

知识拓展

全球化的三个版本

“全球化 1.0”版本：始于 1492 年哥伦布打开新旧世界的贸易大门，直至公元 1800 年前后，主要是国家间融合，劳动力推动着这一阶段的全球化进程；

“全球化 2.0”版本：公元 1800 年持续到 2000 年，其间被大萧条和两次世界大战打断，主要是公司之间的融合，硬件的革新扮演着主要的推动力——从蒸汽船、铁路再到电话和计算机的普及；

“全球化 3.0”版本：个人成为主角，肤色或东西方文化差异不再是合作或竞争的门槛，软件的不断创新让大洋两岸的人们可以通过海底光缆轻松实现自己的社会分工。

因此，全球化的经济需要全球性的合作。各国应本着责任与风险共担的精神，加强国际合作，共同维护国际经济稳定发展。国际社会还应共同努力，推动国际经济秩序向公正合理的方向发展，构建互惠共赢的多边经济体制，以有利于各国共同发展。我们需要的是世界各国平等、互惠、共赢、共存的经济全球化。

三、独立自主的和平外交政策

1. 我国外交政策的形成和发展

中华人民共和国成立以来,我们党在建国时就制定了独立自主的和平外交政策,并一贯坚持独立自主的和平外交政策。

中华人民共和国成立前夕,毛泽东就强调,中国必须独立自主,不容许任何帝国主义国家再有一丝一毫的干涉;中国真正的独立和在国际上的平等地位,决不能靠外国恩赐,主要靠中国人民自己努力争取。周恩来也明确指出,新中国外交的基本立场是中华民族的独立自主,任何国家都不能干涉中国内政;我们愿意和一切平等待我之国家合作,不排外,不挑衅,但必须站稳立场,否则就只能倒在外国人的怀里。

新中国成立初期,我国外交的首要任务是,彻底摧毁帝国主义对中国的控制,恢复国家的独立和主权。为此,毛泽东主席早在建国前夕就提出了“另起炉灶”、“打扫干净屋子再请客”和“一边倒”的三条方针。“另起炉灶”就是新中国的人民政府不承认国民党政府同各国建立的一切旧的外交关系,而要在新的基础上同各国另行建立新的外交关系。“打扫干净屋子再请客”就是指新中国的建立必须清理旧中国残留的对外关系遗迹,建立国内的良好环境,以全新的面貌建立、发展同其他友好国家的关系。‘一边倒”就是在帝国主义对新生的人民政权实行敌视政策的情况下,中国只能倒向社会主义阵营一边。中国执行向苏联和人民民主国家“一边倒”的方针,并不意味放弃独立自主原则。

同时,我们党还确立了和平共处五项原则作为我国处理对外关系的基本准则。1953 年 12 月,周恩来在会见印度政府代表团时,首次系统地提出了和平共处的五项原则,经过 1955 年的万隆会议为许多亚洲国家所接受。这五项原则后来进一步完整地表述为:互相尊重主权和领土完整、互不侵犯、互不干涉内政、平等互利、和平共处。

进入 20 世纪 60 年代,根据当时美国对中国实行孤立、封锁和禁运,以及社会主义阵营内部发生重大变化的情况,我国外交政策重心由“一边倒”调整为同时反对美苏两个超级大国到处侵略扩张、肆意干涉别国内政的霸权主义政策。同时,积极支持民族解放运动,坚持睦邻友好,维护中国的主权和领土完整,维护世界的进步与和平。

知识拓展

联合国合法席位的恢复

中国是联合国的创始国和安全理事会五个常任理事国之一,1945 年 6 月,包括中国共产党代表董必武在内的中国代表团在《联合国宪章》上签了字。新中国成立后,中国在联合国的席位却仍被中国人民推翻了的蒋介石集团所窃踞。中华人民共和国成立后,周恩来总理兼外长多次致电联合国秘书长和联大主席,申明中华人民共和国政府是代表中国人民的唯一合法政府,要求把国民党代表驱逐出联合国,并容许中华人民共和国政府的代表参加联合国的工作。但是直至1960年，美国一直蛮横无理地采用“延期审议”的手段阻挠讨论恢复中华人民共和国席位的提案。随着中华人民共和国国际地位和影响的不断提高，随着亚非拉一系列新独立国家加入联合国，美国在联合国中阻挠讨论中国代表权问题越来越困难。在整个六十年代，尽管美国仍能操纵联大通过所谓“重要问题”提案，但投票支持恢复中国代表权的国家却不断增多。1970年，赞成恢复新中国在联合国合法权利的票数首次超过了反对票。1971年7月，美国政府不但伙同日本佐藤政府提出所谓“双重代表权”案，即接纳中华人民共和国的代表入联合国，但保留“中华民国”的代表权。中国外交部发表声明提出中国决不允许在联合国出现“两个中国”或“一中一台”的局面。10月25日，第二十六届联大以76票赞成、35票反对、17票弃权的压倒性赞成票通过提案，决定恢复中华人民共和国在联合国的一切合法权利、并立即把国民党集团的代表从联合国及所属一切机构中驱逐出去。这就是联合国历史上著名的联大2758号决议，它从政治上、法律上、程序上公正彻底地解决了中国在联合国的代表权问题。

中华人民共和国代表团团长乔冠华11月15日在联合国大会第二十六届会议全体会议上发言，他强调中国将同一切爱好和平、主持正义的国家和人民站在一起，为维护各国的民族独立和国家主权，为维护国际和平、促进人类进步事业而共同努力。

20世纪70年代，美苏争霸出现了苏攻美守的态势，毛泽东审时度势，果断地决定打开中美关系的大门，提出了“一条线”的外交战略，即从东边起，日本、中国、欧洲、美国，加上同“一条线”上的第三世界各国，联合努力，共同对付苏联霸权主义。这是我国外交的一次重大战略调整，对缓和我国面临的紧张局势，维护世界和平与稳定，保障中国人民和世界人民的根本利益发挥了重要作用。

十一届三中全会以后，我国进入社会主义现代化建设新的历史时期，邓小平在对国际形势作出新的分析和判断的基础上，又对我国的外交战略和对外政策进行了重大调整。

邓小平确定了“真正的不结盟”战略，向全世界表明中国坚持独立自主的和平外交政策，坚决反对超级大国争夺霸权，决不依附于任何大国或者集团。从“一条线”到“真正的不结盟”，是一个重大的转变，是顺应国内外形势发展的重大决策。为顺应世界经济发展格局的调整，邓小平主张积极推动建立和平稳定、公正合理的国际政治经济新秩序。在和平与发展为时代主题的背景下，邓小平确立了“冷静观察、稳住阵脚、沉着应付、韬光养晦、有所作为、善于守拙、决不当头”的方针，作为我们应对国际突发性事件的方针。

冷战结束后，我党继续坚持和平与发展是时代主题判断的基础上，进一步丰富和发展我国外交政策，开创我国外交的新局面，推动我国和世界各国的友好合作和往来，维护国家的利益。

2. 独立自主和平外交政策

独立自主和平外交政策的基本原则，是我国对外交往活动的根本准则，是在外交工作实践中探索出来的处理对外关系的根本依据。维护和平是我国对外政策的基本目标和首要任务。

坚持独立自主的和平外交政策，就是强调国家的主权是独立的，不允许任何外来的干涉与侵犯。外交工作要把国家主权和安全放在第一位，坚定地维护我国的国家利益，反对任何国家损害我国的独立、主权、安全和尊严；就是从我国人民和世界人民的根本利益出发，对于一切国际事务，都要根据事情本身的是非曲直，决定自己的立场和政策，不屈从于任何外来压力；就是坚持各国的事务应由本国政府和人民决定，世界上的事情应由各国政府和人民平等协商，反对一切形式的霸权主义和强权政治。

坚持独立自主，主要体现在：(1)坚持把国家主权和国家利益放在首位。主权是国家的根本属性，是一个国家独立自主处理对内对外事务的最高权力。国家活动的目的就是追求国家利益，以国家利益为最高准则。坚决维护国家主权、领土完整、民族尊严，维护中国人民的生存权、发展权和对世界政治经济事务的参与权，是我国的根本利益，也是我国外交的根本任务。(2)真正的不结盟。不结盟就是不参加任何国家集团与军事集团，不参加军备竞赛，不进行军事扩张，永远不谋求霸权，不同任何国家结成同盟。历史经验告诉我们，结盟会在某种程度上受制于人。同时，我国同任何大国或国家集团结盟，可能会影响世界战略力量的平衡，不利于国际局势的稳定。只有不结盟，才能更有效地、独立自主地处理各种事务。(3)反对霸权主义，维护世界和平。霸权主义和强权政治是威胁世界和平与稳定，干涉、侵犯他国主权的主要根源。西方一些霸权国家总是千方百计地利用所谓的人权问题、台湾问题和西藏问题来干涉我国的内政，破坏我国领土的完整，并妄图对我国进行渗透、分裂和颠覆。因此反对霸权主义始终是摆在我国外交工作的重要任务，是我国对外政策的纲领。我们反对霸权主义，也宣称自己永不称霸。

维护和平是我国对外政策的首要任务。维护和平主要体现在：(1)坚持和平共处五项原则。和平共处五项原则是指在处理国家之间关系中，坚持互相尊重主权和领土完整、互不侵犯、互不干涉内政、平等互利、和平共处的原则。这是20世纪50年代由中国、印度和缅甸三国共同倡导的，并得到国际社会普遍认同的原则。我国愿意在和平共处五项原则的基础上，同世界一切国家建立、发展外交关系和经济文化关系。(2)通过对话协商解决国与国之间的分歧与争端。世界是多样性的、矛盾的整体，彼此难免会产生分歧与争端。我们主张从稳定国际关系的大局出发，用和平的手段，通过对话协商解决各种分歧和争端，一时解决不了的，可以暂时搁置，求同存异。我们坚决反对诉诸武力或以武力相威胁。(3)建立国际政治经济新秩序。建立国际新秩序，核心是强调不干涉别国的内政，建立平等公正的国际政治经济秩序，以促进世界各国人民持久和平与共同繁荣。

我国贯彻独立自主的外交政策包含以下几个基本原则：

第一，坚持独立自主地处理一切国际事务的原则。独立自主是马克思主义的重要原则，是我国革命和建设事业取得胜利的宝贵经验之一。中国共产党人将这一基本原则运用于国际外交领域，将它发展为正确处理国家与国家之间关系的基本外交原则和方针，形成了独立自主的和平外交方针。独立自主，就是坚持从我国的实际情况出发，依靠自己的力量，同任何国家友好相处，不容许任何国家损害我国的尊严和主权。不管国际风云如何变幻，我们都始终不渝地奉行独立自主的和平外交政策。

第二，坚持和平共处五项原则为指导国家间关系的基本准则。和平共处五项原则是一个相互联系、相辅相成、不可分割的统一体。和平共处五项原则符合《联合国宪章》的宗旨和原则，高度地概括了国际关系的基本准则。半个世纪以来，和平共处五项原则经受住了时间的考验，为维护亚洲和世界的和平与稳定，促进国际关系的健康发展，作出了不可磨灭的贡献。和平共处五项原则的精髓，就是国家主权平等。和平共处五项原则既适用于社会制度相同的国家，也适用于社会制度不同的国家；既适用于发展中国家，也适用于发达国家；既适用于国家间的政治关系，也适用于国家间的经济关系。在新的历史条件下，和平共处五项原则应该得到认真遵循和切实履行。

第三，坚持同发展中国家加强团结与合作的原则。中国是发展中国家，加强同发展中国家的团结与合作是我国对外政策的基本立足点。中国同广大发展中国家的友好合作，有着坚实的政治基础。在新形势下，中国同广大发展中国家的共同关切增多，在推动国际秩序向公正合理的方向发展方面有着共同的利益和目标。我们要同广大发展中国家一道，抓住历史机遇，巩固传统友谊，深化全面合作，促进共同发展。

第四，坚持爱国主义与履行国际义务相统一的原则。各国人民的革命和建设事业是相互依存、相互支持的，各民族的根本利益是和整个人类文明进步事业的整体相联系的；各个国家只有把本国的事情搞好了，才能更好地支持其他国家的发展，为履行国际义务作出自己的贡献。在处理国际事务和对外关系时，既要坚决维护本国人民的根本利益，在涉及我国主权、领土完整、国家利益、国家安全的问题上决不妥协退让，同时又要注意维护世界和平和世界人民的根本利益，把本国人民的根本利益和前途与世界人民的根本利益和前途紧密结合起来。

知识拓展

新中国外交历程

一、新中国成立到20世纪50年代末期

1950年2月，同苏联签署《中苏友好同盟互助条约》。

1955年4月在印度尼西亚万隆举行的亚非会议，以周总理为首的中国代表团，坚持"求同存异"的方针，推动会议在和平共处五项原则的基础上达成了著名的万隆十项原则。亚非会议以后，我国在和平共处五项原则的基础上同亚非国家建立了友好合作关系，相继有一些亚非国家同我国建交。到1956年，同中国建交的国家已有25个。

此外，我国还以实际行动坚决反对美国的侵略政策和战争政策。我国先后抗击了美国对朝鲜、印度支那和我国台湾问题的干涉。

二、20世纪50年代后期到20世纪60年代末期

针对社会主义阵营分裂，帝国主义阵营也矛盾重重的国际局势，毛泽东提出了"两个中间地带"的思想。这个时期，中国反对苏联控制，抗击美国干预台湾问题，全力支持越南人民抗美，大力加强同亚非拉国家和人民的合作，支持他们的民族独立运动。

中国奉行睦邻政策，通过友好协商，先后同缅甸、尼泊尔、蒙古、阿富汗等国家解决了历史遗留的边界问题，同印尼解决了华侨双重国籍问题。

发展同西欧、日本的关系。不但同早已建交的瑞士、瑞典、丹麦、挪威、芬兰等国增进了友谊，而且同法国建立了外交关系，并同意大利和奥地利互派了商务代表。在坚持反对日本政府敌视中国的政策的同时，积极发展两国民间关系，协助在华日侨回国，不断加强两国各类民间组织间的交往。

这一时期，我国在国际上的影响不断扩大，出现了第二次建交高潮。到1969年，同中国建交的国家已达五十个。

三、从20世纪60年代末到20世纪70年代末

毛泽东主席针对当时的国际形势，提出了划分三个世界的战略思想。这一时期，中国不断调整对美政策，最终实现中美建交。与此同时，中苏两国正式结束同盟关系。1971年10月，中华人民共和国在联合国的一切合法权利得以恢复。此后，我国同绝大多数西方国家建立外交关系，从而出现第三次建交高潮。

四、20世纪70年代末到20世纪80年代末

这一时期，美苏争霸态势转入均衡、僵持阶段，西欧、日本崛起，发展中国家壮大，世界多极化的趋势开始显现。维护和平、促进发展成为世界的两大主题。中国开始实行对外开放，与世界各国经济贸易往来关系不断加强。在外交上，中国坚持不结盟的原则，继续奉行独立自主的和平外交，发展了同美国、日本、西欧的正常关系，改善了对苏关系，实现了中苏关系的正常化，全面发展了同第三世界国家的关系。

五、20世纪90年代以来

20世纪90年代，两极格局终结，世界进入了新旧格局转换的过渡时期。苏联解体后，中国承认俄罗斯和其他独联体各国政府，并先后同它们建立了外交关系。我国先后同印度尼西亚复交，同新加坡、文莱、卡塔尔、巴林、沙特阿拉伯、以色列和韩国建交，同越南、蒙古实现了关系正常化。

这个时期，中国继续开展多变外交。中国与东盟、印度、巴基斯坦、尼泊尔周边国家及美国、法国等建立面向21世纪各种伙伴关系。中国积极参加地区政治、经济、安全的对话与合作。中国参与了旨在建立半岛和平机制的中、美、朝、韩四方会谈，力主通过和平方式解决伊拉克武器核查危机和南斯拉夫科索沃问题，全面参与国际裁军领域的活动，积极推动国际裁军进程。

四、走和平发展道路

走和平发展道路是以胡锦涛为总书记的第四代领寻集体提出的外交战略思想。实现和平发展，是中国人民的真诚愿望和不懈追求。和平发展道路归结起来就是：既通过维护世界和平发展自己，又通过自身发展维护世界和平；在强调依靠自身力量和改革创新实现发展的同时，坚持对外开放，学习借鉴别国长处；顺应经济全球化发展潮流，寻求与各国互利共赢和共同发展；同国际社会一道努力，推动建设持久和平、共同繁荣的和谐世界。

1. 和平发展道路的特征

和平发展道路最鲜明的特征是科学发展、自主发展、开放发展、和平发展、合作发展、共同发展。

科学发展。科学发展就是尊重并遵循经济社会和自然发展规律，牢牢扭住经济建设这个中心，坚持聚精会神搞建设，一心一意谋发展，不断解放和发展社会生产力。

自主发展。中国始终坚持独立自主，把国家发展的基点和重心放在国内，注重从本国国情出发，主要依靠自身力量和改革创新推动经济社会发展，不把问题和矛盾转嫁给别国。

开放发展。中国把改革开放作为一项基本国策，把对内改革和对外开放结合起来，把坚持独立自主同参与经济全球化结合起来，以开放的姿态融入世界。

和平发展。中华民族是爱好和平的民族，为国家发展营造和平稳定的国际环境作为对外工作的中心任务。同时，中国积极为世界和平与发展作出自己应有的贡献，绝不搞侵略扩张，永远不争霸、不称霸，始终是维护世界和地区和平稳定的坚定力量。

合作发展。中国坚持以合作谋和平、以合作促发展、以合作化争端，同其他国家建立和发展不同形式的合作关系，致力于通过同各国不断扩大互利合作，有效应对日益增多的全球性挑战，协力解决关乎世界经济发展和人类生存进步的重大问题。

共同发展。中国坚持奉行互利共赢的开放战略，坚持自身利益与人类共同利益的一致性，在追求自身发展的同时努力实现与他国发展的良性互动，促进世界各国共同发展。

2. 中国走和平发展道路的对外方针政策

中国走和平发展相适应的国际关系理念和对外方针政策包括：

(1) 推动建设和谐世界

为了建设和谐世界，应努力做到：政治上相互尊重、平等协商，共同推进国际关系民主化；经济上相互合作、优势互补，共同推动经济全球化朝着均衡、普惠、共赢方向发展；文化上相互借鉴、求同存异，尊重世界多样性，共同促进人类文明繁荣进步；安全上相互信任、加强合作，坚持用和平方式而不是战争手段解决国际争端，共同维护世界和平稳定；环保上相互帮助、协力推进，共同呵护人类赖以生存的地球家园，提倡创新发展模式，走可持续发展道路，加强环境保护和应对气候变化的国际合作。

(2) 继续坚持独立自主的和平外交政策

中国人民坚持自己选择的社会制度和发展道路，不允许外部势力干涉中国内政。坚持在和平共处五项原则基础上，同所有国家发展友好合作，不同任何国家和国家集团结盟，不以社会制度和意识形态异同决定国家关系的亲疏。中国坚决维护国家核心利益。中国的核心利益包括：国家主权，国家安全，领土完整，国家统一，中国宪法确立的国家政治制度和社会大局稳定，经济社会可持续发展的基本保障。

(3) 倡导互信、互利、平等、协作的新安全观

中国倡导互信、互利、平等、协作的新安全观，寻求实现综合安全、共同安全、合作安全。国际社会需要强化综合安全观念，坚持综合施策、标本兼治，携手应对人类面临的多样化安全挑战。国际社会应增强共同安全意识，既要维护本国安全，又要尊重别国安全关切。促进合作安全，要以合作谋和平、以合作保安全、以合作化干戈、以合作促和谐，反对动辄使用武力或以武力相威胁。

(4) 秉持积极有为的国际责任观

作为世界上人口最多的发展中国家，中国把自己的事情办好，本身就是对世界负责任最重要的体现。作为国际社会负责任的国家，中国遵循国际法和公认的国际关系准则，认真履行应尽的国际责任。

(5) 奉行睦邻友好的地区合作观

中国同周边各国积极开展睦邻友好合作，共同推动建设和谐亚洲。主张地区各国相互尊重、增进互信、求同存异，通过谈判对话和友好协商解决包括领土和海洋权益争端在内的各种矛盾和问题，共同维护地区和平稳定。中国将始终秉承自强不息、开拓进取、开放包容、同舟共济的"亚洲精神"，永做亚洲其他国家的好邻居、好朋友、好伙伴。

和平、发展、开放、合作、和谐、共赢是我们的主张、我们的理念、我们的原则、我们的追求。中国对内坚持和谐发展，对外坚持和平发展，这两个方面是密切联系、有机统一的整体。

中国和平发展打破了"国强必霸"的大国崛起传统模式，是中国这个世界上最大的发展中国家探索出的一条新型发展道路，随着时间的推移，这条道路已经并将进一步显示出其世界意义。这条道路的成功既需要中国人民坚持不懈的努力，也需要外部世界的理解和支持。

思考题

1. 如何理解和平与发展是当今时代的主题？
2. 如何正确认识世界多极化和经济全球化的时代发展趋势？
3. 中国和平发展道路的特点和对外政策方针是什么？
4. 独立自主和平外交政策的基本原则是什么？

第十四章 中国特色社会主义事业的依靠力量

建设中国特色社会主义是一项艰巨而又伟大的事业，社会主义建设的基本依靠力量包括：以工人、农民和知识分子为主体的广大人民群众、广泛的爱国统一战线和人民军队。他们是社会主义建设的主体，为社会主义各项事业的顺利开展提供坚实的人力支撑。人民群众是决定国家前途和命运的根本力量，社会主义建设必须要充分整合各方面的力量，调动他们的积极性。中国特色社会主义事业的依靠力量回答了社会主义建设要依靠谁、团结谁的问题，为社会主义建设找到了最可靠的群众基础和力量源泉。

本章提要：

● 工人、农民和知识分子是中国特色社会主义事业的根本力量；改革开放以来出现的新的社会阶层是中国特色社会主义事业的建设者；必须认真贯彻尊重劳动、尊重知识、尊重人才、尊重创造的重大方针，最广泛最充分地调动一切积极因素；巩固和加强各族人民的团结合作。

● 统一战线是中国革命、建设和改革事业胜利的重要法宝，建设中国特色社会主义必须依靠最广泛的爱国统一战线，团结一切可以团结的力量，全面贯彻党的民族政策和宗教政策，正确处理民族问题和宗教问题。

● 人民解放军是保卫祖国的钢铁长城和建设中国特色社会主义的重要力量。建立坚固的国防是我国现代化建设的战略任务，是维护国家安全统一和全面建设小康社会的重要保障；必须深刻认识新世纪新阶段人民军队的历史使命；紧紧围绕打得赢、不变质两个历史性课题，加强军队建设和国防建设；积极推进中国特色的军事变革。

一、工人、农民和知识分子是建设中国特色社会主义事业的根本力量

人民群众是决定决定国家前途和命运的根本力量。中国共产党来自人民，植根于人民，服务于人民。在当代中国，一切赞成、支持和参加中国特色社会主义建设的阶级、阶层和社会力量，都属于人民的范畴，都是建设中国特色社会主义事业的根本力量。包括知识分子在

内的工人阶级、农民阶级，始终是推动我国先进生产力、先进文化发展和社会全面进步的根本力量。

1. 工人阶级是国家的领导阶级

我国宪法规定：“中华人民共和国是工人阶级领导的、以工农联盟为基础的人民民主专政的社会主义国家。”我国是工人阶级领导的社会主义国家，工人阶级是中国共产党的阶级基础，党和国家的事业离不开工人阶级，工人阶级是中国特色社会主义建设的基础性力量。

建设中国特色社会主义必须坚持全心全意依靠工人阶级的方针，这是由我们党和国家的性质、工人阶级的特点决定的。首先，我国是一个由共产党领导的社会主义国家，中国共产党的工人阶级先锋队性质决定了工人阶级在国家的领导地位。其次，中国工人阶级是近代以来我国社会发展特别是社会化大生产发展的产物，是中国先进生产力和先进生产关系的代表。工人阶级最重要的特点之一就是同社会化的大生产相联系，因此它的觉悟最高，纪律性最强，能在现时代的经济进步和社会政治进步中起领导作用。

改革开放以来，我国工人阶级队伍发生了明显变化，呈现出许多新的特点：一是队伍迅速壮大。二是内部结构发生重大变化。工人阶级中知识分子的比重大大增长，科技文化素质明显提高；进城就业的农民已成为我国产业工人的重要组成部分，正在成为工业化、城镇化、现代化的重要推动力量；职工所依存的经济组织的所有制形式日益多样化，在各类非公有制经济组织中就业的职工已占全部职工的一半左右。三是岗位流动加快。计划经济条件下的“铁饭碗”已被打破，职工对单位的依赖性大为减弱，自主性大为增强。

尽管发生了这些变化，但工人阶级仍然是社会主义现代化的主要建设者、社会财富的主要创造者、先进生产力的代表者，仍然是人民民主专政国家的领导阶级。

全心全意依靠工人阶级，发挥工人阶级的领导作用，必须做到：

第一，要切实保障包括农民工在内的全体职工的合法权益。在深化改革，建立现代企业制度、推进城镇化的过程中，党和政府要通过政治、经济、法律、舆论、行政等手段，切实保障职工的民主权利，落实职工的知情权、参与权、表达权和监督权，解决农民工、下岗和特困职工遇到的生产生活问题，维护工人群众的权益。

第二，要巩固工人阶级的主人翁地位。充分调动工人阶级当家作主的积极性和创造性，积极组织职工参与社会事务管理。建立健全工会组织和企业职工代表大会制度，使得工人阶级维护自己权益和发挥主人翁的作用有制度的依托和保障。

第三，要不断提高工人阶级的素质。工人阶级主人翁地位的巩固和领导阶级作用的发挥，还有赖于工人阶级队伍自身素质的提高。广大工人阶级也要进一步认清自己的光荣使命，增强责任意识，发扬识大体、顾大局的优良传统，正确认识和对待改革发展过程中利益关系和利益格局的调整，继续发挥主力军作用。

知识拓展

工人阶级

马克思主义认为，工人阶级（即无产阶级）是那些靠出卖劳动力（包括体力和脑力）、不拥有生产资料和生产工具,劳动成果大部分被资产阶级剥削,并为社会创造主要财富的阶层,包括大部分的体力和脑力劳动者。中华人民共和国建立后,经过30年的社会主义建设,通过大批国营企业和集体企业的建立,培养了一支社会主义国家的工人阶级队伍,他们经过社会主义教育,以厂为家,具有鲜明的主人翁意识,通过他们的辛勤劳动建立了社会主义国家的工业体系。改革开放之后,随着社会的转型,传统产业工人阶级在经济上和社会上的地位有所下降,同时又新兴起一批新型的产业工人阶级,如农民工、私营企业和外资企业的产业工人。

在现代的资本主义社会抑或社会主义社会,无论工人阶级是作为被统治阶级或统治阶级,都业已成为社会组织结构和分层结构的重要成分,对社会的政治、经济、文化各个方面具有极大的影响力和感召力。

2. 农民阶级是人数最多、最基本的依靠力量

我国的国情,决定了广大农民不但是我国新民主主义革命的主力军,而且是我国社会主义现代化建设和改革开放中人数最多、最基本的依靠力量。新民主主义革命就是依赖了人口最大多数的农民,工人阶级和农民建立工农联盟,获得了农民的支持和参与才最终取得了胜利。

中国特色社会主义建设必须坚定不移地依靠广大农民群众,这是由农业、农村、农民问题的重要地位和作用决定的。农业是我国经济发展、社会安定、国家昌盛的基础,它不仅关系到我国十几亿人口的基本生存, 而且还保证和支持着整个国民经济的运行和稳定发展。没有农业的牢固基础,就不可能有我们国家的自立。中国目前仍然还是一个农业之国,无农不稳,无粮则乱,没有农业的稳定,也就没有中国的稳定。从目前来看,农民仍然是我国人口占最大多数的群体,当代中国的改革也是首先从农村开始的,农民收入水平、生活水平的提高是我国全面建设小康社会实现的关键。广大农民在改革开放中,用他们的吃苦耐劳的品质为中国社会主义改革开放事业作出了突出贡献,不仅是农村的建设而且是城市的发展都流淌着农民辛勤的汗水。中国特色社会主义建设没有广大农民的支持、拥护和自觉参与就不可能成功, 中国特色社会主义建设如果不能让广大农民享受到社会发展进步的好处,也不能算是成功的。

社会主义现代化的实现,全面建设小康社会目标的完成必须依靠广大农民,充分调动农民的积极性和创造性。

充分调动农民的积极性和创造性必须要切实维护农民的合法权益和民主权利。农民问题的根本问题是土地问题。保障农民的合法权益就是要在新一轮土地政策的调整和实现土地的流转过程中,注重保障农民对于土地的基本权益。

充分调动农民的积极性和创造性必须要进一步缩小城乡差距,消除城乡二元结构的传统模式。消除城乡差距和城乡二元结构的关键在于取消户籍制度,实现社会保障体系的全民覆盖,使占最大多数人口的农民也能"老有所养,病有所医"。

充分调动农民的积极性和创造性必须要切实减轻农民的负担,反哺农村。中国农村的落后和农民生活水平的低下既有历史的原因,也有体制的原因。农民和农业在社会主义初创时期为实现工业化和城市化作出了牺牲。当前,我们应该开始反哺农村,加大对农村和农业的财政投入,通过降低农业税收等政策减轻农民的负担,提高农民的收入,从而提高农民

从事农业生产的积极性。

总之，在全面建设小康社会和实现中华民族伟大复兴的过程中，要不断提高对农业、农村、农民问题极端重要性的认识，切实保障农民的合法权益和民主权利，切实减轻农民负担，提高农民的生活水平；同时，又要教育、引导、支持农民，提高广大农民的科学文化素质和思想道德水平，增强国家主人翁观念，培养造就一代新型农民，推动农村实现现代化，建设社会主义新农村。

知识拓展

中共中央一号文件

“中央一号文件”原指中共中央每年发的第一份文件。但是，现在“中央一号文件”已经成为中共中央重视农村问题的专有名词。中共中央在1982年至1986年连续五年发布以农业、农村和农民为主题的中央一号文件，对农村改革和农业发展作出具体部署。2004年至2009年又连续六年发布以“三农”(农业、农村、农民)为主题的中央一号文件，强调了“三农”问题在中国的社会主义现代化时期“重中之重”的地位。2011年“中央一号文件”公布，指出今后10年水利投入翻番。

3. 知识分子是中国工人阶级的一部分

知识分子是我国工人阶级中掌握科学文化知识较多的从事脑力劳动的一部分人，是先进生产力的开拓者和教育科学文化工作的主要承担者，是科教兴国的主力军，在中国特色的社会主义建设中承担着重大的历史责任，是社会主义现代化建设的一支主要依靠力量。

在对待知识和知识分子的问题上，我们党曾经有过沉痛的教训。特别是在“文化大革命”期间，使广大知识分子遭到了不公正的对待，严重挫伤了知识分子的积极性，也给我国社会主义建设带来了不可估量的损失。十一届三中全会后，党在总结了建国后在对待知识分子问题上的经验教训的基础上，确立了知识分子作为工人阶级一部分的重要地位。邓小平指出：“我国广大的知识分子，包括从旧社会过来的老知识分子的绝大多数，已经成为工人阶级的一部分，正在努力自觉地为社会主义事业服务。”①

当今世界，科学技术突飞猛进，知识经济时代已然到来，科学技术作为第一生产力在社会发展中的地位和作用凸显，是先进生产力的代表，科学技术的这一重要地位，决定了知识分子在经济发展和社会进步中的特殊重要作用。知识分子作为人类科学文化知识的重要创造者、继承者和传播者，是推动我国科技进步和经济发展的生力军，是先进生产力的开拓者，也是社会主义精神文明建设的骨干和核心力量。

依靠知识分子，充分发挥知识分子的作用，就要做到邓小平反复强调的，要“尊重知识，尊重人才”。树立尊重知识、尊重人才的社会风尚，提高知识分子的社会地位和工作待遇，为知识分子创造更有利于发挥他们聪明才智的良好环境。

依靠知识分子，充分发挥知识分子的作用，还要切实保障知识分子的权益。要依法保护

---

① 《邓小平文选》第2卷，人民出版社1994年版，第186页。

知识产权，尊重和保护知识分子的创造性劳动成果。必须制定相关的政策和措施，积极改善知识分子的工作、学习和生活条件，对有突出贡献的知识分子要给予重奖，并形成规范化的奖励制度。

依靠知识分子，充分发挥知识分子的作用，必须在政治上对知识分子予以充分的信任，工作上放手使用，提高领导干部选拔中的知识分子的比例；同时积极引导，严格要求，使其发扬“热爱祖国、求实创新、拼搏奉献、团结协作”的精神，更好地承担起工人阶级的历史使命，在建设中国特色社会主义的伟大事业中发挥更大的作用。

4. 新的社会阶层是中国特色社会主义事业的建设者

改革开放以来，我国出现了一些新的社会阶层，这些阶层归纳起来主要有：民营科技企业的创业人员和技术人员、受聘于外资企业的管理技术人员、个体户、私营企业主、中介组织从业人员、自由职业者等。新的社会阶层是在党和国家改革开放政策的允许下出现的，是在社会主义公有制和社会主义上层建筑主导国家政治经济生活的总的条件下存在和发展的，其经营活动都要遵守国家的法律法规和政策。他们中的大多数人都是劳动者，是从工人、农民、知识分子和干部队伍中分化出来的。他们在党的方针、政策指引下，通过诚实劳动和工作，通过合法经营，为发展社会主义生产力做出了自己的贡献。他们中的一部分人，即使占有生产资料和雇佣工人，也不同于社会主义改造前的私营工商业者，因而也是中国特色社会主义事业的建设者。

新的社会阶层是在改革开放以来社会变革中出现的，符合社会主义初级阶段社会生产力发展的要求。首先，经济领域的制度创新是新的社会阶层产生的重要条件。我国从过去单一的公有制经济转变为以公有制为主体、多种所有制经济共同发展的基本经济制度，不少人陆续脱离原来的工作岗位，转而从事非公有制经济，或自主创业，或进入私企、外企，或成为自由职业人员，成为新的社会阶层的重要成员。其次，生产力的发展和经济结构的变化，使社会的劳动分工日益精细，为新的阶层的出现提供了从业条件。再次，产业结构的变化，促成了就业结构、社会阶层结构的变化。第一产业在国民经济总产值中的比重下降，第二、三产业的比重上升。大批被分流出来的职工和农民纷纷转移到第二、三产业，其中一些人成为私营企业主或个体户。

从总体上看，新的社会阶层中的广大人员，拥护共产党的领导和社会主义制度，拥护党的路线方针政策，遵守国家法律，热爱祖国。他们勇于开拓，敢冒风险，走出了一条艰苦创业、勤劳致富之路。伟大而艰巨的中国特色社会主义建设事业，需要全社会各方面忠诚于祖国和社会主义的优秀分子，把新的社会阶层中的广大人员作为中国特色社会主义事业的建设者，是从实际出发、尊重实践、尊重群众得出的科学结论。我们把新的社会阶层中的广大人员作为中国特色社会主义事业的建设者，没有也不会否认工人、农民、知识分子在建设中国特色社会主义事业中的主体地位。包括知识分子在内的工人阶级和广大农民，始终是推动我国先进生产力、先进文化发展和社会全面进步的根本力量。

知识拓展

中国社会阶层结构发生的深刻变化

1978年以来的改革开放使中国社会发生了深刻的变化，经济体制转轨和现代化进程的推进也促使中国社会阶层结构发生结构性的改变。原来“两个阶级一个阶层”(工人阶级、农民阶级和知识分子阶层)的社会结构发生了显著的分化，一些新的社会阶层逐渐形成，各阶层之间的社会、经济、生活方式及利益认同的差异日益明晰化，以职业为基础的新的社会阶层分化机制逐渐取代过去以政治身份、户口身份和行政身份为依据的分化机制。这些迹象表明，社会经济变迁已导致了一种新的社会阶层结构的出现，并且这种结构正在趋于稳定。这种社会阶层结构的变化将改变我们传统对工人阶级、农民和知识分子的认识，使他们间的界限不再清晰和不可跨越。

5. 尊重劳动、尊重知识、尊重人才、尊重创造

生产力的发展是一个先进生产力不断代替落后生产力的动态过程。劳动、知识、人才、创造，是推动当代中国先进生产力发展的四个基本要素。抓住了这些基本要素，也就抓住了发展先进生产力的关键。

劳动、知识、人才、创造，四者是一个具有内在联系的统一整体，劳动在其中居于核心和基础的地位；知识是创造财富的重要资源，但它只有通过劳动者、劳动资料，才能形成实际的财富；人才是知识资源的载体，人才的本质在于创造性。人才只有通过劳动，为社会创造出巨大的物质和精神财富，才能体现出自身的价值；创造本身就是一种劳动，创造过程即是劳动者最大限度地发挥聪明才干的过程。在“四个尊重”中，核心是尊重劳动。党的十六大强调，“必须尊重劳动、尊重知识、尊重人才、尊重创造，这要作为党和国家的一项重大方针在全社会认真贯彻。”把“四个尊重”作为一项重大方针，其着眼点在于坚持群众路线，最广泛最充分地调动一切积极因素，不断地推进中国特色社会主义事业向前发展。

在全社会认真贯彻执行“四个尊重”的方针，目的在于最广泛最充分地调动一切积极因素，使党获得取之不尽的力量源泉。最大多数人的利益和全社会全民族的积极性、创造性，对党和国家事业的发展始终是最具有决定性的因素。只有正确看待各种形式的劳动，承认劳动者的合法权益，才能最广泛最充分地调动一切积极因素，促进我们事业的发展。一切有益于人民和社会的劳动，不论是体力劳动还是脑力劳动，不论是简单劳动还是复杂劳动，一切为我国社会主义现代化建设作出贡献的劳动，都是光荣的，都应该得到承认和尊重。一切合法的劳动收入和合法的非劳动收入，都应该得到保护。

在全社会认真贯彻执行“四个尊重”的方针，有利于增强全社会的创造活力，形成万众一心共创伟业的生动局面。首先，要充分发挥人民群众的首创精神，使全社会创造能量充分释放、创新成果不断涌现、创业活动蓬勃开展。其次，要不断深化改革，努力创造一个平等竞争的社会环境。通过深化改革，在全社会建立起平等竞争的有效机制，排除权力对社会正常竞争秩序的干扰，形成有利于贯彻“四个尊重”的社会环境。再次，要严格执法，依法保护劳动者的权益。对一切有益于人民和社会的劳动在政治上给予肯定，对劳动者的合法权益给

予保护。同时，建立激励和保护创造的社会机制，对成功创造者给予奖励，对创造成果给予保护。

二、巩固和发展爱国统一战线

1. 统一战线是中国革命、建设和改革的重要法宝

在中国共产党的领导下，团结一切可以团结的力量，调动一切可以调动的积极因素，结成最广泛的统一战线，是新民主主义革命时期的一个重要法宝。新中国成立后，统一战线又在恢复国民经济、巩固人民民主专政、进行社会主义改造和社会主义建设中，继续发挥了重大的作用。

在中国特色的社会主义建设时期，统一战线仍然是一个重要的法宝。在新的历史时期，我们党领导的统一战线的实质，就是要在一个共同的目标之下，实现全国各民族、各党派、各阶层、各方面人民最广泛的团结。建设中国特色社会主义，是十分艰巨的事业，需要团结一切可以团结的力量；完成统一祖国大业，反对霸权主义，维护世界和平，也需要团结各方面的力量。

统一战线工作的实质就是争取人心、凝聚力量，尽最大可能团结一切可以团结的力量来为党的总路线、总任务服务。当前，全面建设小康社会是我国到2020年的奋斗目标，中华民族应该在党的领导下同心同德、群策群力地为之奋斗。我们要大力发扬中华民族伟大的团结精神，认真做好统一战线工作、民族工作、宗教工作和侨务工作，最广泛最充分地调动一切积极因素，把一切可以团结的力量都团结起来，努力形成全体人民各尽所能、各得其所而又和谐相处的局面。

2. 新时期爱国统一战线的内容和基本任务

在不同的历史时期，统一战线随着阶级关系和中心任务的变化而有不同的性质和内容。新时期爱国统一战线与以往的统一战线相比，其阶级结构和内部关系发生了重大变化。新时期的统一战线已经成为工人阶级领导的，以工农联盟为基础的，全体社会主义劳动者、社会主义事业的建设者、拥护社会主义的爱国者、拥护祖国统一的爱国者的最广泛联盟。

新时期的统一战线包括两个范围的联盟：一个是大陆范围内，以爱国主义和社会主义为政治基础的团结全体劳动者、建设者和爱国者的联盟，这是统一战线的主体和基础；一个是大陆范围以外的，以爱国和拥护祖国统一为政治基础的团结台湾同胞、港澳同胞和海外侨胞的联盟，这是统一战线的重要组成部分。这两个方面互相结合，互相促进，共同构成了一个整体，体现了新时期统一战线空前的广泛性。

新时期爱国统一战线的基本任务是：高举爱国主义、社会主义旗帜，团结一切可以团结的力量，调动一切积极因素，同心同德、群策群力，坚定不移地贯彻执行党在社会主义初级阶段的基本路线、基本纲领，为促进社会主义经济建设、政治建设、文化建设、社会建设服务，为促进香港、澳门长期繁荣稳定和祖国和平统一服务，为维护世界和平、促进共同发展

服务。

要切实加强、巩固和发展新时期的爱国统一战线，必须要坚持中国共产党对统一战线的领导。在新的历史时期，党的领导问题仍然是统一战线中的核心问题，只有坚持共产党的领导，才能结成牢不可破的统一战线，统一战线才能有正确的方向、蓬勃的生机和光明的前途，才能发挥它应有的作用。中国共产党也应该不断加强和改善党的领导。提高执政能力，才能更好凝聚人心。

要切实加强、巩固和发展新时期的爱国统一战线，要在爱国主义旗帜下，实现最广泛的团结。中国共产党领导的统一战线具有爱国主义的光荣传统。爱国主义具有强大的感召力和凝聚力，是统一祖国、振兴中华的强大动力。不管是台湾同胞、港澳同胞还是海外侨胞，只要是有利于我国的现代化建设，统一祖国，振兴中华；只要是有利于民族团结，社会进步，人民幸福；只要是有利于反对霸权主义、维护世界和平，都是统一战线的重要成员。

要切实加强、巩固和发展新时期的爱国统一战线，要充分发挥政治协商会议的作用。坚持“长期共存、互相监督、肝胆相照、荣辱与共”方针，充分调动和发挥民主党派、无党派人士和爱国人士的积极性和创造性。支持人民政协围绕团结和民主两大主题履行政治协商、民主监督、参政议政的职能，继续加强同民主党派协商共事，支持民主党派和无党派人士在国家机关中担任领导职务，使政治协商和民主监督、参政议政进一步经常化、制度化和程序化，加强各党派、各团体、各民族、各阶层、各界人士的团结和谐。

知识拓展

统战部

中国共产党中央委员会统一战线工作部（The United Front Work Department of CPC Central Committee）简称中共中央统一战线工作部、中共中央统战部或中央统战部，是中共中央主管统一战线工作的职能部门。自二十世纪三十年代，中国抗日民族统一战线形成后，中共就开始设置了类似机构。1938 年，中国共产党六届六中全会通过的《关于各级党委暂行组织机构的决定》规定，在区委以上各级党委之下设立统一战线工作部。统战部的主要职责就是主要负责统一战线的研究和组织工作，包括与民主党派、无党派人士、海外人士的沟通协调、民族宗教事务等。

三、团结各族人民和宗教人士

1. 党的民族政策

根据宪法规定，我国的民族政策包含的主要内容有四条，即：

中华人民共和国各民族一律平等。国家保障各少数民族的合法的权利和利益，维护和发展各民族的平等、团结、互助关系。禁止对任何民族的歧视和压迫，禁止破坏民族团结和制造民族分裂的行为。

国家根据各少数民族的特点和需要,帮助各少数民族地区加速经济和文化的发展。各少数民族聚居的地方实行区域自治,设立自治机关,行使自治权。各民族自治地方都是中华人民共和国不可分离的部分。

各民族都有使用和发展自己的语言文字的自由,都有保持或者改革自己的风俗习惯的自由。

我国是一个幅员辽阔,多民族的历史古国,有着久远的多民族和谐共处的历史。新中国成立和社会主义制度确立以后,在我国,民族压迫和民族剥削已被消灭。少数民族区域自治制度是我国确立的一项基本民族政治制度,表明了我国平等共存的民族政策。

但这并不意味着我国就没有了民族问题。特别是由于我国正处于并将长期处于社会主义初级阶段,历史上形成和遗留下来的各民族在经济、文化等方面的差距不可能在短期内消除,国内外敌对势力利用民族问题对我国进行颠覆、破坏的活动也依然存在,正确处理民族问题仍然是一项长期、复杂、艰巨的重要工作。

社会主义时期处理民族问题的基本原则是:维护祖国统一,反对民族分裂,坚持民族平等、民族团结、各民族共同繁荣。

民族平等是民族团结、各民族共同繁荣的政治前提和基础。各民族不分大小、不分先进与落后,在政治地位上都是平等的,不容许有任何民族歧视存在。所谓民族平等是指各民族在政治权利、社会地位等方面一律平等。民族平等还包括尊重各民族的风俗习惯、语言文化和宗教信仰等。帮助少数民族发展经济文化,逐步消除各民族在经济、文化发展水平方面的差距,才能保证和加强民族团结。少数民族区域自治制度就是民族平等最集中的体现。

民族团结是维护国家统一、实现各民族共同发展的根本保证。各少数民族和汉民族一起构成了中国民族大家庭,各民族都是大家庭的姊妹兄弟,是中华民族家族大家庭的一部分。没有各民族的团结和睦、稳定和繁荣,就不能实现社会主义现代化。各民族的共同团结奋斗,共同繁荣发展,是新世纪新阶段民族工作的主题。

各民族的共同繁荣是解决民族问题的根本出发点和归宿。在新时期搞好民族工作,最重要的是要积极创造条件,加快发展少数民族地区的经济和科学文化事业。国家帮助少数民族地区发展的政策是坚定不移的,国家对少数民族地区的政策是着眼于把这些地区发展起来。实行民族区域自治,不把经济搞好,民族区域自治就是空的。民族地区只有发展才能稳定,才能安定团结。必须以经济建设为中心,千方百计地加快民族地区的经济和社会发展,逐步缩小民族地区与发达地区的发展差距,促进各民族共同繁荣。

坚持民族平等、民族团结和民族共同繁荣,必须全面贯彻党的民族政策,大力加强马克思主义民族观和党的民族政策的教育,牢固树立"汉族离不开少数民族,少数民族离不开汉族,少数民族之间也相互离不开"的思想,紧紧把握各民族共同团结奋斗、共同繁荣发展这个主题,巩固和发展平等、团结、互助、和谐的社会主义民族关系,坚决反对大民族主义、地方民族主义和民族分裂主义,坚决揭露和打击国内外敌对势力的一切分裂活动,不断巩固和发展中华民族的大团结,使各族人民和睦相处、和衷共济、和谐发展。

2. 党的宗教政策

根据宪法规定,我国的基本宗教政策的内容包括:中华人民共和国公民有宗教信仰自由。任何国家机关、社会团体和个人不得强制公民信仰宗教或者不信仰宗教,不得歧视信仰宗教的公民和不信仰宗教的公民。国家保护正常的宗教活动。任何人不得利用宗教进行破坏社会秩序、损害公民身体健康、妨碍国家教育制度的活动。宗教团体和宗教事务不受外国势力的支配。

中国共产党作为马克思主义的政党本身是无神论主义者，但贯彻宗教信仰自由政策。宗教信仰自由是指每个公民既有信仰宗教、也有不信仰宗教的自由。中国共产党必须尊重宗教产生、存在和发展的客观规律，既不能用行政的力量去消灭宗教，也不能用行政的力量去发展宗教。尊重和保护公民的宗教信仰自由权利，是我们党维护人民利益、尊重和保护人权的重要体现，也是最大限度团结人民群众的需要。

我国实行政教分离的原则，任何宗教都没有超越宪法和法律的特权，都不能干预国家行政、司法和教育等国家职能的实施。宗教信仰必须在宪法和法律规定的权利和义务范围内活动。依法管理宗教事务，要求宗教方面涉及国家利益和社会公共利益的事项和活动，必须纳入依法管理的范围。

我国坚持宗教独立自主自办的原则，坚决抵制境外势力利用宗教进行渗透，坚决打击宗教极端势力，坚决反对和取缔邪教。

我国在尊重公民宗教信仰自由的基础上，积极引导宗教与社会主义社会相适应，即要求各宗教人士在爱国主义的旗帜下，拥护社会主义制度，拥护中国共产党的领导，遵守国家的法律、法规和方针政策；要求他们从事的宗教活动服从和服务于国家的最高利益与民族的整体利益；支持他们努力对宗教作出符合社会进步要求的阐释；支持他们与各族人民一道反对一切利用宗教进行危害社会主义祖国和人民利益的非法活动，为民族团结、社会发展和祖国统一多做贡献。发挥宗教在促进社会和谐方面的积极作用。

知识拓展

中国基督教三自爱国运动

中国基督教的三自爱国运动是指中国基督教（新教）教徒在中华人民共和国成立后，为摆脱教会的半殖民地洋教形象，实现自治、自养、自传，团结全国教徒在爱国主义旗帜之下，积极参加国家建设的爱国爱教运动。

基督教传入我国时，西方基督教带有浓厚的殖民主义和帝国主义的色彩。中华人民共和国成立后，在吴耀宗倡导下，1950 年 7 月基督教界发表了《中国基督教在新中国建设中努力的途径》宣言，号召教徒拥护《中国人民政治协商会议共同纲领》，“促成一个为中国人自己所主持的中国教会”，宣言发表后，迅速获得全国教徒的热烈响应。朝鲜战争爆发后，美国政府对中国实行经济封锁。当时仍需依赖美国差会款项来维持的中国新教教会和团体受到严重影响。基督教各宗派各团体代表发表《联合宣言》，谴责美国的侵略行径，号召全国新教徒发扬爱国主义精神，加速实现中国教会自治、自养、自传。随后，成立了以吴耀宗为主席的中国基督教抗美援朝、三自革新运动委员会筹备委员会。1954 年，第一届中国基督教全国会议在北京举行。

新中国基督教发起的三自爱国运动，一是改变了中国基督教的洋教面貌，扫除了人们接受基督教的障碍；二是激发了中国基督徒爱国爱教的热情，号召他们成为好基督徒，好公民，为国为民作贡献；三是协助政府贯彻宗教信仰自由政策，使基督教取得了良好的外部环境；四是摆脱了旧中国留下来的宗派纷争，使中国基督教进入“后宗派时期”，在合一的道路上迈出了历史性的一步；五是推进了教会各项事工，为按三自原则办好教会打下基础；六是扩大了中国基督教与普世基督教的友好交往，提高了中国教会的国际地位。

3. 巩固和加强各族人民的团结合作

我国是一个统一的多民族国家，少数民族有1亿多人口，少数民族聚集地区的面积加起来超过全国总面积的一半。民族团结、民族平等和各民族的繁荣，是一个关系国家前途命运的重大问题。加强全国各族人民的团结，是国家、民族和人民的根本利益所在。历史发展表明：国家统一、民族团结，则政通人和、百业兴旺；国家分裂、民族纷争，则国运衰败、人民遭殃。近代以来，全国各族人民备受分裂和战乱之苦。新中国成立以后，国家分裂和混乱的局面才得以彻底结束。毛泽东指出：“国家的统一，人民的团结，国内各民族的团结，这是我们的事业必定要胜利的基本保证。”[①]邓小平认为，我们的民族政策是正确的，是真正的民族平等。汉族和少数民族同呼吸，共命运，心连心，谁也离不开谁。建设中国特色社会主义，必须依靠各族人民的团结，发展平等、团结、互助的社会主义新型民族关系，充分发挥各民族的积极性、创造性。

巩固和发展各民族的团结，关系到国家的统一和边疆的巩固。我国的少数民族大多居住在边疆，加强各民族的团结，对保卫国家边疆安全，发展同邻国的友好关系，具有十分重要的意义。巩固和发展各民族的团结，关系到社会主义现代化建设的成败和各民族地区自身的发展。少数民族地区资源丰富，但人口稀少，经济文化落后；汉族地区人口众多，经济、科学文化比较发达。把二者的优势结合起来，不仅能够促进少数民族地区的发展和繁荣，而且对于推动全国的现代化建设具有重大的战略意义。巩固和发展各民族的团结，是巩固和发展人民民主专政和安定团结的政治局面的一个重要条件。

加强和巩固全国各族人民的团结，不断推进少数民族地区的经济发展和社会进步，是我国社会主义现代化建设的一个重要目标，也是增强中华民族凝聚力、实现中华民族伟大复兴的必然要求。

四、中国人民解放军是保卫祖国的钢铁长城

1. 中国人民解放军的性质与传统

中国人民解放军是中国共产党领导的人民军队。中国人民解放军是一个执行革命政治任务的武装集团，我军的唯一宗旨是全心全意地为人民服务。中国人民解放军是保卫祖国的钢铁长城和建设中国特色社会主义的重要力量，加强人民军队建设是维护国家安全统一和全面建设小康社会的重要保障。

---

① 《毛泽东文集》第7卷，人民出版社1999年版，第204页。

早在1929年，毛泽东在为中国共产党红军第四军第九次代表大会（即古田会议）所写的决议案中就明确规定了红军的性质是“一个执行革命的政治任务的武装集团”。抗日战争时期，毛泽东又进一步指出：“我们的共产党和共产党所领导的八路军、新四军，是革命的队伍。我们这个队伍完全是为着解放人民的，是彻底地为人民的利益工作的”①，进入新的历史时期，邓小平指出中国人民解放军的性质是，党的军队，人民的军队，社会主义国家的军队。我们的军队始终要忠于党，忠于人民，忠于国家，忠于社会主义。

南昌起义、秋收起义、广州起义是中国共产党独立领导革命战争和创建人民军队的伟大开端。经过土地革命战争、抗日战争和解放战争，人民军队在共产党的领导下，走过了光辉的道路，人民军队在长期奋斗中形成了一系列优良传统和作风。这些好的制度和作风，既包括坚持党对军队的绝对领导、密切联系人民群众、服从和服务于革命和建设大局等优良传统，也包括艰苦奋斗、实事求是、群众路线等优良作风。

2. 中国人民解放军的地位和作用

第一，中国人民解放军是人民民主专政的坚强柱石。在我国，虽然阶级斗争已经不是主要矛盾，但阶级斗争还将在一定范围内长期存在，在某种条件下还有可能会激化。为了维护国家的统一和社会稳定，为了切实保障人民的民主权利，对极少数敌对分子进行专政，必须以人民军队为坚强后盾。人民军队作为国家机器的主要支柱和人民利益忠实捍卫者的地位不可动摇。

第二，中国人民解放军是捍卫社会主义祖国的钢铁长城。虽然和平与发展仍是当今时代的主题，但是国际环境复杂多变，霸权主义和强权政治仍然存在，战争威胁并未根本消除。为了维护国家的独立和主权，促进世界的和平与发展，必须加强和巩固我国的国防。人民解放军作为祖国的忠实保卫者，担负着保卫祖国、维护祖国统一和安全的神圣使命。

第三，中国人民解放军是社会主义现代化建设的重要力量。搞好军队建设，增强国防实力，是全面增强国家综合国力的重要内容，是加快社会主义现代化建设和全面建设小康社会的重要保障。人民军队要服从和服务于国家经济建设大局，积极支持和参加国家建设，为实现社会主义现代化作出重要贡献。

3. 军队建设的目标和要求

新中国成立后，毛泽东提出了将人民军队建设成为强大的正规化、现代化国防军的思想。新的历史时期，邓小平明确提出了把我军建设成为一支革命化、现代化、正规化的人民军队的总目标。江泽民指出，要坚持以毛泽东军事思想、邓小平新时期军队建设思想为指导，全面贯彻“三个代表”重要思想，按照“政治合格、军事过硬、作风优良、纪律严明、保障有力”的总要求，坚定不移地走中国特色的精兵之路，从严治军，依法治军，加速推进军事斗争准备。

加强军队的革命化、现代化、正规化建设。革命化、现代化、正规化，是一个相互关联的整体。

---

①《毛泽东选集》第3卷，人民出版社1991年版，第1004页。

第一，革命化始终是第一位的，决定着军队现代化的性质和方向，同时为实现我军现代化提供强大精神动力。加强军队的革命化建设，必须始终坚持党对军队的绝对领导。在党和军队的关系问题上，是党指挥枪，而不是枪指挥党，这是我军的根本原则和制度，是我军永远不变的军魂。思想政治建设是我军的根本性建设，也是人民军队的特有优势。要进一步加强军政军民团结，巩固和发展军政军民关系。

第二，现代化是军队建设的中心。军队的现代化，是其战斗力水平的最直接的反映，是决定军队战斗力强弱的重要因素。军队的全部工作都要围绕现代化来展开。军队的现代化建设包括武器装备、军事人才、后勤保障、编制体制和军事理论的现代化等基本内容。武器装备的现代化，是军队现代化建设的物质基础和主要标志；军事人才的现代化，是军队现代化建设的关键；后勤保障的现代化，是军队现代化建设的物质保证，是维持和再生战斗力的物质因素；编制体制的现代化，是军队现代化建设中实现人与武器最佳结合的纽带；军事理论的现代化，是军队现代化建设的先导。

第三，正规化是现代化和革命化的必然要求。加强军队的正规化建设，就是要实行统一的指挥、统一的制度、统一的编制、统一的纪律、统一的训练，增强组织性、计划性、准确性和纪律性，走法制化、制度化的道路。坚持依法治军，从严治军，搞好部队的科学管理，加强质量建设，提高正规化水平，巩固和提高部队战斗力。

4. 新世纪新阶段人民军队的历史使命

新世纪新阶段，胡锦涛对人民军队的历史使命作出了“三个提供、一个发挥”的科学定位。“三个提供”是指，我军要为党巩固执政地位提供重要的力量保证，为维护国家发展的重要战略机遇期提供坚强的安全保障，为维护国家利益提供有力的战略支撑；“一个发挥”是指我军要为维护世界和平与促进共同发展发挥重要作用。这一科学定位要求我军不仅要能够维护国家的主权和领土完整，还要能够维护不断发展的国家利益；不仅要能够维护领土、领空、领海的安全，还要能够维护海洋、太空和电磁空间的安全；不仅要具有执行作战任务、处置突发事件、防范和打击恐怖主义的能力，还要具有应对危机、维护和平、遏制战争、打赢维护祖国统一战争的能力。

我军要完成新世纪新阶段的历史使命，必须用科学发展观统领军队战斗力建设，把提高战斗力作为贯彻科学发展观的根本出发点和落脚点，不断在推进中国特色军事变革的实践中开拓战斗力建设的新局面。

迎接世界新军事变革的挑战，必须坚持以信息化带动机械化，以机械化促进信息化，实现机械化、信息化建设的复合式发展，走跨越式发展道路。围绕建设信息化军队、打赢信息化战争的目标，进一步实施科技强军战略，依靠科技进步和创新，加快战斗力生成模式转变。当今世界，以信息技术为核心的高新技术的发展，有力地促进了世界新军事变革的发展。信息化正在成为新军事变革的本质和核心，各发达国家都把信息化作为新世纪军队现代化建设的主要目标。

迎接世界新军事变革的挑战，必须坚定不移地走中国特色的精兵之路。走中国特色的精兵之路，核心是一个“精”字。精，既是对“量”的要求，更是对“质”的要求。减少数量，并不等于质量会自然而然地提高。要真正达到精兵的要求，必须实现我军由数量规模型向质量效能型、由人力密集型向科技密集型转变。要紧紧围绕建设一支革命化、现代化、正规化的人民军队这个总目标，体现“精兵、利器、合成、高效”的原则，进一步收缩摊子，优化结构，加强管理，通过提高质量来提高部队战斗力。

面对以信息技术为核心的军事技术革命的严峻挑战，我们必须增强忧患意识和紧迫感，增强战略的预见性和主动性，以提高部队战斗力为根本标准，坚持科技强军战略和质量建设的方针；以优化军队结构、发展高技术武器装备、加快人才培养为主导，大力推进我军现代化建设；通过坚持不懈的努力，把我军建设成为数量规模适度、体制编制科学、人才素质较高、武器装备优良、军事理论先进的精锐之师。总之，全军的各项建设和一切工作，都要服从和服务于这一战略方针的需要，都要为确保这一战略方针的胜利实现，做好各方面的充分准备。

在新的历史时期，在复杂的国际环境中，我军要跟上世界军事发展的潮流，打赢未来可能发生的高技术战争，切实捍卫国家的主权、安全和统一；在社会主义市场经济和对外开放条件下，我军要保持人民军队的性质、本色和作风，始终成为党绝对领导下的革命军队。打得赢、不变质，这是新形势下我军必须解决好的两大历史性课题。

5. 加强国防建设

军队和国防现代化是我国社会主义现代化的重要组成部分，巩固的国防是国家安全和经济发展的基本保证。我国国防政策的基本目标是巩固国防，抵御外敌入侵，维护国家统一和安全。

积极防御的战略方针，是中国革命战争的总的战略方针，也是我国国防军事战略方针。新中国成立后，我们的军事战略方针也一直是积极防御，以国家利益为最高准则来处理问题。我们是社会主义国家，永远不称霸，永远不去侵略人家。我们加强军队和国防现代化建设，完全是为了防御。

积极防御的战略方针，从根本上讲，是由我们国家的社会主义性质所决定的。作为社会主义国家，无论过去、现在还是将来，我国都不谋求世界或地区范围内的霸权，不参加任何军事集团，不进行任何形式的军备竞赛，更不会发动战争去侵略别的国家，我们力求避免和制止战争，力争用和平方式解决国际争端和历史遗留问题。但是，在霸权主义和强权政治依然存在的情况下，国家必须具有用军事手段捍卫主权和安全的能力。我们的防御不是被动挨打的“消极防御”，而是“积极防御”，就是说，坚持“人不犯我，我不犯人；人若犯我，我必犯人”的自卫立场和战略上后发制人的原则。在积极防御战略方针的指导下，加强国防建设和军队建设，加强战争准备，防止或遏制战争的爆发，为我国现代化建设争取尽可能多的和平时间和有利的国际环境。

我国实行积极防御的战略方针不是权宜之计，而是根本性的国策，就是将来我们的国防实力大大增强了，我们的方针还是积极防御。

加强国防建设必须要坚持国防建设与经济建设协调发展的方针。正确认识和处理经济建设与国防建设的关系，是中国共产党一贯坚持的一个重要战略思想。毛泽东认为，“国防和经济建设是全党、全军和全国人民的两件大事，要在经济发展的基础上使国防建设不断得到加强。”①邓小平根据新时期形势发展的需要，提出实行国防建设指导思想的战略转变，

① 《毛泽东文集》第7卷，人民出版社1999年版，第27页。

指出军队要以现代化建设为中心,走有中国特色的精兵之路,不断增强国防实力,为国家改革开放和现代化建设提供坚强有力的安全保证;同时,军队服从和服务于国家经济建设的大局,自觉地在这个大局下行动,积极支持和参与国家经济建设。江泽民提出,要全面贯彻国防建设与经济建设两头兼顾、协调发展的方针,把经济建设搞上去和建立强大的国防,是我国现代化建设的两大战略任务。

第一,坚持以经济建设为中心,集中力量把经济搞上去,是解决包括国防建设在内的当代中国所有问题的前提和基础。保持经济的持续发展,是推进我国社会主义现代化建设的需要,也是提高国际竞争力,顶住霸权主义和强权政治的压力,维护国家独立和主权的关键所在。国防和军队建设要以国家经济建设为依托,始终不渝地坚持国防建设与经济建设协调发展的方针,在全面建设小康社会的历史进程中实现富国与强军的统一。

第二,国防和军队发展战略与国家发展战略相适应。要通过科学的发展规划和计划把国防和军队建设融入国家现代化建设的战略全局之中,使国防和军队现代化进程与国家现代化进程相一致。在国防和军队现代化建设的需求与经费相对不足的矛盾将会长期存在的情况下,必须按照科学发展观的要求,坚定不移地走投入较少、效益较高的国防和军队现代化建设路子,把质量与效益进一步统一起来,使国防和军队建设在国家财力增加的基础上不断有所发展。

第三,积极探索军民结合、寓军于民的发展路子。当代科技革命、产业革命和新军事变革的发展使国防经济与社会经济、军用技术与民用技术的结合越来越紧密,军队建设和作战对经济、科技和社会的依赖性空前增强。新世纪新阶段要认真总结自己的成功经验,借鉴国外的有益经验,积极探索新形势下军民结合、寓军于民的新途径新方法,在更广范围、更高层次、更深程度上把国防和军队建设与经济和社会发展结合起来,为实现国防和军队现代化提供丰厚的资源和持续发展的后劲。

国防建设和军队建设,是全党和全国各族人民的共同事业,必须坚持富国与强军相统一的原则,坚持人民战争的战略思想,紧紧依靠人民办国防,不断增强国防实力。紧紧依靠人民建设军队、建设国防是我们的优良传统。

案例分析

救灾第一线的中国人民解放军

中国人民解放军作为一支人民的军队,负有抵御外国侵略,保卫祖国的神圣使命,同时在和平建设时期,这支钢铁长城在抵御自然灾害,抗灾抢险中发挥了重要的作用。新中国成立以来所发生的所有重大自然灾害和安全事件中,担负着抢救人民生命和财产神圣使命的都是中国人民解放军。

1976年7月28日,唐山大地震爆发,上午6时,党中央、国务院召开紧急会议,决定调集解放军有关兵种部队参加救灾抢险。按照中央军委的命令,北京军区、沈阳军区所属部队迅速集结向唐山疾进,参加抗震救灾斗争。除地震区的部队外,最早进入唐山灾区的部队是北京军区驻滦县某团和驻玉田的某部一营,他们于地震发生后当天上午进入唐山市区。同时,北京军区和沈阳军区的两个野战军也奉命紧急出动。在抗震救灾的特殊战场上,包括北京军区、沈阳军区、空军、海军、铁道兵、工程兵、基建工程兵和各车(兵)种、大军区所属医院的10万名指战员，夜以继日参加了抗震救灾斗争，与唐山人民结下了极为深厚的情谊。

1998年中国爆发了罕见的特大洪涝灾害，北到松花江流域，南到长江流域全线告急。在这危急时刻，又是中国人民解放军战斗在抗洪抢险的第一线。全军有110多位将军在一线指挥抗洪，仅南京军区就先后有60多名将军来到抗洪第一线指挥战斗，南京军区还有1500多名师团领导干部在前线指挥。他们既当指挥员，又当战斗员，与广大官兵生死相依、甘苦与共。

2008年5月12日，汶川发生特大地震，又是我十三万大军临危受命。汶川大地震发生第13分钟，军队应急机制启动。在接到国家地震局震情通报1分钟后，总参就紧急下达了使用国家地震灾害紧急救援队的预先号令，15分钟内通知空军做好动用飞机准备，同时命令成都战区部队就近用兵。1小时内，成都军区位于震区附近的部队展开救援；3小时内，有关部队出动兵力12000人，分别在都江堰、彭州、什邡、绵竹、北川等县市展开抗震抢险；震后不到1小时，空军两架运输机起飞，转场至北京执行空运国家地震灾害紧急救援队、地震灾害现场工作队和物资的任务。与此同时，总部迅速制定用兵方案，命令多个军区、军兵种部队34000官兵采用多种方式向灾区机动，投入救援。

思考讨论：

通过抢险救灾第一线的中国人民解放军的表现来讨论新时期人民解放军的性质和使命。

案例分析：

人民解放军是中国共产党领导的人民军队，全心全意为人民服务是它唯一的宗旨。在长期的革命斗争中，中国人民解放军形成了一系列优良的传统和作风，如服务人民的传统和群众路线的作风，表明中国人民解放军虽然是一个执行革命军事任务的武装集团，却和人民群众建立了密切的鱼水之情。人民群众的支持也成为人民军队源源不断的力量源泉。

在和平建设时期，中国人民解放军作为捍卫国家主权领土安全的钢铁长城，肩负着保家卫国的神圣使命。但是，在和平与发展成为主题的时代背景下，中国人民解放军的军事战斗职能并未有机会得到直接体现，中国人民解放军的职能更多地转向维护社会和平和稳定，参与社会主义现代化建设，其中抢险救灾成为和平时期人民解放军的新的职能和使命。

学习建议

本章学习的目的在于了解中国特色社会主义事业的依靠力量、爱国统一战线及国防和军队现代化建设等方面的内容。通过学习，要认识到包括工人、农民、广大知识分子在内的人民群众是社会主义建设的基本依靠力量和建设主体。同时要把握新时期爱国统一战线的内涵及其意义，尤其要分辨社会主义建设时期和新民主主义革命时期爱国主义战线的异同。了解中国人民解放军的性质及其在中国特色社会主义建设事业中地位和作用。

思考题

1. 中国特色社会主义建设的依靠力量有哪些？如何认识他们的地位和作用？
2. 新时期爱国主义统一战线的性质和包含的联盟是什么？
3. 我国民族和宗教政策有哪些基本内容？

第十五章 中国特色社会主义事业的领导核心

坚持党在中国特色社会主义建设中的领导核心地位，是长期以来中国革命和建设实践经验的总结，也是由中国这样一个多民族的发展中大国的基本国情所决定的。中国共产党的执政地位是经过长期斗争考验形成的，是历史的必然，也是人民的选择。办好中国的事情，关键取决于中国共产党。中国特色社会主义建设事业必须坚持中国共产党的领导，坚持党的领导必须改善党的领导，全面推进党的建设，不断为党的肌体注入新活力。

本章提要：

● 中国共产党是中国工人阶级的先锋队，同时是中国人民和中华民族的先锋队，是中国特色社会主义事业的领导核心，代表中国先进生产力的发展要求，代表中国先进文化的前进方向，代表中国最广大人民的根本利益。

● 坚持立党为公、执政为民，是党的根本宗旨的体现，是党必须始终恪守的政治立场。党和国家的一切工作和方针政策，都要以是否符合最广大人民群众的利益为最高衡量标准。实现好、维护好、发展好最广大人民的根本利益，是党的全部工作的根本目的。

● 坚持党的领导必须改善党的领导，加强党的建设。在新的历史时期，党面临着提高党的领导水平和执政水平、提高防腐拒变和抵御风险能力这两大历史性课题。按照“三个代表”要求，加强党的思想、组织、作风建设，在当前尤其要加强党执政能力建设和党的先进性建设。

一、中国共产党是中国特色社会主义的领导核心

1. 中国共产党的性质和宗旨

《中国共产党党章》明确规定，中国共产党是中国工人阶级的先锋队，同时是中国人民和中华民族的先锋队，代表着中国先进生产力的发展要求，代表着中国先进文化的前进方向，代表着中国最广大人民的根本利益。

中国共产党是工人阶级的先锋队，这是因为中国共产党从成立之日起，就是中国工人阶级的政党，工人阶级的产生和发展是建党的根本条件。中国工人阶级始终是推动中国先进生产力发展的基本力量。我们党必须始终坚持工人阶级先锋队的性质，始终全心全意依靠工人阶级。

中国共产党不仅是工人阶级的阶级组织，而且是工人阶级的先锋队，能够把工人阶级组织起来，为实现自己的理想而斗争。中国共产党党员是中国工人阶级中有共产主义觉悟的先锋战士，同时也接纳其他阶级出身的人入党。中国共产党集中体现了中国工人阶级的特点和优秀品质。

中国共产党同时是中国人民和中华民族的先锋队。党始终代表中国人民和中华民族的根本利益，是中国人民和中华民族的主心骨。中国共产党是两个先锋队的统一。这是因为：中国工人阶级的利益，同中国人民和中华民族的根本利益始终紧密地联系在一起；它的历史命运也是同全体人民和整个中华民族的历史命运紧密关联的。中国共产党从登上历史舞台开始，就同时肩负着消灭阶级压迫和实现民族独立的双重使命。中国共产党成为两个先锋队的统一也是由其执政地位所决定的。中国共产党执政的实质在于把人民赋予的权力用来为人民服务，其执政使命归结到一点，就是要把中国最广大人民的根本利益以及集中体现这种根本利益的国家利益维护好、实现好、发展好。此外，成为中国人民和中华民族的先锋队，也是党以实现民族振兴为己任的必然选择。中国共产党要真正担负起把我国建设成为富强、民主、文明、和谐的社会主义现代化国家这一崇高的历史使命，就要成为中国人民和中华民族的先锋队，把整个民族的力量空前凝聚起来，最大限度地调动和发挥一切积极因素；就要把全民族各个阶层优秀分子积极吸纳到党内来，使自己真正成为中华民族赖以振兴崛起的“脊梁”。中国共产党越是自觉成为中国人民和中华民族的先锋队，就越是能够为民族振兴建功立业。

“两个先锋队”是不可分割的统一整体。一方面，始终成为中国工人阶级的先锋队，是党真正成为中国人民和中华民族先锋队的政治前提。党只有成为中国工人阶级的先锋队，自觉做到以马克思主义为根本指导思想，以实现共产主义为最终奋斗目标，才能真正拥有当好中国人民和中华民族先锋队所必需的科学指南、政治远见和博大胸襟。另一方面，自觉成为中国人民和中华民族的先锋队，是党真正成为中国工人阶级先锋队的必然要求。党只有始终坚持代表全体人民和整个民族的利益要求，才能使工人阶级先锋队性质得以充分体现。改革开放以来，我国的社会阶层结构发生了新的变化，出现了新的社会阶层。党在工人、农民中发展党员的同时，也要注意吸收各个阶层的优秀分子。坚持党是中国工人阶级的先锋队，同时是中国人民和中华民族的先锋队，就能不断增强党的阶级基础，扩大党的群众基础，提高党在全社会的影响力，把全国各族人民紧密地团结在党的周围，完成历史和时代赋予党的庄严使命。

中国共产党的性质决定党的宗旨是全心全意为人民服务。中国共产党代表中国工人阶级的利益，同时代表着中国广大人民和整个中华民族的利益，党除了工人阶级和最广大人民的利益，没有自己的特殊利益，也不追求特殊利益。坚持全心全意为人民服务的宗旨，是坚持马克思主义唯物史观的根本要求。为了谁、依靠谁，是否始终站在最广大人民的立场上，是区分唯物史观和唯心史观的分水岭，也是判断马克思主义政党的试金石。人民群众是历史的创造者，是推动历史进步的动力。只有为人民服务，党才有存在的意义；只有依靠人民群众，党才能成为领导中国社会变革的先进社会力量。

中国共产党从成立的那一天起，就把为人民服务作为自己的最高原则，把代表工人阶级和全国各族人民的利益，作为党的一切活动的出发点和落脚点。这是中国共产党区别于其他任何政党的显著标志之一。中国共产党的奋斗史，就是全心全意为人民服务的历史。中国共产党领导新民主主义革命，建立了人民民主专政的政权，实现了全国各族人民的利益。新时期，党领导的建设中国特色社会主义，是为了全国各族人民实现自己利益，创造美好生活的共同事业。一切从人民的利益出发，全心全意为人民服务，是中国共产党的本质特征。立党为公、执政为民，是党的根本宗旨的体现。

2. 中国共产党的执政地位是历史和人民的选择

中国的近现代历史充分证明了这样的道理：没有共产党，就没有新中国；有了共产党，中国的面貌就焕然一新。中国共产党的执政地位是在长期革命斗争中逐步形成的，是近现代中国历史发展的必然，是人民的选择。

历史的主体是人民，历史的选择最终要通过人民的选择来实现。人民群众之所以信任、选择和支持中国共产党，就是因为共产党是为人民服务的，是能够满足人民需要的。在旧中国，广大人民群众最迫切的要求，是推翻帝国主义、封建主义和官僚资本主义的统治和压迫，获得民族独立和人民解放。中国共产党适应人民的需要，领导人民推翻了三座大山，建立了人民当家作主的共和国。新中国成立后，已经站起来的中国人民希望国家繁荣富强，过上幸福美好的生活。党适应这种需要，领导人民为恢复和发展国民经济而奋斗，并顺应社会历史发展的必然，走上了社会主义道路，并取得了社会主义建设事业的伟大成就。中国共产党的执政地位是人民拥护和选择的结果。

新的历史条件下，广大人民的根本利益，从根本上说，就是要解放和发展生产力，实现国家的繁荣富强和人民的共同富裕，实现中华民族的伟大复兴。在中国能够团结和带领全国各族人民实现这个宏伟目标的政治力量，只有中国共产党。

中国特色的社会主义建设要坚持中国共产党的领导，这是因为：

第一，坚持中国现代化建设的正确方向，需要中国共产党的领导。摆脱国家贫穷落后面貌，实现现代化和民族复兴，是中国人民的百年追求和梦想。近代中国历史反复证明，企图通过走资本主义道路使中国实现现代化，根本行不通。只有坚持中国共产党的领导，走中国特色社会主义道路，才能保证现代化建设事业的正确方向，才能制定和执行正确的路线方针政策，保证现代化建设事业不断取得进步，最终实现中华民族的伟大复兴。

第二，维护国家统一、社会和谐稳定，需要中国共产党的领导。近代中国，深受外国入侵、军阀混战和政局动荡之害。中国人民对此刻骨铭心。在新世纪新阶段，中国共产党作为中国各族人民根本利益的忠实代表，凭借其丰富的执政经验和驾驭全局的能力，统筹经济社会等各方面发展，努力构建社会主义和谐社会，能够维护国家统一和社会和谐稳定。

第三，正确处理各种复杂的社会矛盾，把亿万人民团结凝聚起来，共同建设美好未来，需要中国共产党的领导。中国幅员辽阔，人口众多，且城乡之间、地区之间发展不平衡，差异较大，面临着各种复杂的社会矛盾。只有正确调整和协调各方面的利益关系，才能最大限度地调动一切积极因素，集中一切资源、力量和智慧，解决关系国计民生的重大问题，保证经济社会的可持续发展。在中国，只有共产党才能总揽全局，协调各方，正确处理人民内部矛盾，顺利解决前进中的各种困难和问题，才能凝聚人心、汇聚力量，共建美好未来。

第四，应对复杂的国际环境的挑战，需要中国共产党的领导。当前，经济全球化和世界多极化在曲折中发展，科学技术发展日新月异，综合国力的竞争日趋激烈，敌对势力仍然对我国实施“西化”、分化战略。在复杂的国际局势下，只有以坚强的政治核心把全国各族人民团结起来，才能保证我国真正走独立自主的和平发展道路。中国共产党就是这样一个能够把人民组织起来、团结起来走和平发展道路的政治核心。

在中国，要团结凝聚全国各族人民，通过改革进一步解放和发展社会生产力，集中力量把经济搞上去，实现社会主义现代化建设的宏伟目标，关键在党。党的领导、党的建设是经济建设和改革开放取得成功的根本保证。中国各族人民从亲身的经历中深切认识到这一点，坚定不移地选择了中国共产党的领导。

知识拓展

政治协商会议、《共同纲领》和《宪法》

1945 年，国共谈判期间。中国共产党就提出了要召开各党派参与的政治会议共商建国事宜。1949 年，新中国成立前夕，在中国共产党领导下召开了各民主党派参与的政治协商会议，中国共产党及各民主党派、人民团体和无党派民主人士的代表（含候补代表）共 662 人参加了会议。经过选举，会议通过了《共同纲领》及其《中华人民共和国政府组织法》。建国期间，第一届政治协商会议代行人民代表大会的职权。

《共同纲领》指出：“中国人民民主专政是中国工人阶级、农民阶级、小资产阶级、民族资产阶级及其他爱国民主分子的人民民主统一战线的政权，而以工农联盟为基础，以工人阶级为领导。由中国共产党、各民主党派、各人民团体、各地区、人民解放军、各少数民族、国外华侨及其他爱国民主分子的代表们所组成的中国人民政治协商会议，就是人民民主统一战线的组织形式。”中国共产党作为工人阶级的先锋队组织而成为了新中国的执政党。

1954 年，第一届全国人民代表大会召开，会议通过并颁布了新中国第一部宪法，《宪法》总则中阐述：“中国共产党为领导各民主阶级、各民主党派、各人民团体的广泛的人民民主统一战线。”从而确立了中国共产党人民民主统一战线中的领导地位，这是中国共产党作为执政党的基本法理依据。

二、加强党的建设

1. 党的建设是一项伟大的工程

高度重视和不断加强党的建设，是中国共产党从小到大、由弱到强，从挫折中奋起、在战胜困难中不断成熟的一大法宝，也是党领导的伟大事业不断取得胜利的根本保证。

新民主主义革命时期，以毛泽东为核心的党的第一代中央领导集体在党的建设方面就形成了许多重要的经验：着重从思想上建设党；坚持党的民主集中制原则，实行集体领导制度；坚持理论和实际相结合、和人民群众紧密地联系在一起以及批评与自我批评的作风；正确处理党内矛盾和开展党内斗争，开展整风运动进行马克思主义教育。在党的七届二中全会上，毛泽东敏锐地意识到了中国共产党向执政党转变过程中，加强党的建设的重要性，要求全党同志务必继续保持谦虚、谨慎、戒骄、戒躁的作风，继续保持艰苦奋斗的作风。党的八大更是集中讨论了执政党的建设问题。

在中国特色社会主义建设时期，以邓小平为核心的第二代中央领导集体，开创了党的建设新的伟大工程。邓小平提出了要改变党凌驾于一切组织之上、居高临下的工作状况，提出了党必须在宪法和法律的范围内活动的原则及科学地界定党的领导的主要内容和改革党的领导体制的思想。

面向新世纪，以江泽民为核心的第三代中央领导集体，围绕着“建设一个什么样的党，以及怎样建设”的问题，提出了“三个代表”重要思想，提出始终做到“三个代表”重要思想是我们党的立党之本、执政之基、力量之源。要将坚持党的领导、依法治国与人民当家作主有机的统一起来，把治党、治国与执政为民结合起来。

十六大以来，以胡锦涛为总书记的党中央在新的形势下，提出加强党的执政能力建设和党的先进性建设的目标任务，强调要坚持毛泽东同志在七届二中全会上提出的“两个务必”，即“务必继续保持谦虚、谨慎、不骄、不躁的作风，务必继续保持艰苦奋斗的作风。”从而使党的建设的努力方向和检验标准更加鲜明，使我们党能够更好、更全面、更有成效地推进党的建设。

2. 党的建设的主要内容

党的建设包含政治建设、思想建设、组织建设和作风建设四个方面的主要内容。

政治建设的基本任务，是制定和贯彻执行党的纲领、路线、方针和政策，用党的基本理论和基本路线统一思想，统一行动，在实践斗争中保持清醒的头脑，反对一切“左”的和右的错误倾向，坚持正确的政治方向。

思想建设是党的各项建设的基础，是加强党的各方面建设的前提和保证。加强党的建设，始终要把党的思想建设放在首位。强调从思想上建党，是中国共产党对马克思主义建党学说的一个创造性发展。在新民主主义革命和社会主义建设时期，我们党在坚持马克思主义作为根本指导思想的基础上，结合中国国情，先后形成并确立了毛泽东思想和包含了邓小平理论、“三个代表”重要思想和科学发展观在内的中国特色社会主义理论体系，并作为党的指导思想。面对新形势、新任务，我们也提出了要不断进行思想理论创新的任务，以不断推进党的建设。

组织建设是党的建设的重要组成部分和重要环节。坚持完善和发展党的民主集中制，努力培养高素质的干部队伍，加强和改进党的基层组织建设，是党的组织建设的主要内容。民主集中制是党的根本组织制度和领导制度。党的代表大会制度是党的民主集中制的一项基本制度。党的各级代表大会和它所产生的委员会是党的领导机关。党的基层组织是党在社会基层组织中的战斗堡垒，是党的全部工作和战斗力的基础。加强党的组织建设，必须在坚持民主集中制的基础上，实现党制度化和规范化，通过组织建设，进一步发扬党内民主，充分发挥全体党员的积极性和创造性。健全党的集体领导制度，实现各级党委集体领导并加强党的基层组织建设。

知识拓展

中国共产党全国代表大会制度

中国共产党全国代表大会是中国共产党最高领导机关。每五年举行一次，其职权是：讨论和决定重大问题；修改党章；选举中央委员、中央纪律检查委员。中共中央委员会作为中国共产党的领导机构由中共中央总书记、中共中央政治局常务委员会、中共中央政治局和中共中央书记处构成，中共中央委员会委员大致有二百多位成员，中国共产党全国代表大会选举由中央委员会召集。根据党章规定，每一届中共中央委员会每年至少要召开一次全体工作会议，我们通常将中共中央全体工作会议简称为中央全会。如十一届三中全会就是指的第十一届中国共产党全国代表大会中央委员会召开的第三次全体会议。

中国共产党中央委员会总书记，是中国共产党最高领导人的正式称呼之一。中国共产党最高领导人的正式称呼，历史上有过几次改变。一大为中央局书记。二大、三大为中央执行委员会委员长。四大为中央执行委员会总书记。五大、六大为中央委员会总书记。（六大一说为中央委员会主席）。从 1943 年 3 月 20 日到 1982 年十二大为中央委员会主席。十二大以来为中央委员会总书记，全称为中国共产党中央委员会总书记，简称中共中央总书记。建国以后先后担任中国共产党最高领导人的有：毛泽东、华国峰、胡耀邦、赵紫阳、江泽民和胡锦涛。

作风建设是指中国共产党在长期的革命和建设实践中积累起来的优良品质、做事风格和态度。党的作风，关系党的形象，关系人心向背，关系党的生命。党在长期的斗争实践中形成了理论联系实际、密切联系群众和批评与自我批评的优良作风。加强党的作风建设，根本的是坚持全心全意为人民服务的宗旨，充分发挥党密切联系群众的优势。党的作风建设的核心是保持党同人民群众的血肉联系。在新时期加强和改进党的作风建设，要坚持解放思想、实事求是，反对因循守旧、不思进取；坚持理论联系实际，反对照抄照搬、本本主义；防止和克服形式主义、官僚主义。坚决开展反腐败斗争，从严治党是新时期党风建设的一项重大任务。

新时期推进党的建设新的伟大工程的重点，是加强党的执政能力建设和先进性建设。时代在发展，形势在变化。在机遇和挑战并存的条件下，中国共产党要带领全国各族人民全面建设小康社会，实现继续推进现代化建设、完成祖国统一、维护世界和平与促进共同发展这三大历史任务，必须大力加强执政能力建设和先进性建设。

文献导引

七届二中全会与“两个务必”

毛泽东同志在党的七届二中全会上要求全党在胜利面前保持清醒头脑，在夺取全国政权后要经受住执政的考验，务必继续保持谦虚、谨慎、不骄、不躁的作风，务必继续保持艰苦奋斗的作风。

全会还根据毛泽东的建议，提出了防止资产阶级腐蚀的反对突出个人的6条措施：(1)不给党的领导祝寿。(2)不送礼。(3)少敬酒。(4)少拍掌。(5)不用党的领导者的名字作地名、街名和企业的名字。(6)不要把中国同志和马、恩、列、斯平列。

3. 加强党的执政能力建设

党的执政能力，就是党提出和运用正确的理论、路线、方针、政策和策略，领导制定和实施宪法和法律，采取科学的领导制度和领导方式，动员和组织人民依法管理国家和社会事务、经济和文化事业，有效治党治国治军，建设社会主义现代化国家的本领。

执政能力建设是党执政后的一项根本建设，是我们党执政后始终面临和不断探索的一个重大课题。2004年9月，党的十六届四中全会通过的《中共中央关于加强党的执政能力建设的决定》，全面总结了半个多世纪以来党执政的主要经验，明确提出了加强党的执政能力建设的指导思想、总体目标和主要任务，是加强党的执政能力建设的纲领性文献。

(1) 执政经验

在半个多世纪的执政实践中，中国共产党积累了执政的成功经验，主要是：必须坚持党在指导思想上的与时俱进，用发展着的马克思主义指导新的实践；必须坚持推进社会主义的自我完善，增强社会主义的生机和活力；必须坚持抓好发展这个党执政兴国的第一要务，把发展作为解决中国一切问题的关键；必须坚持立党为公、执政为民，始终保持党同人民群众的血肉联系；必须坚持科学执政、民主执政、依法执政，不断完善党的领导方式和执政方式；必须坚持以改革的精神加强党的建设，不断增强党的创造力、凝聚力、战斗力。上述这些经验，也是加强党的执政能力建设的重要指导原则，必须在实践中长期坚持并继续丰富和发展。

(2) 执政能力建设的主要任务

当前和今后一个时期，加强党的执政能力建设的主要任务是：按照推动社会主义物质文明、政治文明、精神文明协调发展的要求，坚持把发展作为党执政兴国的第一要务，不断提高驾驭社会主义市场经济的能力；坚持党的领导、人民当家作主和依法治国的有机统一，不断提高发展社会主义民主政治的能力；坚持马克思主义在意识形态领域的指导地位，不断提高建设社会主义先进文化的能力；坚持最广泛最充分地调动一切积极因素，不断提高构建社会主义和谐社会的能力；坚持独立自主的和平外交政策，不断提高应对国际局势和处理国际事务的能力。要紧紧围绕上述任务，立足现实、着眼长远，抓住重点、整体推进，不断研究新情况、解决新问题、创建新机制、增长新本领，全面加强和改进党的建设，使党的执政方略更加完善、执政体制更加健全、执政方式更加科学、执政基础更加巩固。

4. 加强党的先进性建设

中国共产党始终高度重视保持党的先进性，总是把党的先进性建设摆在突出的位置来抓。加强党的先进性建设，就是要通过推进党的思想建设、组织建设、作风建设和制度建设，使党的理论和路线方针政策顺应时代发展的潮流和我国社会发展进步的要求、反映全国各族人民的利益和愿望,使各级党组织不断提高创造力凝聚力战斗力、始终发挥领导核心和战斗堡垒作用,使广大党员不断提高自身素质、始终发挥先锋模范作用,使我们党永葆与时俱进的品质、始终走在时代前列,不断提高执政能力、巩固执政地位、完成执政使命。

加强党的先进性建设,第一,必须准确把握时代脉搏,保证党始终与时代发展同步伐;第二,必须把实现好维护好发展好最广大人民的根本利益作为党全部工作的出发点和落脚点,保证党始终与人民群众共命运;第三,必须使党的理论和路线方针政策不断与时俱进,保证党的全部工作始终符合实际和社会发展规律;第四,必须围绕党的中心任务来进行,保证党始终引领中国社会发展进步;第五,必须坚持党要管党、从严治党,保证党始终具有蓬勃生机和旺盛活力。这些宝贵经验来之不易,对于进一步推进党的先进性建设,具有长期指导作用。

加强党的先进性建设,要始终抓好保持和发展党员队伍的先进性这个基础工程。保持党员队伍的先进性,根本在于增强广大党员的先进性意识,激发其自我教育、自我提高的内在动力;重点在于解决党员队伍中存在的突出问题,不断增强党员队伍整体的先进性;关键在于完善制度和机制,把党的先进性要求转化为党员自觉遵守的行为准则。要通过进一步发展党内民主、加强民主集中制、完善党的各方面的制度和机制,使党的先进性要素充分发挥作用,激励广大党员自觉遵守党章和党规党纪,自觉实践党的先进性基本要求。

加强党的先进性建设是一项长期的历史任务,要紧紧围绕党的历史使命和中心任务来进行。新世纪新阶段,加强党的先进性建设,要紧密结合贯彻落实科学发展观的实践、构建社会主义和谐社会的实践、加强党的执政能力建设的实践和保持党同人民群众血肉联系的实践,使党的建设的各项工作经得起实践、历史、人民的检验。

保持党的先进性,必须以改革的精神推进党的建设,不断为党的肌体注入新活力。要高度重视从青年中发展优秀分子入党,补充新鲜血液。马克思主义的政党只有赢得青年,才能赢得未来。党的事业离不开青年,青年的成长更离不开党。一切有理想有抱负的中国青年,只有在中国共产党的领导下,同人民紧密结合,为祖国奉献青春,才能大有作为。青年一代要坚持学习科学文化与加强思想修养的统一,坚持学习书本知识与投身社会实践的统一,坚持实现自身价值与服务祖国的统一,坚持树立远大理想与脚踏实地艰苦奋斗的统一,努力成长为有理想、有道德、有文化、有纪律的人,成长为对党和人民的事业有所建树的人。

三、改善党的领导

1. 坚持党的领导的根本原则

坚持中国共产党的领导，就是要坚持党在建设中国特色社会主义事业中的领导核心地位,发挥党总揽全局、协调各方的作用。坚持党对国家大政方针和全局工作的政治领导,坚持党对军队的绝对领导,坚持党对人民民主专政的国家的领导,坚持党管干部原则,坚持党对意识形态领域的领导,坚持共产党领导的多党合作。这些都是坚持党的领导的根本原则。

2. 党的领导的主要内容

党章指出："党的领导主要是政治、思想和组织的领导。"这一规定指明党的领导的科学含义和主要内容。

党的领导首先是政治领导。即党根据历史发展进程提出基本的政治口号和号召全国人民一致行动的具体目标，从而起到号召和动员的领导作用。党的政治领导就是政治原则、政治方向、重大决策的领导，集中体现在党的路线、方针、政策的领导。今天党的政治领导的核心内容就是组织和发动全党、全国人民坚定不移地执行和贯彻党的基本路线，为建设有中国特色的社会主义而奋斗。

党的思想领导，就是坚持用马克思列宁主义、毛泽东思想和中国特色社会主义理论体系教育和武装党员和群众，坚持用实事求是思想路线，正确认识和解决建设中的新问题，通过宣传和教育，把党的正确主张变为群众的自觉行动。党的思想领导是党的政治领导的前提和基础。

党的组织领导是通过党的各级组织、党的干部和共产党员去组织和带领人民群众为实现党的任务和路线而奋斗。如果没有强有力的组织领导，党的政治领导和思想领导就会落空。为此，要坚持党管干部和党要管党的原则，大力加强各级领导班子建设，加强干部队伍建设和党员队伍建设，发挥共产党员的先锋模范作用。

3. 改善党的领导的必要性

要坚持党的领导，必须不断改善党的领导。坚持党的领导和改善党的领导是辩证统一的。改善党的领导所要解决的则是进一步改革和完善党的领导方式和执政方式，更好地实现党对社会主义建设事业的领导问题。不坚持党的领导，就谈不上改善党的领导；改善党的领导是为了更好地坚持党的领导。在新的历史条件下，只有改善党的领导，才能坚持和加强党的领导，这是因为：

第一，从国际上看，当今世界正处在历史性大变动之中，为适应国际环境的变化，必须改善党的领导。当今世界，形势复杂，竞争激烈。只有改善党的领导，党才能够更好地应对日趋激烈的国际竞争带来的严峻挑战，团结和带领人民实现社会主义现代化的宏伟目标，使中华民族以崭新的姿态屹立于世界民族之林。

第二，从国内看，中国正处在历史性的伟大变革之中，新形势、新任务对我们党提出了新的要求。如果党的领导方式、工作方法和具体制度不加改进和完善，党就难以适应新的要求。毛泽东在新中国成立前夕曾经说过："我们熟习的东西有些快要闲起来了，我们不熟习的东西正在强迫我们去做。""我们必须克服困难，我们必须学会自己不懂的东西。"[①]这个精辟论断，对于我们理解新形势下改善党的领导的必要性仍然具有指导意义。党长期以来形成的一套好的领导制度、方法和优良工作作风，都是应该继承和继续发扬的，但有的要随着任务、环境、条件的变化而改进、补充和更新。如果墨守成规，不思进取，势必脱离实际、脱离群众，党的领导和战斗力必然会受到削弱，坚持党的领导也就成为空洞的、没有感召力的口号。

---

① 《毛泽东选集》第4卷，人民出版社1991年版，第1480–1481页。

第三，从党的自身状况看，目前，我们党的实际状况同党肩负的领导社会主义现代化的光荣使命还有许多不相适应的地方。党内存在着思想不纯、作风不纯、组织不纯的现象，有些问题还相当严重，损害了党的战斗力；在党的领导工作状况方面，一些党的组织不认真执行民主集中制，领导工作涣散软弱，治党不严，一些领导班子思想政治和业务素质不高，某些消极因素和腐败现象在党内滋长蔓延；在党的基层组织建设和党的领导制度方面也都存在着不相适应的问题。所有这些，都需要通过改善党的领导加以解决。

4. 改善党的领导的方向

当前改善党的领导，应着力解决以下几个方面的问题：

第一，要正确处理好党的领导和依法治国的关系。依法治国是党领导人民治理国家的基本方略，切实实施这一方略，有助于加强和改善党的领导。党领导人民制定宪法和法律，必然要领导人民遵守、实施宪法和法律，党自身的活动也必须在宪法和法律范围内进行，并成为遵守、实施宪法和法律的模范，把党对国家事务的领导同依法治国统一起来。

第二，改革、完善党和国家的领导制度。革命战争年代，中国共产党实行了高度集中的一元化领导体制，新中国成立以后，党在较长时期内仍沿袭了这种体制和领导方式。实践证明，以党代政，党的组织直接包办一切的领导方式，不利于充分发挥政权机关和各种经济文化组织的积极性。改革领导体制，关键是要正确处理党政关系。执政党对国家权力系统的领导，主要体现在政治领导、思想领导、组织领导，是通过发挥政治影响、推荐重要干部、管好权力机构中的党组织和党员、提出有关国家重大事务的主张并使之经过法定程序变成国家意志。因此，在执政过程中，党政有各自的职能，不能随意混淆或合一。

第三，进一步解决提高党的领导水平和执政水平、提高拒腐防变和抵御风险能力这两大历史性课题。面对形势和任务的不断变化，党必须与时俱进，不断推进民主法制建设，进一步扩大党内民主；促进党的民主和科学决策，不断提高领导水平和执政水平。为增强拒腐防变和抵御风险的能力，必须把严格执纪执法和加强思想教育结合起来，建立并完善思想道德建设和党纪国法约束这两道防线，形成从严治党的管理约束体系。坚决惩治党内腐败现象，保持党的肌体的健康纯洁。

文献导引

党的十七大以来出台的部分党内法规文件

1.《建立健全惩治和预防腐败体系 2008—2012 年工作规划》
2.《中国共产党巡视工作条例(试行)》
3.《关于实行党政领导干部问责的暂行规定》
4.《国有企业领导人员廉洁从业若干规定》
5.《关于加强和改进巡视工作的若干意见》
6.《中国共产党党员领导干部廉洁从政若干准则》
7.《党政领导干部选拔任用工作责任追究办法(试行)》
8.《党政领导干部选拔任用工作有关事项报告办法(试行)》

9.《地方党委常委会向全委会报告干部选拔任用工作并接受民主评议办法(试行)》
10.《市县党委书记履行干部选拔任用工作职责离任检查办法(试行)》

四、立党为公、执政为民

立党为公、执政为民是中国共产党宗旨的根本体现,是贯彻“三个代表”重要思想的本质要求。

1. 群众路线是党的生命线

群众路线是中国共产党根本的政治路线和组织路线。如何对待人民群众,是一个根本的立场问题。以毛泽东为代表的中国共产党人,依据历史唯物主义关于人民群众是历史创造者的基本原理,在组织群众、带领群众进行革命的实践中,逐步形成了一切为了群众,一切依靠群众,从群众中来,到群众中去的群众路线。中国革命和建设的历史经验反复证明,坚持党的群众路线,保持党与群众的密切联系,革命和建设的事业就前进、就胜利;违背党的群众路线,严重脱离群众,革命和建设就会遭受挫折甚至失败。

中国共产党的最大政治优势是密切联系群众,党执政后的最大危险是脱离群众。获得执政地位为进一步密切党群关系提供了有利条件,但也使党群关系面临新的问题。具体表现就是:官僚主义作风滋生,站在群众之上发号施令,强调个人的威信,滋长了一种骄傲自满情绪,只接受奉承赞扬,不能受人批评监督,滥用党的威信等等。有些干部甚至利用手中的权力谋小集团或个人的私利,出现腐败现象,更是败坏了党群关系。

始终保持同人民群众的血肉联系具有重要的意义:

第一,为了群众、相信群众、依靠群众,是马克思主义政党的本质要求。马克思主义政党是全心全意为民族、为国家、为人民的利益而奋斗的,除了最广大人民的利益,没有自己特殊的利益。立党为公、执政为民是马克思主义政党的本质特征。

第二,保持同人民群众的血肉联系,是党能否长期执政的关键所在。政之所兴在顺民心,政之所废在逆民心。人心向背,是决定一个政党、一个政权兴衰的根本因素。党的理论路线和方针政策以及全部工作,只有顺民意、谋民利、得民心,得到人民群众的支持和拥护,才能永远立于不败之地。

第三,始终保持同人民群众的血肉联系,是中国共产党战胜各种困难和风险、不断取得事业成功的根本保证。人民群众是历史的创造者,是中国共产党的力量源泉和胜利之本。中国最广大人民群众是建设中国特色社会主义事业的主体,是先进生产力和先进文化的创造者,是社会主义物质文明、政治文明和精神文明协调发展的推动者,是决定我国前途命运的根本力量。我国改革开放和建设的顺利推进,党的领导地位的不断巩固和加强,都需要人民群众的支持和拥护。

中国共产党作为执政党,保持同人民群众的血肉联系,应该落实到党和国家的制度与实施方针政策的工作中去,落实到各级领导干部的思想和行动中去,落实到关心群众生产生活的工作中去。

2. 实现好、维护好、发展好最广大人民的根本利益

中国共产党来自于人民，植根于人民，服务于人民。实现好、维护好、发展好最广大人民的根本利益，是党的全部工作的根本目的。为实现好、维护好、发展好最广大人民的根本利益，中国共产党必须正确把握以下几个基本原则。

第一，根本立足点是考虑并满足最大多数人的利益要求。中国共产党要代表中国最广大人民的根本利益，这是党在执政条件下坚持为人民服务这一根本宗旨的必然要求。最广大人民的利益包含了利益主体的最大多数和利益的本质性和整体性的内涵。人民群众的整体利益总是由各方面的具体利益构成的。为真正代表最广大人民的根本利益，中国共产党必须着力处理好三方面关系：一是正确处理利益关系多样化与根本利益的关系。二是正确处理局部与全局的利益关系，自觉做到以大局为重，局部服从大局。三是正确处理当前利益与长远利益的关系。改革使绝大多数人得到了实惠，但也使某些利益群体暂时受到影响，这是改革难以避免的。因此，在改革过程中，要切实关心人民群众的疾苦，帮助困难群体克服暂时的困难，把关心群众同引导群众正确认识改革结合起来，把当前利益与长远利益正确地统一和结合起来，坚定不移地推进改革。

第二，妥善处理与兼顾不同阶层、不同方面群众的利益关系。目前，我国已经不存在阶级对立，社会各阶层的根本利益是一致的。但是，也必须看到，当前我国正处于改革的攻坚阶段和现代化建设发展的关键时期，社会经济成分、经济利益的多样化、人们生活方式的多样化、就业岗位和就业形式的多样化，使得各种利益矛盾错综复杂。中国共产党作为执政党，应该要充分满足各个方面的利益要求，最大限度地赢得社会各阶层群众的拥护和支持，这样才能更好地打牢执政的社会基础，巩固执政地位，使工人、农民、知识分子和其他群众共同享受经济社会发展的成果。

第三，切实解决好事关人民群众利益的实际问题。关心群众、代表群众利益，必须十分具体地落实到解决群众生产和生活的实际问题上。党要求各级干部，对群众提出和反映的问题，必须满腔热情地对待和处理，绝不能漠然处之，更不能粗暴地对待群众；要到最困难的地方去，到群众意见最多的地方去，到工作推不开的地方去，同那里的干部、群众一道，努力排忧解难，化解矛盾，打开局面；关心群众，特别要关心困难群众的疾苦；为最广大人民谋利益，特别要为困难群众谋好利益，因为他们眼前最困难，最需要帮助；要注意关心那些工作和生活上暂时遇到困难的群众，把他们的事情摆上重要议事日程，重点考虑，重点解决，使他们的基本生活得到保障，特别是对下岗职工、农村贫困人口和城市贫困居民等困难群众遇到的实际问题，一定要带着深厚的感情帮助解决，把党中央为他们脱贫解困的各项政策措施落到实处，使他们切实感受到党的温暖、社会主义社会的温暖。

只有坚持立党为公、执政为民，党才能坚持人民利益至上，把实现好、维护好、发展好最广大人民的根本利益作为依据，尊重群众的意愿，倾听群众的呼声，反映群众的需求。党和国家的一切工作和方针政策，都以是否符合最广大人民群众的根本利益为最高衡量标准，坚持权为民所用、情为民所系、利为民所谋。只有一心为公，为人民谋利益，立党才能立得稳；只有一心为民，解决群众的实际问题，执政才能执得好。

五、从严治党、反腐倡廉

1. 治国必先治党，治党务必从严

党的性质及其在国家和社会生活中所处的地位，都要求治国必先治党，治党务必从严；必须坚持党要管党，从严治党的方针。党要管党，从严治党是中国共产党的一贯要求，也是无产阶级政党与资产阶级政党的主要区别之一。从严治党在不同的历史条件下有不同的重点。列宁从建党之初起就强调无产阶级政党应有极严密的组织和极严格的纪律。

党章强调党的纪律是党的各级组织和全体党员必须遵守的行为规则，是维护党的团结统一、完成当前任务的保证。党组织必须严格执行和维护党的纪律，共产党员必须自觉接受党的纪律的约束。如果党员违反了党的纪律，党组织要本着"惩前毖后，治病救人"的精神，按照错误的性质和情节轻重，给以批评教育甚至纪律处分，以维护党的纪律的严肃性。

江泽民在党的十五大上再一次强调要"从严治党"，对党员特别是领导干部要三严："严格要求、严格管理、严格监督"，要严格执行党的纪律；严格按照党章规定的标准发展党员；严肃处置不合格党员；全党要做到纪律严明。江泽民强调的这八个"严"字，体现了我们党从严治理的传统。

为把从严治党落到实处，党的十七大报告又提出了"四个一定要"，即：一定要居安思危、增强忧患意识；一定要戒骄戒躁、艰苦奋斗；一定要刻苦学习、埋头苦干；一定要加强团结、顾全大局。这"四个一定要"，是在全面认识社会主义初级阶段基本国情和新世纪新阶段我国发展的阶段性特征、科学观察国内外形势发展变化、准确把握我国人民新期待的基础上，对全党同志提出的基本要求。

2. 反腐倡廉

坚决惩治和有效预防腐败，关系到人心向背和党的生死存亡，是党必须始终抓好的重大政治任务。腐败是一种社会现象，党越是长期执政，拒腐防变的任务就越艰巨。

腐败的产生有其复杂而深刻的社会根源和思想根源：党长期执政，党内一些人产生了脱离群众、固步自封等倾向；我国处在社会主义初级阶段，实行改革开放，发展社会主义市场经济，许多方面的制度还不完善，为腐败的滋生提供了可乘之机；资产阶级腐朽思想和封建残余思想侵蚀着党的队伍；有的地方和部门治党不严，思想政治建设和组织建设抓得不紧，管理和监督不力；一些党员干部放松世界观改造，理想信念动摇，革命意志衰退，经受不住权力、金钱、美色的考验。这些因素的存在，决定了反腐败的任务必然是长期的和艰巨的。

我们党对长期执政条件下滋生腐败的严重性和危险性，有着清醒的认识。腐败现象是侵入党和国家肌体的病毒，腐败现象的滋生蔓延会严重影响党群关系，使得共产党就此失去人民群众的信任和支持，也失去了共产党执政的基本基石。此外，腐败现象还会严重干扰改革开放和现代化建设的顺利进行，腐败导致的权钱交易会损坏市场经济公平竞争的基本原则，从而扭曲市场经济调节资源的机制。此外，腐败滋生还能造成恶劣的社会影响，甚至直接影响到政治稳定和社会和谐。近几年来，中国社会上发生的一些重大安全性事件背后都有腐败的痕迹。纵观古今中外政局更迭、国家民族兴衰，无不印证着腐败兴则政权亡的道理。因此，反对腐败是关系着党和国家生死存亡的严重政治斗争。如果我们掉以轻心，任其泛滥，就会葬送党，葬送人民的政权。党风正则干群和，干群和则社会稳。

中国共产党反腐败是非常坚决的。尤其是十四大以来，党中央进一步加强了对反腐倡廉的领导。党中央 1993 年作出了加大反腐败斗争力度的重大决策，确立了反腐败斗争的指导思想、基本原则、工作格局和工作重点。之后几乎每年中共中央全会都要召开反腐败工作会议，专题研究、部署和落实反腐败工作。经过全党上下共同努力，党风廉政建设和反腐败力度明显加大，各项工作取得了阶段性成果，惩处了一批腐败分子。

随着反腐败斗争的发展，我们党对反腐倡廉工作的特点和规律认识不断深化，认识到要从根本上解决腐败问题，必须把防治腐败当作一项系统工程来抓。十六大以来，以胡锦涛为总书记的党中央明确提出要坚持标本兼治、综合治理、惩防并举、注意预防的方针，建立健全惩治和预防腐败体系，并颁发了《建立健全教育、制度、监督并重的惩治和预防腐败体系实施纲要》和《建立健全惩治和预防腐败体系 2008—2012 年工作规划》。

推进反腐倡廉建设，必须加快推进惩治和预防腐败体系建设，着力抓好反腐倡廉制度建设。反腐倡廉的制度建设具体包括反腐倡廉教育制度、监督制度、预防制度和惩治制度。教育制度以领导干部教育为重点，完善示范教育、警示教育、岗位廉政教育以及基层党员轮训等制度，使党员干部筑牢廉洁从政、拒腐防变的思想防线。改革和完善党内监督体制，包括健全权力运行监控机制，完善党内决策监督机制，落实重大决策报告制度，健全信访联席会议制度，提高监督权威性和有效性。推进廉政风险防控机制建设，形成信息共享和腐败预警机制，建立健全防止利益冲突制度，有效排查和化解廉政风险。加强反腐败立法，健全查处案件协调机制，始终保持惩治腐败的高压态势。

推进反腐倡廉建设，必须推进权力在阳光下运行。让权力在阳光下运行的关键是加强对权力运作的制约和监督。核心是推进权力运行公开。2008 年 5 月《中华人民共和国政府信息公开条例》的颁布，提出要深化党务公开、政务公开，完善各类公开办事制度，扩大公开的范围和层次。推进权力在阳光下运行的重点是加强对领导干部的监督，严格执行述职述廉、诫勉谈话等制度，推行党政干部问责制和廉政承诺制、行政执法责任制，认真落实报告个人有关事项的规定，如实报告住房、投资和配偶子女移居国内外、从业等事项。推进权力在阳光下运行的关键是发挥群众的监督作用。人民群众是反腐倡廉的主要依靠力量。近年来全国检察机关立案侦查案件中，70%来自群众举报。应该充分调动群众的积极性和主动性，提高群众的监督意识和水平，完善举报人和证人保护制度，确保人民群众的监督权利得到行使。

反腐倡廉是加强党的执政能力建设和先进性建设的重大任务，也是维护社会公平正义和促进社会和谐的紧迫任务。如果腐败得不到有效惩治，党就会丧失人民的信任和支持。全党必须警钟长鸣，充分认识到反腐败斗争的长期性、复杂性、艰巨性，把反腐倡廉建设摆在更加突出的位置，以更加坚定的信心、更加坚决的态度、更加有力的举措推进惩治和预防腐败体系建设，坚定不移地把反腐败斗争进行到底。

案例分析

进京赶考与“两个务必”

根据七届二中全会的决定，为适应党的工作重心转移，迎接新中国的诞生，中共中央办公地点将在全会后由西柏坡迁往古都北平，即北京。西柏坡成为中国共产党领导中国革命的最后一个农村指挥部。1949 年 3 月 23 日上午，七届二中全会结束后的第十天，毛泽东、朱德、刘少奇、周恩来、任弼时等中共中央五大书记率领中共中央机关和人民解放军总部，乘坐 11 辆吉普车和 10 辆美制十轮大卡车，浩浩荡荡离开西柏坡前往北平。

在进行出发的准备工作时，毛泽东就对周围的人说：同志们，我们就要进北平了。我们进北平，可不是李自成进北平，他们进了北平就变了。我们共产党人进北平，是要继续革命，建设社会主义，直到实现共产主义。临行前夜，毛泽东只睡了四五个小时。他兴奋地对周恩来说：“今天是进京的日子，不睡觉也高兴啊。今天是进京‘赶考’嘛，进京‘赶考’去，精神不好怎么行呀？”周恩来笑着接过话题说：“我们应当都能考试及格，不要退回来。”毛泽东说：“退回来就失败了。我们决不当李自成，我们都希望考个好成绩！”

以史为镜，可知兴替。熟谙历史的毛泽东对古往今来、兴衰成败的历史经验教训，特别是对明末李自成领导的农民起义军占领北京，取得政权后，居功自傲，贪图安逸，结果导致失败的历史教训，格外重视。早在延安整风期间，毛泽东即指示将郭沫若论李自成的史学论著《甲申三百年祭》作为整风学习的重要文件。他在延安高级干部会议上说：“近日我们印了郭沫若论李自成的文章，就是要叫同志们引以为戒，不要重犯胜利时骄傲的错误。”他一再强调说：“小胜即骄傲，大胜更骄傲，一次又一次吃亏，如何避免此种毛病，实在值得注意。”在刚刚结束的七届二中全会上，他再次向全党敲响警钟，提出了“两个务必”，即务必使同志们继续保持谦虚谨慎、不骄不躁的作风，务必使同志们继续地保持艰苦奋斗的作风。

思考讨论：

毛泽东提出的“进京赶考”和“两个务必”说明了中国共产党在由在野党向执政党转变的过程中面临一些什么样的任务和挑战？

案例分析：

“居安思危，戒奢以简”、“生于忧患，死于安乐”是中国的古训。熟谙中国历史的毛泽东对此是有着深刻的认识的，因此他在进京前提出了“两个务必”，要求全党以史为鉴，始终保持清醒的头脑，始终保持顽强进取、力求上进的精神，不断夺取更大胜利。

“两个务必”思想的提出表明中国共产党对执政之后面临的新课题有着清醒的认识，中国历史上政权兴衰，国家盛亡的经验教训都证明了“骄易败”、“攻易守难”的道理。中国共产党从革命党转变为执政党同样面临着腐化堕落、骄奢自满、脱离群众等种种挑战，党的建设任务尤为艰巨。今天，在中国共产党的领导下，通过改革开放，中国已然屹立在世界之林，国家经济实力有了很大提升，这意味着党的建设面临的挑战更加严峻。因而“两个务必”在今天仍然有现实意义。

学习建议

中国共产党是中国特色社会主义事业的领导核心，其领导地位是由中国共产党的性质和宗旨所决定的。中国共产党的执政地位是历史的选择。学习过程中，要重点把握中国共产党的性质和宗旨与中国共产党的执政地位和先进性的关系。了解党的建设的主要内容和加强和改善党的领导的必要性，深刻把握和领会新的历史时期党面临的两大历史性任务。

参考书目：

胡锦涛：《在庆祝中国共产党成立九十周年的讲话》

《中共中央关于党的建设几个重大问题的决定》，人民出版社 1994 年版

《中共中央关于加强党的执政能力建设的决定》，人民出版社 2004 年版

思考题

1. 党的性质和宗旨与党的领导和执政地位的关系是什么？
2. 为什么坚持党的领导必须改善党的领导？
3. 为什么要做到立党为公、执政为民？
4. 新时期党面临的两大历史性课题是什么，以及如何完成？

参考文献

[1] 马克思,恩格斯. 马克思恩格斯选集. 北京:人民出版社,1995.

[2] 毛泽东. 毛泽东选集. 北京:人民出版社,1991.

[3] 毛泽东. 毛泽东文集. 北京:人民出版社,1993.

[4] 邓小平. 邓小平文选. 北京:人民出版社,1993.

[5] 江泽民. 江泽民文选. 北京:人民出版社,2006.

[6] 中国共产党中央委员会关于建国以来党的若干历史问题的决议. 北京:人民出版社,1982.

[7] 建国以来重要文献选编. 北京:中央文献出版社,1993.

[8] 十六大以来重要文献选编(上). 北京:中央文献出版社,2005.

[9] 十六大以来重要文献选编(中). 北京:中央文献出版社,2006.

[10] 十六大以来重要文献选编(下). 北京:中央文献出版社,2008.

[11] 中共中央宣传部. "三个代表"重要思想学习纲要. 北京:学习出版社,2003.

[12] 中共中央宣传部. 科学发展观学习读本. 北京:学习出版社,2008.

[13] 中共中央宣传部. 社会主义核心价值体系学习读本. 北京:学习出版社,2009.

[14] 中共中央宣传部. 七个怎么看. 北京:学习出版社,2010.

[15] 中共中央宣传部. 从怎么看到怎么办. 北京:学习出版社,2011.

[16] 教育部社会科学研究与思想政治工作司. 毛泽东思想和中国特色社会主义理论体系概论. 北京:高等教育出版社,2010.

[17] 教育部社会科学研究与思想政治工作司. 邓小平理论和"三个代表"重要思想概论. 北京:高等教育出版社,2003.

[18] 教育部社会科学研究与思想政治工作司. 高校"两课"教育教学热点难点问题解析. 北京:人民大学出版社,2003.

[19] 魏晓文,杨惠民. "毛泽东思想和中国特色社会主义理论体系概论"课教学案例解析. 北京:高等教育出版社,2007.

[20] 柳礼泉. "毛泽东思想和中国特色社会主义理论体系概论"课学生辅学读本. 北京:高等教育出版社,2007.

[21] 中国人民大学"三个代表"研究中心. "三个代表"重要思想 12 讲. 北京:中国人民大学出版社,2003.

[22] 朱育和,蔡乐苏. 毛泽东与 20 世纪中国. 北京:清华大学出版社,2000.

[23] 刘邵学,顾晓英. 邓小平理论案例. 上海:上海大学出版社,2002.

[24] 张维为. 中国震撼. 上海:世纪出版社,2011.

后 记

在华东理工大学网络学院和华东理工大学出版社的大力支持下，本书从立项到编写，再到审稿出版，历时两年有余。一路走来，虽然仓促艰辛，终也顺畅如意。

本书的编写主要由华东理工大学担任《毛泽东思想和中国特色社会主义理论体系概论》课程的主讲教师完成的，包含这些老师多年教学积累的感悟。其中主编易如负责本教材编写大纲、框架的设计和分工，副主编陈荣武参与讨论并提出了许多修改意见。教材编写具体分工如下：第一章、第七章、第十章：易如；第二章、第十五章：陈荣武；第三章、第四章：刘阳；第五章：徐雪明；第六章：冯军；第八章：卢阳；第九章：程群；第十一章：米丹；第十二章：杨希燕；第十三章：汪碧云；第十四章：叶敏。此外，华东理工大学人文科学研究院的在读博士研究生汪斌峰、郭根参与了本书的编写和最后的审稿工作。

本书在编写过程中，不足之处在所难免，恳请各方专家和读者对本书多提宝贵意见，以期不断补充和完善。

编者

2012 年 6 月